춘추전국연대기

上

춘추전국 연대기 上

초판 1쇄 발행 2025년 11월 14일

지은이 김형호
펴낸이 장길수
펴낸곳 지식과감성#
출판등록 제2012-000081호

교정 이주연
디자인 강샛별
편집 윤혜성
검수 주경민, 이헌
마케팅 김윤길

주소 서울시 금천구 벚꽃로298 대륭포스트타워6차 1212호
전화 070-4651-3730~4
팩스 070-4325-7006
이메일 ksbookup@naver.com
홈페이지 www.knsbookup.com

ISBN 979-11-392-2892-2(04910)
      979-11-392-2891-5(세트)
값 20,000원

• 이 책의 판권은 지은이에게 있습니다.
• 이 책 내용의 전부 또는 일부를 재사용하려면 반드시 지은이의 서면 동의를 받아야 합니다.
• 잘못된 책은 구입하신 곳에서 바꾸어 드립니다.

지식과감성#
홈페이지 바로가기

춘추 시대 그 시작부터 중기까지

춘추전국 연대기

김형호 지음

上

춘추시대 지도

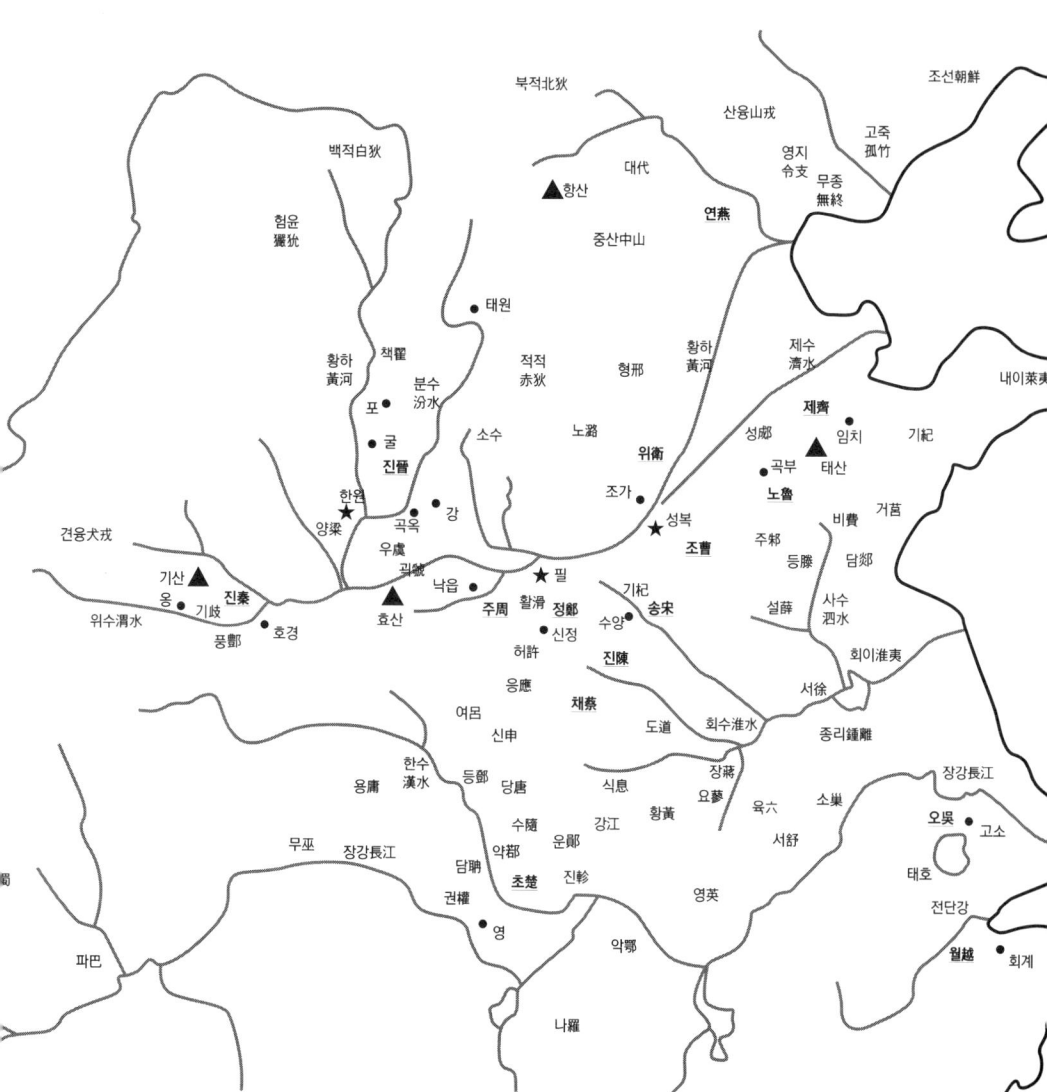

목차

서론

제1장 지금과 너무나도 다른 세상   12
제1절 중국 역사의 시대 구분   12
제2절 주민   18
제3절 기후   29
제4절 지형과 마을   34

제2장 서주西周 이전의 역사 개요   38
제1절 상고上古시대   38
제2절 하夏시대   80
제3절 상商(=은殷)시대   84
제4절 서주西周시대   95

제3장 서주西周 역사 개관   99

제4장 서주西周의 국가체계 및 문화　　　　　　**117**

제1절 봉건제도封建制度　　　　　　117

제2절 종법제도宗法制度　　　　　　124

제3절 인본주의人本主義와 정치의 태동　　　　　　126

제4절 서주西周시대의 관직 정리　　　　　　128

제5절 옛사람들의 생활 모습　　　　　　134

제6절 전쟁의 모습　　　　　　137

제 2 편

서주西周의 붕괴

제1장 주선왕周宣王의 선정과 한계　　　　　　**142**

제2장 주유왕周幽王의 실정과 호경鎬京 함락　　　　　　**151**

제3장 주평왕周平王의 낙읍洛邑 천도　　　　　　**161**

춘추春秋시대의 시작

제1장 주周 왕실의 약화와 제후국들의 성장　　　　　　　　170
* 춘추春秋시대의 본격적인 시작　　　　　　　　177

제2장 정鄭의 전성기(정장공鄭莊公의 활약)　　　　　　　　181
제1절 각국의 현황　　　　　　　　181
제2절 정鄭의 혼란과 위기　　　　　　　　186
제3절 송宋과 위衛를 제압하는 정장공鄭莊公　　　　　　　　203
* 춘추春秋시대의 일반적인 전쟁 모습　　　　　　　　211
제4절 정장공鄭莊公의 소패업小霸業　　　　　　　　218
* 춘추春秋시대의 본격화　　　　　　　　227

제3장 정鄭의 위축과 제齊·초楚의 부상　　　　　　　　236
제1절 정鄭의 혼란과 각국의 이합집산　　　　　　　　236
제2절 제양공齊襄公의 패륜과 제齊의 강성　　　　　　　　252
제3절 제환공齊桓公의 즉위와 관중管仲의 등용　　　　　　　　280
* 춘추春秋시대의 이데올로기　　　　　　　　289
* 춘추春秋시대의 국제 질서　　　　　　　　292
제4절 제齊와 초楚의 강성과 진晉의 통일　　　　　　　　297

제4장 제환공齊桓公의 패권 장악　　　　　　　　**339**

제1절 제환공齊桓公의 영지슈支, 고죽孤竹 원정　　　339

제2절 제환공齊桓公의 계절존망繼絶存亡(노魯, 형邢, 위衛)　350

제3절 중원 연합의 초楚 압박　　　　　　　　　367

제4절 제환공齊桓公의 패권　　　　　　　　　　380

춘추春秋시대 중기

제1장 제齊의 패권 상실과 초楚의 강세　　　　　　**406**

제1절 진晉의 혼란과 진秦의 개입　　　　　　　406

제2절 진晉 공자 중이重耳의 고난　　　　　　　430

제3절 제환공齊桓公의 사망과 제齊의 혼란　　　　433

제4절 송양공宋襄公의 좌절과 초성왕楚成王의 야망　445

제2장 진문공晉文公의 패권 장악　　　　　　　　**461**

제1절 진晉 공자 중이重耳의 즉위(진문공晉文公)　　461

제2절 진문공晉文公의 주양왕周襄王 원조　　　　483

제 1 편 서론

제1장

지금과 너무나도 다른 세상

제1절 중국 역사의 시대 구분

이 책을 읽는 독자들이 앞으로 이 책에서 기술하는 내용들을 잘 이해하기 위해서는 중국 역사의 시대 구분을 대략적이라도 알고 있어야 한다. 그래서 본격적인 논의에 앞서 먼저 이에 대하여 간략히 정리하기로 한다.

▶ **삼황오제**三皇五帝
- 상고시대 때 중국대륙에서 주도적으로 활약했던 여러 인물들(실제로는 부족들)을 신화·전설의 형식으로 기록한 것임
- 실존 여부에 대하여 논쟁 있음

▶ **하**夏: 기원전(=BC) 2070년경 ~ BC 1600년경
- 제우帝禹(=우禹임금)가 건국
- 중국 최초의 왕조. 실존 여부에 대하여 논쟁 있음

▶ 상商(=은殷): BC 1600년경 ~ BC 1046년경
  - 실존 여부가 증명된 최초의 왕조
  - 체계적인 문자(갑골문) 사용. 동이 계열 국가

▶ 주周

  ○ **서주西周**: BC 1046년경 ~ BC 770년
  - 무왕武王이 상商을 무너뜨리고 개창
  - 도읍 호경鎬京. 주 왕실의 권위가 유지되던 시기
  - 낙읍洛邑으로 천도하기 이전 시기
  - 상족商族의 문화를 계승하고 주족周族의 고유문화를 결합하여 <u>중국의 전통사상과 제도를 확립(상주商周문화)</u>

  ○ **동주東周(=춘추전국시대)**: BC 770년 ~ BC 221년
  - 낙읍으로 천도한 이후 시기
  - 이 책이 다루는 시대임
  - 소설《동주 열국지》의 배경

▶ 진秦: BC 221년 ~ BC 206년
  - 중국 최초의 통일 왕조(진시황제秦始皇帝)

▶ 한漢

○ 전한前漢(=서한西漢): BC 206년 ~ 기원후(=AD) 8년
- 유방劉邦(한고조漢高祖)이 건국
- 남방 계열 최초로 중원을 통일함(BC 202년)
- 갑골문을 기초로 문자를 정리하여 한자漢字를 완성함
- 소설《초한지》의 배경

○ 신新: 8년 ~ 23년
- 왕망王莽이 제위를 찬탈

○ 후한後漢(=동한東漢): 25년 ~ 220년
- 유수劉秀(광무제光武帝)가 한漢을 재건함

▶ 위魏·진晉·남북조南北朝

○ 삼국三國: 220년 ~ 280년
- 위魏·촉蜀·오吳 병립
- 소설《삼국지(연의)》의 배경

○ 진晉(=서진西晉): 265년 ~ 316년
- 사마의司馬懿의 손자인 사마염司馬炎이 건국
- '8왕의 난' 등으로 혼란하여 국력이 급격히 약화됨

○ **오호십육국五胡十六國**: 304년 ~ 439년
- 여러 이민족들이 중원을 점령
- 오호五胡: 흉노匈奴, 저氐, 갈羯, 강羌, 선비鮮卑
- 십육국十六國: 한족 3개 왕조, 이민족 13개 왕조, 기타 군소 왕조

○ **북조北朝**: 중국대륙의 북부 지역에 성립한 이민족 국가들
- 북위北魏: 386년 ~ 535년
  - 탁발拓跋 선비족
  - 태무제太武帝의 북중국 통일
  - 효문제孝文帝의 한화漢化정책: 탁발拓跋씨를 원元씨로 바꿈
- 동위東魏(534년 ~ 550년)/서위西魏(535년 ~ 557년)
  - 북위의 내란으로 북중국의 동·서 분열
  - 허수아비 원씨 황제 유지
  - 동위(고환高歡) 대 서위(우문태宇文泰)의 대립
- 북제北齊(550년 ~ 577년)/북주北周(557년 ~ 581년)
  - 원씨 황제를 폐위하고, 고씨와 우문씨가 즉위
  - 북제(고양高洋) 대 북주(우문각宇文覺)의 대립

○ **남조南朝**: 중국대륙의 남부 지역에 성립한 한족 국가들
- 동진東晉: 317년 ~ 420년
  - 서진 멸망 후 강남에서 사마예司馬睿가 진晉을 재건함
- 송宋(=유송劉宋): 420년 ~ 479년
  - 유유劉裕가 건국

- 제齊(=남제南齊): 479년 ~ 502년
    - 소도성蕭道成이 건국
- 양梁(=남양南梁): 502년 ~ 557년
    - 소연蕭衍이 건국
- 진陳(=남진南陳): 557년 ~ 589년
    - 진패선陳覇先이 건국

▶ 수隋: 581년 ~ 618년

- 북주北周의 북중국 통일
- 양견楊堅의 정변(수 건국)
- 남조(진陳) 병합. 중국대륙에 거의 400년 만에 통일 왕조 등장

▶ 당唐: 618년 ~ 907년

- 이연李淵(고조高祖)이 건국
- 태종太宗의 전성기(정관貞觀의 치治)

▶ 오대십국五代十國: 907년 ~ 960년

○ 오대五代
- 중국대륙 중심 지역의 왕조 교체
- 후양後梁, 후당後唐, 후진後晉, 후한後漢, 후주後周

○ 십국十國
- 지방과 강남의 10국 분립

▶송宋

　○ 북송北宋: 960년 ~ 1127년
　- 조광윤趙匡胤이 건국
　- 거란(요遼), 여진(금金)에 굴복
　- 금에 의해 멸망(정강의 변)

　○ 남송南宋: 1127년 ~ 1279년
　- 북송 멸망 후 강남에서 조구趙構가 건국

▶원元: 1271년 ~ 1368년
　- 1대 칸 테무진(칭기즈칸): 몽골고원 통일(1206년). 동유럽 원정
　- 5대 칸 쿠빌라이(세조世祖): 중국대륙 통일. 국호 원元 선포

▶명明: 1368년 ~ 1644년
　- 주원장朱元璋이 건국

▶청淸: 1636년 ~ 1911년
　- 태조 누르하치: 만주에서 후금後金 건국(1616년)
　- 태종 홍타이지: 청으로 국호 변경(1636년). 중국대륙 통일

▶중화민국中華民國: 1911년 ~ 1949년
　- 신해혁명과 손문孫文의 총통 취임
　- 국민당 정권(장개석)

▶ **중화인민공화국**中華人民共和國: 1949년 ~ 현재
   - 내전이 발생하여 공산당 정권(모택동)이 국민당 정권을 전복함
   - 국민당 정권의 대만臺灣 망명

제2절 주민

지금으로부터 약 5,000년 전(=BC 3000년경) 아시아대륙의 북동부 지역에는 다양한 계열의 주민들이 살고 있었다. 주민들은 혈연(씨족)을 기반으로 산맥과 강 등을 경계로 하여 부족을 이루어 살면서 독자적인 문화를 발전시켰다. 시간이 흐르면서 인접한 부족들은 정복과 교류 등을 통해 서로 연합하여 더 큰 부족을 형성하게 되었고, 이 과정이 반복되고 확대·재생산되면서 어느 순간 원시적인 형태의 국가로 발전하게 된다.

화하족華夏族

황하黃河 **중류 지역**(하남성河南省 대부분, 산동성山東省 서부, 하북성河北省 남부, 섬서성陝西省 남부)에는 지금 중국인들의 먼 조상으로 여겨지는 **화하족**華夏族이 살고 있었다. 훗날 유방劉邦이 건국한 한漢이 황하와 장강長江(=양쯔강) 유역을 통합하게 되는데(BC 202년), 화하족은 그 이후부터는 **한족**漢族으로 불리기도 한다.

화하족으로 불리는 집단 내부에는 여러 다양한 부족들이 있었다. 그들은 서로 비슷한 문화를 공유하면서도 다양성을 가졌으며, 그들 사이

에는 많은 분쟁이 있었다. 이는 화하족뿐만 아니라 다른 집단들에도 동일한 내용이다. 시간이 흐르면서 화하족 내에서 어느 한 부족이 주변 부족들을 통합하면서 부족대연맹이 이루어졌고, 부족대연맹이 발전하면서 초기 형태의 국가가 형성되었다.

중국인들은 황제黃帝 부족을 중심으로 초기국가가 성립하였고, 이것이 계속 이어져 훗날 황하 중류 지역에서 하夏라는 최초의 고대국가가 형성되었다고 오랫동안 믿어 왔다. 그러나 최근에는 중국 정부가 주도하고 많은 어용학자들이 가세하여 하夏 이전에 이미 황제黃帝의 후손인 제요帝堯(=요임금)가 당唐이라는 고대국가[1]를 열었다고 주장하고 있다.

화하족이 살고 있던 황하 중류 지역은 '중원中原'으로 불렸다. 중원은 황하가 가로지르는 황토지대로 비옥한 지역이었고 교통이 편리했다. 그래서 주변의 여러 종족들은 기회만 있으면 중원으로 진출하려고 시도하였고, 실제로 여러 번 중원 지역을 정복하는 데 성공한다. 이 때문에 화하족은 주변의 다른 종족들에 대한 원한이 점점 커졌고, 훗날 화하족의 힘이 강해지자 다른 종족들을 차별하고 멸시하게 된다.

중원의 비옥함은 많은 인구의 유지를 가능하게 했고, 문명의 발전을 촉진시켰다. 당시는 지금보다 기온이 높았고 강수량이 많았는데, 이 때문에 중원은 항상 홍수로 인한 고통을 겪었다. 홍수를 제어하기 위해 대규모 치수사업이 필요했고, 이는 다른 지역보다 유난히 중원 지역에서 국가권력의 절대화絶對化와 전제화專制化 현상이 강화되는 주요한 원인이 되었다.

---

[1] 부족연맹이 아닌 통치체계를 완비한 국가라고 주장하고 있음. 현재 하夏의 실재 여부에 대하여 외국의 다수 학자들은 인정을 하지 않고 있는 상황인데, 중국에서는 오히려 국가의 성립시기를 하夏보다 몇 백 년 더 끌어올리고 있는 상황임

중원에 진출한 여러 이민족들은 시간이 지나면서 원래의 화하족(=**협의狹義의 화하족**)과 결합하여 더 큰 의미의 화하족(=**광의廣義의 화하족**)이 형성되는 경우가 많았다. 우리가 지금 일반적으로 말하는 화하족(=한족)은 중원에 진출한 여러 이민족들이 결합하여 형성된 광의의 화하족을 의미하는 것으로 상고시대 때 원래의 화하족과는 다른 개념임을 주의하여야 할 것이다.

동이족東夷族

시간이 흐르면서 화하족은 ①세상은 동서남북 4극四極 형태의 구조를 이루고 있으며 ②자신들은 세상의 중심에 살고 있고 ③그 바깥 사방에는 야만족들이 살고 있다는 세계관(**화이관華夷觀, 오방사상五方思想**)을 완성시켰다.

이에 따라 화하족은 인종을 기준으로 한 체계적인 분석이 아닌 순전히 방위적인 구분을 기준으로 자신들의 동쪽 지역에 사는 사람들을 **동이족東夷族**이라고 불렀다. 화하인들이 주변의 이민족들을 방위를 기준으로 나누어 부른 시기는 서주西周시대 때로 추정된다. 동이족은 황하 하류, 산동반도, 회수淮水 유역, 장강 하류에 살고 있었다. 서주시대 때 중원에 살고 있던 화하족은 황하 하류 너머 지금의 요서 지역과 그 동쪽 지역에 대한 지식은 거의 없었다[1].

---

1) 중국의 위진남북조 때 유송劉宋의 학자인 범엽이 편찬한 《후한서 동이열전》에는 "한漢이 중흥中興한 뒤로부터 사이四夷의 빈공賓貢이 때에 따라 어기거나 반叛함은 있었으나, 사자使者와 통역이 끊이지 않기 때문에 그들의 풍속과 풍토를 대략 기록할 수 있게 되었다."라고 기록되어 있음. 이는 후한後漢 때부터 비로소 직접 국경을 접하고 있지 않은 먼 지역의 이민족들에 대한 대략의 정보를 입수하였음을 인정한 것임

화하족은 처음엔 동쪽 해안지대(산동반도, 회수 유역, 장강 하류)에 살고 있던 사람들만 동이東夷로 불렀고, 현재의 북경北京 북쪽과 동쪽 지역에 살고 있던 사람들은 북이北夷 또는 동북이東北夷로 구분하여 불렀다. 먼 훗날 동쪽 해안지대에 살고 있던 동이족들이 화하족에 모두 정복되어 흡수된 이후부터는 북이 또는 동북이로 불리던 사람들이 동이족으로 불리게 된다. 이는 기존의 동이와 북이 사이의 공통점에 착안한 것이 아니라 4극 형태의 세계관(오방사상)을 계속 유지하려는 의도에서 그렇게 한 것이었다.

결론적으로 정리하면 원래 동이족은 중국대륙의 동쪽 해안지대에 살고 있던 사람들을 지칭(**협의의 동이족**)하던 말이었는데, 훗날 진秦이 중국대륙을 통일한 후에는 현재의 북경 북쪽과 동쪽 너머에 살고 있던 사람들까지 포함하여 지칭(**광의의 동이족**)하게 된 것이다. 협의의 동이족과 광의의 동이족은 그 혈연 및 문화에 공통점이 많으므로 이 책에서는 동이족을 광의의 동이족을 의미하는 것으로 기술하기로 한다. 동이족으로 불리던 집단 내부에도 여러 다양한 부족들이 있었고, 역시 협력과 갈등을 반복했다.

동이족과 화하족은 오랜 교류 과정을 거치며 많은 부분에서 비슷한 문화를 공유하였지만, 일부 서로 다른 문화를 가지고 있었다. 그중 주요한 사항은 다음과 같다.

①동이족은 '오른쪽'을 왼쪽보다 더 높게 여겼는데, 화하족은 '왼쪽'을 더 높게 여겼다. 이는 관직과 군대의 편성, 자리의 순서, 옷을 입는 방식 등 여러 분야에 반영되었다. 그 결과 동이족은 오른쪽을 상석上席으로 여겼고, 화하족은 왼쪽을 상석으로 여겼다. 또한 겉옷 여밈을 보면

동이족은 오른쪽 섶을 왼쪽 섶 위로 여몄고(좌임左衽), 화하족은 왼쪽 섶을 오른쪽 섶 위로 여몄다(우임右衽). 고구려의 무덤 벽화를 보면 고구려 사람들이 좌임을 하고 있는 것을 알 수 있다.

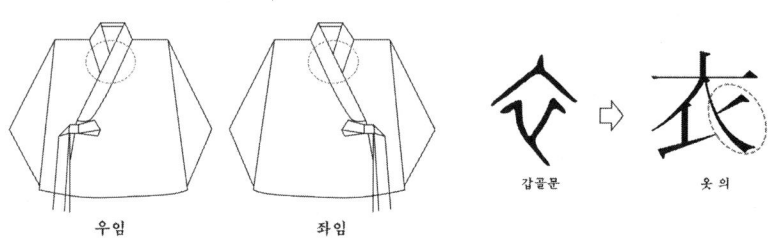

우임　　　　좌임　　　　갑골문　　　옷 의

옷(의衣)을 상징하는 갑골문은 옷의 소매와 섶을 보고 만든 상형문자다. 옷의 갑골문을 보면 좌임이었음이 드러나는데, 이는 갑골문을 창안한 상商이 화하족이 아니었음을 알려 주는 단서다. 갑골문에는 그 외에도 가家(집의 내부에서 돼지를 기르던 풍습이 반영됨), 문文(몸에 문신을 하던 풍습이 반영됨), 조吊(시체를 야외에 두고 장례를 치르던 풍습이 반영됨) 등 갑골문을 만든 사람들이 화하족이 아니었음을 알게 하는 글자들이 매우 많다.

훗날 화하족이 동이족보다 국력이 더 강해지면서 화하족의 왼쪽 문화는 동이족의 오른쪽 문화를 여러 방면에서 밀어내게 되었고(예를 들어, 조선시대 때 좌의정이 우의정보다 높은 직책이었음. 현재 한복은 우임으로 바뀌었음), 오늘날에는 일부 분야에서만 오른쪽 문화가 남아 있다(예를 들어, 국가기관의 행사의전에서는 오른쪽을 상석으로 여김).

②동이족은 '만滿 개념'이 없었으나, 화하족은 '만滿 개념'이 있었다. 그 결과 동이족 아이들은 태어나면서 한 살이었고, 군주는 즉위하면서

재위 원년이었다. 이와 달리 화하족 아이들은 1년이 지나야 한 살이었고, 군주는 원칙적으로 즉위 다음 해가 재위 원년이었다.

③동이족은 '무릎을 꿇고 예를 표하는 것'을 존경의 의미로 사용했으나, 화하족은 이를 수치로 여겼다. 동이족은 존경의 의미로 무릎을 꿇고 허리를 굽혀 엎드려 절하는 것을 당연하게 생각했으나, 화하족은 이것을 야만적으로 여겼다. 갑골문에는 사람이 무릎을 꿇고 예를 표하는 모양을 반영한 글자가 매우 많다(예를 들어 女, 母, 見, 光 등). 고대 동북아시아 여러 지역에서 여러 부족들이 다양한 글자들을 발명한 후 서로 교류하는 과정에서 문자가 종합적으로 정리되었는데, 최초의 체계적인 문자인 갑골문의 주요 글자들은 동이족의 풍속을 담고 있음을 알 수 있다.

④동이족은 '해'를 숭상하며 새, 곰, 호랑이, 뱀 등의 토템[1]을 가졌다. 화하족은 황하의 범람 때문에 '물'을 중시하며 소, 뱀 등의 토템을 가졌다. 화하족은 현세 중심적인 성향이 동이족보다 훨씬 강하여 상대적으로 샤머니즘의 영향력이 적었다.

동이족은 화하족보다 먼저 우수한 문명을 발전시켰고[2], 화하족과 경쟁하며 오랜 세월동안 아시아대륙의 북동부 지역을 지배했다. 동이족

---

1) 특정한 동식물 등의 사물을 숭배하여 부족의 조상이나 수호신으로 여기고 스스로를 이와 동일시하는 원시인들의 의식체계를 토테미즘이라고 함. 토템은 이때 숭배되던 사물을 의미함
2) 광의의 동이족이 살던 지역인 현재의 요하 상류에 있는 '홍산紅山 지역'에서 황하문명보다 시기가 훨씬 빠른 홍산문화, 하가점하층문화가 연이어 번성했음. 홍산 지역에서 발굴된 유물은 중원 지역과는 완전히 다르고 고조선과 매우 밀접한 관련이 있음. 이 발굴 이후 중화사상의 자부심에 손상이 간 중국 정부와 어용학자들은 현재의 요하 지역도 원래부터 화하족의 영역이었다고 억지 주장을 하고 있음(동북공정)

국가인 **상商**은 황하 하류에서 남서쪽으로 진출하여 중원을 지배하고, 중국대륙의 주인이 되기도 했다. 이후 상은 기존의 화하족과 결합했고 ¹⁾ 지금도 많은 사람들은 상을 화하족이 세운 국가로 잘못 알고 있다. 이는 훗날 주周가 상商을 멸망시킨 후 주공周公 단旦이 상商의 문화를 기초로 주周 고유의 문화를 결합시켜 '**상주商周문화**'를 만들어 정착시키고, 중원을 중심으로 이를 후세에 전달한 결과다. 상주문화가 끼친 영향이 막대하여 사람들이 <u>상주문화를 중국문화와 동일시하면서</u> 상과 주를 중국계 국가라고 오해하게 된 것이다.

동이족이 화하족보다 먼저 우수한 문명을 발전시켰다고 해서 동이족이 화하족보다 더 우수한 사람들이라는 의미는 결코 아니다. 당시 동이족이 화하족보다 '우연히' 더 좋은 자연환경에서 살았기 때문에 먼저 문명을 발전시킨 것에 불과한 것이다²⁾. 훗날 화하족은 동이족을 공격하여 흡수하거나 중국대륙에서 밀어내게 되는데, 이 또한 화하족이 동이족보다 우수해서 그런 것이 아니라 환경의 변화에 따른 우연에 불과한 것이다(후술). **인종이나 민족, 부족 사이에 우열은 없으며, 여러 집단의 흥망성쇠는 자연환경으로부터 큰 영향을 받은 그저 우연에 불과한 것임**을 반드시 기억해야 할 것이다.

---

1) 상商이 멸망한 후 그 문화와 주민이 주周에 흡수되면서 상족과 주족의 구별이 모호하게 됨. 훗날 주족도 중원에 살고 있던 화화족과 결합하여 구별이 모호하게 됨. 그 결과 상과 주는 광의의 화하족으로 변함
2) 인류학자인 제러드 다이아몬드 교수가 저술한 《총, 균, 쇠》에는 문명의 발전과 환경요인과의 관계에 대한 탁월한 분석이 있으므로 꼭 읽어 보시기 바람

서융족西戎族

화하족은 자신들의 서쪽 지역에 사는 사람들을 **서융족西戎族**이라고 불렀다. 서융족은 황하 상류, 위수渭水 유역, 관중關中 평야, 파촉巴蜀 지역에 살고 있었다. 서융족은 화하족보다 먼저 우수한 문명을 발전시켰고(서융족이 살던 지역에서 중원보다 시기가 빠른 청동기 유적이 발굴되고 있음), 강한 군사력을 기반으로 화하족과 경쟁하며 오랜 세월 동안 중국대륙의 서쪽을 지배했다. 서융족 역시 다양한 부족들이 있었고, 서로 협력과 갈등을 반복했다. 서융족은 목축과 농업을 병행했는데, **주족周族**은 농업을 중심으로 했고 **강족羌族**은 목축을 중심으로 했다.

주족을 서융족으로 분류하는 것에 대하여 의문을 가지는 독자들도 많을 것이지만, 주족의 조상으로 불리는 후직后稷의 탄생설화나 주족의 이동 과정을 보면 원래의 화하족과는 다름을 알 수 있다(후술). 훗날 주족은 동쪽으로 진출하여 동이족 국가인 상을 멸망시키고 중원을 지배하게 되는데, 중원에 살고 있던 기존의 화하족과 결합하여 **더 넓은 의미의 화하족**을 탄생시킨다(**하夏+상商+주周**. 부족대연맹의 외연 확대). 화하족은 '우수한 문화'와 '많은 인구'를 기반으로 비록 이민족에게 정복을 당하더라도 오히려 그 이민족의 문화를 흡수해 버리고, 시간이 지나면 그 이민족을 화하족으로 포섭하여 더 큰 의미의 화화족을 탄생시키는 불가사의한 능력이 있다.

남만족南蠻族

화하족은 자신들의 남쪽 지역에 사는 사람들을 **남만족南蠻族**이라고 불렀다. 남만족은 <u>장강 중류 및 하류, 장강 이남 지역</u>에 살고 있었다. 그런데 장강 하류의 남만족은 그 지역의 동이족과 교류를 통해 서로 비슷한 문화를 형성하게 되어 구별이 어려워졌고, 그 영향은 지금도 남아 있다[1]. 남만족 역시 **초楚**를 비롯하여 다양한 부족들이 있었고, 서로 협력과 갈등을 반복했다.

상고시대 때 아시아대륙은 지금보다 평균 기온이 2℃ 정도 더 높았다. 그 영향으로 장강 유역은 아열대 기후가 펼쳐졌지만, 장강 이남은 열대 밀림 지역이었다. 장강 유역은 인구도 많았고 외부와 교류하며 훌륭한 문명을 발전시켰지만, 장강 이남은 독사·독충과 풍토병 때문에 많은 인구가 살기 어려웠으며 문명의 발전 속도도 느렸다. 당시 장강 이남은 지금의 아마존 지역과 비슷하여 외부인들이 접근하기가 매우 어려웠고, 이는 자연스럽게 외부에 대한 보호막 역할을 했다.

남만족은 <u>남방계 인종</u>으로 북방계 인종(동이족, 북적족)과 구별되는 외형적 특징을 나타냈다. 화하족과 서융족이 북방계인지 남방계인지 좀 더 연구가 필요하지만, 현재의 중국인들은 남방계와 북방계의 비율이 비슷한 것으로 분석된다. 이와 달리 현재의 한국인들은 북방계의 비율이 70%~80%인 것으로 분석된다.

북방계 인종은 추위에 적응하도록 진화되었는데, ①표면적이 작

---

[1] 남만계 소수 민족 일부는 지금도 동이계 전쟁의 신인 치우蚩尤를 숭배하고 있음. 이 때문에 다수의 중국 학자들은 치우를 동이계가 아닌 남만계로 분류하는 실수를 하고 있음

은 납작한 얼굴 ②많지 않은 수염과 눈썹 ③쌍꺼풀이 없는 가늘고 작은 눈 ④낮고 작은 코 ⑤얇은 입술 ⑥몸에 비해 짧은 팔과 다리 ⑦상대적으로 긴 얼굴 ⑧삽 모양 앞니[1] ⑨우뇌형[2]을 특징으로 한다. 남방계 인종은 더위에 적응하도록 진화되었는데, 북방계와 반대로 생각하면 된다.

북적족北狄族

화하족은 자신들의 북쪽 지역에 사는 사람들을 **북적족北狄族**이라고 불렀다. 북적족은 황하 상류의 고원지대(=오르도스)와 그 북쪽 지역, 몽골 고원(=외몽골), 몽골 고원 외곽(=내몽골) 지역에 살고 있었다. 몽골 고원과 내몽골 서쪽 지역의 북적족은 내몽골 동쪽 지역의 동이족과 교류를 통해 서로 비슷한 문화를 형성하게 되어 구별이 어려워진다.

북적족은 우수한 문명과 강한 군사력을 기반으로 화하족에는 항상 위협적인 존재였다. 화하족이 가장 두려워했던 상대는 처음에는 동이족이었는데, 훗날 동이족이 중국대륙에서 밀려난 이후에는 북적족이 가장 두려운 상대가 된다. 이는 화하족에게 이민족, 특히 북쪽 지역의 이민족에 대한 배타주의를 강화시키는 원인이 되었다. **화하족의 뿌리 깊은 중화中華사상은 자신들의 문화와 경제력에 대한 자부심과 동시에 이민족 때문에 이를 잃을지도 모른다는 두려움이 복합적으로 작용하여 탄생했는데**, 북적족은 동이족과 함께 화하족에 많은 두려움을 주었다. 이를 상징적으로 보여주는 것이 만리장성이다. 훗날 북적족과 동이

---

1) 혀가 닿는 안쪽 면의 가운데가 삽처럼 오목하게 파여 있는 앞니
2) 뇌의 우뇌반구가 좌뇌반구보다 더 큼

족은 여러 차례 남진하여 중원을 지배하게 되는데, 그 후에는 기존의 화하족과 결합하여 더 넓은 의미의 화하족으로 흡수되는 경우가 많았다[1].

여러 계열 주민들의 결합

지금으로부터 약 5,000년 전 아시아대륙의 북·동부 지역에 살았던 여러 계열의 주민들은 서로 갈등과 협력을 반복하며 다양하고 뛰어난 문화를 만들어냈고, 그 유산으로 지금의 중국인들은 문명 대국을 자부하고 있다. **현재의 중국인들과 중국 문명은 원래의 화하족이 단독으로 탄생시킨 것이 아니라 그밖에 중원을 지배했던 여러 이민족들의 인종적·문화적 결합과 노력이 더해져 탄생한 것이다.**

처음에 화하족은 주변의 이민족들보다 열등한 상태에서 출발했으나, 특유의 강한 적응력과 성실성을 바탕으로 기후 변화에 따른 기회(이민족의 경제력 감소, 장강 이남의 경제력 급증)를 잘 살려 강력한 문명을 이룩했다. 그 이후에 화하족은 주변의 여러 이민족들을 흡수하면서 지금까지도 세계사에 큰 족적을 남기고 있다.

---

1) 대표적인 예가 위진남북조 때 북위北魏(탁발拓跋 선비족)의 효문제孝文帝임. 효문제는 원래의 성씨인 탁발拓跋씨를 버리고 원元씨로 개칭하였음. 한족漢族화된 선비족은 시간이 지나면서 정체성을 잃어버리게 되고, 한족과 결합하여 500년 이상 중원을 지배하였음. 이 지배집단에서 훗날 수隋와 당唐의 황제가 배출되었음. 최근 수와 당을 이민족 국가로 분류하는 주장이 강해지고 있으나, 수와 당의 황제들은 이미 오래전에 선비족의 정체성을 잃어버려 스스로 이에 대한 인식은 없었음

제3절 기후

기후 변화 개요

과학자들의 연구결과에 의하면, 옛날의 기후는 지금과 많이 달랐다. BC 10000년경 오랫동안 지속되던 (현재까지의 마지막) 빙하기가 끝나고, 간빙기가 시작되었다. 그때부터 서서히 따뜻해지던 기후는 BC 6000년경 온난화가 시작되었는데, 현재의 연평균 기온보다 더 높아졌다. BC 5000년경부터 BC 3000년경까지는 '기후 최적기'로 불리는 시기로 인류가 살기에 가장 적합한 시기였다고 한다.

<u>BC 6000년경 ~ BC 1400년경</u> 지구의 평균 온도는 지금보다 1℃ 이상 높았는데, 특히 동북아시아 지역은 2℃ 가까이 높았다. 또한 강수량도 지금보다 많았다. 그 결과 ①현재의 요하 유역, 만주, 연해주는 온난 기후로 최적의 생활환경을 유지했다. ②황하 하류 지역은 아열대 기후로 지금과 달리 울창한 숲과 코끼리, 악어 등의 아열대 동물들이 많았다. 갑골문에 코끼리 등 현재 아프리카에서 서식하는 많은 동물들의 글자가 보이는 것은 이 때문이다. ③황하 중류 지역은 많은 강수량과 아열대에 가까운 온난한 기후로 인하여 농업 생산력이 지금보다 훨씬 높았다. ④장강 유역은 아열대와 열대의 중간 기후였지만 사람이 사는 데에는 큰 어려움이 없어서 일찍부터 높은 수준의 문화가 발전했다. ⑤장강 이남은 열대우림 기후로 인하여 풍토병이 창궐하고 밀림이 우거져 사람이 주거하기에 어려움이 많았다.

지금보다 훨씬 온난한 기후를 유지하던 지구는 <u>BC 1400년경 ~ BC</u>

<u>1200년경</u> 기온 하락과 건조화가 시작되어 지금과 비슷한 환경이 된다.

서서히 한랭·건조해지던 지구는 **BC 1000년경 ~ BC 700년경** 기온이 급락하고 건조해져 현재의 연평균 기온보다 1℃ 정도 낮아지고 건조하게 되는데, 과거 온난화시대와 비교하면 온도가 2℃ 이상 급격히 낮아지고 건조해진 결과가 되었다. 과학자들은 이를 '**철기시대 초기 한랭기**'라고 부른다.

BC 1400년경부터 시작된 한랭화와 건조화로 인하여 농사에 어려움을 겪고 있던 **중원의 북쪽과 서쪽 지역**(=서융족과 북적족이 살던 지역)은 철기시대 초반의 갑작스러운 한랭·건조화로 인하여 유목으로 완전히 전환되었다. 이로 인하여 식량이 더 부족해졌고, 많은 인구를 부양하는 것이 불가능해졌다. 식량을 찾아 많은 사람들이 더 온난하고 물이 많은 지역(중원)으로 이동하게 되었다. 이는 필연적으로 중원 지역과의 갈등을 가져왔다.

몽골 고원도 상황이 비슷했다. 몽골 고원 지역에 살던 사람들은 중원 지역 이외에 내몽골 동부 지역을 지나 만주와 현재의 요하 지역으로도 많이 이동했다.

만주와 현재의 요하 지역도 상황은 비슷했다. 비록 농사가 완전히 불가능하게 된 것은 아니지만 농업 생산력의 급감은 피할 수 없었다. 반농반목半農半牧의 경제로 전환되면서 인구의 부양 규모는 감소했고, 남쪽 지역으로의 인구 이동이 발생했다. 특히 현재의 만주 서부(=내몽골 동부) 지역은 몽골 지역의 주민들이 대거 이동하면서 예전과는 완전히 다른 문화가 시작된다[1].

　반면 **황하 하류 지역**은 온도가 내려가면서 최적의 생활환경으로 바뀌게 되었고, 농업 생산력의 증가는 인구의 급격한 증가를 가져오게 되었다.

　황하 중류 지역은 건조화로 인하여 예전에 비해 생산력은 크게 감소하게 되지만, 그곳에 살던 주민들은 새로운 식량 기지를 개척할 수 있었다. 바로 장강 지역이다.

　장강 유역은 아열대 기후로 바뀌면서 풍부한 수원과 비옥한 토지로 인하여 농업 생산력이 급증하여 식량 생산의 중심지로 '서서히' 변모한다.

　장강 이남 지역은 기온이 내려가면서 사람들이 사는 데 어려움이 예전보다 훨씬 줄어들었다. '먼 훗날' 장강 이남 지역은 농업기술의 발달로 인하여 식량 생산의 새로운 중심지가 된다.

　과학자들의 연구결과에 의하면, 지구적으로 볼 때 철기시대 한랭기는 BC 250년경 종료되었다. 반면 동북아시아의 경우는 BC 700년경 기온이 다른 지역보다 일찍 회복하여 지금과 거의 비슷해졌다. 이후 소규모의 기온 변화가 반복되었으나 온도의 변화 폭은 작아졌다.

'철기시대 초기 한랭기'가 가져온 엄청난 변화

　철기시대 초기는 <u>**춘추시대의 중·후기**</u>에 해당한다. 철기시대 초기에 시작된 갑작스러운 한랭기는 짧은 기간임에도 불구하고 아시아대륙의

---

[1] 이 지역에서 BC 2400년경 시작된 '하가점<u>하</u>층문화'는 유물 연구결과 고조선과 직접적으로 관련된 것으로 분석되고 있으나, BC 1100년경 시작된 '하가점상층문화'는 유목문화의 경향이 강하여 고조선과는 관련성이 없는 것으로 분석되고 있음. 이를 통해 그 이전에 이 지역에 매우 큰 사회적 격변이 발생했음을 알 수 있음

북·동부 지역에 엄청난 영향을 주었다. 황하 상류, 몽골 고원, 만주 평야, 연해주 지역은 낮아진 온도와 건조화로 인해 농업생산량이 급감하여 많은 인구를 부양하는 것이 불가능해졌다. 특히 황하 상류와 몽골 고원 지역은 농업 자체가 불가능해졌고 유목으로 전환되었다. 식량부족은 그 지역 주민들의 대이동을 초래했고, 그곳에 터를 잡았던 많은 국가들은 국력이 약해졌다. 특히 우수한 선진문명을 발전시켰고 황하 문명에 큰 영향을 주었던 현재의 요하 지역은 철기시대 초기 격동기를 거치며 급격히 위축되었다.

농업을 포기하고 유목으로 바뀐 지역은 처음에는 어려움을 겪었으나, 곧 유목에 근거한 새로운 문화를 발전시켰다. 말을 이용한 빠른 기동력, 유목민 특유의 강인한 체력과 정신력은 역설적으로 군사력의 강화를 가능하게 했다. 북쪽과 서쪽의 유목 국가들은 생존을 위해 항상 중원의 풍족한 경제력을 노렸다. 중국의 역사는 <u>지키려는 중원의 화하족과 빼앗으려는 동·서·북 이민족 사이의 투쟁의 역사</u>인데, 그 가장 큰 원인이 기후변화로부터 시작되었다. 유목 국가들은 일시적으로 강한 군사력을 형성했으나, 적은 인구수와 약한 경제력의 근본적인 한계는 군사력의 유지를 어렵게 했다. 특히 중원을 장악한 이민족들은 이후 자신들의 장점을 잃어버리고 절대다수인 화하족에 동화되면서 문화적으로 사라지는 경우가 자주 발생했다.

철기시대 초기에 온도가 갑자기 내려가면서 '장강 유역'은 오히려 사람들이 살기에 더 쾌적한 환경이 되었고, 농업 생산의 새로운 중심지가 되어 많은 인구의 유지가 가능하게 되었다. 그 결과 그곳에 위치하고 있던 남만족 국가인 초楚·오吳·월越은 서서히 국력이 중원을 능가하게 된다. 훗날 초·오·월은 북진하여 중원을 지배하게 되는데, 그 이후에는 다른 이민족들과 마찬가지로 기존의 화하족과 결합하여 더 넓은 의미의 화하족으로 흡수된다(광의의 화하족의 외연 확대).

한편 열대 밀림 지역이어서 상대적으로 발전이 늦었던 '장강 이남'은 기온 하락으로 아열대 기후로 바뀌면서 풍토병 및 밀림과 같은 외부에 대한 보호막이 사라졌다. 그 결과 북쪽에서 내려온 철제 무기를 가진 외부인들(=광의의 화하족)에게 속수무책으로 밀리게 되었고, 깊은 산속 또는 더 남쪽의 열대 지역으로 내몰렸다. 이로 인해 화하족에게 장강 이남의 남쪽 이민족들은 동·서·북쪽의 이민족들과는 달리 전혀 위협이 되지 못하게 되었다.

기후 변화로 인해 장강 유역과 그 이남 지역은 초·오·월이 포함된 광의의 화하족에게 새롭고 풍족한 식량 생산기지가 되었고, 그 결과 외연이 확대된 화하족은 더 많은 인구를 부양할 수 있게 되어 문명 발전에 원동력이 되었다.

기후 변화라는 우연에 의해 화하족과 그 주변 이민족들의 운명은 완전히 달라졌고, 힘이 세어진 화하족은 예전에 열세였던 처지를 잊고 오히려 주변 이민족들을 야만인이라고 비하하며 온갖 횡포를 부리게 된다. 거듭 강조하지만 문명의 우열과 부족의 우열은 전혀 무관한 것이다. 모든 부족들은 각자 처한 상황에 맞게 고유한 문화를 발전시키며 주변 부족들과 교류하고 때로는 갈등하면서 그 역사를 이어 온 것임을 알아야 한다. 현재의 상황을 기준으로 부족의 우열을 정하고 다른 부족이나 집단을 무시하며 횡포를 부리는 것은 잘못된 것임을 기억해야 할 것이다.

제4절 지형과 마을

지형

과학자들의 연구결과에 의하면 지금으로부터 약 5,000년 전 아시아 대륙 북동부 지역의 지형은 지금과 많이 달랐다. 우선 황하의 물길이 지금과 완전히 달랐다. 황하 하류는 홍수로 인하여 여러 차례 물길의 흐름이 달라졌는데, 옛날에는 황하 하류가 지금보다 훨씬 북쪽으로 흘러 현재의 북경 부근에서 9개의 지류로 나뉘면서 바다로 들어갔다. 그래서 당시에는 황하 하류를 '구하九河'라고 표현하기도 했다.

한편 중국대륙의 동쪽 해안선은 지금보다 많이 뒤로 물러나 있었다. 현재의 중국 지도를 보면 장강·회수·황하 하류 지역은 바다 쪽으로 많이 나와 있는데, 이것은 오랜 세월의 퇴적작용 때문이다. 중국대륙의 강들은 동쪽으로 흐르면서 내륙의 많은 토사를 바다로 운반했는데, 오랜 기간 동안 쌓여 해안선도 조금씩 바다 쪽으로 나아가게 되었다. 지금의 상해上海부터 산동반도 남쪽의 중국 동해안 지역, 지금의 황하 하류 지역, 천진天津 지역은 현재 해안선을 기준으로 약 50㎞ 이상(심한 곳은 100㎞까지)이 당시에는 바다였었다.

마을

도시와 마을의 상황도 지금의 모습과는 달랐다. 상고시대 때 사람들은 주변에서 가장 비옥한 지역에 건설된 성읍城邑을 중심으로 그 주변의 근거리 지역에 모여 살았고, 성읍과 성읍 사이의 넓은 땅은 밀림이나 숲이 우거진 지역으로 사람들이 거의 살지 않는 버려진 땅이었다.

신석기시대와 청동기시대 때는 농기구가 '석기'였고, 가축을 농사에 이용하는 기술이 발달하지 않아서 농업 생산력에 한계가 있었다. 이는 인구의 증가를 제한하는 요인이 되었다. 성읍 주변의 땅만으로도 적은 인구가 먹고사는 데 충분했으므로 사람들은 새로운 농경지에 대한 욕심을 낼 필요가 없었고, 당시의 석기 도구로는 밀림이나 초목이 우거진 버려진 땅을 농경지로 개간하는 것이 지극히 힘들었다. 그 결과 성읍을 중심으로 가장 비옥한 지역에만 사람들이 모여 살았고, 성읍과 성읍 사이의 넓은 땅은 개간의 필요성이 없어서 방치되고 있었다. 넓은 지역이 버려진 상태로 있었기 때문에 전쟁에서 패한 유민들과 여러 이유로 근거지를 떠난 부족들이 이동하고 정착하는 것이 지금보다 훨씬 쉬웠다[1].

그 결과 당시의 국가는 지금과 달리 영역국가가 아니라 선형국가였다. 즉 성읍을 중심으로 주요 거점들이 선으로 연결되어 있고, 중간에 빈 영역이 많았던 것이다. 훗날 철기시대 때 중간의 빈 영역이 메꾸어지면서 국가는 본격적으로 영역국가로 변하게 된다.

상고시대 때 사람들은 거주 지역에 따라 신분이 구별되었는데, 간략하게 정리하면 다음과 같다.

- **국인國人**: 성城 내부에 거주하는 성姓을 가진 사람들(=백성百姓)을 의미함. 성姓을 가졌다는 것은 씨족이 분명한 지배계급임을 의미

---

[1] 학자들은 상商 초기의 인구를 540만 명, 상 말기의 인구를 850만 명 정도로 추정하고 있음. 국토 면적을 감안하면 거의 빈 땅이나 마찬가지였던 것임

함. 국인들은 국가의 정책결정 과정에 참여하였고, 전쟁을 수행했음. 백성은 훗날 일반 주민으로 그 의미가 변하게 되지만, 당시에는 지배계급을 의미했음. 단 이 책에서는 편의상 백성의 의미를 훗날의 의미인 일반 주민으로 사용하기로 함
- **교인郊人**: 성 외부지만 성과 비교적 가까운 지역에 거주하는 성姓을 가지지 못한 일반 주민들을 의미함
- **야인野人**: 성과 멀리 떨어진 곳에 거주하며 농업과 목축에 종사하는 하층 주민들을 의미함

이러한 상황은 철기시대 때 철제 농기구가 보급되면서 완전히 달라진다. 철기는 청동기와 달리 쉽게 생산할 수 있는 장점이 있었으므로 청동기로는 불가능했던 농기구 등 생활용품까지 제조가 가능하게 되었다. 철제 농기구는 농업 생산량을 획기적으로 늘렸는데, 이 시기에 소를 농사에 이용하는 방법(우경牛耕)이 개발되면서 농업 생산량은 더 늘었다. 이는 인구의 급격한 증가를 가능하게 했고, 인구의 급격한 증가는 새로운 농경지에 대한 절실한 수요를 가져왔다. 철제 도구는 석기로는 개간할 수 없었던 땅을 개간하는 것을 가능하게 했고, 이는 예전에 버려졌던 성읍과 성읍 사이의 멀리 떨어진 땅에 대한 쟁탈전으로 전개된다.

철기시대의 시작은 춘추시대 중·후기와 겹치는데, 철제 농기구로 인한 농업 생산력의 급격한 증대는 대귀족을 더욱더 부유하게 만들었고 땅에 대한 수요 증가를 폭발시켰다. 춘추시대 중기 이후 제후국 내에서 발생한 지배계급 사이의 갈등 폭발, 제후국들 사이의 급격한 전쟁 발발도 결국 땅에 대한 수요 증가로 인한 쟁탈전의 결과다. 이때부터 많은

땅을 차지하는 자가 많은 부와 인구를 유지할 수 있게 되었고, 결과적으로 권력을 차지하게 되었다. 땅에 대한 욕심과 쟁탈은 역사의 전개 양상을 완전히 바꾸게 되었고, 지금도 땅에 대한 욕심은 사람들의 유전자에 본능처럼 남아 땅을 가지지 못한 사람들과 국가들을 괴롭히고 있다.

제2장

서주西周 이전의 역사 개요

제1절 상고上古시대

1. 신화와 전설의 의미

　상고시대 때 사람들은 과학 지식이 부족하여 계절이 바뀌거나 번개가 치는 등의 자연현상과 생로병사 등 인간의 의지대로 되지 않는 여러 일들을 설명하기 위해 초자연적인 존재를 상정했다. 또한 그들의 지도자들은 권력을 강화하기 위하여 자기 자신이나 조상을 초자연적인 존재 또는 신성한 존재로 내세웠다. 시간이 흐르면서 이러한 초자연적인 존재는 신神이나 영웅들의 이야기로 변하고 발전하게 되었는데, 이를 신화 또는 전설이라고 한다.

　옛사람들은 말(言)이 있었으나 글은 없었다. 현재 중원이라고 불리는 지역에서 최초의 '체계적인' 문자는 갑골문이다. 갑골문은 상商의 문자이므로 그 이전에는 체계적인 문자 시스템이 없었을 것으로 추정된다. 고고학 연구 성과에 의하면 상商 이전 시대에도 지역에 따라 '원시적인' 문자는 있었던 것으로 밝혀졌으나, 대부분 상형문자 정도에 불과했으며 문법을 갖춘 체계로까지는 발전하지 못하여 당시에 발생했던 여러 일들을 기록으로 남겨 후세에 전하는 것이 불가능했다.

상고시대 때는 체계적인 문자가 없었으므로 기록은 불가능했고, 중요한 사건들은 구전口傳되어 후대에 전해질 수밖에 없었다. 시간이 흐르면서 구전할 내용은 점점 많아지게 되고, 모든 지엽적인 내용을 다 구전하는 것이 불가능하므로 필연적으로 그 내용은 여러 세대를 지나면서 **핵심적인 내용**만 남게 된다. 그 핵심적인 내용들은 또다시 **압축되고 상징화**되어 신이나 영웅들의 이야기로 탄생하기도 했는데, 압축되다 보니 오랜 시간의 일들이 동시대의 일로 섞이게 되고 여러 지역의 일들이 한 지역의 일로 섞이는 현상이 발생하게 된다.

체계적인 문자가 발명된 후 어떤 사람이 그때까지 전해지던 신화와 전설을 기록으로 편찬하면, 신화와 전설은 '역사'로 변신하게 된다. 오랜 세월 동안 말로 전달되는 과정에서 이미 원형과 달라진 신화와 전설은 문자로 기록될 때 기록자의 주관이 개입되어 그 내용이 또 달라지기도 한다. 신화와 전설이 일단 역사로 변신하면, 그 기록을 읽게 되는 후세 사람들은 그 내용을 문자대로 해석하여 그대로 믿게 되거나 또는 그 내용을 비현실적이라고 여겨 완전히 불신하게 된다.

2. 삼황오제三皇五帝신화

삼황오제신화는 상고시대 때 중국대륙에 존재했던 국가, 부족, 씨족의 여러 일들을 상징적으로 반영하고 있다. 당시는 체계적인 문자가 발명되기 전이어서 당시의 사건들을 기록한 동시대의 역사서는 당연히 존재하지 않고, 삼황오제'신화'의 형태로 후대에 전해졌을 뿐이다. 따라서 삼황오제신화에 대한 올바른 이해는 곧 중국대륙의 상고시대 때 생활상을 이해하는 유일한 길이 된다.

원래 황皇은 하늘을 뜻하고, 제帝는 하늘님을 뜻하는 말이었다. 그런데 삼황오제신화에서는 그 의미가 '최고의 제왕帝王'을 뜻하는 것으로 변하였다[1]. 즉 삼황오제란 동북아시아 지역의 상고시대 신화에 등장하는 8명의 제왕들로, 세 명의 황皇과 다섯 명의 제帝를 말한다. 이들 8명의 제왕들은 중국 문명의 시조로 오랫동안 추앙되어 왔다. 그러나 누구를 삼황오제로 취급할 것인지에 대하여는 견해가 일치하지 않고 있다[2]. 정답이 없는 문제로 논의의 실익은 없다. 여기서는 삼황오제로 언급되는 여러 인물들에 대하여 모두 간략히 언급하기로 한다.

사마천이 《사기史記》 오제본기五帝本紀 편의 끝 부분에 "… 믿을 만하지도 않아 학자나 사관들이 말하기를 꺼린다."라고 기술한 것에서 알 수 있듯이, 사마천이 활동하던 시기(=전한前漢 무제武帝 때) 대다수의 학자들은 삼황오제를 신화에 불과할 뿐 역사적 사실이라고 생각하지는 않았던 것으로 보인다. 그러나 사마천이 《사기》에 오제본기를 기록함과 동시에 유학儒學이 거의 유일한 국가 공인 학문이 된 이후부터는 삼황오제(특히 오제)를 신화가 아닌 '역사적 사실'이라고 보는 견해가 절대다수가 되었다. 그러다가 청淸 때의 의고학파疑古學派에서는 실증적 검증을 통하여 삼황오제를 '후대에 창조되고 부풀려진 신화'일 뿐 역사적 사실은 아니라고 해석하였다.

1990년대 이후부터 중국은 공산당을 중심으로 어용학자들을 대거

---

1) 원래 하늘과 하늘님을 의미하던 것이 제왕 즉 사람을 의미하는 것으로 바뀐 것임
2) 다수설에 의하면 삼황은 **복희씨·수인씨·신농씨**고, 오제는 **황제·전욱·제곡·제요·제순**임

동원하여 중화민족주의를 강조하며 역사학에 국가 차원의 개입을 시도했는데, 그 결과 삼황오제를 신화가 아닌 실존 인물로 격상시켰다. 이로 인해 오늘날 대다수의 중국 국민들도 삼황오제를 실존 인물로 받아들였고, 이는 극소수 선동가들의 주장과 결합하여 배타적 민족주의를 강화하는 결과를 낳고 있다. 중국의 국력이 증대함에 따라 배타적 민족주의 성향은 더 강화되고 있고, 그에 비례하여 삼황오제 특히 황제黃帝에 대한 신격화는 정도가 심해지고 있다.

삼황오제신화를 분석하면 그 기본 틀은 화하 및 이민족 계열 국가(부족)들의 여러 신화들이 복합되어 있음을 알 수 있다. 여러 지역의 여러 신화들이 통합된 것은 춘추전국시대 때다. 춘추전국시대 때 제자백가諸子百家[1]가 다양한 견해들을 주장하고 이를 제후들에게 유세하는 과정에서 자신들의 주장에 대한 증명에 활용하기 위해 여러 지역에서 전승되어 오던 여러 신화들을 재창조한 것이다. 특히 전국시대 때 음양오행설이 유행한 이후에는 5명의 제왕이 정립되어 오제신화가 형성된다. 삼황오제는 춘추전국시대에 재창조된 신화이기 때문에 제자백가에 따라 삼황과 오제의 구성원이 다 다르다. 삼황오제신화는 이후에도 계속 재창조의 과정을 거치면서 내용이 달라지기도 하고 추가되기도 하는 등 발전하였다.

---

[1] 춘추전국시대 때 부국강병과 개인의 안전 등 여러 주제들에 대하여 다양한 주장들을 펼치던 학자들과 학파들을 총칭하는 말임. 자세한 것은 후술하기로 함

3. 상고시대 신화 요약정리

각종 기록과 전승에 나타난 주요한 내용을 삼황오제를 중심으로 정리하면 다음과 같다. 기록과 전승에 따라 그 내용이 다른 경우도 많이 있으므로 독자들은 이를 감안해서 이 책을 읽어야 할 것이다.

반고盤古

태고시대에 하늘과 땅은 구분이 되지 않았고, 달걀처럼 생긴 커다란 별이었다. 빛도 없고 소리도 없었는데, 그 속에서 반고盤古가 태어났다. 반고는 엄청나게 큰 도끼로 그 어두운 별을 찍어서 둘로 쪼갰다. 가벼운 반쪽은 위로 올라가 하늘이 되었고, 무거운 반쪽은 아래로 가라앉아 땅이 되었다.

반고는 하늘과 땅이 다시 합치게 되는 것을 걱정하여 손을 높이 들어 하늘을 받치고 발로 땅을 굳게 딛고 섰다. 반고는 매일 10척尺[1]씩 키가 자랐고, 이에 따라 하늘도 매일 10척씩 높아졌다. 이렇게 18,000년이 지나자 하늘은 엄청나게 높아졌고 땅은 엄청나게 두터워졌다. 즉 반고는 하늘을 이고 서 있는 거인이 된 것이다.

그러나 반고는 하늘을 받치느라 기진맥진했고 결국 죽었다. 반고가 죽자 반고의 몸에 커다란 변화가 일어났다. 입김은 바람과 구름이 되었고, 목소리는 천둥이 되었다. 왼쪽 눈은 태양이, 오른쪽 눈은 달이 되었

---

[1] 1척(=1자)은 시대에 따라 약간 달라졌으나 보통 30㎝ 정도였음. 춘추전국시대 때에는 22.5㎝(대척) 또는 18㎝(소척) 정도였음

다. 몸과 근육은 산과 구릉이 되었고, 머리카락은 별이 되었고, 뼈는 금속과 암석이 되었고[1], 피는 강이 되었고, 땀은 비가 되는 등 세상이 지금과 같이 변하게 되었다[**천지 창조**]. 여기에 더하여 반고가 죽은 뒤 얼마 후 그의 몸에 있던 벌레들이 바람(반고의 입김)을 맞자 사람으로 변했다는 취지의 변형된 신화도 전해져 온다[**인류 등장(자연발생설)**].

반고가 처음 기록에 나타난 것은 삼국시대 때 서정徐整이 저술한 《삼오역기三五歷紀》다. 그 뒤 위진남북조 때 남조 중 하나인 양梁의 임방任昉이 편찬했다고 하는 《술이기述異記》에서 반고가 자기 몸으로 천지 만물을 만든 것으로 기술하고 있다[2]. 반고의 몸이 천지 만물이 되었다는 내용은 대자연과 사람이 서로 하나로 통한다는 동아시아 전통의 사상이 반영된 것이라고 해석하는 학자들도 있다.

원래 반고는 화하 계열이 아닌 남만 계열의 신화였다고 한다(메소포타미아 지역의 신화라고 주장하는 견해도 있음). 춘추전국시대 때는 반고에 대한 기록이 없는데, 훗날 중국의 영역이 확장되면서 반고신화는 중국신화로 편입된 것으로 보인다.

---

1) 반고가 죽은 후 금속과 암석이 생겨났다면, 반고가 태어날 때 별을 찍었던 도끼는 어떻게 만들어졌을까?
2) 중국의 역사학자 고힐강顧頡剛이 지적한 것처럼, 중국 역사 기록의 특징 중 하나는 **후대로 갈수록** (새로운 사료를 발견한 것도 아닌데) **더 옛날의 일들이** 처음으로 기록되거나 자세하게 기록된다는 것임. 이를 통해 중국 역사가들의 '상상력'이 얼마나 대단한지 알 수 있음

여와女媧

반고에 의해 하늘과 땅이 생겨났지만, 땅에는 아직 사람이 없었다. 사람을 만든 것은 여신 여와女媧다. 여와는 인면사신人面蛇身(사람의 얼굴 + 뱀의 몸)의 모습을 하고 있었다. 여와는 황하의 황토를 반죽해서 사람의 형태를 만들고, 그 안에 생명을 불어넣었다. 최초의 사람은 이렇게 창조되었다.

사람을 하나하나 정성껏 만드는 일은 대단히 힘든 일이었고, 여와는 지쳐갔다. 그래서 여와는 새끼줄을 흙 속에 늘어뜨렸다 끌어 올렸다. 새끼줄에서 많은 흙이 떨어졌고, 흙은 곧 사람이 되었다. 여와가 정성껏 만든 사람은 귀한 사람이 되었고, 새끼줄을 이용해 대충 만든 사람은 천한 사람이 되었다[**인류 등장(창조설)**].

어느 날 하늘에 사는 흑룡이 난동을 부려 하늘에 구멍이 났다. 구멍을 통해 엄청난 비가 내렸고 결국 대홍수가 났다. 동시에 하늘을 떠받치는 기둥이 부러지고 땅을 잇는 끈이 끊어져 천지가 기울어지며 땅이 갈라졌다. 땅에서 맹수들이 출현하여 사람들을 잡아먹었고, 하늘에서는 흉조凶鳥가 날아와 사람들을 채갔다.

여와는 세상을 구하기 위해 행동에 나선다. 먼저 바다에서 오색의 돌을 건져 불에 녹여서 아교를 만들어 무너진 하늘을 메웠다. 계속해서 큰 거북의 발을 잘라 세상의 네 귀퉁이에 세워 하늘을 떠받치는 기둥을 대신했다. 이후 대홍수를 일으킨 원흉인 흑룡을 죽이고, 갈대를 태운 재를 쌓아 홍수를 제압했다. 열흘 뒤 모든 재해가 멈추고, 인간은 다시 살아날 수 있었다[**세상 구원**].

여와가 창조한 사람들의 생명에는 한계가 있었다. 시간이 지나면 힘들게 만든 사람들이 죽음과 함께 사라질 것이 뻔했다. 그래서 여와는 남녀가 결혼하여 아이를 낳고 기르는 제도를 만들었다. 그 덕분에 인류는 멸망하지 않고 점차 그 수를 불려 나가게 되었다[**결혼제도 창안**].

여와가 처음 기록에 등장한 것은 전국시대 때였다. 여와는 신석기시대 때 뱀을 토템으로 하는 남방계 모계사회 부족의 여성 지도자 이야기가 전승되어 후대에 창조된 것으로 보인다.

수인씨燧人氏

아주 오래 전에 수명국燧明國이라는 나라가 있었다. 수명국은 사계절이 분명하지 않고 대낮도 없었다. 수명국 사람들은 죽을 수도 없어서, 만약 더 살고 싶지 않으면 하늘로 올라가 신선神仙이 되었다. 수명국에는 수목燧木(부싯돌나무)이라는 나무가 있었는데, 두께가 수만 척이나 되고 높이는 구름에 도달할 정도였다.

어느 날 새 한 마리가 부리로 수목을 쪼았는데 불꽃이 일어나는 일이 생겼다. 어떤 뛰어난 사람이 이 모습을 보고 깨달음을 얻어 수목을 꺾어서 나뭇가지에 쉴 새 없이 비벼 불을 지폈다. 그 사람은 다른 나무에도 같은 방법을 적용해 보았는데, 결과가 같았다. 인류는 드디어 스스로 불을 얻는 방법을 터득하게 된 것이다. 사람들은 불을 얻는 방법을 터득한 그 사람을 수인씨燧人氏라고 불렀다.

상고시대 사람들은 수렵과 채집을 통해 얻은 것들을 날것으로 먹었기 때문에 소화불량을 겪었고, 질병이 많았다. 수인씨 덕분에 불을 얻는 방법을 알게 된 인류는 음식물을 불에 익혀 먹게 되었고, 그 결과 영양상태가 좋아지고 질병이 줄어들었다.

고대 중국의 신화에서는 불멸의 업적을 남긴 신神에게 '씨氏'라는 경칭을 붙였는데, 역사시대가 시작되면서 사람들은 걸출한 부족의 장(또는 부족 그 자체)에게도 씨氏 자를 붙여 높여 부르게 된다. 사람들은 불을 얻는 방법을 가르쳐준 수인씨의 업적을 기리기 위해 씨라는 경칭을 붙여 불렀던 것이다.

신선神仙이라는 개념은 전국시대 때 널리 퍼진 것인데, 산동반도 너머 동해[1] 바다 가운데에 살고 있다는 불사不死의 초인超人 이야기가 시간이 흐르면서 체계화된 것이다. 신선사상은 후한後漢 때 도교와 결합하여 보통 사람도 수행을 통해 신선이 될 수 있다는 내용으로 변했고, 대중들의 정신세계에 큰 영향을 끼치게 된다. 수인씨신화에 신선이 등장하는 것은 후대에 신화의 내용이 재편집되었거나 또는 전국시대 이후 처음 만들어졌음을 암시하는 것이다.

복희씨 伏羲氏

서북쪽 먼 곳에 화서씨華胥氏의 나라가 있었다. 그곳은 너무 멀어 사람들이 일생을 걸어도 도달할 수 없었고, 신선들이 사는 땅이었다. 어느 날 화서씨의 딸이 동쪽 지방에 있는 뇌택雷澤이라는 연못을 지나다

---

1) 중국의 관점에서 볼 때 동해는 우리나라의 서해를 의미하는 것임

그곳에 남겨진 뇌신雷神의 발자국을 밟았는데, 뇌신의 정기가 몸에 들어와 바로 임신하여 얼마 후 아들 복희伏羲를 낳았다.

복희는 뇌신의 아들로 성姓은 풍風이고, 인면사신人面蛇身의 신이었다. 복희는 복희宓羲, 포희庖犧, 포희包犧, 복희伏戱, 희황犧皇, 황희皇羲, 태호太昊, 청제青帝라고 다양하게 불리고 있다. 복희는 수인씨를 이어 세상을 다스렸다. 복희는 몸에 용龍의 상서로운 표시가 있었으므로 모든 관직 이름에 용龍이란 글자를 넣었고, 군대를 용사龍師라고 칭했다.

어떤 신화에 의하면 복희의 아내는 여와女媧였고[1], 복희는 여와와 협력하여 혼인 제도를 만들었다고 한다[2]. 이 신화에 의하면 복희와 여와는 원래 남매였는데, 대홍수로 인해 모든 인류가 죽자 인류의 멸망을 피하기 위해 결혼하여 다시 인류를 번성시킨다. 복희는 150년을 재위했고, 그의 사후에는 여와가 왕위를 계승했다.

복희는 매우 지혜로워 사람들의 생활에 편리한 물건들을 많이 만들었다. 사람들은 여러 물건들을 만들어 생활을 편리하게 해 준 복희의 은혜에 보답하기 위해 씨氏 자를 붙여 불렀다. 복희씨가 만들었다고 알려진 것들은 다음과 같다.

- 넓은 들에 나무를 사용하여 '하늘을 오르내릴 수 있는 사다리'를 만듦

---

[1] 복희와 여와는 처음에는 전혀 별개의 존재였는데, 후대에 중원 국가들의 영역이 확대되고 각 부족들의 신화가 섞이면서 졸지에 부부가 되었음(후한後漢시대 이후). 복희와 여와는 내용상 시대가 전혀 맞지 않는데, 그럼에도 불구하고 지금까지 부부로 묶여 있음

[2] 혼인 제도는 처음엔 여와의 단독 창안이었는데, 훗날 남편 복희와 공동 창안으로 바뀌게 된 것임. 모계사회에서 부계사회로 전환되면서 여성의 지위가 낮아지는 현상이 반영된 것으로 보임

- 천지와 다양한 사물들을 관찰하여 팔괘八卦를 만들었고, 결승문자 結繩文字[1]를 창조함
- 그물을 발명하여 수렵·어로에 큰 도움을 줌
- 그물을 이용해 잡은 동물들을 길들여 목축이 시작됨
- 흙을 빚어 질그릇을 만들고, 바늘·빗 등의 생활 도구를 발명함
- 슬瑟(큰 거문고)이란 악기를 만들어 악곡을 지음

복희씨는 오랫동안 화하족의 조상으로 여겨졌으나, 최근 연구에 의하면 복희씨는 '동이 부족의 수장'으로 판명되었다. 복희씨의 이름이 한자漢字로 매우 다양하게 표기되는 것은 외래어 즉 동이의 말을 훗날 화하족이 한자로 음사音寫하거나 훈역訓譯한 사실을 보여주며, 복희가 뱀의 몸을 하고 있었다는 것은 그가 이끌던 부족이 뱀 토템을 가졌을 가능성을 보여준다. 복희는 동이의 말인 '붉히(밝은 해)'를 한자로 음사한 것이고, 희황은 음사와 훈역이 결합한 것이고, 태호는 훈역한 것이다.

한편 음양오행설이 널리 퍼지게 된 전국시대 이후 신화 속의 제왕들은 오행과 관련하여 재창조되어졌다. 전한前漢시대에 편찬된《회남자淮南子》천문훈天文訓 편에 의하면, 복희씨는 훗날 동방의 천제가 되었으며 목신木神 구망句芒이 그를 보좌했다고 한다(목木=동東=청青=봄).

신농씨神農氏

신농神農은 우두인신牛頭人身(소의 머리 + 사람의 몸)의 신인데, 그의

---

1) 새끼줄이나 띠 따위에 매듭을 지어 기호로 삼은 문자

출생에 관하여는 많은 이설이 있다. 어떤 신화에 의하면 소전씨小典氏의 부인인 여등女登이 화양華陽으로 나들이를 갔다가 용을 보고 이상한 기운을 느낀 후 임신하여 우두인신의 아이를 낳으니 그 아이가 바로 신농이라고 한다. 신농은 지금의 호북성湖北省 강수姜水 부근에서 태어났기 때문에 성을 강姜으로 정했다. 처음에는 진陳 땅에서 살다가 곡부曲阜 땅으로 옮겼다는 주장도 있다.

당시 사람들은 아직 씨를 뿌려 곡식을 재배하는 방법을 몰랐다. 어느 날 신농의 머리에 씨앗을 입에 문 새가 앉았다. 그 새는 신농의 주변에 씨앗을 떨어뜨리고 날아갔다. 신농은 그 씨앗을 하늘의 선물로 생각하여 땅에 묻었다. 얼마 후 싹이 났고 잘 자라 열매가 맺혔다. 이를 본 신농은 깨달음을 얻어 사람들에게 씨앗을 나누어 주며 심게 했고, 사람들은 드디어 농사짓는 법을 알게 되었다.

이후 신농은 쟁기[1]나 괭이 등의 농기구를 발명하여 여러 씨앗을 심었고 결국 쌀, 보리, 기장, 수수, 콩 등을 재배하게 되었다[**농사의 신**]. 이때부터 사람들은 농사를 짓게 되었고, 사람들은 신농의 은혜에 보답하기 위해 씨氏 자를 붙여 불렀다.

신농씨는 여와가 죽은 뒤 왕이 되었다고 하는데, 이는 훗날 첨가된 내용으로 여와와 신농씨는 아무 관계가 없다고 보는 것이 정확하다. 여러 지역의 신화들이 훗날 새롭게 재창작되면서 창작자에 의해 서로 관계를 맺는 현상이 발생한 것이다. 마치 마블의 각 캐릭터가 별개였다가

---

1) 처음에는 사람이 쟁기를 끌었음. 우경牛耕(소를 이용하여 쟁기로 땅을 가는 것은 춘추시대 때 처음 등장했고, 후한시대 때 보편화되었음. 신농이 소의 머리를 하게 된 것은 소가 농사에 필수적이 된 먼 훗날에 창작된 내용이거나 또는 신농의 부족이 농사와는 관계없이 소를 토템으로 하였기 때문일 것임

나중에 영화 〈어벤져스〉로 엮여 관계를 맺는 것과 같은 모습이다.

또한 신농씨는 붉은 채찍으로 여러 초목을 쳐서 그 수액 성분을 직접 혀로 확인해 가며 수백 종의 약초를 발견했다. 그 과정에서 신농씨는 70번이나 독에 중독되었는데, 그때마다 다른 풀들을 씹고 해독하여 살아났다[**의약의 신**].

어느 날 신농씨는 평소와 같이 처음 보는 풀을 씹었는데 창자가 끊어졌다. 신농씨는 해독제를 먹을 겨를도 없이 눈이 멀고 죽게 되었다. 이때가 왕이 된 지 140년 되는 해였다. 이후 신농씨의 자손들이 왕위를 이어 8대 530년 동안 왕조가 지속되었다고 주장하는 견해도 있다.

염제炎帝

태양신인 염제炎帝는 태양의 따뜻한 빛을 내려 오곡이 잘 자라게 만들어 주었다. 이때부터 사람들은 먹을 걱정을 하지 않게 되었다. 당시 사람들은 남는 물건을 교환하고 싶었으나 방법이 없었다. 염제는 교환 장소를 개설하고, 태양이 머리 위에 떴을 때(=정오正午) 교환하는 방법을 마련했다. 이로 인해 사람들은 편리하게 교역을 할 수 있게 되었다. 또한 염제는 흙을 빚어 도기陶器와 용기 등 각종 물품을 만들었고, 활을 발명했다.

신농씨와 염제는 농사 면에서 공통적인 부분이 있다. 이 때문에 신농씨와 염제를 동일인물로 보는 견해가 춘추전국시대 때 등장했다. 사마천도 사료 수집 과정에서 이 견해를 채택하여 《사기》에 신농씨와 염제를 구별하지 않고 혼용하여 기록했고, 현재까지도 중국인들은 그렇게 믿고 있다. 한편 염제가 흙을 빚어 도기를 만든 부분은 복희씨와 겹친다.

염제의 활약이 다른 인물들과 겹치는 것은 여러 지역에서 별개의 신화들이 전승되어 오다가 훗날 화하족이 여러 지역으로 영역을 넓히면서 각 지역의 신화들을 흡수하여 발생한 결과다. **원래 신농씨와 염제는 다른 부족의 별개의 신화였는데, 훗날 하나로 섞이게 된 것이다.** 농사의 공통점 때문에 신농씨와 염제를 동일 인물로 본다면 도기 등 각종 물품을 만든 사실 때문에 복희씨와 염제도 동일 인물로 보아야 하는 결과가 되는데, 이는 모순이다.

음양오행설이 유행한 이후 염제는 남쪽 지역을 다스린 불의 화신으로 정의되었고, 불을 다스리는 축융祝融[1]이 염제를 보좌했다(**화火=남南=적赤=여름**). 염제를 소전少典의 아들이자 황제黃帝의 이복동생이라는 주장도 등장하는데, 이는 훗날 춘추전국시대 때 제자백가들이 신화를 재창조하면서 만들어낸 헛소리에 불과한 것이다.

《사기》에는 염제가 동쪽으로 세력을 넓히려다가 판천阪泉 땅에서 황제黃帝와 싸워 패한 것으로 기록되어 있다. 다른 기록들에 의하면 그 후 염제는 황제와 협력하여 동이 계열인 구려九黎의 왕 치우蚩尤를 물리친 다음, 부족을 이끌고 황하 유역으로 진출하여 황제와 부족연맹을 맺고 오랫동안 생활하며 종족을 키웠다고 한다.

중국인들은 지금까지도 염제와 황제가 부족연맹을 맺어 화하족이 되었고, 화하족이 한족漢族으로 되었다고 믿고 있다. 중국인들은 염제와

---

1) 축융의 출신에 대하여 여러 주장이 있음. ①오래된 신으로 삼황의 하나라는 주장 ②염제의 4대代 후손이라는 주장 ③전욱의 아들 또는 손자라는 주장 등등. 축융이 염제를 보좌했다는 주장은 ②설에 근거함

황제를 그들의 공동 조상으로 생각하고 있으며, 스스로를 '염황자손炎黃子孫'이라 부르고 있다.

황제黃帝

신화에 의하면, 황제黃帝는 원래 하늘에서 살다가 백성들을 사랑하여 인간 세상으로 내려왔다. 땅으로 내려온 황제는 신들의 본거지인 곤륜산崑崙山의 궁전에서 살았는데, 누런 용의 몸을 가지고 있었으며 얼굴이 네 개여서 사방을 동시에 볼 수 있었다. 황제의 궁전은 화산에 둘러싸여 있었고 무수한 신령들이 호위했으며 궁궐이 겹겹이 둘러 있어 인간들은 근접할 수 없었다. 황제는 벼락의 신으로 수많은 신들과의 투쟁에서 승리하여 결국 모든 신들과 귀신·요괴들을 지배하게 되었다.

《사기》의 기록상 황제는 소전少典의 아들로 성은 공손公孫, 이름은 **헌원軒轅**이다. 황제가 속한 부족이 웅족熊族이어서 유웅씨有熊氏라고도 불린다. 사마천은 《사기》를 통해 그때까지 신화적 존재였던 황제를 위대한 인간 영웅으로 '역사화'했다.

황제의 출생과 관련하여 소전의 부인 부보附寶가 기도를 하다 북두칠성의 첫 번째 별에 휘감겨 임신하여 24개월 후 황제를 낳았다는 주장도 있고, 소전이 예씨를 부인으로 맞아 황제와 염제를 낳았다는 기록도 있다. 전국시대 때 황제와 염제가 형제라는 주장이 처음 등장했는데, 이후 여러 주장들(동복형제설, 이복형제설 등)이 널리 퍼지면서 지금도 중국인들은 염제와 황제를 형제로 믿고 있다. 이는 전승되던 신화들이 후대에 얼마나 제멋대로 재창조되었는지를 보여주는 예다. 제자백가마다 자신들에게 유리한 내용으로 신화들을 왜곡하여 유세에 이용하면서 발생한 현상인 것이다.

　1990년대 이후 중국에서는 공산당 정부에 의해 배타적인 중화주의가 특히 강화되고 곡학아세曲學阿世하는 풍조가 휩쓸고 있는데, 그 영향으로 중국의 어용학자들은 황제가 즉위한 해를 BC 2697년으로 확정했다. 어떤 근거로 그렇게 한 것인지는 모르겠으나, 갑골문자가 발명되기 훨씬 전으로 잘해야 **원시 상형문자 밖에 없던 시대**(=지금으로부터 무려 4,700여 년 전인 신석기시대)에 어떻게 軒轅(수레 헌, 수레 끌채 원)이라는 문자가 존재할 수 있었으며[1] 또한 당시에 실제로 수레가 발명되어 사용되고 있었을지도 의문스럽다.

　여러 기록들에 의하면 황제는 인간을 사랑하여 어진 왕이 되려고 부단히 노력했으며, 인간들에게 유익한 많은 것들을 만들었다. 황제가 창안한 것이라고 주장되는 것들은 다음과 같다.

- 강을 건너는 배를 만듦
- 당시 사람들이 동굴이나 땅 밑에서 생활하는 것을 불쌍히 여겨 집을 만듦
- 대나무로 담장을 만들어 맹수의 침입을 막음
- 부인 **누조嫘祖**가 짠 비단을 사용해 지위와 연령에 맞게 의복을 만듦
- 창과 방패 등의 병기와 수레를 만듦
- 사관 **창힐倉頡**을 시켜 문자를 발명함

---

1) 軒과 轅은 둘 다 형성문자임. 상형문자는 문자 발명의 처음 단계고, 형성문자는 마지막 단계임

- 악사 영륜伶倫을 시켜 음악을 정리함
- 사관 대요大僥를 시켜 천문을 살피고 역법을 만듦
- 한의학을 정비함(황제내경)
- 그릇, 거울을 만듦
- 60갑자와 팔괘를 만듦

음양오행설이 유행한 이후 황제는 중앙 지역을 다스리는 신으로 정의되었고, 땅을 다스리는 후토后土가 황제를 보좌했다(**토土=중中=황黃= 간절기**).

후대에 재창조된 여러 기록들을 종합하면, 황제가 부족의 장이 되었을 때 중원의 최대 세력은 염제 신농씨였으며 남쪽에서는 치우蚩尤의 구려九黎 부족이 중원을 항상 노리고 있었다. 황제는 염제와 세 차례 싸움을 벌여 세 번 다 승리했다. 이후 황제는 염제와 거대한 부족연맹체를 구성하고, 탁록涿鹿 땅에서 치우와 일대 결전을 벌여 초반에는 밀렸으나 결국에는 승리를 거두었다. 그 뒤 황제는 사방의 수많은 제후들을 제압하고 천자로 등극하여 100년 동안 나라를 다스리다가 자신이 죽을 날을 택하여 용을 타고 승천했다.

황제와 치우의 전쟁은 상고시대 최대의 격전이었다. 신화에 의하면, 치우는 청동 머리에 여덟 개의 팔다리를 가지고 있는 전쟁의 신이었다. 남쪽의 치우와 북쪽의 황제는 천하를 놓고 탁록 땅에서 결전을 벌인다. 치우와 그의 형제 70여 명은 모두 신통력이 있으며 용맹하였고, 치우의 부하인 도깨비들은 끊임없이 황제의 군사들을 괴롭혔다. 황제의 군대는 수세에 몰렸다. 치우의 군대가 큰 소리를 두려워한다는 사실을 알게 된 황제는 응용應龍[1]을 보내 큰 울음소리를 내게 해 반격했으나, 별로 효과는 없었다.

그러던 중 치우는 황제의 부하인 풍백風伯과 우사雨師를 설득해 부하로 만들었고, 그들은 비바람을 일으켜 황제의 군대를 공격했다. 위기에 빠진 황제는 자신의 딸이자 가뭄을 일으키는 여신인 발魃을 하늘의 허락도 없이 소환하여 풍백과 우사에게 반격했다. 치우는 잠시 물러났다.

황제는 치우의 군대가 소리에 약한 것을 이용하기로 결심한다. 황제는 동해에 사는 괴수인 기夔[2]를 죽여 그 가죽으로 큰 북을 만들었다. 또한 황제는 뇌수雷獸[3]를 죽여 그 뼈로 북채를 만들었다. 황제가 기와 뇌수로 만든 북을 치자 천지가 진동했고, 치우의 군대는 힘을 잃었다. 결국 황제는 치우의 군대를 물리치고, 천하를 통일한다. 이후 황제는 하늘로부터 추방된 발을 북쪽에 살게 하고, 응용을 남쪽에 살게 했다. 이 때문에 남쪽은 비가 많아졌고 북쪽은 가물어졌다고 한다.

《사기》에는 황제에게 25명의 아들이 있었는데, 그중 14명이 번창하여 독립적인 씨족을 형성했고 성姓을 가지게 된 것으로 기록되어 있다. 황제의 후손들이 하夏·상商·주周를 열어 중국문명을 발전시켰다는 취지인데, 이를 증명할 근거는 전혀 없고 사마천을 비롯한 중국인들의 상상에 불과한 내용이다.

《사기》에 이런 내용이 기록된 것은 당시의 분위기 때문이다. 전한前

---

1) 등에 날개가 달린 용. 비바람을 일으킴
2) 소와 비슷한 모습의 외다리 괴수. 비바람을 일으키고 뇌성을 질러 천하를 진동시킴
3) 인면사신人面蛇身의 괴수. 자신의 배를 두드리며 노는데, 배를 두드리면 고막을 찢을 듯 큰 소리가 났음

漢이 중국대륙을 통일한 이후 서서히 **대일통大一統의 사상(중국은 하나라는 사상)**이 유행하게 된다. 《사기》는 대일통 사상으로부터 큰 영향을 받았는데, 나중에는 대일통 사상을 확립시키는 데 결정적인 역할을 하게 된다. 황제의 후손들이 하夏·상商·주周를 열었다는 내용은 대일통 사상의 핵심 이론인 것이다.

《사기》에 의하면 황제의 부인인 누조는 **현효玄囂**와 **창의昌意**를 낳았는데, 모두 지위가 낮아져 제후가 되었다. 황제의 장남인 창의는 창복昌僕을 부인으로 맞이했는데, 그들 사이에서 건황乾荒(=전욱顓頊)이 태어났다. 《사기》에 의해 정립된 황제 가문의 계보는 대일통 사상의 핵심이기 때문에 중국인들에게는 매우 중요한 의미가 된다.

황제는 신화 속의 인물로 그에 관한 기록을 역사적 사실이라고 보기는 힘들다. 설령 황제라 불리던 사람이 존재했다고 해도 그가 모든 것을 다 만들었다는 것은 후세 사람들의 창작이었을 것이다. 춘추전국시대 때 제자백가들은 자신들의 주장을 합리화하기 위해 여러 신화적 인물들을 끌어들였는데, 이상적인 군주의 대명사로 황제를 그렸다. 이후에도 시대의 필요에 따라 특히 혼란의 시대나 외환外患의 시대 때 황제의 존재는 부각되어졌다. **황제는 실제로 그런 인물이 존재해서가 아니라 그런 이상적인 인물이 필요했기 때문에 만들어졌다고 볼 수 있다.**

그런데 중국인들에게는 미안한 말이지만, 황제는 중국인의 조상이 아니라 동이족 계열의 인물 또는 부족이다. 황제가 또 다른 동이 계열인 치우와 처절하게 싸웠기 때문에 '적의 적은 아군'이라는 일반적인 관념으로 인해 중국인들이 황제를 화하족으로 오해한 것이고, 사마천에 의해 역사적 인물로 완전히 확립된 것일 뿐이다. 고대 중국의 신화중에서 화하족으로 분석되는 것은 신농씨와 염제뿐이다. 황제를 동이 계열로 보는 근거는 다음과 같다.

- 황제신화에 의하면, 황제는 원래 하늘에서 살다가 백성들을 사랑하여 인간 세상에 내려왔다. 즉 황제와 그 후손들은 **천손天孫**인 것이다. 천손사상은 한국(환웅과 단군)과 일본(아마테라스天照大神)으로 대표되는 동이족의 신화에서 가장 핵심적인 내용이다. 단군신화와 동명왕신화를 보면 고대 한국인들은 스스로를 천손으로 생각하고 있음을 잘 알 수 있다.

  이와 달리 중국은 천명天命사상을 가지고 있다. 즉 하늘의 명을 받은 신성한 사람이 하늘을 대신하여 천하를 다스린다고 생각한 것이다. 이에 의하면 중국인들은 스스로를 하늘의 후손으로 생각한 것이 아님을 알 수 있다. 황제신화와는 부합하지 않는 것이다.
- 황제신화와 단군신화는 비슷한 부분이 있다. 하늘에서 지상으로 내려온 점, 풍백과 우사를 부하로 거느린 점, 홍익인간弘益人間의 사상을 가진 점, 곰을 토템으로 여긴 점 등이 그것이다. 즉 북방 동이 계열의 가치관을 공유하고 있는 것이다.
- 황제는 곰 토템 부족의 지도자였는데, 중국인들은 곰 토템을 가지고 있지 않았다. 황제가 곰 토템인 것은 황제의 성씨가 공손公孫, 황제가 속한 부족이 웅족熊族인 점을 통해 파악할 수 있다. 공公은 곰(熊)의 이두식 표기인데, 이는 백제의 옛 도읍이었던 웅진熊津이 공주公州로 표기된 사실을 보면 잘 알 수 있다(곰나루=웅진=공주). 즉 공손公孫은 '곰의 자손'이라는 곰 토템이 반영된 이두식 성씨였던 것이다. 훗날 중국에 봉건제가 보편화되면서 공손公孫은 '제후의

후손'을 뜻하는 보통명사로 사용되다가 아예 특정 가문의 성씨로 변하게 된다. 황제는 신석기시대 말기의 인물(또는 부족)이었으므로 봉건제와는 관련이 없고, 따라서 황제의 성씨인 공손公孫은 곰 토템이 반영된 성씨로 볼 수밖에 없는 것이다.

한편 중국이 곰 토템과 관련이 없는 것은 고대 중국인들이 가장 좋아하던 음식이 '곰 발바닥 요리'인 것을 보면 알 수 있다. 곰 토템을 믿던 고대인들이라면 자신들의 조상 또는 수호신인 곰으로 만든 요리를 최고급 요리로 평가하며 즐길 수는 없는 것이다. 또한 중국에는 곰과 관련한 지명이 존재하지 않으며[1], 곰을 신령한 단어로 취급하지 않았다[2].

- 황제의 이름인 헌원軒轅은 '수레'와는 아무런 관계가 없는 것이고, 동이족 고유어인 '환하다(明)'와 관련된 의미로 분석된다. 즉 외래어(동이어)를 훗날 한자로 음사한 것으로 보는 것이 정확할 것이다. 왜냐하면 황제가 활동하던 신석기시대 말기는 아직 수레가 발명되기 이전이었고, 軒轅이라는 한자는 존재하지 않았던 시기였기 때문이다. 결국 <u>오랫동안 구전되던 황제신화가 먼 훗날 한자로 기록되는 과정에서 만들어진 결과물</u>인 것이다.

---

1) 곰 토템의 영향이 많이 남아 있던 한국과 일본에는 곰과 관련한 지명이 많음
2) 고대 한국어에서 군주를 의미하는 단어인 검(금)은 곰이 변형된 것이며, 일본어에서 신神을 의미하는 가미도 곰이 변형된 것임. 즉 곰은 신령한 단어였던 것임

소호少昊 금천씨金天氏

황제의 뒤를 이어 중원을 다스린 제왕이 누구인지에 대하여 견해가 일치하지 않는다. 크게 보면 ①소호少昊 금천씨金天氏가 황제의 뒤를 이었다는 견해와 ②전욱顓頊 고양씨高陽氏가 황제의 뒤를 이었다는 견해로 나뉜다. ①의 견해에서는 소호를 오제의 하나로 보는 반면 ②의 견해에서는 소호를 오제에 포함시키지 않는다.

소호 금천씨의 인적 사항과 지위에 대하여는 다음과 같이 매우 다양한 주장들이 있다.

- 금성金星의 신神과 천상의 궁녀인 황아皇娥가 혼인하여 낳았다는 견해
- 성은 기己이고 이름은 철摯 또는 질質이며, 황제의 아들이라는 견해
- 황제와 누조가 낳은 두 아들 중 하나인 현효를 소호로 보는 견해 (《사기史記》)
- 황제의 후손이라는 견해
- 황제의 사위라는 견해
- 황제가 복속시킨 부족의 수령이라는 견해

소호가 나라를 연 지역에 대하여 동해東海 바깥 큰 골짜기(대학大壑)라는 기록, 궁상窮桑[1] 땅이라는 기록 등이 있다. 나중에 궁상 땅에서 청

---

[1] 높이가 무려 1,000길이 되고, 만 년에 한 번씩 열리는 보랏빛 열매를 먹으면 하늘과 땅이 사라질 때까지 살 수 있다고 하는 전설의 나무. 공상空桑이라고도 함. 그 위치에 대하여 하남성 진류, 산동성 곡부 북쪽(다수설) 등의 견해가 있음

양青陽 땅으로 도읍을 옮겼다는 주장도 있다. 소호를 궁상씨窮桑氏, 청양씨青陽氏라고도 부르는 것은 이 때문이다(소호와 청양씨를 별개의 인물로 보는 견해도 유력함). 또한 소호는 금덕金德으로 천하를 다스렸기에 금천씨金天氏로 불렸으며, 그밖에 운양씨雲陽氏, 주선朱宣, 소호少皞, 소호少皓, 소호少顥라고도 불렸다.

기록에 의하면 소호가 세운 나라는 새를 토템으로 하여 관직명에 새를 사용했고, 깃털을 사용하여 신분을 표시했다. 새의 깃털로 신분을 표시하는 것은 중원과는 다른 동이의 문화인데, 최근에는 소호를 동이 부족의 수령으로 보는 견해가 유력하다. 중국 사서에 가장 오래된 고대 종족의 하나로 나오는 조이鳥夷가 바로 소호 부족이며, 황하 중·하류 지역의 후기 신석기문화인 용산龍山문화의 주인공이라는 주장도 있다.

신화에 의하면 소호의 아들인 구망句芒은 유력한 동이 부족의 수령인 태호 복희씨를 보좌했다. 구망은 이름이 중重으로 새의 몸에 사람의 얼굴을 하고 있었다. 소호는 아들 욕수蓐收를 데리고 서방으로 갔는데, 장류산長留山에 살면서 삼위산三危山을 포함한 서방 지역의 천제가 되었다. 욕수는 이름이 해該인데, 두 마리의 용을 타고 다녔다. 음양오행설이 유행한 이후 소호는 서쪽 지역을 다스리는 신으로 정의되었고, 금신金神 욕수가 소호를 보좌했다(금金=서西=백白=가을).

전욱顓頊 고양씨高陽氏

전욱顓頊의 성은 희姬, 이름은 건황乾荒이다. 《사기》에는 황제黃帝의 손자로 기록되어 있으나, 《산해경》에는 증손자로 기록되어 있다. 《사기》에 의하면 황제의 뒤를 이어 중원을 다스렸다. 신화에서 전욱은 사람의 얼굴에 새의 몸을 하고, 푸른 뱀을 귀와 발에 걸고 다녔다. 즉 새를 토템으로 하는 부족(지배 부족)과 뱀을 토템으로 하는 부족의 부족연맹 수장으로 추측되는 것이다.

신화에 의하면, 소호는 동해 바깥의 골짜기에 나라를 열었고 그곳에서 조카인 전욱을 양육했다. 전욱은 성장하여 소호를 보좌했고, 소호는 전욱을 고양高陽 땅의 제후로 봉했다. 사람들은 이때부터 전욱을 고양씨高陽氏라고 불렀다. 소호가 재위 84년 나이 100세에 죽은 후 전욱은 중원으로 가서 황제를 보좌하게 된다.

전욱의 권력이 커지자 여러 부족들이 반발했는데, 결국 공공共工 부족이 반란을 일으켰다. 일부 신화에서는 물의 신인 공공을 불의 신인 축융의 아들이라고 설명하고 있는데, 인면사신人面蛇身의 신으로 매우 용맹했다. 전욱은 여러 제후들을 소집하여 공공의 반란에 대처했는데, 결국 축융이 공공을 물리쳤다[1]. 공공은 패색이 짙어지자 분을 참지 못하고 하늘을 떠받치는 기둥을 머리로 들이받아 부러뜨렸다. 하늘과 땅이 요동쳤고, 그 영향으로 서북쪽은 높아지고 동남쪽은 낮아져 강물이 동남쪽으로 흐르게 되었다.

이후 전욱은 황제의 뒤를 이어 왕이 되어 중원을 다스리게 된다. 《사기》는 전욱에 대하여 하늘의 변화를 관찰하여 절기를 기재하고 백성들을 교화했다고 간략히 기록하고 있으나, 《산해경》은 비교적 자세히 기

---

[1] 화하족이 영역을 넓히면서 여러 부족의 여러 신화들이 섞이는 현상이 발생했음. 공공을 축융의 아들이라고 보는 주장은 축융을 염제의 후손으로 보는 견해에서 주장하는 내용임. 축융이 공공을 물리쳤다는 주장은 축융을 전욱의 아들로 보는 견해에서 주장하는 내용임. 내용이 다른 여러 신화들이 섞이면서 발생하는 혼란임

록하고 있다.

《산해경》에 의하면, 전욱은 해, 달, 별을 북쪽 하늘에 묶어버려 세상을 가뭄과 홍수의 혼란에 빠뜨렸다. 또한 인간과 신의 영역을 구별하기 위해 하늘과의 유일한 통로인 **건목建木**을 파괴했다. 이때부터 인간은 하늘로 올라갈 수 없었고, 일반 주민들은 마음대로 하늘에 제사를 지내지 못하게 되었다. 전욱은 하늘에 대한 제사를 전문적으로 행하는 신성한 계급인 무사巫師를 정했고, 사람들은 무사를 통해서만 신령과 소통할 수 있게 되었다. 이후 무사와 주민 간에는 신분의 차이가 발생하게 된다. 학자들은 전욱이 하늘과 땅의 통로를 파괴한 때부터 종교와 정치가 분리되었고, 최고 지배자가 제사권을 독점하게 된 것으로 해석하고 있다. 한편 전욱은 예법을 강조하며 남자를 여자보다 우위에 두었는데, 이때부터 남존여비가 시작되었다.

음양오행설이 유행한 이후 전욱은 북쪽 지역을 다스리는 신으로 정의되었고, 바람을 다스리는 우강禺强이 전욱을 보좌했다(**수水=북北=흑黑=겨울**). 그 영향으로 인하여 훗날 중국의 역사서들이 여러 이민족들을 황제의 후손으로 날조하여 기록할 때[1] 북쪽 지역의 이민족들을 전욱의 후손으로 기록하는 경우가 많았다.

---

1) 흉노匈奴나 선비鮮卑와 같이 자신들의 역사서를 남기지 못한 이민족들에 대하여 중국의 역사서는 황제 등의 후손으로 기록했음. 여진이나 몽골같이 자신들의 역사서를 남긴 이민족들은 스스로를 황제 등의 후손으로 기록하지는 않았음. 모든 국가의 사람들을 중국인의 후손으로 기록하는 것은 중국 역사서의 고질병인데, '위략魏略'에는 로마(=대진국大秦國)인들이 스스로를 중국의 별종이라고 말했다는 기록이 있을 정도임

제곡帝嚳 고신씨高辛氏

제곡帝嚳(=곡임금)의 성은 희姬, 이름은 준俊이다. 《사기》에 의하면 황제 헌원의 증손자[1]이고, 전욱의 오촌 조카다. 제곡의 어머니는 거인의 발자국을 밟은 후에 제곡을 낳았으며, 제곡은 태어나면서부터 자신의 이름을 준俊이라고 말했다.

제곡은 당시 중원의 지배자인 전욱을 보좌하여 공을 세우고 고신高辛 땅의 제후로 책봉되었다. 사람들은 이때부터 제곡을 고신씨高辛氏로 불렀다. 이후 제곡은 30세에 전욱의 뒤를 이어 중원을 다스렸는데, 70여 년을 통치했다.

제곡은 공공 부족과 견융족을 물리쳤으며, 천문현상을 관찰한 후 절기를 만들어 농경의 효율성을 높였다. 제곡은 음악을 좋아하여 각종 악기를 만들고 노래를 제작했다.

제곡은 자신보다는 후손들 때문에 더 의미가 있다. <u>《사기》에 의하면 중국 고대사의 주요한 인물들은 모두 제곡의 후손들이다.</u> 제곡이 황제의 후손이므로 **결국 중국 고대사의 주요 인물들은 모두 황제의 후손이 되는 것이다.** 간략히 정리하면 다음과 같다.

- 강원姜原(첫째 부인): 들에 놀러 갔다 거인의 발자국을 밟은 후 임신하여 이상한 살덩어리를 낳음. 불길하게 여겨 버렸는데, 짐승들이 보호함. 이를 기이하게 여겨 다시 거두어 길렀는데, 아이를 버

---

1) '황제-현효-교극蟜極-제곡'의 계보임

렸다고 해서 이름을 **기棄**(버릴 기)로 정함. 기는 나중에 **후직后稷**으로 불렸으며, 주周의 시조가 됨
- 간적簡狄(둘째 부인): 현조玄鳥[1]가 떨어뜨린 알을 삼키고 임신하여 **설契**을 낳음. 설은 우禹의 치수사업을 도와 공을 세우고, 순舜으로부터 상商 땅을 분봉받아 상商의 시조가 됨
- 경도慶都(셋째 부인): 황하 강변에서 붉은 용이 일으키는 바람을 마시고 임신하여 **방훈放勛**을 낳음. 방훈은 훗날 성군으로 추앙받는 **제요帝堯**(=요임금)가 됨
- 상의常儀(넷째 부인): 장자인 **지挚**를 낳음. 훗날 지는 제곡의 지위를 물려받지만 잘 다스리지 못해 폐위되고, 방훈이 즉위함

위 기록은 근거가 없어서[2] 믿을 수 없는 내용이다. 고대 중국에서는 개인의 능력보다 가문이 더 중요했다(이는 다른 지역도 마찬가지였음). 그래서 조상이 누구인지 얼마나 권위 있는 가문인지를 매우 중요하게 생각했고, 이에 대한 조작이나 변조가 많았다. 특히 신화적인 인물을 내세우면 증명이 불가능하고 권위도 있으므로 매우 효과적이다. 후대에 군주들과 귀족들이 자기 가문의 권위를 높이기 위해 신화적 인물의 후손으로 주장했고, 그 내용이 역사서에 검증 없이 그대로 기록된 것으로 짐작된다. 상족商族은 동이 계열로 주족周族과는 전혀 관련이 없는데, 같은 조상을 둔 것으로 기록된 것을 보면 얼마나 많은 왜곡과 조작이 있었는지 짐작할 수 있을 것이다.

---

1) 검은 새라는 뜻인데, 제비로 보는 견해가 절대다수임
2) 유일한 예외로 갑골문에는 상의 시조를 제곡으로 기록한 내용이 있음

한편 제곡과 관련하여 **반호盤瓠의 전설**이 있다. 제곡은 서융의 일파인 견융족과 전쟁을 벌였으나 승리하지 못했다. 고민하던 제곡은 견융 족장의 머리를 가져오는 자에게 황금 천 일鎰[1]과 만 가家의 마을을 포상으로 주고, 또한 자신의 딸을 아내로 주겠다는 방訪을 붙였다. 제곡의 애완견인 반호가 잠시 동안 모습을 감추더니 이윽고 족장의 목을 입에 물고 나타났다.

제곡은 상대가 개여서 약속의 이행을 주저했다. 제곡의 딸은 약속 이행의 중요성을 강조하며, 자청해서 개 반호의 아내가 되었다. 그들 사이에서 6남 6녀의 자녀가 태어났다. 제곡은 그들에게 중원 남쪽의 산을 하사했고, 그들의 자손은 점점 번성했다. 사람들은 반호의 후손들을 만이蠻夷라고 불렀다.

제요帝堯 도당씨陶唐氏

제요帝堯(=요임금)의 성은 이기伊祁, 이름은 방훈이다. 제곡의 아들로 13세 때 도陶 땅을 분봉받았다. 제곡의 뒤를 이어 즉위한 이복형 지摯를 보좌했는데, 그 공으로 봉지가 당唐 땅으로 바뀌었다. 이때부터 사람들은 제요를 도당씨陶唐氏로 불렀다. 시호가 요堯여서 사서에는 당요唐堯(당 나라의 요임금이라는 뜻)로 기록된 예가 많다. 이와 달리 제요와 도당씨를 별개의 사람으로 보는 견해도 있다. 예를 들어 《여씨춘추呂氏春秋》에서는 고대의 제왕들을 차례로 기술하면서 도당씨를 황제黃

---

1) 무게 1량兩은 약 16그램임. 무게 1일鎰은 약 20량~24량으로 320그램~384그램(85돈~102돈)임

帝 앞에 놓았고, 제요는 황제 뒤 세 번째 자리에다 배치하고 있다.

제요의 이복형인 지는 재위 9년 동안 정치를 잘하지 못하여 결국 폐위되고, 제후들의 추대로 제요가 즉위한다. 제요는 나라이름을 **당唐**으로 정했다. 제요는 겸손한 성품으로 검소한 생활을 했다. 허름한 초가에서 살았고, 궁궐의 층계도 진흙을 이용해 만들었다. 거친 밥과 나물국을 먹었으며, 허름한 옷으로 추위를 막았다. 제요는 어질고 지혜로워 백성들의 칭송을 받았으며, 백성들이 어려움을 겪으면 자책하며 괴로워했다.

제요는 훌륭한 신하들의 보좌를 받았는데, 제요를 도와 탁월한 능력을 발휘한 신하들은 다음과 같다. 기록이 다양하여 혼란스럽지만 일단 《사기》에 따라 정리하기로 한다.

- 희씨羲氏, 화씨和氏: 절기에 대한 정확한 측량을 실시. 역법을 새롭게 정함
- 환두讙兜: 제요의 대신大臣
- 공공共工: 공사工師(토목과 건축 담당). 전욱 때 반란을 일으킨 것으로 나오는데, 다시 등장하고 있음[1]
- 곤鯀: 하夏 부족의 수장. 치수 담당
- 순舜: 통치 후기에 합류하여 제요를 섭정함

---

1) 동아시아 신화에 나오는 인물들은 개인이 아니라 부족이나 씨족을 의미하는 경우가 많음. 공공도 개인이 아니라 공공 부족을 의미하는 것임. 공공 부족은 토목과 건축에 주특기가 있었던 것으로 보임

제요와 어진 신하들의 선정 덕분에 천하는 평화로웠다. 어느 날 제요가 평상복 차림으로 순행을 나갔는데, 한 시골 노인이 태평성대에 취해 제요 앞에서 막대기로 땅을 치며(격양擊壤) "해가 뜨면 일하고 해가 지면 쉬고, 우물 파서 마시고 밭을 갈아먹으니, 임금의 덕이 내게 무슨 소용이 있으랴."라는 노래를 불렀다고 한다. 이 일화로부터 태평성대를 뜻하는 '격양가擊壤歌'가 유래했다.

그러나 제요의 헌신적인 노력에도 불구하고 제요가 통치하던 시절에는 천재지변이 많았다. 열 개의 태양이 동시에 떠올라 사상 최대의 가뭄이 발생했고, 제요는 하늘에 제사를 올리며 도움을 청했다. 하늘에서 제요의 기원을 들은 상제上帝는 명사수인 **예羿**를 지상으로 내려보냈다. 예는 활을 쏘아 아홉 개의 태양을 떨어뜨려 세상을 구원했다. 한편 대홍수도 발생했는데, 제요는 **곤鯀**을 시켜 홍수를 다스리게 했다. 곤이 겨우 물길을 잡아 홍수를 멈추게 했지만, 완벽하지는 못했다.

제요는 오랫동안 선정을 펼쳤지만 천재지변은 끊이지 않았고, 아들 단주丹朱는 덕과 재능이 없어서 후계에 대한 고민이 컸다. 제요는 바둑을 만들어 가르치는 등 여러 방법으로 단주를 교화하려고 노력했으나 실패했다. 결국 제요는 단주 대신 현명한 사람에게 제위를 물려주기로 결심하고, 단주를 추방했다.

제요는 허유許由가 현명하다는 소문을 듣고 허유를 찾아가 천하를 물려주겠다는 제안을 했지만, 허유는 거절하고 다른 곳으로 거처를 옮겼다. 제요는 허유에게 다시 사람을 보내 간청했다. 허유는 그 말을 듣고는 자신의 귀가 더러워졌다며 물가로 달려가 귀를 씻었다. 마침 물을 먹이려고 소를 끌고 그곳을 지나가던 허유의 친구인 소보巢父가 귀를 씻는 이유를 물었다. 허유가 자초지종을 설명했다. 소보는 물이 더러워졌다며 소를 끌고 상류로 올라가 물을 먹였다.

결국 제요는 **순舜**이 효심이 뛰어나다는 소문을 듣고 불러들였다. 제요는 가난한 순의 살림을 돌봐 주었고, 순의 인품을 알아보기 위해 자신의 두 딸 아황娥皇과 여영女英을 순에게 시집보냈다. 그 후에도 제요는 순을 시험하기 위해 험한 곳에 보내 힘든 과제를 수행하게 했다. 순은 제요의 3년에 걸친 모든 시험을 통과했고, 제요는 사위인 순을 후계자로 결정한다. 이때가 제요가 즉위한 지 70년 째 되던 해다.

순은 20년간 제요를 섭정하며 천하를 훌륭히 다스렸다. 순은 직분을 다하지 못하고 천하를 혼란에 빠뜨린 책임을 물어 공공을 유릉幽陵에 유배시키고, 환두를 숭산崇山으로 이주시키고, 삼묘三苗(남쪽 지역의 이민족)를 삼위산三危山으로 추방하고, 곤을 우산羽山으로 보낸 뒤 죽였다. 사마천은 《사기》에 "이로써 천하가 모두 복종했다."라고 기록하여 순의 업적을 칭송했으나, 이 기록을 순이 제요의 중신들을 추방·처형하고 제요의 권력을 무력으로 빼앗은 증거로 해석하는 반대 견해도 유력하다. 《사기》에 의하면 이후 제요는 순에게 제위를 물려주고(역사에서는 이를 **선양**禪讓이라고 칭함), 깊은 산속으로 들어가 여생을 보냈다.

선양의 전설은 훗날 제자백가 중 유가儒家 학자들에 의해 가장 이상적인 권력 이양의 방식으로 찬양된다[1]. 사마천도 《사기》에 제요와 순의 선양 전설을 아름답게 기록했다. 이에 대하여는 춘추전국시대 때에도 많은 반대 견해가 있었다[2]. 즉 자기 부족의 세력이 약화되자 제요는

---

1) 공자가 재편집한 《상서尙書(=서경)》는 제요의 치적과 덕행 및 선양에 대하여 극도로 찬양하고 있음
2) 《죽서기년竹書紀年》에는 순이 제요를 감금하고 즉위한 것으로 기록되어 있음

혼인정책 등을 사용해 당시 국력이 크게 강화되던 순의 부족을 포섭하려 했으나, 결국 순에 의해 투옥되었다가 지위를 빼앗겼다는 취지다.

《산해경》에서는 제요의 중요도가 그렇게 높지는 않았다. 그러나 제자백가 중 유가와 묵가墨家는 제요를 성군聖君 중의 성군으로 묘사했다. 《논어》에서 "크구나! 요의 임금 됨이여. 우뚝 솟아 있구나! 웅대한 것은 하늘뿐이거늘, 요만이 그것을 본받았구나!"라고 기술한 것처럼, 유가는 제요를 극도로 칭송하고 있다.

제순帝舜 유우씨有虞氏

제순帝舜(=순임금)은 전욱의 7대 후손(=황제의 9대 후손)[1]으로 성은 규嬀이고 이름은 중화重華인데, 시호가 순舜이어서 우순虞舜(우 나라의 순임금이라는 뜻)으로도 불린다. 사마천은 《사기》에서 오제를 모두 황제의 후손으로 기록했으나, 다수의 기록은 오제의 가계를 별개로 파악하고 있다. 예를 들어 '맹자'는 제순을 동이족으로 기록했다. 실제로 오제의 실존 여부는 증명되지 않았고, 특히 황제의 후손들이 천하를 세습하여 다스렸다는 증거는 전혀 없다.

아무튼 《사기》에 의하면, 순은 제왕의 후손이었으나 여러 대를 거치면서 지위가 낮아져 가난하게 살았다. 순의 부친인 고수瞽叟는 장님으로(고수의 뜻이 눈이 먼 늙은이임), 순의 모친이 사망한 후 재혼하여 아들 상象을 얻었다. 고수는 상을 편애했으며 후처의 말만 믿고 여러 차례 순을 죽이고자 했다. 순은 부모가 죄를 짓지 않도록 하기 위해 이를

---

1) 황제-창의-전욱-궁선窮蟬-경강敬康-구망句望-교우橋牛-고수瞽叟-중화(제순)의 계보임

잘 피하면서도 정성을 다해 부모를 섬겼다.

 순은 20세 때 효자로 이름이 천하에 널리 알려졌다. 순이 30세가 되었을 때 제요가 순을 후계자로 삼기 위해 두 딸(아황과 여영)을 시집보냈고, 순에게 많은 임무를 맡기며 능력과 인품을 시험했다. 순은 여러 임무를 잘 수행했고 두 명의 부인과 화목한 가정을 꾸몄다. 결국 제요는 순을 등용하여 천하의 일을 맡긴다.

 순은 제요를 섭정하여 일을 처리하면서 선대 제왕들을 보필한 현명한 신하들의 어진 후손들을 찾아 적재적소에 임명했고, 악한 후손들은 멀리 변방으로 유배를 보냈다. 순은 제요를 대신하여 선정을 베풀며 천하를 안정시켰다. 순이 등용되어 20년이 지난 후 제요는 순에게 왕의 자리를 선양하고 은거했다.

 8년 후 제요가 사망하자, 제순은 제요의 아들인 단주에게 왕위를 양보하고 변방에 은거했다. 그러나 제후들은 단주 대신 은거한 제순을 찾아가 정무를 보았고, 천하의 사람들은 단주 대신 제순을 찬양했다. 결국 제순은 천명을 거스를 수 없음을 깨닫고 도성으로 돌아와 왕이 되었고, 나라 이름을 우虞로 정했다.

 단주의 최후에 대하여는 여러 주장이 있어 정확한 내용을 알기 어렵다. 사람들이 제순을 왕으로 받들자 단주는 절망하여 남쪽 바다에 몸을 던져 목숨을 끊었다는 주장도 있고, 제순이 제요를 감금하고 단주와 제요를 만나지 못하게 했다는 기록도 있다.

 제순은 능력은 있었지만 제요 시절에는 중용되지 못했던 여러 신하들을 전문적인 직분에 따라 임명하여 그 능력을 극대화시켰다. 제순을 도와 탁월한 능력을 발휘한 신하들은 다음과 같다.

- 설契: 사도司徒에 임명. 사도의 역할에 대하여 견해 불일치(교육 담당, 군사 담당 등)
- 기棄: 후직后稷(농업 담당)에 임명. 이때부터 기를 후직으로 부름
- 수倕: 공공共工(건설 담당)에 임명
- 기夔: 전악典樂(음악 담당)에 임명. 대장大章이라는 악곡을 지어 백성들의 마음을 순화시킴
- 고요皐陶: 탁월한 능력. 강직한 성격. 판결 담당(정의를 분별하는 전설의 동물인 해치獬豸를 이용)
- 우禹: 곤의 아들. 사공司空(토목과 치수 담당)에 임명
- 익益: 우虞(국토 관리 담당)에 임명
- 백이伯夷[1]: 질종秩宗(제사 담당)에 임명

 제순은 즉위한 이후 사방의 이민족들을 정복하고 회유하여 통치 영역을 크게 넓혔다. 제순의 통치 기간 중 가장 뛰어난 업적은 치수의 성공이다. 제순은 우禹를 시켜 오랫동안 백성들을 괴롭히던 홍수를 드디어 제어하는 데 성공한다. 우의 성공적인 치수로 농토가 증대되고 홍수의 피해에서 벗어나게 되었다. 천하의 모든 사람들이 제순의 뛰어난 인재 등용을 칭송했고, 우의 업적을 찬양했다.

 제순의 아들인 상균商均은 능력이 평범하여 천하를 다스리기에 적합하지 않았다. 제순은 우의 뛰어난 업적을 인정하여 천하의 민심을 얻은 우를 후계자로 삼았는데, 이때가 재위 22년 때의 일이다. 제순은 재위 39년에 남쪽을 순행하던 도중 창오蒼梧 땅에서 사망하고, 우가 즉위

---

1) 상·주 교체기의 유명한 인물인 백이·숙제와는 다른 인물임

했다. 두 왕비는 순의 죽음에 절망하여 상수湘水에 뛰어들어 자살했다. 《사기》는 제순의 우에 대한 선양을 찬미하고 있지만, 제순의 갑작스러운 죽음과 두 왕비의 자살을 근거로 제순과 우 사이의 권력 이양이 평화롭지 못했던 것으로 보는 견해도 유력하다.

《사기》의 기록 이후 제순은 제요와 함께 신화시대의 대표적인 성군聖君으로 평가받고 있다. 그 영향으로 중국을 포함한 동아시아 문화권에서는 훌륭한 군주를 가리켜 '요순堯舜과 같다.'라고 표현하고 있다. 또한 뛰어난 군주가 통치하는 태평성대의 시기를 일컬어 '요순시대'라고 부르기도 한다. 요순시대는 각종 시, 노래, 상소문 등에서 태평성대를 나타내는 표현으로 자주 사용되었다.

제우帝禹 하후씨夏后氏

《사기》에 의하면, **제우帝禹(=우임금)**는 곤鯀의 아들이다. 곤의 아버지가 전욱이므로 제우는 전욱의 손자가 된다. 전욱은 황제의 손자이므로 결국 제우는 황제의 5대 후손이 된다. 제우의 성은 사姒이고 이름은 문명文命인데, 사서에서는 대우大禹로 불린다. 《사기》에 의할 경우 황제의 5대 후손이 황제의 9대 후손에 이어 즉위한 결과가 되어 합리적으로 나이를 설명하기가 어렵다.

제우의 부친인 곤은 제요의 명령으로 홍수를 막기 위한 치수사업을 책임졌다. 곤은 강에 제방을 쌓는 방법을 사용하여 9년 동안 노력했으나, 큰 성과를 내지 못했다. 결국 곤은 제요를 섭정하던 순에게 치수사업 실패를 이유로 추방된 후 처형당했다.

　제순이 즉위한 이후에도 홍수가 계속되어 사람들은 큰 고통을 겪었다. 제순은 우에게 치수사업을 맡겼다. 우는 도산씨塗山氏의 딸과 혼인했는데, 결혼한 지 4일 만에 치수업무를 맡아 집을 떠나게 되었다. 우는 부친 곤의 실패 이유를 분석하고, 직접 전국을 돌아다니며 산천을 관찰했다. 우가 치수사업으로 집을 비운 사이 도산씨의 딸은 아들 **계啓**를 낳았다.

　전국을 돌며 산천을 관찰하던 우는 큰 깨달음을 얻었고, 물에 제방을 쌓으며 대항하는 대신 물의 흐름을 개선하여 물이 바다로 잘 빠져나가게 하는 방법을 채택했다. 우는 치수를 위해 모든 노력을 기울였는데, 치수사업을 위해 전국을 돌아다니는 동안 세 번이나 집 근처를 지났지만 가족을 만나는 일로 작업이 지연될까 우려하여 집에 들르지 않았을 정도였다. 우는 13년의 노력 끝에 결국 치수사업을 성공시켰고, 중원은 홍수의 공포에서 벗어나게 되었다. 이로 인해 사람들은 우의 공덕을 칭송하게 되었고, 제순도 우의 업적을 인정하여 후계자로 삼았다.

　93세에 왕위에 오른 제우는 나라 이름을 **하夏**로 정했다. 제우는 높은 인덕과 탁월한 정치 능력을 가지고 있었으며, 스스로 근검하고 절약하며 솔선수범했다. 제우는 세금을 감면하여 백성들의 부담을 줄였고, 많은 하천을 정비해 주변의 토지를 경작했다. 지방에 여러 도시를 만들어 생활 범위를 확대하였고, 예전 방식을 개선하여 전국을 **9주州**로 나누었다. 제우는 각 주의 특산물에 따라 공부貢賦(특별 진상품)를 정했고, 이를 재원으로 나라를 다스렸다.

　천하가 안정되자 9주의 제후들은 제우의 은덕을 칭송하며, 각 주의 진귀한 금속들을 바쳤다. 제우는 이를 모아 평화를 상징하는 9개의 솥을 만들었는데, 사람들은 이를 **구정九鼎**이라고 불렀다. 시간이 지나면서 구정은 왕권의 신성함과 권위를 상징하는 의미로 바뀌게 된다. 즉 구정은 국통國統과 왕위王位를 상징하는 의미가 되었고, 구정을 소유한다는 것은 천하를 다스릴 덕과 정통성을 갖춘 사실을 상징하는 것이 되었다. 훗날 구정이 소실된 이후에 구정의 기능은 옥새로 대체된다.

천하가 안정되고 기술이 발전하면서 잉여생산물이 발생하고, 이를 소수의 사람들이 차지하면서 공동소유를 기반으로 하는 부족 공동체는 서서히 붕괴된다. 부와 권력을 차지한 소수의 사람들은 귀족 가문을 형성하였고, 그들은 부와 권력을 차지하지 못한 다수의 사람들을 지배했다. 부족 공동체는 하夏시대가 되면서 완전히 붕괴되었고, 노예제 사회로 전환된다.

4. 상고시대 신화의 해석

상고시대를 기록한 역사서를 분석할 때 주의할 사항

상고시대는 체계적인 문자가 없던 시대였으므로 당시의 일들은 신화와 전설로 구전되어 압축된 형태로 후대에 전해졌을 것이고, 훨씬 후대의 기록인 《서경書經》[1]과 《사기史記》 등 여러 문헌에 이에 대한 내용이

---

1) '상서尙書'라고도 불림. 진시황제의 분서갱유로 소실되었고, 지금 전해지는 것은 한漢~동진東晉 때 편찬된 것으로 진위 논쟁이 많음

개략적으로 남아 있다. 그런데 특이한 점은 《서경》보다 몇 백 년 더 늦게 저술된 《사기》에 오히려 상고시대에 대한 상세한 내용이 기재되어 있다는 것이다. 《사기》는 제왕들의 계보를 완벽하게 복원하고 있으며, 모든 정치세력에 대하여 그 근원을 명확하게 기록하고 있다. 사마천은 어떻게 자신이 살던 시기보다 2,000년 이전의 과거 일들을 그렇게 명확하게 기록할 수 있었을까?

사마천은 사관史官이던 부친의 명령으로 젊은 시절 중국대륙 각지를 돌아다니며 자료를 구하고 여러 전설들을 수집했는데, 훗날 사마천은 《사기》의 상고사 부분을 편찬할 때 그것들을 많이 참고했다. 문제는 춘추전국시대를 거치면서 기존의 자료들은 제자백가의 주관적 견해에 따라 그 내용에 많은 왜곡이 가해진 상태였고, 분서갱유 이후 복원된 자료들은 위변조가 많았으며, 전승된 전설들은 원형과 많이 달라져 있었다는 데 있다. 사마천이 그 자료들을 엄밀히 분석하고 비교하며 연구했으면 자료들 간의 모순점을 발견할 수 있었을 것이지만, 사마천 스스로 유가 사상에 치우쳐 있었기 때문에 주로 유가 사상이 반영된 자료들에 기초하여 《사기》를 편찬했다. 상고사와 관련하여 여러 다른 주장들이 있었음에도 불구하고 **사마천은 유가 사상에 근거하여 검증을 생략하고 자신의 <u>주관적 확신을 역사화시킨 것이다</u>.** 훗날 《사기》가 역사학의 바이블과 같은 지위를 차지하게 되면서 상고시대의 신화와 전설에 대한 사마천의 일방적이고도 주관적인 역사화는 '정사正史로 격상'되어 마치 진실의 기록인 것처럼 평가받게 되는 것이다.

한편 사마천이 모든 집권 세력에 대하여 그 기원을 기록한 것은 사마천 당시의 가문 중심의 가치관에 따른 것으로 보인다. 고대사회에서 개인의 가치는 개인의 실력보다는 가문과 조상의 명성에 좌우되었기 때문에 사마천은 모든 집권 세력들에 정당성을 부여하기 위한 수단으로 그 기원을 기록한 것으로 추측되는 것이다. 문제는 기원의 진위에 대한 검증 없이 당해 집권 세력들의 일방적인 주장을 그대로 싣거나 사마천이 근거 없이 일방적으로[1] 부여한 데 있는 것이다.

청淸 말기의 학자인 곽말약郭沫若은 **"중국의 상고사 기록은 과학적인 역사 서술이 아니고 정사正史도 아니며 신화를 기록한 것에 불과하다."** 라고 평가했다. 사마천의 《사기》를 마치 역사학의 바이블처럼 생각하며 그 기록 내용에 대하여 절대 가치를 부여하는 것은 잘못된 것이다. 《사기》를 포함한 중국 사서들의 상고사 부분은 여러 신화와 전설을 편집하여 기록한 것에 불과함을 반드시 기억하고, 그 내용을 해석하는 데 있어서 주의하여야 할 것이다.

시간의 압축과 공간의 왜곡

상고시대 때 아시아대륙의 북동부 지역에는 혈연을 중심으로 수많은 부족들이 활동하고 있었다. 그 많던 부족들은 시간이 지나면서 유력한 부족을 중심으로 통합(정복 또는 연합)되어 부족대연맹이 이루어졌다. **대연맹 부족과 그 부족장들의 이야기**는 구전되었는데, 훗날 문자가 발명되면서 두 가지 방식으로 기록화된다. 하나는 부족장들이 **신격화**되어 인간이 아닌 신의 지위로 격상된 것(《산해경》이 대표적임)이고, 다

---

[1] 예를 들면, 사마천은 《사기》에서 흉노를 하夏 왕조의 후손(하후씨夏后氏)으로 기술하고 있음. 이에 따르면 흉노와 중국은 같은 핏줄이 됨. 오늘날 대부분의 학자들은 흉노를 몽골 또는 투르크 계열로 보고 있음

른 하나는 부족장들이 **영웅화**되어 훗날 등장하는 고대국가 군주(왕, 천자)의 모습으로 묘사된 것(《사기》가 대표적임)이다.

오래전 아시아대륙의 북동부 지역에 존재했던 수많은 부족들은 다양한 신화와 전설들을 가지고 있었고, 여러 부족들이 서로 통합과 갈등을 반복하는 과정에서 다양한 신화와 전설도 서로 영향을 주고받는 현상이 발생하기도 했다. 또한 각 부족들의 역학관계 변동에 따라 신화와 전설의 주인공들이 차지하는 역할에도 변화가 잦았다. 어떤 부족이 중원의 지배적인 부족으로 성장하면 그 부족의 신화 속 주인공도 지위와 역할이 바뀌곤 했다.

한편 화하족의 영역이 점점 넓어지면서 방위 개념에도 혼란이 발생하게 되었다. 처음에는 동이 부족 세계의 서쪽 끝에 있었던 곤륜산과 삼위산은 화하 부족 세계의 서쪽 끝인 서역으로 위치가 이동되었고, 신들의 주거지도 이동되는 현상이 발생하기도 했다.

그리고 사회사상이 변하면서 여성의 지위가 낮아지게 되고 신화의 내용에도 변화가 생기기도 했다. 독자적인 주인공이었던 여와가 복희씨의 부인이 되면서 그 역할이 조연으로 바뀌었고, 모든 신선들을 지배하는 여신인 서왕모西王母는 원래 호랑이 이빨에 표범 꼬리를 한 늙은 할머니였으나 어느 순간부터 성적性的 대상으로 평가받으며 그 모습이 절세미인으로 바뀌게 되었다.

결론적으로 정리하면, 고대 중국의 수많은 신화와 전설이 일관성을 가지지 못하고 체계적이지도 않은 이유는 ①여러 이민족들의 신화와 전설이 섞이게 되었고 ②화하족의 영역이 넓어지면서 기존의 방위 개념에 혼동이 발생하였고 ③사회사상이 바뀌면서 이것이 신화와 전설에 반영되었기 때문인 것이다. 특히 ④제가백가가 자신들의 주장을 입증하기 위해 신화와 전설을 심하게 왜곡하고 창작하면서 그 혼란은 극에 달하게 되었다.

다양한 부족과 집단의 서사시

황제, 요, 순과 같은 사람들이 실제로 존재했는지 여부는 정확히 알기 어렵다. 실제로 존재했을 가능성이 높지만, 그 내용은 《사기》에 기록된 것과는 완전히 달랐을 것이다. 여러 세대에 걸친 수많은 부족들의 여러 군장들의 이야기가 혼합되면서 신화, 전설 등의 형식으로 전해졌음을 반드시 기억해야 한다. 예를 들면, 황제는 황제 개인의 이야기가 아니라 황제(와 그 후계자들)로 대표되는 부족의 오랜 시간에 걸친 이야기임을 알아야 할 것이고, 그 내용도 후대에 창작되어 추가된 것이 매우 많음을 유의해야 할 것이다.

《사기》의 상고사 부분을 문자 그대로 해석하면 사람의 수명이 몇 백 년이 되어야 성립 가능한 내용들이 많은데, 이는 개인 차원이 아닌 '부족 차원'으로 보면 합리적으로 해석할 수 있는 여지가 있다. 즉 《사기》의 권력 교체에 대한 내용(예를 들어 요, 순, 우)을 개인이 아닌 부족들의 전쟁이나 협력의 문제로 보면 그나마 합리적인 해석이 가능할 것이다. 《사기》의 내용을 문자 그대로 해석하여 요, 순, 우를 황제의 후손들로 보는 것은 합리적인 태도가 아님을 알아야 할 것이다.

현재 전해지는 중국의 여러 신화와 전설들은 개인의 이야기가 아니라 부족과 집단의 서사시인 것이다. 즉 아시아대륙의 북동부 지역에서 흥망성쇠를 거듭한 화하족을 포함한 여러 다양한 계열의 부족들, 예를 들면 황제 부족, 요 부족, 순 부족, 우 부족(=하 왕조) 등의 이야기였던 것이다.

5. 상고시대의 고고학적 의미

아시아대륙의 북동부 지역에서는 신석기시대 중기 이후부터 청동기시대 초기까지 지리 조건(산맥, 강 등)과 기후 조건에 따라 지역별로 여러 독자적인 문화들이 형성되었다. 이들 문화적 지역들을 크게 분류하면 황하 중류(=중원), 황하 하류, 요하 유역, 회수 유역, 장강 중류, 장강 하류, 파촉 지역, 오르도스 지역 등으로 나눌 수 있다. 이 중 현대 중국인들의 원형을 이루는 것으로 추정되는 사람들은 주로 황하 중류 지역 즉 중원에 살고 있었고, 다른 곳은 중원과는 별개의 문화권을 형성하며 생활하고 있었다.

고고학 연구 성과에 의하면 중원 지역에서는 BC 2000년경부터 청동기를 사용한 것으로 알려져 있다. 청동기를 사용하면서부터 유력한 부족인 화하족을 중심으로 주변 부족들에 대한 통합이 본격적으로 가속화되었고, 부족대연맹이 결성되었다. 이후 화하족의 부족대연맹은 그 규모가 더 커지고 제도가 갖추어지면서 고대국가로 발전하게 된다. 그동안 중국에서는 화하족이 세운 최초의 고대국가를 하夏(BC 2070년경 ~ BC 1600년경)라고 보고 있었는데, 최근에는 중국 정부 주도로 이를 제요시대까지 더 끌어올리려는 시도가 극성이다.

고고학적으로 보면 하夏 이전 시기는 신석기시대이므로 황제 등은 모두 신석기시대 때 활동하던 부족 또는 국가들의 이야기로 보아야 할 것이다. 최근 중국의 어용학자들이 황제가 즉위한 해를 BC 2697년으로 확정했는데, '황제와 치우의 전쟁 신화'에서 금속무기가 사용된 것을 모순 없이 설명하려면 ①BC 2697년 이전에 제작된 청동제 무기가 발견되거나 ②황제와 치우의 전쟁 신화가 금속무기가 사용된 후대에 창작된 것임을 인정하거나 ③황제가 즉위한 것이 훨씬 훗날의 일이었음을 인정해야 할 것이다.

제2절 하夏시대

하夏의 건국과 발전

일반적으로 하夏는 중국 최초의 왕조라고 일컬어지고 있으나, 서양의 많은 학자들은 이를 인정하지 않고 있는 상황이다. 하夏시대는 갑골문이 발명되기 이전 시대이기 때문에 하夏에 대하여 동시대의 역사 기록은 남아 있지 않다. 그 대신 당시의 일들은 신화와 전설로 구전되어 압축된 형태로 전해졌을 것이고, 훨씬 후대의 기록인 《서경》과 《사기》 등에 이에 대한 기록이 간략히 남아 있다.

《사기》는 제우帝禹(=우임금)가 하夏를 건국한 것으로 기록하고 있다. 《사기》에 의하면 제우는 제순帝舜(=순임금)으로부터 선양을 받아 즉위한 후 10년 동안 하夏를 다스린 것으로 나온다. 제우가 여름에 제순으로부터 작위를 받았기 때문에 나라 이름을 하夏로 정했다는 주장이 유력하지만, 이는 후세의 학자들이 하夏의 원래 뜻을 모른 채 여름이라는 글자 뜻에 끼워 맞추어 근거 없이 윤색한 것이다.

금문金文[1]에서 문자 하夏의 형태는 여름과는 관계없이[2] 무시무시한 형상으로 칼을 들고 있는 무당(제사장) 또는 전사의 모습으로 나온다. 즉 하夏는 무력을 기반으로 주변의 원시 공동체 사회들을 제압한 강력한 부족이었고, 이것이 금문에까지 남아 있는 것이다. 일설에서는 금문에 나오는 문자 하夏를 기우제를 지내는 제사장의 모습이라고 풀이하고 있으나, 제우는 홍수를 제어하고 권력을 잡았으므로 기우제와는 전혀 관련이 없다고 보아야 할 것이다.

금석문 하夏

하夏는 강력한 청동제 무기를 기반으로 요와 순으로 상징되던 여러 원시 공동체 사회들을 붕괴시키고, 초기 국가의 모습을 갖추었다. 하夏가 주변의 원시 공동체들을 제압하는 과정은 승자의 입장에서 선양禪讓이라는 신화와 전설의 형태로 아름답게 꾸며져 후대에 구전되었고, 이것이 《서경》과 《사기》 등에 기록되어 마치 정사正史인 것처럼 전해지고 있는 것이다.

---

1) 주周시대 때 청동기 등에 새겨져 있는 글자. 진秦이 전국시대를 통일한 후 이를 토대로 전서篆書를 만들었고, 훗날 한자漢字로 발전하게 됨
2) 당시 여름은 하昰로 표기했음. 훗날 하昰는 옳다(시是)라는 뜻으로 바뀌게 되고, 여름과 관계없던 하夏가 여름이 됨

《사기》에는 순이 세운 나라는 우의 치수사업 덕분에 그 영역이 매우 넓어져 사방 5,000리나 되었고, 모든 제후들이 복종한 것으로 나온다. 《사기》에 의하면 우가 순을 승계하였으므로 결국 하夏는 여러 제후국들을 거느린 대제국(사방 5,000리)인 것이고, 넓어진 국토를 9주로 나누어 통치했다[1]. 비록 하가 넓은 지역을 점령했지만, 주변에는 12개의 큰 부족국가가 여전히 존재하고 있었다.

제우는 동이족인 백익伯益에게 선양했고, 백익은 3년간 하를 다스리다 제우의 아들인 계啓에게 선양했다. 계는 어진 성품으로 백성들의 존경을 받았다. 계는 왕위를 아들인 태강太康에게 물려주었다. 이때부터 왕위 세습제가 확립된다. 근래 중국 정부와 어용학자들은 제우의 하 건국을 BC 2070년으로 확정했고, 또한 471년간 하 왕조가 중원을 지배했다고 확정했다.

하夏의 실재 여부에 대한 논쟁

하夏는 《서경》과 《사기》 등의 기록에도 불구하고 실재 여부에 대하여 논쟁이 있었다. 특히 멸망 과정이 상과 서주와 똑같아서(후술) 후대의 역사를 토대로 창작한 것이라는 주장이 강했다. 그러던 중 1958년부터 황하 중류인 지금의 낙양洛陽 부근에서 다수의 청동기 유물 및 궁궐 터가 발굴되었는데(체계적인 문자나 성벽은 발굴되지 않았음), 방사성 탄소 측정 결과 BC 1900년까지 거슬러 올라간다. 고고학자들은 이를

---

1) 이는 고고학 연구 결과와는 완전히 다른 내용임. 실제로 하는 황하 중류의 좁은 지역만 지배하였음

이리두문화二里頭文化라고 부른다. 그 전까지 하의 실재에 대하여는 부정론이 다수였으나, 이때부터 이리두문화를 근거로 하의 실재를 인정하는 견해가 약간 다수가 되었다. 그럼에도 불구하고 체계적인 문자나 성벽이 발굴되지 않았음을 이유로 들며 하에 대하여 고대국가가 아닌 조금 넓은 주변 지역을 다스린 원시국가였을 것이라는 반론도 여전히 유력하다. 이리두문화의 유적 규모를 감안하면, 비록 하의 실재를 인정하더라도 《사기》에 기록된 것처럼 넓은 국토와 수많은 제후국들을 소유하고 이를 9주로 나누어 통치한 대제국으로 보기는 어려울 것이다.

한편 하夏로 분석되는 갑골문자는 아직 찾아내지 못하였고, 갑골문에는 하 왕조에 대한 직접적인 언급은 없는 상황이다[1]. 그러나 하 왕조와 우의 명칭이 새겨져 있는 서주시대의 청동기는 발굴되었다.

걸왕桀王의 폭정과 하夏의 멸망

역사서는 하夏의 마지막 왕인 **이계**履癸(=**걸왕**桀王)를 폭군의 대명사로 기록하고 있다. 걸왕은 타고난 능력이 뛰어났으나 성품은 잔혹했다. 걸왕은 하의 위엄을 높이기 위해 유시씨有施氏 부족을 정벌하러 갔는데, 견디지 못한 유시씨는 천하의 미녀인 **말희**末喜(=매희妹喜)와 보물들을 바치며 화친을 요청했다.

이후 걸왕은 말희를 총애하였고, 말희와 함께 사치와 향락을 일삼았다. 조국을 침략한 하에 대한 복수를 위해 말희가 걸왕에게 황음무도를

---
[1] 갑골문에는 상商의 개국 군주인 탕왕을 칭송하는 내용은 많으나, 탕왕이 하 왕조를 공격하여 멸망시키는 내용은 아직 발견되지 않았음

권유하여 일부러 타락시켰다는 야사도 있다. 걸왕은 경궁傾宮과 요대瑤
臺를 건립하였고, 말희가 비단 찢는 소리를 좋아하자 매일 엄청난 양의
비단을 찢었다. 또한 걸왕은 연못을 만들어 술을 채우고 나무에 고기를
매달아 주지육림酒池肉林을 만들었는데, 이곳에 벌거벗은 남녀들을 풀
어 놓고 말희와 향락을 즐겼다. 결국 국가의 재정은 파탄이 났고, 백성
들은 고통에 빠졌다.

　관용봉關龍逄이 제우의 사례를 들며 충언을 올렸으나, 걸왕은 관용봉
을 무참히 죽였다. 이후에도 여러 충신들이 충언을 하다 죽거나 유배되
었다. 이윤伊尹과 같이 능력 있는 신하들은 사임하고 하를 떠났다. 실
망한 민심은 완전히 하에 등을 돌렸고, 동쪽에서 새롭게 성장한 상商에
의해 결국 하는 망한다. 근래 중국에서는 하의 멸망 시기를 <u>BC 1600
년</u>으로 확정하고, 하를 471년간 존속한 것으로 정리했다.

제3절 상商(=은殷)시대

상商의 건국과 성장

　하夏의 북동쪽인 황하 하류 지역에 동이족 국가인 상商이 있었다. 상
의 마지막 도읍이 은殷 땅에 있어서 훗날 상을 멸망시키고 중원을 차지
하는 주周에서 상을 은이라고 낮추어 부르기도 했으나, 올바른 표기는
아니다. 원래 상족商族은 동이족의 일파로 당시 황하 하류인 현재의 북
경 근처에서 반농반목의 경제를 영위하던 호전적인 부족이었다. 상족
은 황하 중류를 향해 여러 차례 도읍을 이동하면서 서서히 힘을 키워

나갔다.

《사기》에 의하면 상족을 규합하여 부족국가를 만든 사람은 **설契**이다. 설은 제곡 고신씨의 후예로 기록되어 있는데, 갑골문에 제곡을 조상으로 기록한 내용이 있다. 유융씨有娀氏 간적簡狄이 현조玄鳥의 알을 삼킨 후 임신하여 설을 낳았다는 부족 탄생 신화가 전해오고 있다. 이는 상족이 새 토템 부족임을 상징하는 것이다. 현재의 북경 북쪽에 위치한 연산燕山을 상족의 원래 근거지로 보는 주장은 이 신화에 근거를 두고 있다.

상족의 14대 수장인 **탕湯**은 어진 정치를 펴 백성들의 존경을 받았고, 주변 국가들의 지지를 얻었다. 탕은 어질고 현명한 **이윤伊尹**을 등용하여 재상으로 임명했는데, 이윤은 여러 정책을 마련하여 상의 국력을 강하게 했다. 전설에 의하면 원래 이윤은 하의 폭군인 걸왕의 신하였는데, 걸왕에게 간언을 올렸다가 미움을 받자 상으로 망명하여 탕에게 등용되었다고 한다. 이와는 달리 탕이 이윤의 명성을 듣고 초빙을 세 차례 시도하여 등용했다는 주장과 유신씨有莘氏가 딸을 탕에게 시집보내면서 혼수품으로 딸려 보낸 잉신媵臣이었다는 주장도 유력하다.

탕湯(=성탕成湯, 천을天乙)의 하夏 정복

당시 중원을 장악하고 있던 하는 이미 국력이 약해진 상태였고, 특히 걸왕은 폭정과 사치를 일삼아 제후국들의 신망을 잃은 상태였다. 천하의 인심은 상의 군주인 탕에게로 옮겨 왔다. 이윤은 외교적 노력을 통하여 하의 많은 제후국들을 상의 편으로 끌어들였다. 포섭이 되지 않는 경우에는 정벌을 통해 병합했다.

오랜 노력 끝에 하에 대한 군사적 우위를 확보한 뒤 상의 수장인 탕은 드디어 걸왕의 죄상을 선포하고 전면전을 펼친다. **명조**鳴條 땅에서 양군은 결전을 벌였는데, 상이 하의 의표를 찔러 정면이 아닌 우회하여 공격하는 작전을 펴 대승을 거두었다. 하의 도읍은 함락되었고, 걸왕은 남소南巢 땅으로 도주했다. 걸왕은 그곳에 유배되었다(처형되었다는 주장도 있음). 이로써 하는 망하고 상이 중원을 장악하게 되었다. 근래 중국에서는 상의 하 정복 시기를 BC 1600년으로 확정했다.

탕은 박亳 땅에 도읍을 정하고 상 왕조의 1대 왕이 되었고, 《사기》에는 천을天乙로 기록되어 있다. 탕은 선양이 아닌 무력으로 왕위를 빼앗은 것에 대하여 후세 사람들이 비난할 것을 염려했다. 좌상左相인 중훼仲虺는, 하夏는 덕이 부족하여 백성들이 진흙(도塗)과 숯불(탄炭)에 빠졌으므로[1] 하늘이 왕에게 용기와 지혜를 주어 올바름을 나타내게 한 것이라고 강조했다. 탕은 만족하며, 더욱더 인자하고 바른 정치를 폈다. 탕은 자신을 경계하기 위하여 자신의 세숫대야에 '진실로 하루가 새로워지려면(苟日新) 날마다 날마다 새롭게 하고(日日新) 또 날마다 새롭게 하라(又日新)[2].'라는 글을 새기고, 어제보다 더 나은 오늘을 만들기 위해 항상 노력하였다.

사람들은 "하가 천명을 잃었으니(하실천명夏失天命) 탕이 새롭게 천명을 받들었다(탕혁복명湯革復命)."라고 평가했는데, 여기서 **혁명**革命이

---

1) 여기서 **도탄지고**塗炭之苦(진흙 수렁에 빠지고 숯불에 타는 고통이라는 뜻. 학정에 시달리는 백성들의 고통을 비유함)의 고사성어가 나옴. 일반적으로 '도탄에 빠지다.'라는 표현으로 사용함
2) 여기서 **일신우일신**日新又日新(날마다 새로워지고 또 새로워진다는 뜻. 발전된 삶을 위하여 끊임없이 노력하는 모습을 비유함)의 고사성어가 나옴

라는 말이 나왔다. 혁革은 일반적으로 '가죽'이라는 뜻으로 사용되지만, '고치다'라는 뜻도 있다. 사람들은 탕의 뛰어난 업적을 존경하여 성탕成湯으로 높여 부르고 있다.

상商의 정치, 경제, 사회, 문화

상의 인구는 약 500만 명 내지 800만 명으로 추정되고 있다. 반농반목半農半牧의 경제였지만 농업이 발달했고, 이를 위해 역법이 정비되어 있었다. 상의 역법은 음양합력陰陽合曆과 연종치윤법年終置閏法으로 특징된다. 또한 천간天干과 지지地支를 사용해 역법에 활용했으며, 축월丑月(=음력 12월)을 새해의 시작으로 보았다[1].

제정祭政이 분리되지 않아서(제정일치) 왕은 제사장의 역할을 겸했고, 국가의 큰일은 점을 쳐서 결정했다. 일관성 있고 체계적인 문자를 만들어 사용했는데, 상의 문자를 갑골문甲骨文이라고 칭한다. 이는 훗날 한자漢字로 발전한다.

상은 왕을 중심으로 한 다층적인 통치체제를 확립했다. '왕-귀족-관료-평민-노예'로 이루어진 구조였다. <u>상의 통치제체와 이념의 많은 부분이 훗날 주周에 계승된다.</u>

왕은 '하늘(천제天帝)의 대리인'으로 여겨져 제사권을 독점했고, 하늘에 제사를 지내는 관료를 지정했다. 하늘에 대한 제사를 지낼 때 엄청난 수의 인신공양이 행해졌는데, 주로 노비들과 전쟁 포로들이 제물로

---

[1] 하夏는 인월寅月(=음력 1월)을 새해의 시작으로 보았고, 훗날 한漢에 의해 계승되었음. 주周는 자월子月(=음력 11월)을 새해의 시작으로 보았음

바쳐졌다. 왕 밑의 씨족 귀족들은 많은 노예를 소유하면서 청동무기로 무장했고, 전쟁 시에는 장수가 되었다. 관료들은 문, 무로 분류되어 행정업무를 담당했다. 노예들은 도주와 반란을 방지하기 위해 신체를 훼손당하고(한쪽 눈을 실명시키거나 한쪽 발을 자름) 인신공양에 바쳐지는 등 가혹한 처우로 고통받았다.

중앙의 군사체제는 3군으로 편제되었는데, 각 군은 10,000명 ~ 13,000명으로 구성되었다. 청동무기와 병거兵車는 왕과 씨족 귀족들의 권력을 확대시켰다. 청동기 제조는 막대한 재력과 인력이 필요한 국가적 사업이었으므로 청동기 제조는 제기와 무기에 집중되었고, 농기구 등 필수품은 석기 등 다른 재료로 제작되었다.

상은 거대한 동원체제를 갖추어 주민들을 군대와 부역에 동원했다. BC 1400년경 건립된 언사偃師 땅의 상성商城은 규모가 20만 km²로 대규모 동원을 짐작할 수 있다.

무정중흥武丁中興

상은 왕조를 연 이후 채 300년이 못 되는 기간 동안 도읍을 네 차례(여섯 차례라는 주장도 있음)나 옮길 정도로 정치가 안정되지 못했다. 상의 19대 왕인 **반경盤庚**이 은殷 땅으로 천도한 이후[1] 비로소 여러 방면에서 큰 발전을 이루었고, 22대 왕인 **무정武丁**[2] 때 전성기를 누렸다. 상의 전성 시기를 '무정중흥武丁中興'이라고 부른다.

---

1) 최근 중국 학자들은 반경의 은 천도를 BC 1300년으로 확정했음
2) 최근 중국 학자들은 무정의 재위 기간을 BC 1250년 ~ BC 1192년으로 확정했음

무정은 노예 출신인 부열傅說을 재상으로 등용했고, 부열은 뛰어난 능력으로 상의 국력을 강화시켰다. 강화된 국력을 바탕으로 무정은 오랫동안 상을 괴롭히던 북쪽의 귀방鬼方, 공방工方, 토방土方 등의 이민족들을 정복하여 영토를 넓혔다. 또한 서쪽과 남쪽, 동쪽으로도 원정을 나가 많은 국가들을 복속시키고 제후국으로 삼았다.

무정은 60명이 넘는 부인과 첩을 두었는데, 그중 왕비인 부호婦好를 가장 총애했다. 왕비 부호는 정치적 영향력이 매우 높았는데, 여러 제사 의식을 주재했고 직접 원정군을 이끌고 출전하여 많은 지역을 점령하기도 했다.

주周의 건국과 성장

《사기》에 의하면 주족周族의 시조는 희기姬棄인데, 기는 요순시대 때 후직后稷(농사를 담당하는 관직)에 봉해졌다. 이때부터 기는 **후직后稷**으로 불리고 있다. 후직의 아들인 **부줄不窋**은 부친의 관직을 승계했는데, 말년에 하夏 왕조가 혼란에 빠지자 관직을 버리고 융적 부족이 사는 북쪽 지역으로 이주했다. 부친이 요순시대 때 벼슬을 하고 그 아들은 하 왕조 말기에 융적 땅으로 이주했다는 《사기》의 기록은 허황된 내용이다(사람의 수명이 몇 백 년이라야 가능한 내용임).

아무튼 《사기》에 의하면 부줄의 손자인 **공유公劉**(주족의 4대 군주)는 융적 땅에서 선정을 베풀어 주족은 흥성하기 시작했고, 그 후손인 **고공단보古公亶父**(주족의 13대 군주)는 특히 후덕하여 주민들의 존경을 받았다. 그런데 훈육薰育[1]과 융적이 주족의 거주지를 약탈하는 일이 발생

---

1) 흉노의 선조로 추정됨

했고, 고공단보는 주민들을 이끌고 남쪽으로 이주하여 **기산**岐山 아래 주원周原 땅에 터를 잡았다. 이후 고공단보는 그곳에 나라를 세우고, 나라 이름을 주周로 정했다. 고공단보는 훗날 주가 왕조를 열었을 때 태왕太王으로 추존된다.

고공단보는 **태백**太伯, **우중**虞仲, **계력**季歷의 세 아들을 얻었다. 특히 막내 계력은 고공단보가 강씨姜氏 여자를 맞이한 후 얻은 아들이다. 계력은 아들 **창**昌을 얻었는데, 창이 태어날 때 성스러운 조짐이 있어 고공단보는 손자 창을 군주로 삼고 싶어 했다. 그러기 위해서는 계력이 고공단보의 후계자가 되어야 했다. 계력의 이복형들인 태백과 우중은 입장이 난처해졌고, 결국 남쪽으로 도망쳤다. 그 후 태백과 우중은 장강 하류에서 나라를 세우고, 나라 이름을 오吳로 정했다고 《사기》에 기록되어 있다(기록의 신뢰성은 극히 낮음).

《사기》는 창이 성스러운 조짐을 받고 태어났기 때문에 고공단보가 창의 부친인 계력을 후계자로 정했다고 기록했지만, 사실은 융족에 둘러싸인 고공단보가 국가의 존립을 위해 융족의 일파인 강족姜族과 연합했기 때문에 계력을 후계자로 삼은 것이다. 농업을 기반으로 하는 주족은 훈육의 침략을 받고 기산으로 이주했기 때문에 국력이 약했고, 주위의 융족 중에서 강족과 연합하여 국가의 존립을 유지했다. 강姜족은 서융족인 강羌의 일파로 추정되는데, 글자에서 알 수 있듯이(양羊+여女) 목축을 기반으로 하는 종족으로 무력이 강했다.

서융족인 강羌족은 머리를 길게 땋아 뒤로 늘어뜨린 변발을 했고, 농사와 목축을 병행했다. 당시 강羌족은 통일된 세력을 형성하지 못하여 부족들이 나뉘어 있었고, 상의 멸시와 착취를 당하고 있었다. 갑골문에는 강인羌人을 희생으로 사용한 인신공양의 내용이 매우 많다. 이 때문에 강인羌人들은 상에 대하여 깊은 원한을 가졌고, 이는 훗날 주가 상을 무너뜨릴 때 가장 많은 협력을 제공하는 이유가 된다.

고공단보의 뒤를 이어 계력은 주족의 14대 군주가 되었고, 태공太公으로 불렸다. 계력은 인재를 구해 나라를 부강하게 하려 했으나, 인재를 쉽게 찾을 수는 없었다.

상商과 주周의 갈등

중원에 위치한 상으로부터 멀리 떨어진 서쪽 황토 고원 지역에 세워진 주周는 상왕 무정 시기부터 서서히 국력을 키워 나갔다.

한편 상의 27대 왕인 **무을武乙**은 무도했다. 무을은 우상을 만들어 천신天神이라 부르며, 우상과 도박을 했다. 이때 무을은 다른 사람으로 하여금 심판을 보게 했는데, 우상이 지면 천신을 모욕하며 심판을 죽였다. 또한 무을은 가죽 주머니를 만들어 피를 가득 채우고 높이 매단 후 활로 쏘아 피가 쏟아지게 했는데, 하늘을 활로 쏘아(사천射天) 이겼다고 자랑했다. 어느 날 무을은 위수渭水 근처로 사냥을 나갔다가 벼락을 맞아 죽었고, 이로 인해 상의 권위는 급격히 추락하게 되었다.

주의 세력이 점점 커지자 상의 28대 왕인 **태정太丁**(=문정文丁)은 당시 주의 군주인 계력을 제후로 삼아 목사牧師(목축을 관장하는 직책)로 임명하고 서쪽 이민족들을 정복하도록 시켰다. 서쪽 이민족들을 정복하는 과정에서 계력이 큰 공을 세웠고, 주의 세력은 더 커졌다.

태정은 주의 성장을 견제할 필요성을 느꼈다. 태정은 승전에 대한 포상을 핑계로 계력을 불러서 가둔 후 굶겨 죽였다. 이로써 상과 주는 적대관계가 되었다. 계력의 뒤를 이어 **창昌**이 주족의 15대 군주가 되었다. 창은 상에 대하여 깊은 원한을 가졌으나, 힘이 부족하여 참을 수밖에 없었다.

한편 상은 기본적으로 피정복국가를 가혹하게 다루는 약탈경제의 구조를 가지고 있었고, 지배층의 사치는 심했다. 이로 인한 사회적 모순과 갈등은 점점 확대되었는데, 상의 29대 왕인 **제을帝乙** 때에 드디어 폭발했다. 동남쪽의 제후국들이 인근의 동이 계열 국가들과 연합하여 대규모 반기를 든 것이다. 제을은 동쪽의 적을 제어하기 위해 서쪽의 주와 친선을 맺기로 결심한다.

제을은 당시 주의 군주인 창에게 자신의 여동생과의 혼인을 제안했고, 아직 힘이 부족한 것을 알고 있던 창은 이를 승낙했다. 창은 직접 배를 몰고 와 신부를 영접하며 극도의 예를 표했고, 주에 대한 상의 경계를 완화시켰다. 이로써 상과 주는 겉으론 혼인을 통해 긴장관계를 해소하고 우호관계를 회복했다.

창昌의 선정과 강상姜尙의 활약

창은 즉위 직후 도읍을 기산(주원)에서 풍豊으로 옮겼다[1]. 창은 어진 정치를 베풀어 주민들과 이웃 나라들의 신망을 얻었다. 창은 굉요閎夭, 산의생散宜生, 괵숙虢叔, 태전太顚, 남궁괄南宮适 등의 인재들을 등용하여 나라의 힘을 키웠다.

창이 등용한 인재 중에서 가장 유명한 사람은 **강상姜尙**이다. 강상은 그 조상이 제우 때 여呂 땅을 봉토로 받았기에 여상呂尙으로 불리기도

---

1) 다수설과 달리 《사기》는 창이 죽기 1년 전에 옮겼다고 기록하고 있음

한다. 어느 날 창이 위수渭水로 사냥을 나갔다가 반계磻溪라는 시냇물에서 낚시를 하고 있던 70대 노인인 강상을 만났는데, 창이 강상의 능력을 알아보고 스승으로 삼고 정치를 맡겼다는 유명한 일화가 전해온다.

훗날 주족은 여러 씨족들과 연합하여 상을 무너뜨리고 중원을 차지하는데, 이때 주족과 가장 긴밀히 연합하여 활약한 것이 강족姜族이다. 이 공로로 인하여 강족은 나중에 여러 제후국들을 분봉받게 된다. 희창과 강상이 우연히 만났다는 것은 주족과 강족의 연합을 천명天命으로 미화하기 위해 나온 설정으로 보이고, 사실은 두 씨족이 예전부터 밀접한 동맹관계였던 것으로 추정된다(이는 계력의 모친이 강씨인 것을 보면 알 수 있음).

강상은 탁월한 능력과 안목을 가진 전략가였다. 창은 부친인 계력(=태공)이 뜻을 이루기 위해 오랜 세월을 기다렸던(望) 인재라는 의미로 강상을 태공망太公望이라 칭했는데, 나중에 사람들은 '태공망 강상'을 줄여서 '강태공'으로 불렀다.

주왕紂王의 폭정

제을이 죽자 태자 **제신帝辛**이 상의 30대 왕이 되니, 곧 **주왕紂王**이다. 주왕은 힘이 장사인 데다 머리도 좋았으나, 자만심이 강하고 음주가무를 좋아했다. 주왕은 후궁인 **달기妲己**를 총애했다. 주왕은 달기와 향락을 즐기기 위해 주지육림을 만들고 사연師涓을 시켜 음란한 음악과 춤을 만들게 하는 등 환락에 젖어 살며 정치를 소홀히 했다. 주왕은 초호화 궁전인 녹대鹿臺를 크게 짓고 사치를 했으며, 세금을 무겁게 거두고 백성들을 마구 징발했다. 간신 비렴飛廉은 주왕의 폭정을 부추겼다.

주왕이 황음무도하고 정치를 소홀히 하자 백성들의 지지를 잃었고, 제후들도 상을 존경하지 않게 되었다. 그러자 주왕은 천자의 위엄을 보이기 위해 가혹한 형벌을 만들었는데, 포락지형炮烙之刑[1]과 채분지형蠆盆之刑[2]이 대표적인 예다.

상商의 주왕紂王이 민심을 잃고 있을 때, 주周는 희창의 의지와 강상의 탁월한 능력이 의기투합하자 곧 서쪽 지역에서 가장 강한 국력을 가지게 되었다. 상의 주왕은 창을 서쪽 제후국들을 총괄하는 서백西伯으로 임명했다. 서백 창은 훗날 주가 왕조를 열었을 때 '**문왕文王**'으로 추존된다[3].

주왕 당시 상의 삼공三公은 구후九侯, 악후鄂侯, 서백西伯 창昌이었다. 주왕의 부인은 **구후九侯**의 딸인데, 주왕의 황음무도를 싫어해 주왕에게 간언을 올렸다. 주왕은 분노하여 왕비를 죽이고, 장인인 구후마저 죽였다. 주왕은 구후의 살을 발라내 젓갈로 만들었다. 신하들이 모두 분노했다.

악후鄂侯가 주왕의 무도함을 비난하며 간언을 올렸다. 주왕은 또다시 분노하여 악후를 죽이고, 그 시체를 잘라 육포로 만들었다.

서백 창이 이 소식을 듣고 탄식했다. 숭후崇侯 호虎는 주왕에게 이를 고자질했고, 주왕은 서백 창을 유리羑里 땅에 감금했다.

---

1) 장작불 위로 기름칠한 구리 기둥을 걸친 후 죄수들을 그 위로 걸어가게 하여 떨어지면 불에 타 죽는 형벌
2) 깊은 구덩이에 죄수를 밀어 넣고 전갈과 독사를 넣어 죽이는 형벌
3) 서백 창이 말년에 스스로 문왕이라 칭했다는 주장이 있으나, 현실성이 떨어짐

주왕의 황음무도와 폭정은 점점 심해졌다. 주왕의 이복형인 **미자微子 계啓**가 주왕에게 간곡하게 조언을 했으나, 주왕은 듣지 않았다. 신변의 불안을 느낀 미자는 도망쳐 민가에 숨어 지냈다.

주왕의 숙부인 **기자箕子**는 주왕의 폭정에 불만을 가져 미친 척하고 노예 무리에 섞여 살았다. 기자는 곧 신분이 발각되었고, 주왕은 기자를 감옥에 가두었다.

주왕의 또 다른 숙부인 **비간比干**은 죽음을 무릅쓰고 사흘 밤낮을 계속해 간언을 올렸다. 주왕은 격노하여 "성인의 심장에는 7개의 구멍이 있다고 들었는데, 성인으로 불리는 비간이 과연 그러한지 확인해야겠다."라고 말하며, 비간을 죽여 그 심장을 꺼냈다.

예악을 담당하고 있던 어진 신하인 **상용商容**은 주왕에게 여러 차례 간언을 올렸으나, 주왕은 듣지 않았다. 결국 상용은 벼슬에서 물러난 후 산속으로 들어가 은거하였고, 그곳에서 죽었다.

주왕의 황음무도와 폭정, 사치는 점점 더 심해졌다. 이 때문에 민심은 완전히 상商을 떠나게 되었다.

제4절 서주西周시대

서백西伯 창昌의 인내

주의 국력이 급성장하자 상의 주왕은 이를 경계했다. 이때 숭후 호가 주의 강성과 서백 창의 불만을 경고하자 주왕은 서백 창을 유리 땅에 감금했다. 사람들이 강상에게 서백 창을 구할 방도를 물었다. 강상은

"어떤 사람을 공략하기 위해서는 그 사람이 좋아하는 것에 맞추어 주면 된다(**투기소호投其所好**)."라고 주장했다. 이에 따라 굉요, 산의생 등이 미녀와 명마 및 각종 진귀한 보물을 주왕에게 전달했다. 상의 주왕은 만족하였고, 곧 서백 창을 석방했다.

주왕의 폭정은 그 정도가 더 심해졌고, 여러 제후국들이 상 대신 주를 의지하게 되었다. 그러나 상의 정치적 자산은 막강하였기 때문에 주왕의 실정에도 불구하고 주周가 상商을 물리치는 것은 아직 역부족이었다. 그래서 강상은 상을 약화시키기 위해 여러 방안을 마련하여 시행했고, 서백 창은 때를 기다렸다. 서백 창은 낙수洛水 서쪽의 땅을 바치며 주왕을 안심시키고, 주변의 여러 나라들을 포섭하거나 정복하기 시작한다.

서백 창에게는 10명의 아들이 있었다. 장남 **고考**(=백읍고伯邑考)는 일찍 죽었다. 상의 주왕이 서백 창을 협박하기 위해 백읍고를 처형한 뒤 요리로 만들어 서백 창에게 강제로 먹였다는 일화가 전해 온다. 차남은 **발發**(=무왕武王), 3남은 **선鮮**(=관숙선管叔鮮), 4남은 **단旦**(=주공周公), 5남은 **도度**(=채숙도蔡叔度), 6남은 **탁鐸**(=숙진탁叔振鐸), 7남은 **무武**(=성숙무成叔武), 8남은 **처處**(=곽숙처霍叔處), 9남은 **봉封**(=강숙봉康叔封), 10남은 **재載**(=염계재冉季載)다.

서백西伯 발發의 상商 정복

서백 창은 상을 멸망시키지 못한 채 재위 50년경(유리에서 석방된 지 약 10년)에 병으로 죽었고, 차남 발發이 군위와 작위를 승계했다. 서백 발은 강상을 군사軍師로 임명하고, 동생인 **주공周公 단旦**과 일족인

소공召公 석奭[1]을 중용했다. 서백 발은 이들의 보좌를 받으며 상을 멸망시키기 위해 모든 노력을 다했다. 서쪽과 남쪽의 여러 씨족들(용庸, 촉蜀, 강羌, 무髳, 미微, 노纑, 팽彭, 복濮 등)과 동맹을 맺고, 상의 여러 제후국들을 포섭해 아군으로 만들었다.

주왕의 폭정은 더 심해졌는데, 이 와중에 주왕은 동남쪽 회수 부근의 동이 국가들에 대한 대규모 원정대를 파견했다. 대규모 원정대 파견으로 인하여 상의 주력 부대가 없는 기회를 노려 서백 발은 드디어 행동에 나서기로 결단하고, 동맹국들과 연합해 재위 11년 겨울에 상의 도읍인 조가朝歌를 향해 동쪽으로 진군했다. 주왕은 황급히 노예들과 죄수들을 징집하여 방어군을 편성해서 내보냈다.

두 달 후 양쪽 군대는 조가 외곽의 목야牧野 땅에서 만났다. 군사의 수는 상이 더 많았으나, 상의 군사들은 사기가 낮았고 왕에 대한 충성심이 부족했다. 혹독한 처우로 인하여 상에 대한 반감이 극심하던 노예들은 전투가 시작되자 주周 동맹군에 합세하여 오히려 상의 방어군을 공격하기 시작했다. 순식간에 상의 방어군은 붕괴되었고, 도읍이 함락되었다. 상의 주왕은 녹대에 불을 지르고 몸을 던져 자살했다. 계속하여 주周 동맹군은 상에 충성하고 주에 불복하는 군소 제후국 90여 개를 정복했다.

이로써 상은 멸망했고, 상을 대신하여 주가 중원의 천자국이 되었다. 이에 서백 발이 왕으로 즉위하니, 곧 '**무왕武王**'이다. 근래 중국에서는 주의 상 정복 시기를 BC 1046년으로 확정했다.

---

1) 소공 석과 무왕(희발)과의 관계는 불분명함. 주 왕실과 혈연관계인 것으로 추정됨. 소召 땅을 분봉받아 소공召公으로 불림

상商의 멸망 원인

상은 당시 가장 호전적인 국가로 원래 반농반목을 기반으로 하는 약탈경제 체제였다. 마치 야수가 먹잇감을 찾아 이동하듯 도읍을 여러 차례 옮겼던 상은 중원을 차지한 이후 풍부한 농업 생산력을 기반으로 대규모 군사력을 갖추게 되었다. 원래 호전적인 성향에 강한 군사력을 갖추게 되자 상은 매우 활발한 대외원정을 개시하여 더 많은 재화와 인력을 약탈하고, 이에 비례하여 더 큰 규모의 군사력을 갖추게 된다.

기본적으로 상은 거대한 동원 체제를 갖추고 이를 토대로 거대한 궁궐과 성곽을 구비하였고, 상의 왕과 귀족들은 사치와 낭비가 심했다. 한마디로 유지비가 많이 드는 구조였는데, 그 비용을 위해서는 끊임없는 확장이 필요했다. 확장 과정에서 주변의 이민족들과 심한 갈등을 빚었고, 심지어 같은 동이 계열인 회수 유역의 국가들과도 끊임없이 다투었다. 로마제국이 더 이상 확장하지 못하게 되자 내부 문제가 폭발하여 쇠락했듯이 상도 대외원정을 통한 약탈이 주춤하게 된 이후 여러 문제가 드러나게 된다.

서쪽에서 새로 성장한 주는 상과 달리 주변 이민족들과 원만한 관계를 맺으며 외교적 승리를 거두었고, 마침 상의 주왕이 실정을 거듭하면서 주는 열세를 극복하고 중원을 장악하게 되었다. 상의 멸망은 주변 이민족들과의 끊임없는 갈등으로 인한 과도한 군사비 증가로 국가재정이 파탄 난 상황과 주의 외교적 승리가 결합한 결과였다.

상은 동쪽과 서쪽 두 방면의 적을 상대하다 결국 망했고, 상의 실패에서 교훈을 얻은 주는 동시에 두 방면의 적을 상대하지 않는 원칙을 세웠다. 이는 주 이후 중원 국제정치의 기본이 된다.

제3장

서주西周 역사 개관

무왕武王 발發

　무왕은 즉위한 후 동쪽으로 크게 넓어진 영역을 좀 더 효율적으로 관리하기 위해 도읍을 조금 더 동쪽인 호경鎬京(=종주宗周)으로 옮겼다. 무왕은 부친인 서백 창을 문왕文王으로 추존했다.
　상을 멸망시킨 직후 무왕은 전쟁에 사용했던 말들을 화산華山으로 돌려보내고 소들을 들판에 풀어 주어 풀을 뜯도록 지시하며[1], 더 이상 전쟁을 하지 않고 평화의 시대를 열겠다는 의지를 드러냈다.
　그러나 상황은 녹녹치 않았다. 여전히 상에 충성하는 많은 제후국들이 존재했고, 여러 이민족들도 강했다. 주에 복속하기를 거부하는 상의 유민들 일부는 자신들과 문화가 비슷한 북동쪽의 조선朝鮮 땅으로 이주하기도 했다(대표적인 예가 **기자箕子**임). 주를 인정하지 않는 사람들도

---

1) 여기서 **귀마방우**歸馬放牛(말을 돌려보내고 소를 풀어놓는다는 뜻. 전쟁을 끝내고 평화의 시대를 여는 것을 비유함)의 고사성어가 나옴

많았다(대표적인 예가 **백이伯夷와 숙제叔齊**[1]임). 무왕은 항상 이 부분에 대하여 밤잠을 이루지 못할 정도로 걱정을 하며, 신중하게 행동했다. 무왕은 "하늘의 명은 아직 공고해지지 않았다(천보미정天保未定)."라고 말하며, 상의 잔여 세력들을 걱정했다. 결국 무왕은 도읍인 호경이 서쪽에 치우친 것을 보완하기 위해 동쪽에 거점 도시를 건설하여 상의 잔여 세력들을 제어할 계획을 세운다.

당시의 도로 여건이나 기술은 아직 강력한 중앙집권 국가가 출현하기에는 시기상조였다. 무왕은 현실을 고려하여 넓어진 영토를 다스리기 위해 상에서 시행하던 봉건제도를 그대로 채택했다. 무왕은 다음과 같이 각 지역을 분봉하여 제후들을 임명했다. 분봉은 여러 차례에 걸쳐 이루어졌고 그 세부내용도 학자들마다 주장이 조금 다른데, 다수설에 근거하여 이하에서 간략하게 정리하기로 한다.

- 주의 도읍(호경) 부근: 대부분 직접 지배하고, 일부 작은 동성同姓 제후국을 봉함
- 상의 도읍(조가) 부근: 처리 내용에 대하여 견해가 나뉨
  - 1설: 패邶, 용鄘, 위衛로 나눈 후, 상商 주왕의 아들인 **무경武庚(=녹보祿父)**을 패에 봉하고, 아우 관숙선을 용에 봉하고, 아우 채숙도를 위에 봉함

---

[1] 당시 상의 제후국이던 동이계 국가인 고죽孤竹의 두 왕자. 군위를 서로 양보하다 방랑의 길을 떠났음. 서백 발의 주왕(제신) 공격을 신하가 군주를 죽이는 불충으로 여겨 비난하였음. 상의 신하로서 주에서 나는 곡식을 먹을 수 없다며 수양산으로 들어가 고사리를 캐 먹었음. 고사리도 주에서 나는 것이라는 말을 듣고는 고사리도 먹지 않다 결국 굶어 죽었음. 훗날 일편단심으로 절개를 지킨 대표적인 예로 칭송받음

- • 2설: 패邶, 용鄘, 위衛로 나눈 후, 아우 관숙선을 위에 봉하고, 아우 채숙도를 용에 봉하고, 아우 곽숙처를 패에 봉하여 무경을 감시하게 함
- **태산泰山 동쪽(산동반도 부근)**: 태공망 강상을 제齊에 봉함. 호경에서 멀리 분봉하여 왕실에 위협이 되지 않게 하면서 동시에 동쪽 이민족들을 견제하고 영토 확장을 노리게 함. 다른 강성姜姓 제후국인 기紀도 동일한 목적으로 제 동쪽 부근에 분봉함
- **태산 서쪽**: 아우 주공 단을 노魯에 봉하고, 아우 숙진탁을 조曹에 봉하고, 아우 성숙무를 성郕(=성成)에 봉함. 태공망 강상을 견제할 목적으로 보임
- **황하 하류(북동쪽 국경 끝) 거점**: 소공 석을 계薊 땅에 봉함(연燕). 북동쪽 이민족들을 견제하게 함[1]
- **황하 중류 남쪽 지역**: 서백 창 때 공신의 후손인 만滿(규성嬀姓. 제순의 후손이라는 주장도 있음)을 진陳에 봉함. 아우 관숙선을 관管에 봉함. 아우 채숙도를 채蔡에 봉함. 허문숙許文叔(강성姜姓)을 허許에 봉하여 태악太岳에 대한 제사를 받들게 함
- **태행太行산맥 서쪽**: 아우 곽숙처를 곽霍에 봉함. 또 다른 강성姜姓 씨족을 신申에 봉함. 북쪽 이민족들을 견제하고 주 왕실을 호위하게 함

---

1) 무왕 당시 계 땅(현재의 북경 부근)은 주의 영향력이 미치지 못했다고 주장하며 처음에 연은 호경 부근 또는 낙읍 북쪽 지역에 위치했다는 주장이 유력하게 제기되고 있음. 이 견해에 의하면 연은 주의 국력이 커진 이후 나중에(정확한 시기는 불명임) 계 땅으로 옮긴 것이 됨. 지도를 보면 연과 제·노 사이는 산융 등 여러 이민족들이 차지한 지역이 넓게 분포하는데(연은 이민족들로 둘러싸인 섬처럼 보임), 무왕 당시 이민족들의 힘이 강하던 때 연이 여러 이민족들을 지나 계 땅에서 개국하기는 어려웠을 것으로 보임

- **한수漢水 유역**: 유력한 동성同姓 제후국인 **수隨**를 두어 초楚를 포함한 남쪽의 이민족들을 견제하게 함. 이 지역은 원래부터 다양한 계통의 토착 국가들이 많았는데, 이들이 주周에 반대하지 않을 경우 분봉 형식을 취하면서 그대로 지배권을 인정함
- **기타**: 《사기》에는 조선朝鮮, 초楚, 오吳, 장강 유역의 여러 남만계 국가, 회수 유역의 여러 동이계 국가 등에도 작위를 내려 제후국으로 삼은 것처럼 기록되어 있음. 이들 국가는 주 왕실과 무관하게 원래부터 있던 토착 국가들로 명목상 작위를 내린 것에 불과하고, 이들이 주 왕실을 섬긴 것은 아님. 즉 적대국가로 간주하지 않고 지배 상태를 그대로 인정한다는 뜻임

성왕成王 송誦

무왕은 상을 멸망시키고 왕으로 즉위한 후 너무 노심초사하여 4년 만에 병으로 죽었다. 이에 태자 송誦이 13세의 어린 나이로 즉위하니, 곧 성왕成王이다. 왕이 어려 숙부인 주공 단이 섭정을 했다. 성왕이 즉위한 직후 태행산맥 서쪽에 위치한 당唐 땅에서 반란이 일어났는데, 주공 단이 진압했다.

어느 날 성왕이 동생인 **우虞**와 놀면서 오동나무 잎을 규珪[1] 삼아 장난으로 우를 제후로 책봉했다. 얼마 후 사일史佚이 천자는 희언하면 안 된다고 아뢰며, 우를 제후로 책봉하기를 청했다. 주공 단은 황하의 지

---

1) 위 끝은 뾰족하고 아래는 네모진 긴 직사각형 형태의 물품. 옥으로 만들었음. 원래는 제례의식에 사용하다(홀笏) 훗날 제후 책봉 등 정치적 의식에도 사용되었음(규珪)

류인 분수汾水 유역에 예전부터 있던 당唐을 한수漢水 유역으로 이동시 킨 후 우를 예전의 당 땅에 봉했고, 이때부터 우는 당숙우唐叔虞로 불리 게 된다[1]. 이로써 제후국 당唐이 생겼고, 당은 훗날 **진晉**으로 이름이 바 뀐다. 한수로 이동한 당도 계속 존재하다 먼 훗날 초에 멸망한다.

한편 어린 왕을 대신해 주공 단이 섭정을 하자 왕위를 찬탈할 것이 라는 유언비어가 널리 퍼졌다. 관숙선과 채숙도는 주공 단의 섭정에 불 만을 표했다. 이를 틈타 무경은 상商을 회복할 결심을 하고 관숙선과 채숙도를 포섭했다. 이어서 무경은 상에 대한 미련이 남아 있던 서徐, 엄奄, 박고薄姑, 웅熊, 영盈 등의 동이계 나라들을 포섭했다.

얼마 후 무경은 이들과 연합하여 상을 복국시키기 위해 반란을 일 으켰다. 주는 국가적 위기를 맞았다. 주공 단은 내부 안정을 위해 소공 석을 설득하는 데 성공했고, 소공 석이 주공 단에 협력하자 왕위 찬탈 의 유언비어는 잦아들었다. 이후 주공 단은 동쪽으로 군대를 이끌고 나 가 3년의 치열한 전투 끝에 겨우 반란을 평정했다. 이는 상을 멸망시 켰던 전쟁보다 훨씬 길고 어려운 싸움이었다. 무경은 처형되었고, 관숙 선은 자살했고, 채숙도는 변경으로 추방되었다. 엄, 박고 등의 나라들 은 멸망하였다. 주공 단은 승세를 몰아 동쪽으로 더 나아가 회수 북부 와 산동반도 부근의 여러 동이계 국가들을 복속시켰다. 그러나 서徐는 워낙 큰 나라여서 주공 단도 정벌하지 못했고, 이후 서는 회수 지역의 동이계 국가들과 협력하며 계속 주와 긴장관계를 유지한다.

---

1) 여기서 **전엽위규**剪葉爲珪(오동잎을 잘라 규를 만든다는 뜻. 군주는 자신이 한 말을 반드시 지켜야 함을 비유함)의 고사성어가 나옴. **동엽봉제**桐葉封弟(오동잎으로 아우를 책봉한다는 뜻)와 같은 의미임

주공 단은 상의 잔여 세력들을 견제하기 위해 무왕의 유지를 받들어 동쪽 낙수洛水 부근에 새로 도시를 건설하여 주의 동쪽 도읍을 만드는데, 이 도시가 바로 **낙읍洛邑**(=성주成周. 훗날의 낙양洛陽)이다. 이때부터 원래 도읍인 호경은 종주宗周로 불리게 된다.

주공 단은 상의 유민들을 낙읍 부근으로 이주시킨 후 통제를 강화하고, 동시에 유화책으로 상의 옛 도읍이었던 송宋 땅(상구商丘)에 주왕의 이복형인 **미자微子 계啓**를 봉해 조상에 대한 제사를 계승하게 했다. 이로써 제후국 **송宋**이 생겼다. 동시에 주공 단은 호경 부근에는 **서괵西虢**(괵중虢仲)과 **제祭**, 낙읍 부근에는 **우虞**와 **동괵東虢**(괵숙虢叔) 등의 작은 동성同姓 제후국을 두어 왕실에 위협이 되지 않으면서 동시에 왕실을 호위하게 했다.

이어서 주공 단은 반란과 관련된 **위衛**를 회수하여 동생인 강숙봉에게 다시 분봉하여 송을 견제하게 했고, 자신의 맏아들인 백금伯禽에게 엄奄 땅을 나누어 주며 노魯에 편입시켰다. 주공 단은 위와 노에 상의 유민들 다수를 이주시켰고, 이로써 상의 유민들은 모두 흩어져 주에 복속하게 되었다. 상의 유민들 중 다수는 당시에 천한 직업으로 평가받던 장사에 종사하게 되었는데, 이로써 상인商人이라는 말이 만들어지게 되었다. 한편 주에 복속하기를 거부하는 상의 나머지 유민들과 멸망한 동이계 국가의 유민들은 문화적으로 동질성이 강한 북동쪽의 조선 땅으로 이주하기도 했다.

계속하여 주공 단은 북쪽의 이민족들을 견제하기 위해 태행산맥 동쪽에 동성同姓 제후국인 **형邢**을 두어 연燕과 함께 주의 북쪽 방어기지로 만들었다.

주공 단과 소공 석은 봉읍인 노와 연을 직접 다스리지 않고, 각자 맏아들을 보내 다스렸다. 주공 단과 소공 석은 주 왕실의 공경公卿으로서 주공 단은 주의 동쪽 지역을, 소공 석은 주의 서쪽 지역을 맡아서 다스렸다[1]. 이들은 모범적인 통치를 통해 후세의 귀감이 되었다.

주공 단은 널리 인재를 구하고 예로서 대했는데, 주공 단이 자신을 방문한 어진 인재를 대접하기 위해 목욕하다 세 번이나 머리카락을 잡고 뛰어나가고(일목삼착一沐三捉) 식사하다 세 번이나 먹던 것을 뱉고 뛰어나간(일반삼토一飯三吐) 일화가 전해온다[2]. 소공 석은 자신이 맡은 지역 곳곳을 순시하며 백성들의 어려움을 살폈는데, 감당甘棠나무 아래에서 백성들의 송사訟事를 공정하게 처리하여 훗날 백성들이 소공 석의 덕을 그리워하며 소공 석을 대하듯 감당나무를 대했다는 일화가 전해온다[3].

주공 단은 섭정 8년(9년이라는 주장도 있음) 동안 주의 법제와 관직 체계를 세웠는데, 이것이 바로 '**주례周禮**'다. 주례는 상商의 종교 및 정치 제도를 기초로 주周 고유의 종교와 정치 제도 등을 모두 결합한 것이다. 이후 주례는 수백 년 동안 '주의 국가 및 사회 통치 규범'으로 유지되며 사람들의 생활 방식을 결정지었고, 가치관의 기준이 되었다. 즉 주례는 규범을 초월하여 중원 지역 <u>고전 문화의 기본 내용</u>이 되었고, 이후 중원을 넘어 동아시아 전역에까지 영향을 미치게 되었다. 주례는

---

1) 소공 석이 주의 서쪽 지역을 담당한 것을 감안하면, 연燕의 처음 위치는 황하 하류 지역이 아니라 노魯보다 훨씬 더 서쪽 지역이었을 것으로 추론됨
2) 여기서 **토포악발**吐哺握髮(입 속의 밥을 뱉고 머리카락을 움켜쥔다는 뜻. ①손님에 대한 극진한 예우 ②군주가 예의를 갖추어 어진 인재를 맞이하는 것을 비유함)의 고사성어가 나옴
3) 여기서 **감당지애**甘棠之愛, **감당유애**甘棠遺愛(감당나무에 남은 사랑이라는 뜻. 어진 정치를 펼친 사람을 그리워하는 마음을 비유함) 등의 고사성어가 나옴

봉건제도 및 종법제와 일체가 되어 주의 정치·사회·문화의 기본 구조를 형성했고, 꿈에서라도 만나보기를 바랄 정도로 주공 단을 존경하던 공자孔子의 영향력과 결합하여 유가 사상에 녹아들어 동아시아 전역에 지금까지도 영향을 미치고 있다.

성왕은 성장하자 본인이 직접 왕권을 행사하길 원했다. 이 때문에 주공 단은 성왕과 갈등이 생겼고, 결국 주공 단은 남쪽 지역으로 망명한다. 이후 주공 단은 성왕과 화해하고 조정에 복귀했으나, 다시 실권을 잡지는 못했다. 실의에 빠진 주공 단은 곧 병으로 죽었다. 어린 조카를 성심을 다해 보필하여 신왕조의 기틀을 잡은(정확히 말하면 역대 중국 왕조들의 기틀을 잡았음) 만고의 충신인 주공 단도 말년에 왕의 의심을 사서 감시를 받다 죽는 것을 보면 권력의 속성이 얼마나 냉혹한 것인지 알 수 있다.

친정을 시작한 성왕은 신하들에게 자신은 자질이 부족하지만 날마다 나아가고 달마다 성장하여[1] 광명에 이를 것이니 신하들도 모범적으로 행동해 줄 것을 당부했다. 성왕은 주공 단의 정치적 유산을 물려받아 주의 안정과 국력 향상을 위해 성실히 정치를 했고, 새로운 왕조인 주는 반석 위에 올랐다. 주공 단의 차남은 부친의 작위를 이어받아 주 왕실의 공경公卿이 되었고, 이후 주공周公은 주 왕실의 공경 직을 의미하는 보통명사가 되었다(소공 석의 경우도 동일함).

한편 채숙도의 아들인 호胡는 추방된 곳에서 부친의 잘못을 반성하고 그곳 주민들을 잘 다스렸는데, 성왕은 이를 기특하게 여겨 채를 복

---

1) 여기서 **일취월장**日就月將(날마다 나아가고 달마다 나아간다는 뜻. 끊임없이 노력하여 발전해 나가는 것을 비유함)의 고사성어가 나옴

국시키고 호에게 분봉했다. 이로써 제후국 채蔡가 다시 시작되었다.

강왕康王 쇠釗

성왕이 죽고 태자 쇠釗가 즉위하니, 곧 강왕康王이다. 강왕도 성왕의 통치 방식을 계승하여 나라의 안정을 유지했다. 강왕은 대외 원정과 지방 순시를 자제하여 백성들을 편안하게 했고, 국가 재정을 안정되게 유지했다. 또한 제후들 및 이민족들과도 원만한 관계를 유지했다. 성왕과 강왕 시기가 주의 전성기였는데, 사관들은 이를 '성강지치成康之治'라고 부르고 있다.

이때 서徐는 국력을 회복하고 왕을 칭하면서 회수 유역의 동이계 국가들을 규합하여 주를 압박했다. 서 연합군은 주를 공격하여 일시적으로 황하의 중류까지 진격하기도 했다.

소왕昭王 하瑕

강왕이 죽고 태자 하瑕가 즉위하니, 곧 소왕昭王이다. 소왕은 과시욕이 있고 싸움을 좋아했다. 즉위 직후 남쪽 지역에서 초楚가 주변 일부 국가들을 규합하여 주에 대항하는 일이 발생했다. 소왕은 직접 군대를 이끌고 한수漢水를 건너 원정에 나가 초를 크게 무찔렀다.

8년 후 초와 주변 일부 국가들이 다시 주에 대항했다. 소왕은 두 번째 원정을 나갔는데, 한수에서 초와 그 동맹국들에 참패하고 소왕도 죽었다. 소왕과 왕군王軍이 한수를 건널 때 주에 불만을 품은 사공들이 바닥을 아교로 붙인 배를 제공했고, 배가 강 한가운데로 나아갔을 때 아교가 물에 녹아 배가 가라앉아서 소왕과 왕군이 익사해 참패했다는 일화가 전해온다. 그러나 이 일화는 이민족에 패하여 무너진 자존심을 세우기 위한 핑계에 불과하며, 실제로는 왕군의 참패였다. 《사기》에는 왕이 남쪽으로 순행을 나갔다가 돌아오지 못하고 강 위에서 세상을 떴다고 기록되어 있다. **중국의 역사서는 자신들에게 <u>치욕스러운 내용(패전, 항복 등)을 숨기는 나쁜 습관이</u> 있으므로 이를 감안하여 읽어야 한다.**

남쪽 오랑캐라고 무시하던 초에 의해 왕이 죽고 왕군이 참패한 일은 주 왕실의 명성에 큰 타격을 입혔고, 두 번의 원정으로 국가 재정은 악화되었다. 이때부터 주는 정점을 찍고 서서히 쇠퇴의 길로 가게 된다.

목왕穆王 만滿

소왕이 죽고 태자 만滿이 즉위하니, 곧 목왕穆王이다. 《사기》에 의하면 목왕은 즉위할 당시 50세였는데, 55년을 재위했다고 한다. 목왕은 공명심이 강해서 큰 업적을 남기고 주 왕실의 이름을 과시하고 싶었다.

재위 12년 때 서쪽 견융犬戎 여러 국가들이 조공을 바치지 않는 일이 발생했다. 당시 국제 외교의 관례를 감안하면, 서북쪽 이민족 국가의 경우 주 왕실에 공물을 바칠 의무는 없었고 큰 일이 생긴 경우 방문하여 조례하면 충분했다. 목왕은 분노할 이유가 없음에도 불구하고 분노하여 제공祭公[1] 모보謀父의 간언을 무시하고 직접 군대를 지휘하며 서쪽으로 원정을 나갔다. 목왕은 견융 국가들을 크게 무찌르고 다섯 부족의 수령들을 사로잡았다.

---

1) 주공 단의 후손이 봉해진 호경 부근의 작은 제후국. 주 왕실의 경사 직을 겸임하였음

이 승리로 자만심에 빠진 목왕은 4년 후에는 주의 국력을 과시할 목적으로 더 많은 군사들을 이끌고 서북 원정을 나간다. 일설에 의하면 목왕이 서왕모西王母[1] 전설을 믿고 서쪽에 있는 전설의 산인 곤륜산崑崙山으로 가서 서왕모를 만나기 위해 서북 원정을 나갔다고 한다.

한편 목왕 때 **조보造父**라는 신하가 있었다. 조보는 조상 때부터 말 사육과 수레 운전을 담당했다. 목왕이 원정을 나갈 때마다 조보는 왕의 수레를 화려하게 치장하고 잘 몰아 목왕의 총애를 받았고, 원정 이후 **조趙** 땅을 하사받았다. 이때부터 조보는 조씨趙氏의 시조가 되었는데, 조보의 후손은 훗날 진晉의 대부가 되었고 전국시대 때에는 조趙를 세워 왕이 된다.

당시 서徐는 국력이 전성기에 이르렀다. 국토가 500리에 달했고, 주변 36국으로부터 조례를 받았다. 목왕도 서의 강함을 인정하여 동남쪽 지역에 대한 서의 권리를 인정했다.

《사기》에는 목왕이 서쪽 원정을 나가 있는 동안 서徐의 군주인 **언왕偃王**이 난을 일으켰는데 조보가 목왕을 병거에 태우고 급히 귀환하여 목왕이 난을 다스릴 수 있었고, 목왕은 조보에게 조성趙城을 하사했다고 기록되어 있다. 서의 언왕은 맹목적으로 어진 정치를 하다가 오히려 국력을 약화시킨 대표적인 예로 전국시대 때 유세가들로부터 자주 언급되고 있다. 서는 국력이 강하여 목왕 초기에는 주와 양립하며 중국대륙의 동남쪽을 지배했으나, 이후 언왕이 서를 다스리면서 서의 국력이

---

1) 신들의 산인 곤륜산에 살면서 모든 신선들을 지배하는 여신. 신화에서 원래는 호랑이 이빨에 표범 꼬리를 한 늙은 할머니로 묘사되었으나, 어느 순간부터 천상의 절세미인으로 그 모습이 바뀌어 묘사됨

많이 약해진 것으로 추측된다[1].

  목왕의 대규모 서북 원정은 결국 아무런 소득 없이 실패로 끝났고, 주는 극심한 재정적 어려움에 빠지게 된다. 이때부터 서쪽과 북쪽의 이민족들은 주의 권위를 인정하지 않게 되었고, 더 이상 주 왕실을 방문하지 않게 되었다. 목왕의 서북 원정 실패는 나중에 전설로 바뀌는데, 목왕이 서왕모를 만나 즐거운 시간을 가졌다는 내용으로 변질되었다. 목왕의 원정과 관련된 여러 일화들은 훗날 소설 《목천자전穆天子傳》[2]의 소재가 된다.

공왕共王 예호繄扈

  목왕이 죽고 아들인 예호繄扈가 즉위하니, 곧 공왕共王이다. 어느 날 제후국 밀密의 강공康公이 공왕과 함께 사냥을 나갔는데, 백성들이 미인 세 명을 바쳤다. 밀강공은 모친의 충고를 무시하며 미인들을 공왕에게 바치지 않고 독차지했다. 1년 후 공왕은 그 죄를 물어 제후국 밀을 멸망시켰다.

---

1) 언왕의 시호가 '넘어질 언偃'인 것은 이때 국력이 많이 약해진 것을 반영한 것이라는 주장이 있음. 서는 춘추시대 이후 초와 제로부터 지속적인 공격을 받아 국력이 더 약해졌고, 결국 BC 512년에 오왕 합려에게 멸망함
2) 동진東晉 때 위양왕魏襄王의 무덤이 도굴되었는데, 이때 발견되었음. 작자 미상. 지괴志怪소설의 선구로 평가됨

의왕懿王 간囏

공왕이 죽고 아들인 간囏이 즉위하니, 곧 의왕懿王이다. 의왕 때 주는 국력이 매우 쇠약해졌다.

효왕孝王 벽방辟方

의왕이 재위 8년 만에 죽고 숙부(공왕의 동생)인 벽방辟方이 즉위하니, 곧 효왕孝王이다. 의왕이 요절하고 그 아들이 나이가 어려 숙부가 즉위한 것으로 추측된다.

이때 서쪽 견구犬丘 땅에 **비자非子**가 살았는데, 말과 가축 사육에 뛰어났다. 견구 사람들이 비자를 천거하자 효왕은 비자를 불러 위수渭水 지역에서 말을 사육하도록 시켰다. 비자가 뛰어난 업적을 보이자 효왕은 비자에게 영씨嬴氏를 하사하며, 진秦 땅에 봉했다. 이로써 부용국 <u>진秦</u>이 개국했다.

이왕夷王 섭燮

효왕이 죽자 제후들이 의왕의 아들인 섭燮을 옹립했다. 제후들의 추대로 섭이 즉위하니, 곧 이왕夷王이다.

왕의 시호가 夷(오랑캐 이)인 것은 우리의 상식과 맞지 않아 보인다.

그러나 원래 갑골문에서 이夷는 큰 사람(대인大人)이라는 의미였고[1], 사람이라는 의미는 지금까지도 한국어에 남아 있다(어린이, 그 이 등).

서주시대에 좋은 의미였던 이夷는 훗날 화하족이 강성하게 되면서 오랑캐라는 의미로 왜곡된다.

견해 1

견해 2

이왕 3년 때 기紀의 양후煬侯가 **제齊의 애공哀公**을 참소하는 일이 발생했다. 분노한 이왕은 제애공을 호경으로 압송하여 팽형烹刑[2]에 처해버렸다. 이때부터 제와 기는 이웃하면서 같은 강성姜姓 제후국임에도 불구하고 대대로 원수가 된다. 기는 노魯와 혼인을 통한 유대관계를 맺어 제에 대비했다.

---

1) 이夷의 갑골문 자형에 대하여는 의견이 갈리고 있음. 견해 1은 줄을 묶은 화살의 모습인데, 화살이 大로 되고 줄이 弓이 되는 결론이 되어 인정하기 어려울 것임. 견해 2와 같이 보는 것이 타당함. 상商 때 회수淮水 지역을 인방人方이라 칭하였는데, 이것은 이夷의 원래 뜻이 사람과 관련되어 있음을 암시하는 것임
2) 펄펄 끓는 가마솥에 넣고 삶아 죽이는 형벌

여왕厲王(=분왕汾王) 호胡

　이왕이 죽고 태자 호胡가 즉위하니, 곧 여왕厲王이다. 여왕은 거의 파탄 직전의 재정을 물려받았고, 설상가상으로 당시 주에는 큰 흉년이 들었다. 이때는 주 왕실의 힘이 매우 약해진 상태였다. 그와 비례하여 서쪽의 융족과 남쪽의 초는 세력이 급격히 강해진 상태였고, 여러 제후국들도 세력을 키우며 서서히 주 왕실에 대한 독립성이 강해지고 있었다.
　어느 날 초의 군주인 **웅거熊渠**가 스스로 왕을 칭했다. 여왕은 분노하며 주 왕실의 위엄을 높이기 위해 남쪽으로 원정을 나갔고, 아직은 시기상조라고 여긴 웅거는 왕의 칭호를 거두어들이고 주와 화해를 체결했다.
　얼마 후 회수 유역의 동이 국가들이 주를 공격하여 쳐들어왔다. 여왕은 괵중虢仲을 시켜 정벌했으나 이기지 못했다. 이로 인해 국가의 재정 문제는 더욱 악화되었다.

　여왕은 재물에 대한 욕심이 많았고, 파탄 지경인 국가의 재정 문제를 해결하길 원했다. 결국 여왕은 영이공榮夷公, 괵공虢公 장보長父 등을 등용해 성읍 밖에 있던 산천을 왕의 소유로 선언하고 주민들이 채집 및 수렵 등을 할 수 없도록 하는 '전리專利정책'을 시행했다. 이는 왕실의 재산을 늘려 재정 문제를 해결하기 위한 당시로서는 급진적인 조치였다. 당시에는 성읍의 밖에 있던 산천(=야野)은 왕권이 사실상 미치지 못하던 곳으로 누구나 야野의 산물을 채취할 수 있었다. 여왕의 전리정책에 의해 이익을 침해당한 대신들과 주민들은 왕을 원망했다. 예양보芮良父가 이에 대하여 왕이 이익을 독점하는 것은 부당하다며 간언했으나, 여왕은 전리정책을 계속했다.

오히려 여왕은 자신에 대한 불만을 통제하기 위해 위衛에서 무당을 불러와 자신을 비방하는 사람들을 찾아내도록 했다. 위의 무당은 제멋대로 사람들을 무고했고, 이 때문에 많은 사람들이 처형되었다. 이후 주민들은 불만을 공개적으로 제기하지는 못했지만 여왕에 대한 원한을 가졌다. 비방이 사라지자 여왕은 매우 만족했다.

《시경詩經》에는 당시 상황을 한탄하는 내용의 시가 실려 있는데, "맨손으로 호랑이를 잡을 수 없고, 걸어서는 황하를 건널 수 없네. 사람들이 그 한 가지는 알고 있으나, 다른 건 아무것도 모르고 있네. 생각하면 언제나 벌벌 떨고 움츠리며[1] 깊고 깊은 못가에 임하는 심정, 얇디얇은 살얼음 위를 걷는 듯하네."라는 내용이다.

소목공召穆公이 백성들의 말을 허락하지 않는 것은 강물을 막는 것만큼이나 위험하다고 강조하며 백성들에게 의견을 말할 기회를 주어야 한다고 간언했으나, 여왕은 듣지 않았다. 주민들의 불만은 점점 커져갔고, 결국 3년 후 도읍의 국인國人들이 여왕에 반대하여 대규모 난을 일으켰다[**국인의 난**](BC 841년).

국인의 난 때 많은 기록들이 소실되어 국인의 난 이전의 사건들은 정확한 연도를 알 수 없게 되었다. 그 결과 국인의 난 이후부터 비로소 주의 역사는 그 연대가 비교적 명확해졌다. 근래 중국에서 '단대공정斷代工程'이라는 대규모 관제 프로젝트 사업을 실시하여 국인의 난 이전 시대의 연대를 확정했으나, 근거가 부족하여 외국 석학들의 많은 비판

---

1) 여기서 **전전긍긍戰戰兢兢**(두려워서 벌벌 떨며 움츠린다는 뜻. 위기감을 느껴 절박해진 심정을 비유함)의 고사성어가 나옴. 전전은 겁을 먹고 벌벌 떠는 것을 의미하고, 긍긍은 몸을 움츠리는 것을 의미함

을 받고 있는 실정이다. 이 책에서는 학문적 근거가 부족한 단대공정의 연대를 사용하지 않기로 한다.

국인들이 대규모 난을 일으키자 여왕은 분수汾水 근처의 체彘 땅으로 달아났다. 이 때문에 여왕을 분왕汾王이라 칭하기도 한다. 태자 정靜은 황급히 소목공의 집으로 피신했다. 국인들은 소목공의 집으로 몰려가 태자를 내놓으라고 요구했다. 소목공은 자신의 아들을 태자로 꾸며 대신 내보냈고, 소목공의 아들은 피살되었다. 태자 정은 소목공의 집에서 숨어 지냈다.

공화共和(BC 841년 ~ BC 828년)

왕이 없는 상황이 되자 대신들은 논의를 통해 왕을 대신하여 정치를 할 책임자를 정했다. 이때 누가 정치를 담당했는지에 대하여 견해가 나뉜다. ①소목공과 주정공周定公이 함께 정무를 처리했다는 기록(《사기》)과 ②공백共伯 화和가 정무를 처리했다는 기록(《죽서기년》)이 갈린다.

신하들이 왕을 대신하여 정치를 함께 처리한 당시의 상황을 '공화共和'라고 부른다. ①설에서는 소목공과 주정공이 연호를 공화로 선포하고 정무를 처리한 데서 유래했다고 하고, ②설에서는 공백 화에서 공화가 유래했다고 주장한다. 아무튼 여기서 훗날 공화제라는 정치 용어가 만들어진다.

선왕宣王 정靜

　공화 14년(=BC 828년), 여왕이 망명지인 체 땅에서 죽었다. 누가 왕이 될 것인지 논의가 분분했다. 소목공은 숨겨 두었던 태자 정을 드디어 등장시킨다. 대신들의 추대로 태자 정이 즉위하니, 곧 선왕宣王[1]이다. 선왕은 직접 정무를 보기 시작했고, 이로써 공화는 종료되었다.
　선왕은 춘추시대의 시작과 많은 관련이 있으므로 선왕 때의 일은 다음 편에서 기술하기로 한다. 이제부터 본격적으로 여러 국가의 왕들과 제후들이 등장하므로 이하에서는 편의상 국명과 시호를 붙여 표기하기로 한다(예를 들어, 주의 선왕은 주선왕周宣王으로 표기함).

---

1)　주선왕 희정: 재위 BC 827 ~ BC 782

―제4장―

서주西周의 국가체계 및 문화

제1절 봉건제도封建制度

형성(기원)

　봉건제는 왕족과 공신 등에게 특정 지역의 토지를 나누어 주고, 그 지역을 다스리는 제후로 책봉하여 왕실을 지키는 역할을 부여하는 제도다. 봉封은 왕(천자)이 제후를 임명하고 토지를 하사하는 것을 의미하고, 봉건封建은 토지를 하사(封)하여 제후국을 세운다(建)는 의미다. 제후들에게 땅을 나눠주고 제후국으로 삼는 것을 분봉分封이라 하며, 제후들에게 땅과 함께 작위를 내리는 것을 봉작封爵이라 한다.
　봉건제의 기원에 대하여는 정확히 알기 어렵다. 상고시대의 도로 환경 등 여러 조건을 감안할 때, 왕이 정복 활동으로 인하여 넓어진 모든 지역을 직접 다스리는 것이 불가능하여 어쩔 수 없이 자신의 권력과 땅을 나누어 준 것이 그 시작으로 추정된다. 갑골문에 제후를 의미하는 후侯의 원형이 있기 때문에 상商시대에 봉건제가 있었던 것은 명백하나, 그 이전인 하夏시대에 있었는지 여부는 불분명하다. 그 시작이 중원이었는지 아니면 다른 지역에서 발생하여 중원으로 전해졌는지 여부도 불분명하다. 상을 멸망시킨 주의 무왕은 넓어진 영역을 효율적으로 다스리기 위해 이전 시대 때부터 실시되고 있던 봉건제도를 계승하여 실시했는데, 주의 봉건제도는 후술하는 종법제와 결합하여 이전 시대와는 다른 특색을 나타낸다.

갑골문 후

주周의 봉건제도의 특색

주周 초에 각지에는 이전부터 존재하던 800여 제후국들이 존재하고 있었다고 한다(숫자와 규모에 대하여는 견해가 일치하지 아니함). 무왕과 주공 단은 순차적으로 왕족 및 공신들에게 지방의 넓은 영토를 나누어 주면서 해당 지역의 통치를 위임했다. 이때 50여 제후들이 임명되었는데(숫자와 규모에 대하여는 역시 견해가 일치하지 아니함), 이들에게는 이전부터 존재하던 기존의 800여 제후들을 통제하는 역할도 함께 부여했다.

기존에 존재하던 제후국들 중에는 주 왕실에 반감을 가지는 나라들도 많았고, 이민족 국가 등 주를 중심으로 하는 정치질서에는 포함되지 않은 나라들도 많았다. 역사서에서는 이들 국가들에 대하여도 주왕周王이 분봉을 실시한 것으로 기록하고 있으나, 이는 중국 역사 기록의 문제점 중 하나로 실제로는 조선朝鮮과 초楚처럼 주周와 아무 관계가 없던 독립적인 국가들도 많았다.

주왕은 왕족이나 공신들에게 넓은 토지를 나누어 주고 제후로 봉했으며, 제후들은 분봉받은 지역으로 이주하여 주왕 대신 해당 지역을 다스렸다. 제후는 제후국 안에서 정치·경제·군사에 관한 모든 권한을 장악하고 있었기 때문에 마치 지방의 독립 국가와 비슷했다. 그러나 제후들의 권력은 주왕이 부여한 것이므로 제후들은 주왕의 명령에 복종해야 하고, 주왕에 대하여 각종 의무를 부담해야 했다. 공납은 물론 정기적으로 문안을 올려야 했으며, 군대를 파병하여 왕실을 보호해야 했다.

한편 제후들도 자신의 영지 전부를 직접 다스리는 것이 불가능했으므로 영지를 친족들과 가신들인 경대부卿大夫에게 다시 분봉하여 그 지역(=채읍采邑)의 통치를 맡겼다. 경대부들도 자신들의 영지를 친족들과 가신들인 사士에게 또다시 분봉하여 그 지역의 통치를 맡겼다. 경대부는 제후가 주왕에게 하는 것과 같은 의무를 제후에게 다해야 했다.

이러한 분할 통치 구조 속에서 '**왕(천자)-제후-경대부-사-서인庶人**'의 '계층적 지배질서'가 정착되었다. 위의 계급들은 '각 계급에 적용되는 행동 규범'의 제약을 받았는데, 이 행동 규범을 **예법禮法**이라고 불렀다. 왕과 제후 및 경대부들은 대부분 혈족을 중심으로 하위 계급을 임명하고 토지를 나누어 주었고, 주의 봉건제는 혈연을 바탕으로 한 종법宗法질서와 결합하여 중앙 정부의 통제력을 유지시켜 주었다. 봉건제의 정착에 따라 통치자와 피통치자가 엄격하게 구별되었고, 개인의 사회적 평가는 능력보다는 가문과 계급이 가장 중요한 요소가 되었다.

계급

① 왕王(천자天子)

왕은 봉건제의 최고 지배자다. 주왕周王은 하늘(천제天帝)의 아들로서 하늘로부터 하늘을 대신하여 천하를 다스리라는 명령(천명天命)을 받은 존엄한 존재라는 종교적 의미에서 천자天子라고 불렸다. 훗날 황제皇帝라는 정치적 칭호가 만들어져 사용되지만, 천자라는 칭호가 가지는 상징성 때문에 황제와 병행하여 천자라는 칭호도 계속 사용된다.

② 제후諸侯

제후는 왕으로부터 각지의 넓은 영토를 분봉받아 사실상 독립된 국가처럼 다스리는 여러 영주들을 의미한다. 예법에 따라 제후들은 '작위의 등급'이 구별되었는데, **'공公-후侯-백伯-자子-남男'**의 5등급이 있었다. 예법에 의하면 등급에 따라 영토의 넓이, 군대의 규모 등이 엄격히 규정되어 있었다. 예를 들어, 송공宋公은 제후국 송의 영주이자 공작의 작위를 지닌 제후를 의미하고, 신후申侯는 신의 영주이자 후작의 작위를 지닌 제후를 의미하며, 정백鄭伯은 정의 영주이자 백작의 작위를 지닌 제후를 의미한다. 그러나 시간이 지남에 따라 주 왕실의 힘이 약해지고 제후들끼리의 국력 차이도 벌어져 그 구별은 의미가 없어지고(힘이 센 제후가 예법을 지키지 않는 경우가 너무 흔해짐), 호칭도 작위의 등급에 따른 정식 칭호 대신 공公으로 통칭 내지 경칭되는 경우가 많아진다.

한편 주 왕실에 상주하며 왕실의 사무를 처리하고 그 대가로 왕실 직할령의 일부를 **식읍食邑**으로 받았던 왕실 직속 최고 관료들을 공公이라고 부르기도 했다(예를 들어, 주공周公 단). 제후가 받은 **봉읍封邑**과 관료들이 받은 식읍은 구분하여야 한다. 봉읍은 제후들이 소유권을 가진 영지로 군사·형벌 등 실질적인 권한을 모두 행사할 수 있는 권능이 부여되었으나, 식읍은 국가가 소유권을 가지되 관료들은 소속 주민들로부터 세금과 부역만 징수할 수 있었다. 식읍은 상속이 되었는데, 먼 훗날에는 현직 관료들에게만 관직에 대한 대가로 지급되는 **녹읍祿邑**으로 바뀌기도 하였다.

5등급의 작록 이외에 **부용附庸**이라 불리는 소국 영주들도 있었는데, 이들은 세력이 미미하여 단독으로 천자를 조회하지 못하고 다른 제후들이 천자를 알현하는 기회에 곁붙여 조회를 할 수 있었다. 춘추시대 이후에는 유력 제후들에게 예속된 여러 소국들을 부용이라고 불렀다.

③ **경대부卿大夫**

경대부는 제후들로부터 영토를 분봉받아 다스리며 제후들을 위해 일하는 귀족들을 의미한다. 그 재력과 세력 규모에 따라 세분하여 '**경卿-대부大夫**'로 구별하기도 하고, 경과 대부 내에서도 상·중·하의 구별이 있었다.

경卿은 제후 밑의 최상급 대귀족을 의미하고, 대부大夫는 제후 밑의 일반 귀족들을 의미한다. 한편 주 왕실에 상주하며 왕실의 사무를 처리하고 그 대가로 왕실 직할령의 일부를 식읍으로 받았던 공公 다음의 관료들을 경卿이라고 부르기도 했다.

④ 사士

사는 경대부들로부터 영토를 분봉받아 다스리며 경대부들을 위해 일하는 하급 귀족들을 의미하는데, 제후들의 하급 신하들을 칭하기도 했다. 그 세력 규모에 따라 '상사-중사-하사'로 세분하기도 한다.

최하위 지배층인 사는 기록과 회계 등을 담당한 소수의 문사文士와 전쟁의 선두에서 활약하던 다수의 무사武士로 구성되었다. 사는 실무를 담당하고 실력이 뛰어났으나, 신분의 벽에 막혀 높은 관직으로 오를 수는 없었다.

훗날 전국시대라는 극히 예외적인 무한경쟁 시대 때 각국이 생존을 위해 신분보다 실력을 중시하게 되면서 사士는 뛰어난 실력을 바탕으로 지배 세력으로 상승했고(이를 다른 말로 '하극상'이라고 표현하기도 함), 유가사상 특히 주자학과 결합한 남송南宋 이후에는 최고 신분이 된다(표기 방식도 사대부士大夫로 바뀜).

붕괴

시간이 지나면서 제후들과 주 왕실 사이의 혈연관계는 약화되었고, 각 지역에서 제후들의 세력이 점차 강화되기 시작했다. 그 결과 혈연에 기초한 종법 질서를 중심으로 한 주의 봉건제 통치체제는 약화되기 시작한다.

훗날 주 왕실이 이민족의 침략으로 도읍을 낙읍으로 옮기고 또한 제후들에 대한 국력 우위마저 사라지게 되자 중앙 정부의 통제력은 소멸되고 혼란기가 찾아왔다. 이 혼란기를 춘추전국시대라고 한다. 전반기인 춘추시대에는 제후들이 그래도 주 왕실의 권위를 존중하여 가장 강력한 제후인 패자霸者를 중심으로 주 왕실을 보호하는 양상이 유지되었으나, 후반기인 전국시대가 되면 제후들이 스스로 왕을 칭하고 주 왕실을 완전히 무시하며 각자 독립국으로 행세하기에 이른다.

봉건제와는 달리 왕이 임명한 관료들(태수, 현령 등)이 일정한 임기 동안 특정 지역을 다스리는 방식을 **군현제郡縣制**라고 한다. 전국시대부터 군현제가 일부 도입되었는데, 전국시대를 통일한 진시황제는 봉건제를 폐지하고, 전면적인 군현제를 실시한다. 이로써 주의 봉건제는 완전히 소멸되었다.

한漢 이후 여러 왕조에서는 황제의 친족들 또는 공신들을 (제후)왕으로 책봉하여 외관상 봉건제를 실시한 것처럼 보이지만, 실질적인 내용은 주의 봉건제와는 달랐다. 한漢에서는 (제후)왕들이 분봉된 지역을 국國이라 불러 황제가 직접 통치한 군郡과 구별했다(이를 **군국제郡國制**라고 부름). 분봉된 (제후)왕들은 실권을 가지지 못했으며, (제후)왕들의 영지를 포함한 모든 지역은 황제가 임명한 관료들이 다스렸다. (제후)왕들의 제후국은 이름만 국國이고 관료들의 직명만 달랐을 뿐 실질적으로 군郡과 큰 차이가 없었다.

제2절 종법제도宗法制度

기본 성격 및 구조

주의 봉건제와 불가분의 관계를 가지고 있는 것이 종법제다. **종**宗이란 같은 부계父系 조상에게 제사를 지내는 혈족을 의미하고, 종법宗法이란 종宗이 준수해야 하는 규칙을 의미한다. 원래 종법제는 동일 혈족의 **'자연적'인 제사조직**을 의미했는데, 주周에서 **'제도적'인 종족관계**로 발전하였다. 즉 주의 종법제는 귀족 사이의 혈연에 입각한 '신분제도의 규칙'으로 의미가 바뀌게 된 것이다. 주의 종법제에서 가장 기본이 되는 원칙은 '적장자 계승' 제도였다. 적장자란 정식 부인이 낳은 자식 중 장자를 의미한다.

종宗은 그 내부에 더 세분화된 혈연 단위인 다수의 **족族**이 존재했으며, 그 혈통에 따라 대종大宗과 소종小宗으로 엄격하게 구분되었다. ① 종 내에서 적장자 출신의 족이 대종이 되어 종가宗家를 형성했는데, 대종의 가장이 종주宗主가 되어 종족을 대표했다. 종주는 족인들을 통솔하고 조상의 제사를 받드는 종묘를 모셨으며, 전쟁 시에는 족인들을 이끌고 전쟁에 참가했다. ②소종은 대종의 집안에서 갈라져 나온 것으로, 적장자의 남동생들이 세운 가계다. 소종은 종주의 권위와 지시에 복종했으며, 제사 시에는 종주에게 최대로 협조하고 전쟁 시에는 종주의 통솔 아래 출전했다. 대종만이 제사를 올릴 수 있고, 소종은 그저 참여만 했다.

대종과 소종은 구성단위가 달랐다. 소종은 고조高祖·증조曾祖·조祖·부父·자子의 5대 동안의 일족을 하나의 단위로 정했다. 세대가 내려감에 따라 순차적으로 고조는 떨어져 나가고(이를 하천下遷이라고 함), 종족은 더욱 갈라져 나간다. 이 때문에 소종은 '5세世로써 바뀌는 종宗'이라고 불린다. 이와 달리 대종은 백세불천종百世不遷宗으로서 시조 이래의 모든 소종 집단을 거두어 종족의 중심이 되었다.

봉건제도와 결합

 주는 신분제도인 종법제를 정치제도인 봉건제에도 적용하였다. 주왕실과 제후, 제후와 경대부의 관계는 모두 종법과 유사한 질서를 따랐다. 주왕은 천자로서 천하가 받드는 공동의 주인이고 적장자며 대종이기 때문에 왕의 지위를 계승하고 있지만, 그 밖의 아들들은 제후나 경대부로 분봉되어 대종을 받들어야 하는 소종이 되었다. 제후도 자신의 지위를 적장자인 대종에게 계승시키고, 그 밖의 아들들은 소종으로서 경대부가 되어 대종을 받들어야 했다.
 결과적으로 종법제는 사회 계급을 분명하게 구분하도록 하였으며, 봉건제를 유지시켜 나가는 데 중요한 역할을 했다. 이로써 주는 사회질서를 안정시키고 <u>종족이라는 혈연 본위의 사회</u>를 형성하게 되었다.
 시간이 지남에 따라 제후들의 혈연의식은 희박해지고 지역의 토착세력과 결합해 나갔다. 이로 인해 혈연을 기반으로 하는 종법제는 흔들리게 되었고, 춘추전국시대 이후로는 더 이상 종법제를 유지할 수 없는 지경이 되었다. 그러나 종법제의 영향력은 완전히 소멸한 것은 아니었고, 훗날 주자학과 결합하면서 송宋시대에 부활하여 다시 강조된다. 특히 고려 말엽에는 우리나라에도 전파되어 조선시대 때에 가장 중요한 신분 질서의 규칙이 된다.

제3절 인본주의人本主義와 정치의 태동

원시적인 형태의 인본주의

동이족 국가인 상商은 국가의 대소사를 점복을 통해 나타난 하늘의 뜻에 따라 결정했고, 이는 운명론으로 발전했다. 이 때문에 상의 문화는 샤머니즘을 바탕으로 한 종교적 신비주의[1] 성격이 강했다. 제사를 통해 하늘(帝)의 뜻을 살피고 조상(鬼)을 섬기는 것은 왕의 가장 중요한 일이었고, 하늘과 조상을 기쁘게 하기 위해 엄청난 수의 인신공양이 행해졌다. 수많은 노예들과 전쟁포로들이 인신공양에 바쳐졌고, 상에 대한 원한이 쌓여갔다. 이는 훗날 상이 망하는 과정에서 많은 이민족들이 주에 가담하는 중요한 원인이 되었다.

주는 상과 맞서기 위해 상과는 다른 사상이 필요했다. 원래부터 주는 하늘에 의해 정해지는 운명만큼 인간의 행동과 의지도 중요하다는 생각을 가지고 있었는데, 상과 맞서기 위해 인간의 행동과 의지를 더욱 강조하게 된다. 당시 상은 하늘의 명을 받은 것으로 여겨졌고, 많은 이민족들은 이런 상에 맞서는 것을 두려워했다. 주는 상에 맞서기 위해 많은 이민족들을 규합해야 했다. 이를 위해 주는 "하늘의 명은 고정된 것이 아니며, 덕이 있는 자가 하늘의 명을 받는 것이다."라고 주장하며, 하늘에 의해 정해지는 운명보다 인간의 행동과 의지가 더 중요하다고 강조했다.

이는 인간의 가치를 다시 생각하는 계기가 되었고, 비록 원시적인 형

---

1) 이는 훗날 도가를 거쳐 신선사상과 결합하여 도교로 발전함

태이긴 하지만 인본주의와 합리주의[1] 사상이 탄생하는 배경이 된다. 물론 주에서도 하늘과 조상에 대한 제사를 중요하게 여겼고 점복을 통해 여러 가지 결정을 했지만, 이는 왕의 권위를 높이기 위한 수단의 성격이 강했다.

주가 중원을 장악하게 되면서 대규모 인신공양은 사라지게 되었고, 주례는 제사의 규모에 따라 희생으로 사용하는 가축의 내용을 세분하여 다르게 규정하고 있다. 비슷한 이유로 춘추시대 이후 순장도 현저히 줄어들게 된다(완전히 없어진 것은 아님). 또한 노예와 전쟁포로에 대한 가혹한 처우도 조금은 개선되었다.

정치를 통한 통치

상은 '무력에 의한 통치'를 기본으로 했으나, 주는 단순히 무력을 사용한 통치를 넘어 이념을 내세우고 이를 통해 동맹국들과 제후국들을 규합하여 목적을 달성하는 '정치를 통한 통치'를 사용했다. <u>천명을 받은 주 왕실의 권위</u>라는 이념을 활용하여 다스리는 정치의 힘은 무력에 의존한 상과 달리 훗날 주 왕실이 쇠락해도 몇 백 년을 더 존속하게 만드는 힘이 되었다.

---

1) 이는 훗날 제자백가로 발전하는데, 특히 유가에 큰 영향을 끼침

제4절 서주西周시대의 관직 정리

주周 왕실의 관직

관직명을 붙일 때에는 일정한 규칙이 있었다. 태太와 대大는 최고위급 고관에 붙였고, 사司는 행정 각 분야의 수장급 고관에 붙였다. 장掌은 실무에 대한 책임자에 붙였는데, 세습된 것으로 추정된다. 주의 관직제도는 기본적으로 상의 관직제도를 승계한 것이다. 이하에서 간략히 정리하기로 한다.

① 3공三公

3공은 국정을 총괄하는 최고위직을 의미한다. **태사太師, 태보太保, 태부太傅**를 3공이라 칭했는데, 이들은 왕에 대한 교육을 담당하고 간언을 하는 등 왕의 고문 역할을 했다. 3공은 시간이 흐르면서 최고급 관료를 상징하는 범칭으로 사용되기도 하였다.

② 6경六卿

6경은 각종 행정 업무를 분담하여 총괄하는 고위직으로 지금의 장관과 비슷했다. 6경은 대사료大史寮와 경사료卿事寮로 크게 구분된다. 대사료는 종교·의례를 담당했는데, **태사太史·태축太祝·태복太卜**이 이에 해당한다. 경사료는 행정·재정을 담당했는데, **사도司徒·사마司馬·사공司空**이 이에 해당한다.

③ 왕실 · 궁정 업무 담당

- **태재太宰**: 왕실 사무와 궁정 업무를 총괄. 우재右宰와 좌재左宰의 부관을 둠
- 재부宰夫: 왕실 요리 담당
- 어인圉人: 천자나 제후의 말을 관리
- 도인屠人: 제사 희생 가축의 도살을 담당
- 시인寺人: 궁중 업무와 심부름을 담당하는 내관內官

④ 종교 · 의례 담당

- 대종백大宗伯: 국가의 제사·의례·종교를 총괄
- 태사太史: 천문·역법·점복·역사 문서의 기록 및 보관을 총괄
- 태축太祝: 제사·의례·종교 의식에서 축문 작성 및 낭독을 총괄
- 무사巫史: 주술 및 강신 의식 담당

⑤ 교육 담당

- 태부太傅: 천자에 대한 교육을 담당
- 소부小傅: 태부의 부관
- 태자에 대한 교육을 담당한 동궁태부東宮太傅도 있음

⑥ 재무 담당

- 사공司空: 국가의 공사·건축 업무를 담당

- 사고司庫: 국가 창고를 감독하는 업무를 담당
- 장고掌庫: 국가 창고를 관리하는 업무를 담당
- 사시司市: 각 지방의 시장과 교역을 관리하는 업무를 담당

⑦ 군사 담당

- 사마司馬: 군사 업무를 총괄. 전국시대 때 장군將軍 직이 신설된 이후 쇠퇴
- 군정軍正: 군대의 기강과 군율(상벌, 인사, 문서관리)을 담당
- 군위軍尉: 군대의 훈련과 군법을 담당
- 어자御者: 천자나 제후의 수레를 모는 업무를 담당
- 거우車右(=융우戎右): 천자나 제후의 수레에 동승하여 호위하는 업무를 담당
- 사사士師: 군사상의 재판 관련 업무를 담당

⑧ 법률 담당

- 사구司寇: 국가의 사법 및 형벌 업무를 총괄

⑨ 사도司徒

사도司徒의 역할에 대하여는 견해의 대립이 있다. 사도를, 무리를 관리한다는 의미로 해석하여 교육 업무를 총괄한다는 견해, 사도를 사토司土(토지를 관리함)에서 파생된 것으로 해석하여 농업 업무를 총괄한다는 견해, 무리를 학자들이 아닌 주민들로 해석하여 일반 행정 업무

(호적, 징발 등)를 총괄한다는 견해 등이 있다.

제후국들의 관직

제후국들은 기본적으로 주 왕실의 관제를 모방했지만, 제후국마다 독특한 관직도 많았다. 이하에서 간략히 정리하기로 한다.

① 제후국들의 공통 관직

- **감국監國**: 주 왕실에서 제후들을 감시·감독하고 주 왕실과의 연락을 위해 각 제후국에 파견한 관료. 제후국에서 최고 예우를 받고 실권을 행사했으나, 춘추시대부터 그 힘이 현저히 약해졌음
- **정경正卿**: 제후를 보필하고 국정을 총괄함. 재상宰相(=상국相國)의 옛 명칭
- 아경亞卿: 정경 다음의 관직. 정경을 보좌함
- 우재右宰, 좌재左宰: ①태재의 보좌관 ②2명의 태재를 둔 경우 그중 1명
- 선부膳夫: 제후의 요리사
- 포인庖人, 옹인饔人: 궁중 요리사
- 알자謁者: 궁정에서 잡일을 담당하는 하급관리

② 각 제후국 특유의 관직

▶ 제齊
- 좌경左卿, 우경右卿: ①정경의 부관(다른 제후국들이 정경/아경 체

제인 반면, 제는 정경/좌경/우경의 체제였음) ②정경 없이 2인 재상 체제로 운영되는 경우에는 국정을 총괄했음

- 대간大諫: 제후에 대한 간언을 담당
- 대사행大司行: 사신使臣(=행인行人) 업무를 총괄
- 대사리大司理: 소송과 형벌을 담당
- 대사전大司田: 농업 및 토지를 담당

▶ 진晉

- **중군원수中軍元帥**: 군사업무와 행정업무를 총괄하는 최고 관직. 다른 제후국들의 정경보다 권한이 더 막강했음
- 좌행대부左行大夫: 사신使臣(=행인行人) 업무를 총괄

▶ 초楚

- **영윤令尹**: 국정을 총괄하는 최고 관직. 중원 제후국들의 정경보다 권한이 더 막강했음
- 막오莫敖: 영윤 다음의 관직. 영윤을 보좌하고 왕실 업무를 총괄. 주로 굴씨屈氏 가문이 세습했음
- 우윤右尹, 좌윤左尹: 영윤의 보좌관
- 잠윤箴尹(=침윤鍼尹): 왕에 대한 간언을 담당
- 대혼大閽: 도성 수비 사령관
- 공정工正: 국가의 각종 공사를 감독
- 교윤郊尹: 도성 밖 교야郊野 지역의 행정을 담당
- 문윤門尹: 성문을 관리하고 수비하는 업무를 담당
- 사악대부司樂大夫, 악윤樂尹: 국가의 예악을 담당

- 땅 이름 + 윤尹: 각 지방의 행정을 담당하는 수령(지방관). 예를 들어 침윤沈尹은 침沈 땅을 다스리는 지방관을 의미함
- 땅 이름 + 공公, 후侯: 초왕이 분봉하여 각 지방을 다스리는 제후. 세습되는 경우도 있고 그렇지 아니한 경우도 있음

▶ 진秦
- 중원과 다른 20등급의 작록제爵祿制를 실시했음. 주요한 것은 다음과 같음
- 철후徹侯: 20등급의 최고 작위
- 관내후關內侯: 19등급의 작위
- 대서장大庶長: 18등급의 작위. 경경卿급에서는 최고위 작위
- 대상조大上造: 16등급의 작위
- 우서장右庶長: 11등급의 작위
- 좌서장左庶長: 10등급의 작위. 경卿급에서는 최하위 작위

▶ 송宋
- 우사右師, 좌사左師: 태사의 부관. 태사를 보좌함
- 문윤門尹: 도성의 성문 수비 담당
- 사성司城: 성곽의 수비와 수리를 담당

▶ 정鄭
- 어정圉正: 감옥을 관리하는 직책

제5절 옛사람들의 생활 모습

옛사람들의 성씨 姓氏

성씨는 혈족관계를 나타내기 위해 이름 앞에 붙이는 표지다. 오늘날에는 성과 씨를 구별하지 않고 혼용하여 사용하나, 원래 성과 씨는 다른 개념이었다.

상고시대는 소규모의 모계 부족사회였다. 같은 모계 혈족으로 구성된 소규모 혈족들은 다른 혈족들과 구별하기 위해 이름 앞에 **성姓**을 붙여 사용했다. 성姓은 '여자(女)가 낳은(生) 자녀들'이라는 글자의 의미처럼 모계사회에서 동일한 모계 혈족을 표시했다.

시간이 흐르면서 부족의 인구가 늘며 거주 지역이 확산되고, 모계사회는 부계사회로 바뀌었다. 부족은 다른 부족과 통합과정을 거치며 그 규모가 확대되었다. 부계사회로 바뀐 이후에 사람들은 원래 모계 혈족을 나타내던 성姓을 대신하여 부계 혈족을 나타낼 표지가 필요해졌다. 처음에는 기존의 성을 그대로 사용했으나, 부계 혈족을 정확히 반영하지 못하는 단점이 있었다. 그래서 사람들은 부계 혈족을 반영하면서 동시에 자신들을 다른 혈족과 구별할 새로운 칭호를 만들어 사용하기 시작했는데, 이를 **씨氏**라고 한다. <u>씨는 거주지 명칭, 관직, 직업, 조상의 이름(자, 시호) 등을 사용해 만들어졌다.</u> 씨가 새로 만들어졌지만, 기존의 성도 계속 사용되었다.

성과 씨의 구별과 혼용은 춘추전국시대 때까지 유지되었는데, 당시 귀족들은 분봉받은 땅의 이름이나 관직 등을 씨로 정하는 경우가 많았다. 시간이 지나면서 많은 씨들이 만들어졌는데, 부자父子와 형제 사이에도 성은 같지만 씨가 다른 경우가 생겼다. 이와 달리 성은 다르면서 씨가 같은 경우도 나타났다.

전국시대 때 혈연을 기반으로 하는 종법제도가 완전히 무너지고 종족의 유대가 약해졌다. 이에 따라 후천적 요인을 반영한 씨의 중요성은 증대하고 선천적 혈연을 반영한 성의 중요성은 내려가면서 씨와 성의 구별이 모호해지기 시작한다. 결국 한漢 이후에는 성과 씨의 구별이 거의 사라지고 하나의 의미로 쓰였으며, 씨가 성을 흡수하여 성씨와 성은 모두 씨를 의미하게 된다.

옛사람들의 이름

먼저 이름과 비슷하지만 구별해야 할 것들이 있어 주의가 필요하다. **자字**는 아이가 성인이 될 때 부모나 스승이 이름 대신 사용하라고 지어 준 것이다. 본인이 이름 대신 사용하기 위해 만든 것을 **호號**라고 한다. 죽은 이후 그 사람을 평가해 부여한 호칭을 **시호諡號**라고 한다.

상고시대에는 장유 서열을 나타내는 말인 **맹孟**(맏이. 서자에 사용), **백伯**(맏이. 적자에 사용), **중仲**(둘째), **숙叔**(나머지), **계季**(막내)를 사용해 시호나 이름을 짓는 경우가 많았다. 예를 들어 여자의 경우 백희伯姬는 희성姬姓을 쓰는 가문의 장녀, 숙희叔姬는 희성 가문의 삼녀를 의미하는 보통명사 겸 고유명사였다.

옛날 사람들은 사신死神에게 이름이 알려지면 죽게 된다고 생각했었다. 그래서 진짜 이름은 가족들끼리만 불렀고, 일상의 생활에서는 자字를 사용해 호칭으로 썼다. 그래서 옛날 사람들의 이름은 잘 알려지지 않고 있다. 귀족 남자들 정도나 정식의 이름이 역사에 기록되어 있고, 여성의 경우는 대부분 이름이 알려지지 않고 있다.

귀족 여성들의 경우에는 사후에 시호가 내려졌는데, 이것이 후세에 전해져 마치 이름처럼 인식되기도 한다. 그렇지만 이는 여성의 이름이 아니라 공식 직함과 유사한 것임을 유의해야 한다. 제후의 부인인 경우에는 '남편의 시호 + 친정 성씨'로 이루어지는 경우가 많았다. 예를 들어 위선공衛宣公의 부인인 선강宣姜은 '선공 부인 강씨'라는 의미다. 그 외의 경우는 '평생의 행실 또는 공적 + 친정 성씨'로 이루어지는 경우가 많았다. 그렇지만 예외가 많으므로 주의해서 해석해야 할 것이다.

귀족 남성들의 경우 '성씨 + 자'를 사용하는 경우가 많았고, 가끔 '자 + 이름'을 사용하기도 했다. 관중(본명: 관이오)과 오자서(본명: 오원)는 전자의 예고, 맹명시(본명: 백리시)와 백을병(본명: 건병)은 후자의 예다.

당시 보통 사람들은 마을 이름과 사람의 성씨를 함께 적어 구별하는 경우가 많았는데, 기록에 남아 있지 않으면 정확한 이름을 알 수가 없다. 예를 들어 경국지색으로 유명한 포사褒姒는 '포 마을 출신의 사씨'라는 의미다. 성씨를 가진 것은 그래도 나름 유력 가문이라는 의미고, 대부분의 보통 사람들은 그 흔적을 남기지 못했다.

잉첩媵妾

제후가 다른 제후에게 정식 부인이 낳은 딸인 적녀嫡女를 시집보낼 때 그 이복 여동생이나 공족의 여식 등을 함께 보내 (제후의 정식 부인이 되는) 적녀의 말벗 역할을 하면서 동시에 제후의 첩妾이 되게 했는데, 이를 잉첩이라고 불렀다. 잉첩은 다른 첩들에 비해 높은 대우를 받았고, 잉첩이 낳은 자식들도 일반 서자들보다 높은 지위를 누렸다. 잉첩은 다른 배경 출신의 첩들이 편입되는 것을 일정 부분 차단하는 기능도 가졌으며, 결과적으로 사돈 제후국들은 우호를 더욱 돈독하게 할 수 있었다.

처음에는 동일 공실 내 서녀庶女나 방계 공실의 딸들을 여러 명 잉첩으로 보냈다. 춘추시대 중기 이후 제후국 간에 우열의 격차가 크게 나면서 신부를 보내는 제후국의 속국인 부용국 또는 정치적 유대가 강한 동성同姓 제후국에서 그 공녀와 친척 딸들을 잉첩으로 제공하는 사례가 증가했다. 이 경우 통혼관계가 얽힌 국가들의 우호도가 증가하여 상당한 기간 동안 우호관계를 유지하게 된다.

잉첩이 언제부터 시작되었는지는 불명확하다. 제요가 순에게 두 딸을 함께 시집보냈다는 기록을 잉첩에 관한 최초의 기록으로 보는 주장도 있다. 유가 사상이 득세한 이후에는 본래 의미의 잉첩은 거의 사라졌고, 잉첩의 의미는 단순히 시중드는 첩을 의미하는 것으로 바뀌게 된다.

제6절 전쟁의 모습

귀족 중심의 병거전

바퀴와 수레가 언제 발명되고 언제부터 전쟁에 사용되었는지 정확히 알기는 어렵다. 상商 때부터 수레를 전쟁에 사용하기 시작한 것으로 추정되는데, 바퀴살의 발명으로 병거兵車(=전차戰車)의 성능이 비약적으로 향상되면서[1] 병거가 병사와는 비교할 수 없는 위력을 발휘하게 되었다. 이때부터 전쟁의 주력은 병거가 담당하게 되었고, 병사들은 병거를 보조하는 역할로 전락했다. 이는 군軍이라는 글자 자체에 수레(車)가 들어 있는 이유다.

서주시대는 청동기시대였다. 청동기는 재료의 유한성과 제조과정의 어려움 때문에 소량만 제작이 가능했으므로 주로 귀족을 중심으로 소수의 사람들만 청동제 무기를 갖출 수 있었다. 이와 달리 철기는 재료의 무한성과 제조과정의 쉬움 때문에 대량 제작이 가능했고, 이는 철제 무기의 대량 보급으로 이어진다. 결국 훗날 철기가 나오기 이전까지 전쟁은 청동제 무기로 무장을 갖춘 소수의 귀족들과 이들로부터 보급을 받은 가신(무사武士)들을 중심으로 병거를 주력으로 하여 치러졌다.

병거전의 편제

병거전의 중심이 되는 공격용 병거는 말 네 마리(=사駟)가 수레 1대를 끄는 승乘을 기준으로 삼았다. 수레를 끄는 네 마리의 말 중에서 바깥의 두 말을 참驂이라 하고, 가운데 두 말을 복服이라 불렀다. 병거에는 통상 지휘관(왼쪽) 1명과 호위병인 거우車右(오른쪽) 1명, 마부에 해

---

[1] 예전에는 바퀴가 하나의 나무로 통으로 제작되어서 매우 무겁고 쉽게 고장이 났음. 이로 인해 병거는 속도가 느렸고, 병거를 모는 말의 부담이 매우 컸음. 그런데 바퀏살이 발명되면서 바퀴의 무게가 매우 줄어들었음. 이로 인해 병거의 속도는 향상되었고, 말의 부담이 줄어들어 더 많은 거리를 이동할 수 있게 되었음

당하는 어자御者(가운데) 1명 등 3명이 탔다. 이들은 모두 귀족(주로 하급귀족인 사士) 신분이었다. 또한 병거의 보조 역할을 하는 보병들도 있었다. 이들은 7명의 사士와 평민 병사(도병徒兵) 20명으로 구성되었고, 병거의 뒤를 따르며 전투 임무를 수행했다. 평민 병사 20명 가운데 전투요원은 15명이었고, 나머지는 군량과 군수품의 운송과 보급을 담당했다. 즉 공격용 병거 1승은 30명의 군인으로 구성되는 것이다.

훗날 춘추시대 중기 이후 철제 무기가 보급되면서 1승의 편제에 변화가 일어난다. 병거에 탑승하는 3인의 귀족에는 변화가 없으나, 병거의 보조 병력은 그 수가 100명으로 증가했다. 보조 병력은 전부 평민 병사로 구성되었고, 전투요원 75명과 비전투요원 25명으로 편성되었다. 즉 공격용 병거 1승은 103명의 군인으로 구성되는 것이다. 이는 평균적인 모습이고 지역이나 시대에 따라 약간의 차이가 나기도 했다.

병거를 완전한 형태로 갖추고 유지하려면 막대한 비용이 들었기 때문에 귀족만이 병거를 소유하면서 전쟁을 주도했고, 평민들은 세금이나 부역을 통해 전쟁 비용을 부담했다. 주례周禮에 의하면 왕(천자)은 만승지국萬乘之國(1만 승에 상당하는 병력을 보유하는 국가), 제후는 천승지국千乘之國, 대부는 백승지국百乘之國이라는 등급별 제한이 있었다. 그러나 춘추시대 이후 주 왕실이 쇠락하고 제후들의 성장으로 이 제한은 유명무실해지고, 제후들 사이에서도 국력의 차이에 따라 병거를 보유하는 규모의 편차가 심하게 되었다. 결국 병거를 얼마나 보유하고 동원할 수 있느냐는 것이 국력의 척도로 인식되는 것이다.

서주시대의 군 지휘체계는 '군軍-사師-여旅-졸卒-양兩-오伍'의 6단계로 구성되었다. 오는 5명, 양은 15명, 졸은 60명, 여는 600명, 사는 3,000명, 군은 9,000명이었다. 1군은 원칙적으로 <u>병거 300승</u>으로 구성되었고, 1사는 병거 100승으로 구성되었다. 춘추시대 중기 이후 병거 1승의 편제가 변화되면서 1군이 30,000명 이상으로 편제된다. 제후국들도 주 왕실과 비슷한 편제를 가지고 있었으나, 약간 다른 국가들도 있었다.

제2편 서주西周의 붕괴

제1장
주선왕周宣王의 선정과 한계

주선왕周宣王의 노력

　주선왕은 현명한 신하인 방숙方叔, 소호召虎, 윤길보尹吉甫, 신백申伯, 중산보仲山甫 등의 보좌를 받으며 부왕父王인 주여왕周厲王 때의 혼란을 극복하기 위하여 열심히 노력했다. 그 결과 주는 전대前代의 혼란을 극복하고 상당히 안정을 되찾았으나, 전성기에는 미치지 못했다.

　주선왕은 북서쪽 국경을 끊임없이 노략질하던 험윤玁狁[1]과 융족에 대하여 공격하여 굴복시켰고, 남쪽의 초楚에 대하여도 공격하여 굴복시켰다. 이어서 주선왕은 동남쪽의 회이淮夷를 공격하여 승리를 거두고, 회이로부터 조공을 받았다.

　계속하여 주선왕은 비자非子의 증손자인 **진중秦仲**에게 도읍인 호경鎬京 남쪽의 융족에 대한 공격을 명령했는데, 진중은 융족과의 싸움에서 전사했다(BC 822년). 주선왕은 진중의 아들인 **진장공秦莊公**[2] 기其와 그 형제들에게 군사 7,000명을 내어주며 싸움을 계속하게 했고, 결국

---

1) 흉노의 조상으로 추정되는 부족. 훈육薰育이라고도 불림
2) 진秦장공 영기: 재위 BC 821 ~ BC 778

진장공은 승리를 거두었다. 진장공은 서견구西犬丘를 점령한 후 그곳에 자리를 잡았는데, 학자들은 이때부터 진秦이 실질적인 국가로 성립한 것으로 본다.

대외원정의 연이은 성공으로 주선왕은 주 왕실의 위신을 높였고, 제후들은 다시 주 왕실에 복종했다.

한편 주선왕은 이복동생인 **우友**를 호경 근처의 **정鄭** 땅에 책봉하여 (BC 806년) 왕실을 보좌하게 했다. 이로써 제후국 **정鄭**이 개국하게 되었으니, 우는 정의 1대 제후인 **정환공鄭桓公**[1]이다. 정환공은 주변으로 영지를 확장하기를 희망했으나 도읍인 호경 부근에 위치하여 불가능했는데, 결국에는 영지를 낙읍의 남쪽으로 이동했다.

이민족의 발흥

주선왕의 중흥은 잠깐의 현상에 불과했고, 재정 문제로 인한 주의 쇠락은 어쩔 수 없는 추세였다. 주 왕실의 통제가 약화되자 각지의 제후들은 계속 세력을 키워 나갔고, 잠시 주춤하던 이민족들은 다시 힘을 회복했다. 사방의 이민족들이 다시 발흥하자 주선왕은 골치가 아팠다. 이후 주선왕은 동북방(조선 방향)을 제외한 각 방향에서 여러 이민족들과 전쟁을 치렀는데, 대부분 패했다.

주선왕 39년(=BC 789년). 서쪽 지방의 이민족인 강융羌戎이 주 왕실에 항명했다. 주선왕은 이를 응징하기 위하여 직접 출전했으나, 천무千畝 땅에서 전멸에 가까운 패배를 당했다. 이로써 주 왕실의 세력 약

---

1) 정환공 희우: 재위 BC 806 ~ BC 771. 주여왕의 막내아들. 주 왕실의 사도司徒

화가 명백히 드러나게 되었다. 이후 주선왕은 강융에 복수하기 위하여 태재太宰 중산보의 반대에도 불구하고 태원太原 땅에 직접 행차하여 군사들을 조련하고 있었다.

망국지요亡國之謠

어느 날 주선왕은 태원에서 군사들을 시찰하고 도읍인 호경으로 돌아오던 중 수레에서 아이들이 부르는 노래(=망국지요亡國之謠)를 듣게 되었다.

月將升 달이 떠오르니
日將沒 해는 지려 하네.
檿弧箕箙 산뽕나무로 만든 활과 쑥대로 만든 화살통이여,
幾亡周國 장차 주나라도 망하는구나.

노래를 들은 주선왕은 매우 불쾌해졌고, 그 노래를 부르는 아이들을 잡아 오게 하여 누가 가르쳐 준 것인지 추궁했다. 아이들은 붉은 옷을 입은 어떤 아이가 시장거리에서 가르쳐 준 후 사라졌다고 아뢰었다. 주선왕은 매우 우울하고 분노했으나 잡아 온 아이들을 풀어 주고, 사시관司市官에게 지시하여 왕명으로 그 노래를 금하고 이를 어기는 아이가 있는 경우 그 부모까지 처벌할 것임을 공고하게 했다.
　다음 날 모든 신하가 조례朝禮하러 왔을 때 주선왕은 신하들에게 아이들의 노래를 이야기하며 그 뜻을 물었다. ①대종백大宗伯 소호는 국

가에 궁시지변弓矢之變이 있을 것으로 해석했다. ②태재 중산보는 망국의 우환을 염려하며, 태원에서 조련 중인 군사들을 해산할 것을 건의했다. ③태사太史 백양보伯陽父는 하늘이 임금을 타이르려면 화성火星인 형혹성熒惑星에 지시한다고 아뢰며, 아이들이 부른 망국지요는 바로 형혹성이 붉은 옷을 입은 아이로 변하여 지상으로 내려와 하늘의 경계警戒를 알려 준 것이라고 답했다. 백양보는 달은 음陰을 나타내므로 여자로 인한 재앙이 있을 것이고, 천문을 보니 궁궐 안의 변고가 예상되며, 노래의 내용은 현재가 아닌 미래의 일을 예언하는 것이라고 덧붙였다.

주선왕은 우울한 심정으로 조례를 마치고 내궁으로 와서 신하들로부터 들은 이야기를 왕후인 **강후姜后**에게 말해 주었다. 그러자 강후는 주선왕에게 주여왕 때의 어떤 궁녀가 나이 쉰이 넘었는데, 임신한 지 40년이 지나 어제 여자 아기를 출산했음을 알렸다. 강후는 이를 불길하게 여겨 그 여자 아기를 20리 밖 강에 버리게 했다고 아뢰었다. 주선왕은 그 늙은 궁녀를 불러 임신하게 된 경위를 물었다. 늙은 궁녀는 다음과 같은 취지로 아뢰었다.

하夏의 걸왕 말년에 포성褒城(=훗날의 한중漢中 지역)에 사는 신인神人이 두 마리 용으로 변하여 궁궐 뜰에 내려 왔다. 걸왕은 태사의 점괘에 따라 용이 흘린 침과 거품을 황금 그릇에 받았고, 이를 붉은 나무 궤에 담아 내고內庫에 보관했다. 이후 700여 년이 지난 주여왕 말년에 그 궤에서 빛이 새어 나오자 주여왕은 그 궤를 열게 했는데, 주여왕이 신하가 바치는 황금 그릇을 받다 실수로 떨어뜨렸다. 결국 용의 거품이 쏟아졌는데, 그 거품이 조그만 도마뱀으로 변하여 뜰을 돌아다니다 사라졌다. 당시 12세였던 자신이 우연히 그 도마뱀의 자취를 밟게 되었는데, 그 후 임신이 되었고 주여왕은 이를 괴이하게 여겨 자신을 깊숙한 방에 감금했다. 그 후 40년이 지나 어제 여자 아기를 출산하게 되었다.

주선왕은 시자侍者들을 시켜 그 여자 아기의 행방을 찾게 했으나 찾을 수 없었다. 다음 날 주선왕은 태사 백양보에게 늙은 궁녀의 출산 이야기를 들려주고, 여자 아기의 생사 여부에 대하여 점을 치게 했다. 백양보는 점을 친 후 다음과 같은 괘사를 바쳤다.

哭又笑 笑又哭 울다가 또 웃다가, 웃다가 또 우는구나.
羊被鬼吞 馬逢犬逐 양은 귀신에게 잡아먹히고, 말은 개에게 쫓기는구나.
慎之慎之 檿弧箕箙 삼가고 삼가라. 산뽕나무로 만든 활과 쑥대로 만든 화살통이로다.

백양보는 오미년午未年에 큰 일이 발생할 것이고, 요사한 기운이 궁성을 떠났으나 아직 없어지지는 않았다고 아뢰었다. 주선왕은 심히 우울하여 상대부 두백杜伯에게 강에서 건진 아기가 있는지 집집마다 조사하고, 백성들에게 알려 신고할 경우에는 비단 300필을 상으로 주고 감추는 경우에는 참수하도록 엄히 명령했다. 주선왕은 하대부 좌유左儒에게는 사시관을 시켜 시장에서 산뽕나무 활과 쑥대로 만든 화살통을 거래하거나 만들지 못하게 하고, 위반할 경우 처형하도록 엄히 분부했다. 사시관들은 왕의 엄명에 따라 철저한 단속을 시작했다.

시골 부부의 참변

　성안 백성들은 왕명을 알아 아무도 위반하지 않았지만, 먼 시골에서는 왕명을 아직 알지 못했다. 어느 날 먼 시골에 사는 부부가 산뽕나무 활과 쑥대로 만든 화살통을 팔기 위해 도성 가까이 왔다가 사시관에게 단속되어 결박당하게 되었다. 남편은 날쌔게 도망쳤으나 아내는 체포되어 좌유에게 끌려갔다. 좌유는 백양보의 괘사와 들어맞아 왕명을 완수한 것으로 생각하여 주선왕에게 달아난 남편에 대한 보고는 하지 않고 체포한 아내에 대해서만 보고했다. 주선왕은 백성들을 경계하기 위해 아내를 처형하고 산뽕나무 활과 쑥대로 만든 화살통을 불태우도록 지시했고, 망국지요의 예언을 해결한 것으로 생각하여 비로소 안도했다.
　영문도 모른 채 멀리 달아나던 시골 남편은 다음 날 소문을 통해 아내가 처형된 사실을 알게 되었고, 다시 멀리 달아난 다음 아무도 없는 벌판에서 통곡했다. 다시 정처 없이 걸어가던 시골 남편은 어느 강변에서 거적에 쌓인 여자 아기를 발견하게 되었는데, 새들이 부리로 거적을 잡아당겨 강물에 떠내려가지 못하게 애쓰고 있었다. 시골 남편은 이를 상스럽게 여겨 그 여자 아기를 품에 안고 피신할 곳을 생각하다 포성襃城으로 향하였다.
　시골 남편은 강에서 건진 여자 아기를 기르려 했으나 어려운 일이었다. 당시 포성에 사대似大라는 사람이 살고 있었는데, 딸을 원했으나 아들만 있었다. 어느 날 사대는 여자 아기를 품에 안고 구걸하러 온 시골 남편을 보자 베 한 필을 주면서 설득하여 여자 아기를 입양했다. 사대는 여자 아기의 이름을 **포사襃姒**로 짓고 정성껏 양육했다.

주선왕周宣王의 분노

주선왕 43년(=BC 785년). 나라에 큰 제사가 있어서 주선왕은 재궁齋宮에 머물렀다. 밤에 주선왕은 아름다운 여자가 재궁을 범하고 침입하여 태묘太廟 안에서 세 번 크게 웃다가 세 번 크게 통곡한 후 신주를 모두 가지고 동쪽으로 가버리는 꿈을 꾸었다. 주선왕은 정신이 몹시 어지러웠지만 겨우 제사를 마쳤고, 태사 백양보를 궁으로 불러 꿈 이야기를 했다. 백양보는 여자로 인한 재앙이 있을 것이며 요사스러운 기운은 아직 제거되지 않았다고 해몽을 하고, 처형한 시골 아낙네 하나로는 하늘의 기수氣數를 막을 수는 없다고 아뢰었다.

마음이 울적해진 주선왕은 예전에 두백에게 강에 버린 여자 아기를 수색하도록 지시했던 일이 떠올랐고, 4년이 되도록 아무런 보고를 하지 않는 사실에 갑자기 분노가 치솟았다. 신하들에게 제사 고기를 나누어 준 후 주선왕은 두백을 불러 질책했다. 두백은 주선왕에게 조사를 하였지만 아무 흔적이 없었으며, 요녀가 죽은 것이 확실하고, 계속 수색할 경우 백성들이 동요할 것으로 판단하여 수색을 중지했다고 아뢰었다. 주선왕은 자신에게 보고하지 않고 또한 마음대로 수색을 중지한 사실에 대노하여 무사들에게 두백을 참하여 조문 밖에 효수할 것을 지시했다. 두백과 절친한 사이였던 좌유가 머리를 조아리며 두백을 용서하여 달라고 간곡히 여러 번 아뢰었으나, 주선왕은 친구를 위해 임금의 명을 거역하는 행위라고 더욱 분노하여 두백의 처형을 무사들에게 명령했다. 결국 두백은 참수되었고, 좌유는 그날 밤 집에서 칼로 목을 찔러 자살했다.

두백이 죽은 후 두백의 아들인 습숙隰叔은 진晉으로 떠났고, 그곳에서 사사士師의 벼슬로 살았다. 그런 연유로 훗날 습숙의 후손들은 씨氏를 '사士'로 했는데, 그중 일부는 범范 땅을 식읍으로 받은 후 다시 씨를 '범范'으로 고쳐 분화한다. 사씨와 범씨는 훗날 제후국 진晉의 대귀족으로 성장하게 된다.

주선왕周宣王의 사망(BC 782년)

주선왕은 좌유가 자살했다는 소식을 듣고 두백을 죽인 일까지 후회했다. 계속된 불길한 징조에 대한 걱정과 신하를 죽인 일에 대한 후회가 심해져 주선왕은 결국 정신이 혼미해지는 병에 걸리고 말았다. 병이 점차 깊어져 조회朝會를 못할 지경에까지 이르렀는데, 주선왕 46년(=BC 782년) 기미년己未年 7월경에 다행히 차도가 있어 정신이 맑아졌다.

주선왕은 교외에서 사냥을 하면 기분이 더 좋아질 것 같아 사냥 행사를 열기로 했다. 길일을 택해 동교東郊에서 성대한 사냥 행사를 개최했고, 모두들 만족했다.

그런데 도성으로 돌아오던 중 주선왕은 갑자기 정신이 혼미해졌다. 주선왕이 겨우 정신을 차리고 보니 자신이 탄 수레 앞에 두백과 좌유의 원혼이 나타나 계속 따라왔다. 주선왕은 분노하여 원혼들을 향해 보검을 휘둘렀고, 원혼들은 주선왕을 저주하며 붉은 화살을 쏘았다. 주선왕은 비명을 지르며 정신을 잃고 수레 위에 쓰러졌다. 혼자서 허공을 향해 칼을 휘두르며 괴상한 소리를 지르다 갑자기 까무러친 주선왕을 본 좌우 신하들은 대경실색하여 급히 생강즙을 먹여 겨우 주선왕을 깨어나게 한 후 서둘러 환궁했다.

궁에 돌아온 주선왕은 결국 중병에 걸려 누웠고, 계속 두백과 좌유의 원혼이 보여 병세는 날로 악화되었다. 죽음을 예감한 주선왕은 이미 대신들 다수가 늙어 죽은 후여서 윤길보와 소호를 불러 고명顧命하고 세상을 떠났다(BC 782년).

제2장
주유왕周幽王의 실정과 호경鎬京 함락

주유왕周幽王의 즉위(BC 782년)와 실정

주선왕이 붕어[1]한 후 태자 궁녈宮涅이 왕으로 즉위하니(BC 782년), 곧 **주유왕周幽王**[2]이다. 주유왕은 원래 성격이 포악하고 각박했으며, 소인배를 좋아하고 행동에 절제가 없었다. 그는 상복을 입고도 고기를 먹고 술과 여자를 가까이했다. 주유왕은 신백申伯의 딸을 왕후로 세우고, 그 아들 **의구宜臼**를 태자로 삼았다. 또한 왕후의 부친인 신백의 작위를 높여 **신후申侯**로 봉했다.

강후는 남편인 주선왕의 죽음에 지나치게 애통해하다 곧 병을 얻어 세상을 떠났다. 주유왕은 모후가 죽은 후 더 행동이 방탕해졌는데, 장인인 신후申侯의 계속된 간언도 듣지 않았다. 결국 신후申侯는 **신申**[3]으

---

1) 《예기禮記》에서는 왕의 죽음을 붕崩, 제후의 죽음을 훙薨, 대부의 죽음을 졸卒, 사士의 죽음을 불록不祿, 서민의 죽음을 사死라고 표현하고 있음
2) 주유왕 희궁녈: 재위 BC 781 ~ BC 771. 《사기》에는 이름이 궁생宮涅으로 기록되어 있음
3) 신申은 서신西申과 남신南申이 있음. **서신西申**은 서융 계통의 강성姜姓 제후국으로 후작侯爵이었음. 신후의 나라이며 서주 멸망과 관련된 신은 서신이고, 진헌공晉獻公에게 멸망함. **남신南申**은 주선왕이 초楚와 남만 여러 나라들에 대비하여 자신의 외삼촌(강성姜姓)을 완宛 땅에 책봉하면서 개국되었는데, 백작伯爵이었음. 남신은 초문왕楚文王에게 멸망함

로 귀국했고, 노신인 윤길보와 소호도 세상을 떠났다. 주유왕은 **괵공虢公 석보石父**, **제공祭公 역易**, 윤길보의 아들인 **윤구尹球**를 삼공三公으로 삼았는데, 그들은 항상 아첨과 참소만을 일삼았다. 오직 사도司徒 정환공 우友가 간언을 했으나, 주유왕은 그를 싫어했다.

어느 날 주의 발상지인 기산岐山 부근을 흐르는 삼천三川에서 지진이 났는데, 주유왕은 전혀 신경 쓰지 않았다. 태사 백양보는 대부 조숙대趙叔帶와 이야기를 나누면서 삼천의 지진으로 인하여 곧 기산이 무너질 것이고 10년 내로 국가에 큰 변고가 날 것을 예상하며 걱정했다. 백양보의 말을 들은 조숙대는 왕에게 간언할 결심을 하는데, 두 사람이 나눈 대화는 괵공 석보에게 고자질되었다. 괵공 석보는 조숙대가 주유왕에게 간언할 것을 염려하여 먼저 주유왕을 찾아가 조숙대가 조정을 비방하며 요언으로 사람들을 미혹하고 있다고 참소했다.

얼마 후 기산이 무너지자 조숙대는 왕에게 상표上表하고 간언했으나, 주유왕은 조숙대를 비웃으며 오히려 파직하고 추방해 버렸다. 조숙대는 탄식하며 가솔들을 데리고 영지인 조趙 땅이 있는 진晉으로 떠났다. 주목왕 때 조보가 조 땅을 하사받고 씨를 조趙로 삼았었는데, 조숙대는 조보의 7대손이다. 조숙대는 진晉으로 가서 대부가 되었고, 훗날 진晉의 대귀족이 되는 조씨는 그의 후손이다.

조숙대의 추방 소식을 들은 포 땅의 대부 포향褒珦이 탄식하며 입조하여 다시 주유왕에게 간언했으나, 주유왕은 분노하며 포향을 감옥에 감금해 버렸다. 이로 인하여 많은 현인들과 호걸들이 실망하여 사임했고, 그 후론 간언하는 신하도 없어졌다.

경국지색傾國之色 포사褒姒

 3년 후 포향의 아들 홍덕洪德이 가을 추수를 하려고 포 땅으로 왔다가 포사를 우연히 보게 되었다. 사대의 수양딸인 포사는 그때 이미 성숙한 처녀로 자란 상태였는데, 비록 시골에 묻혀 있었지만 그 미모는 가히 경국지색이었다. 홍덕은 포사의 미모에 놀라며 곰곰이 생각하다 감옥에 감금된 부친을 구하기 위하여 상商의 주왕 때 서백 창을 구하기 위해 강태공이 썼던 계책을 쓰기로 결심한다. 홍덕은 비단 300필을 주고 사대로부터 포사를 매입하여 집으로 데려와 밤낮으로 예법 등을 가르쳤다. 세련된 교육을 받자 포사는 그 미모가 더욱 빛을 발하였다.

 주유왕 4년(=BC 778년). 드디어 홍덕은 괵공 석보에게 많은 뇌물을 바치고 부친의 석방 주선을 부탁했다. 뇌물을 받은 괵공은 주유왕을 만나 아비의 허물을 속죄하기 위해 미인을 진상하는 홍덕을 칭찬하며, 포향을 용서해 주기를 아뢰었다. 주유왕은 처음엔 시큰둥했으나, 포사를 본 순간 크게 기뻐하며 포향을 석방하면서 관작을 회복시켜 주었다. 그리고 별궁인 경대瓊臺로 포사를 데려가 밤낮으로 함께하며 조회도 나가지 않아 신하들이 왕을 만나지도 못하게 되었다[1].

 주유왕은 3개월 동안 경대에 거주하면서 포사와 침식을 같이 하며 지극히 총애하고 왕후인 **신후申后**와는 만나지도 않았다. 이 소식은 결

---

1) 포사의 출생과 입궁에 관한 전설은 나중에 만들어진 허구의 내용임. 전설에 따라 해석하면 포사는 BC 789년에 출생하고, BC 778년(11세)에 입궁하고, BC 777년(12세)에 득남하고, BC 773년(16세)에 간악한 방법으로 왕후가 된 것으로 됨. 그 일을 10대 초반의 소녀가 했다고 보는 것은 무리임. 실제로는 주유왕이 작은 제후국 포褒를 공격했을 때 포후褒侯가 바친 미녀들 속에 포사가 포함되어 있었고, 이후 주유왕의 총애를 받아 왕후가 된 것임

국 신후에게 전해졌고, 신후는 분노하여 경대를 찾아갔다. 신후가 와도 주유왕과 포사는 서로 안고 누워서 일어나지 않았고, 신후는 자신에게 인사도 하지 않는 무례한 포사에게 악담을 퍼붓고 돌아갔다. 주유왕은 포사에게 왕후를 찾아가 조례하는 것이 좋을 것 같다고 말했으나, 포사는 새침해진 채 대답하지 않았고 결국 신후에게 조례하지도 않았다.

신후申后는 무례한 포사로 인하여 분노했고, 나중에 포사가 힘을 키우면 자신과 태자의 처지가 위태로워질 것을 근심했다. 태자 의구가 이 사실을 알고 대노하여 분풀이를 하기로 결심했다.

며칠 후 주유왕은 신하들의 삭일朔日하례[1]를 받기 위해 잠시 경대를 떠나 궁으로 갔다. 태자 의구는 그 기회를 이용하여 수십 명의 궁녀들을 경대에 보내 꽃을 마구 꺾게 했다. 이를 말리는 경대의 궁녀들과 태자의 궁녀들이 서로 다투었고, 포사가 시끄러운 소리에 궁금하여 대 밖으로 나왔다. 이때 태자가 갑자기 나타나 포사의 머리채를 잡고 흔들며 모욕적인 말을 하면서 마구 폭행했다. 경대의 궁녀들이 머리를 조아리며 애걸했고, 태자는 갑자기 두려워져 폭행을 멈추고 자신의 거처로 돌아가 버렸다.

포사는 부끄러움과 아픔으로 통곡했고, 삭일하례를 마치고 경대로 돌아온 주유왕은 대노했다. 포사는 임신 사실을 알리며 주유왕을 더욱 더 분노하게 만들었고, 결국 주유왕은 전지傳旨를 내려 태자를 신申으로 추방하면서 외조부인 신후申侯의 교육을 받도록 하고 태자의 입궁을 금지시켰다. 결국 태자는 모후에게 인사도 못한 채 신으로 떠났고, 나중에 이 사실을 알게 된 신후申后는 주유왕을 원망하면서 크게 슬퍼했다.

---

1) 매월 초하루 조례 때 받는 하례

주유왕 5년(=BC 777년). 포사는 아들을 순산했고, 주유왕은 크게 기뻐하며 이름을 **백복伯服**으로 지었다. 주유왕은 태자 의구를 폐하고 백복을 태자로 세우고 싶었으나, 합당한 명분이 없어 차마 말을 하지는 못하고 있었다. 눈치 빠른 괵공 석보는 왕의 속뜻을 짐작하고 즉시 윤구와 상의했다. 괵공 석보와 윤구는 비밀리에 포사와 의논했고, 그들은 백복이 즉위하면 천하를 함께할 것을 약속하며 일을 꾸몄다. 포사는 심복들을 풀어 신후申后의 모든 것을 감시했다.

신후申后는 눈물로 세월을 보내고 있었다. 한 나이 많은 궁녀가 신후의 마음을 짐작하고, 태자에게 일봉 서신을 보내어 태자로 하여금 부왕에게 사죄하는 표를 올리게 하면 부왕의 용서를 받아 태자가 궁으로 돌아올 수 있을 것이라고 신후에게 아뢰었다. 신후가 서신을 전할 방법이 없는 것을 걱정하자 그 궁녀는 신후를 위해 한 가지 계책을 건의했다. 자신의 모친인 온온溫溫이 의술에 능한데, 왕후가 칭병하면서 진맥을 핑계로 온온을 궁으로 불러 태자에게 쓴 편지를 비밀리에 교부하면 온온이 이를 가지고 나와 자신의 오빠를 통해 태자에게 전달할 수 있다는 것이다.

①왕과 포사를 비난하고 ②부왕에게 용서를 구하는 표를 올려 훗날을 위해 일단 용서를 받고 ③환궁하여 다시 대책을 세우자는 취지로 태자에게 보낼 편지를 쓴 신후는 궁녀의 계책에 따라 칭병하면서 온온을 궁으로 불러오게 했다. 신후는 온온에게 비단을 하사하고 편지를 교부했으나, 신후를 계속 감시하고 있던 포사의 눈을 피할 수는 없었다. 편지를 가지고 궁 밖으로 나오던 온온은 포사의 지시를 받은 문지기의 철저한 수색을 받고 편지를 빼앗기게 된다. 편지를 확보한 포사는 화풀이로 온온이 받은 비단을 직접 찢어버리고, 경대에 있던 주유왕에게 신

후가 쓴 편지를 보여주면서 신후를 모함했다. 주유왕은 즉시 온온을 처형해 버렸다.

포사는 나중에 태자에 의하여 자신과 백복이 죽임을 당하게 될 것이라고 계속 주유왕에게 읍소했다. 괵공 석보와 윤구가 포사는 덕성이 있고 정숙하여 왕후의 자격이 있다고 계속 아첨을 하며, 태자 의구는 큰 죄를 지었고 부모 섬기기를 소홀히 하여 태자의 자격이 없으므로 백복을 태자로 세워야 한다고 계속 부추겼다.

주유왕 9년(=BC 773년). 결국 주유왕은 질투와 부덕不德을 이유로 신후申后를 폐위하여 별궁에 안치하고, 불효의 죄를 이유로 태자 의구를 폐서인하는 전지를 내렸다. 동시에 포사를 왕후로 삼고 백복을 태자로 삼았다. 이에 반대하는 간언을 올리는 신하들을 중죄로 처벌하니 태사 백양보를 비롯한 다수의 신하들이 사임하고 도성을 떠났으며, 조정에는 아첨꾼들만 남게 되었다.

거짓 봉화

포사는 왕후가 되고 왕의 총애를 독차지했지만 이상하게도 한 번도 웃지를 않았다. 특별한 이유가 있어서가 아니라 그냥 웃는 것을 좋아하지 않는다는 것이었다. 주유왕은 그것이 안타까워 반드시 포사를 웃게 하겠다고 결심했다. 주유왕은 계속 연회를 열며 좋은 음식과 음악, 춤을 올리게 했으나 효과가 없었다. 예전에 온온이 받은 비단을 찢을 때 그 소리가 몹시 상쾌했었다는 말을 포사로부터 들은 주유왕은 포사를 즐겁게 해 주기 위하여 궁인들을 시켜 매일 비단 100필을 내궁에서 찢었다. 포사는 즐거워하였으나 웃지는 않았다. 주유왕은 포사를 웃게 하는 자에게 천금을 상으로 내리겠다고 널리 영을 내렸다.

이에 괵공 석보가 여산驪山[1]에 거짓으로 봉화를 피우면 기내畿內[2]의 제후들이 황급히 구원하기 위하여 몰려올 것인데, 적병이 없으면 당황해할 것이니 그 모습이 우스울 것이라고 건의했다. 주유왕은 이 말을 쫓아 포사와 근신들을 거느리고 여산의 별궁에 행차하여 크게 잔치를 열고 거짓으로 봉화를 올리게 했다. 사도 정환공은 주유왕의 장난 계획을 들은 후 제후들과의 신뢰가 깨지면 위급 상황 시 큰일 난다고 충언을 했으나, 주유왕은 평화가 계속되고 있는데 무슨 위급 상황이냐며 무시해 버렸다.

결국 거짓 봉화가 올랐고, 기내의 제후들은 큰일이 난 것으로 알고 군사들을 총동원하여 황급히 여산으로 몰려들었다. 적병이 없어서 당황해하는 제후들과 병사들의 모습을 누각에서 지켜보던 포사는 박장대소했다. 덩달아 주유왕과 아첨꾼들도 즐거워했으나, 황급히 달려왔던 제후들은 여자의 놀림감이 되었다는 사실에 마음속으로 분노했다. 주유왕은 대만족하여 제후들을 돌아가게 하고, 괵공 석보에게 천금을 상으로 하사했다[3].

견융犬戎의 침입(BC 771년)

신후申侯는 딸과 외손자의 폐위 소식에 괴로워하다 결국 ①말희와 달

---

1) 주선왕 때 서융이 강성하여 그들의 침입에 대비하기 위하여 도읍 호경 근처인 여산에 봉화대 20여 곳을 세우고 봉화가 오르면 도읍 부근의 제후들이 즉시 구원하러 오게 명령을 내려 놓았음
2) 왕성王城을 중심으로 사방 500리 이내의 땅
3) 여기서 **천금매소千金買笑**(천금을 주고 웃음을 산다는 뜻. 여자에 빠져 망국의 길로 나아가는 것을 비유함)의 고사성어가 나옴

기의 사례를 거론하며 ②망국을 피하기 위해 즉시 잘못된 조치를 바로 잡으라는 취지의 상소를 주유왕에게 올렸다. 주유왕은 대노했고, 괵공 석보는 신후가 반역할 계획이라고 참소했다. 결국 주유왕은 신후의 지위를 백작으로 즉시 강등해 버렸고, 준비가 되는 대로 신申을 정벌하기로 결심했다.

주유왕의 정벌 계획은 곧 신후申侯에게 누설되었고, 신후는 망국을 걱정하는 처지가 되었다. 이를 본 대부 여장呂章은 견융犬戎에 병사를 청하여 함께 호경을 선제공격한 뒤 무도한 천자로부터 양위를 받아 덕이 있는 태자 의구가 즉위하면 주공周公의 업적과 대등할 것이라고 신후에게 건의했다. 신후는 여장의 건의에 따라 왕성을 선제공격하기로 결심하고, 견융 군주에게 서찰을 보내어 왕성을 칠 병력을 요청하면서 왕성 부고의 재물을 전부 양도할 것을 약속했다. 견융 군주는 기뻐하며 승낙했다.

주유왕 11년(=BC 771년, 경오년庚午年). 견융 군주는 융병 15,000명을 이끌고 호경을 향해 출발했다. 우선봉은 패정孛丁, 좌선봉은 만야속滿也速, 중군은 견융 군주가 맡았다. 신후도 동시에 호경으로 출전했다. 신후와 견융은 호경을 신속히 포위했다. 주유왕은 대경실색했고, 기밀이 누설된 것에 분노했다. 괵공 석보는 여산에 봉화를 올리면 기내의 제후들이 구원군을 이끌고 급히 달려올 것이고, 성안과 밖에서 협공하면 될 것이라고 주유왕을 안심시켰다. 봉화가 계속 올랐으나, 기내의 제후들은 또 여자의 놀림감이 될 것으로 생각하여 출전하지 않았다[1].

견융의 공격이 강화되자 결국 주유왕은 외부의 구원군 없이 결전을

---

1) 기내의 제후들은 견융이 침공한 사실을 알았으나, 주유왕을 미워하여 일부러 출전하지 않았다는 주장도 유력함

치르기로 결심하고 괵공 석보에게 출전 명령을 내렸다. 괵공 석보는 왕의 명령에 따라 어쩔 수 없이 병거 200승을 거느리고 성 밖으로 출전했으나, 본래 장수의 자질이 없던 괵공 석보는 패정의 칼에 참혹히 죽었다. 사기를 잃은 왕군도 참패한 채 성문을 향해 도주하기 시작했다. 패잔병들을 들이기 위해 성문이 열렸는데, 견융의 기병들이 패잔병들을 추격하여 성난 파도처럼 성 안으로 들이닥쳤다. 호경은 견융 병사들의 살상과 약탈, 방화 등으로 생지옥이 되었다. 신후도 견융의 병사들을 제어할 수 없었다.

주유왕周幽王의 피살(BC 771년)

제공 역도 혼란 속에서 전사했다. 주유왕은 작은 수레에 포사와 백복을 싣고 황급히 뒷문을 통해 여산을 향해 달아났다. 정환공이 겨우 주유왕을 발견하고 호위하면서 도주했고, 윤구도 뒤늦게 합류했다. 여산의 별궁에 도착한 주유왕 일행은 다시 봉화를 올렸으나 구원병은 오지 않았다. 결국 견융의 병사들이 추격하여 여산의 별궁을 포위했다. 이때 신후申侯는 호경의 별궁에 안치된 신후申后를 찾아 구출하고 있었다.

포위된 주유왕 일행은 마지막 탈출을 시도했다. 정환공이 여산 별궁 앞에 불을 놓아 견융의 주의를 끌었고, 주유왕는 그 틈을 이용해 작은 수레에 포사와 백복을 태우고 뒷문을 통해 나갔다. 곧 견융의 병사들이 몰려들었지만 정환공이 견융 장수 고리적古里赤을 창으로 찔러 죽이고 후위에서 견융 병사들의 공격을 차단하면서 길을 열어 겨우 주유왕의 도주를 이어 가게 했다. 그러나 곧 견융의 기병들이 몰려와 정환공과 주유왕의 수레를 분리시키고 정환공을 포위했다. 정환공은 용맹하게 분전했으나 결국 무수한 적의 화살 공격을 받고 전사했다. 만야속은 추격하여 곧 주유왕의 수레를 잡았다. 견융 군주는 즉시 주유왕, 백복, 윤구를 참했으나, 포사는 너무나 아름다워서 죽이지 않고 자신의 처소로 데려가 능욕했다.

겨우 신후申后를 구출한 신후申侯는 간신 잔당들을 죽이고 주유왕을 찾아다니다 왕이 성 밖으로 도주한 사실을 알고 급히 여산으로 향했으나, 도중에 견융 군주를 만나 주유왕이 피살된 사실을 알게 되었다. 자신의 원래 계획과 달리 사태가 왕이 피살되는 지경에 이르자 신후는 탄식하고 주유왕의 시신을 수습하여 장례를 치렀다.

왕궁으로 돌아온 신후申侯는 견융 군주를 융숭히 대접하면서 황금 열 수레를 추가로 주었다. 왕실 창고를 전부 약탈하고 추가로 황금 열 수레까지 받았지만 견융 군주와 병사들은 귀국하지 않고 호경을 계속 약탈하면서 매일 술과 여자를 끼고 눌러 앉았다.

제3장

주평왕周平王의 낙읍洛邑 천도

진晉, 위衛, 진秦 제후들과 정鄭 세자 굴돌掘突의 출전

백성들의 원망을 한 몸에 받게 된 신후는 견융을 제어하지 못하게 되자 비밀리에 **진문후晉文侯**[1] 희구姬仇, **위무공衛武公**[2] 희화姬和, **진군秦君 영개嬴開** 등 세 명의 제후에게 서신을 보내 견융을 몰아낼 구원병을 요청했다. 당시 위무공은 80세가 넘은 나이였는데, 오랫동안 선정을 펼쳐 백성들의 신망이 매우 높았다. 위衛의 백성들이 위무공을 찬양한 시는 《시경詩經》에 실려 있는데, 훌륭한 인물이 되기 위하여 노력하는 모습을 기술자가 옥을 세공하는 과정에 비유하여 "저 빛나는 군자여! (칼로) 잘라 낸 듯, (줄로) 갈아 낸 듯, (정으로) 쪼아 낸 듯, (숫돌로) 광을 낸 듯하구나[3]."라고 표현하고 있다.

---

1) 진晉문후 희구: 재위 BC 780 ~ BC 746
2) 위衛무공 희화: 재위 BC 812 ~ BC 758. 위무공 희화를 공화를 담당했던 공백 화와 동일 인물로 보는 견해가 있으나, 나이가 맞지 않음(공화 시작인 BC 841년에 위무공의 나이는 10대 초반에 불과함)
3) 여기서 **절차탁마切磋琢磨**(옥돌을 자르고 갈고 쪼고 빛을 낸다는 뜻. 학문이나 인격을 수양하기 위하여 노력하는 과정을 비유함)의 고사성어가 나옴

또한 신후는 정鄭에 사람을 보내 세자 **굴돌掘突**에게 부친의 죽음을 알리며, 거병하여 원수를 갚으라고 했다.

정 세자 굴돌은 당시 23세로 영용하고 비범한 기상이 있었는데, 부친의 원수를 갚기 위해 상복을 입고 병거 300승을 이끌고 출전했다. 굴돌은 엄청나게 빠른 속도로 행군하여 호경에 도착하자마자 즉시 견융과 싸우려고 했다. 군사들이 피로하고 견융의 방어가 철저하니 세 제후들이 도착하기를 기다려 합동으로 공격하자고 공자公子 성成이 건의했으나, 굴돌은 부친의 원수를 빨리 갚기 위한 마음이 앞서 이를 무시했다. 굴돌은 즉시 성을 향해 진격했다.

견융 군주는 성문 외곽 좌우 숲에 미리 병사들을 매복하고 성문 입구 쪽으로 굴돌을 유인한 후 성 내외에서 포위하여 협공을 퍼부었다. 굴돌은 대패하고 30리를 물러나 겨우 패잔병들을 수습했다. 자신의 경솔함을 반성한 굴돌은 공자 성의 건의에 따라 위군衛軍과 합세하기 위하여 위衛 방향으로 가다가 호경을 향해 진군하던 위무공과 만났다. 위군과 정군은 함께 호경을 향해 행군했고, 곧 진晉과 진秦의 군사들도 합세했다.

호경鎬京 탈환

세 명의 제후들과 굴돌은 모여 군사 회의를 열었다. 진군 영개는 ①미리 호경 서문 밖에 굴돌이 매복하고 ②호경 도착 당일 밤에 견융의 방심을 이용하여 세 제후는 서쪽을 제외한 동·남·북 세 방면에서 성을 급습하면 ③당황한 견융은 서문을 통하여 도주할 것이니 ④이때 서문 밖에 매복한 굴돌이 도주하는 견융을 기습 공격하면 대승할 것이라고 계책을 내었다. 모두 찬성했다.

4국 군사가 집결한 것을 알게 된 신후申侯는 소주공小周公 훤喧과 상의하여 4국 군사들이 공격할 때 성문을 열어 주고 내응하기로 계획했다. 또한 신후는 견융의 군사력을 분산시키기 위하여 견융 군주를 찾아가 만약의 경우를 대비하여 약탈한 보물 등을 본국으로 미리 운송하는 것이 좋겠다고 말하며, 견융 군주를 충동했다. 견융 군주는 패정을 시켜 약탈한 보물 등을 본국으로 운송하도록 조치했는데, 이는 견융 군사력의 약화를 초래했다.

4국 군사가 접근하자 만야속은 출전하여 동문 밖에 포진하고, 위무공과 다음 날 교전하기로 약속했다. 그러나 위군은 약속을 어기고 그날 밤 삼경에 만야속의 대채를 선제 기습 공격했다. 견융 병사들은 전혀 대비하지 못하여 혼란에 빠졌고, 만야속의 독려에도 불구하고 크게 패하여 도주했다. 진晉·위衛·진秦 3국의 군사들이 일제히 성문을 공격할 때 신후가 성문을 열고 내응했다.

승산이 없자 견융 군주는 서문을 통해 황급히 도주했는데, 겨우 수백 명의 병사들만 뒤를 따랐다. 견융 군주를 따라가지 못한 포사는 스스로 목을 매고 자살했다[1]. 서문 밖으로 탈출한 견융 군주는 매복하고 있던 굴돌의 공격을 받아 위기에 빠졌으나, 뒤늦게 나타난 만야속의 분전으로 겨우 탈출하여 본국으로 황급히 도주했다.

---

1) 포사의 최후에 대해서는 의견이 분분한데, 일단 여기서는 소설 《동주 열국지》의 내용대로 기술하기로 함

주평왕周平王의 즉위(BC 771년)

날이 밝자 신후와 진문후, 위무공, 진군 영개, 정 세자 굴돌은 회의를 열어 의구를 새로운 왕으로 추대하기로 결의했다. 굴돌이 신申으로 가서 의구를 호위하여 모셔오기로 결정되었다. 의구는 부왕의 사망 소식에 통곡한 후 굴돌의 호위를 받고 호경으로 돌아왔다. 불타버린 궁궐을 둘러보고 눈물을 흘린 의구는 길일을 택하여 즉위하니(BC 771년), 곧 **주평왕周平王**[1]이다.

주평왕은 즉위한 후 곧 논공행상을 실시했다. ①신후申侯의 작위를 공公으로 승격하려 했으나, 신후는 선왕先王에게 대죄를 지었고 견융의 살육을 제어하지 못한 책임이 있다며 끝까지 사양했다. 결국 백伯으로 강등되었던 작위를 원래대로 후侯로 회복시키는 것으로 결정되었다. ②위무공은 작위가 공公으로 봉해졌고[2] 사도司徒에 임명되었다. ③진문후는 하내河內(황하 이북 지역)의 땅을 추가로 분봉받았다. ④굴돌은 토지 1,000경頃[3]을 추가로 지급받고 정백의 지위를 계승하니, 곧 **정무공鄭武公**[4]이다. 또한 정무공은 경사卿士에 임명되었다. ⑤진군 영개는 백伯의 작위를 받고 정식 제후로 임명되니, 곧 **진양공秦襄公**[5]이다. 이때 진秦은 부용국에서 정식 제후국으로 승격되었다. 그래서 학자들은 진양공을 진의 개국 군주로 평가하고 있다. ⑥소주공 훤은 태재로 임명되

---

1) 주평왕 희의구: 재위 BC 770 ~ BC 720
2) 이 기록의 진위는 의심스러움. 위무공 이후에도 계속하여 위衛의 작위는 공작이 아닌 후작이었음
3) 1경=100무畝. 1무=240보步. 1보=5척
4) 정무공 희굴돌: 재위 BC 770 ~ BC 744
5) 진秦양공 영개: 재위 BC 777 ~ BC 766

었다.

한편 포사와 백복은 폐위되어 서인으로 강등되었다. 괵공 석보, 제공 역, 윤구는 선왕을 모신 공로를 인정하여 작위를 강등시킨 후 자손에게 그 지위를 승계시켰다.

신후와 진晉문후, 진秦양공은 융적과 접경하므로 바로 귀국하였지만, 위무공과 정무공은 본국으로 귀국하지 않고 호경에 남아 태재 훤과 함께 국정에 관여했다.

주휴왕周携王의 분립(BC 770년)

포사와 백복을 지지하던 일부 제후들이 주평왕의 즉위에 반대하여 휴携 땅에서 주선왕의 차남인 여신餘臣을 옹립했다(BC 770년). 이에 여신이 스스로 왕을 칭하니, 주휴왕周携王이라고 불린다. 숙부와 조카가 대립하는 모양이 되었고, 주 왕실은 이분되었다.

견융犬戎의 재침

견융 군주는 호경 공격을 통해 주周의 실력과 지형을 알게 되었고, 본국으로 귀국한 후 패배한 것에 대하여 원한을 품었다. 견융 군주는 얼마 후 다시 군사를 일으켜 주를 공격하고 기岐와 풍豊 지역의 절반을 점령해 버렸다. 견융은 계속하여 호경을 노리며 침범하였고, 봉화가 수시로 올랐다.

주평왕周平王의 낙읍洛邑 천도(BC 770년)

　주평왕은 도읍 호경의 궁궐 다수가 파손되어 울적했으나, 재정이 고갈되어 궁궐의 보수와 신축은 불가능한 상태였다. 또한 견융에 대한 공포로 인하여 호경을 떠나고 싶었다. 다행히 제2의 도성인 낙읍에는 궁실이 그대로 남아 있었다. 결국 주평왕은 호경을 떠나 동쪽의 낙읍으로 천도할 뜻을 신하들에게 떠 본다.

　국고가 바닥난 상태에서 백성들을 동원하여 궁실을 지을 필요도 없고 견융의 공포로부터 멀어질 수 있으므로 신하들 대부분이 낙읍 천도에 찬성했다. 오직 사도 위무공만이 ①낙읍은 비록 천하의 중심이지만 지세가 평탄하여 적의 침략에 취약한 단점이 있고 ②낙읍으로 천도할 경우 왕실이 쇠약해질 우려가 있고 ③적이 서쪽 영토를 잠식할 우환이 예상된다면서 반대했다. 위무공은 오히려 선왕의 치욕을 갚기 위해 견융을 정벌할 것을 강조하며, 견융을 불러들인 책임을 물어 신후에게 견융을 토벌할 것을 지시하도록 건의했다.

　이때 신후로부터 견융의 공격을 받고 있으니 구원병을 보내줄 것을 요청하는 표문이 올라왔다. 결국 주평왕은 견융의 위협으로부터 벗어나기 위해 도읍을 동쪽의 낙읍으로 옮기기로 선포하고, 길일을 택하여 천도를 실시했다(BC 770년). **진秦양공**이 천도 소식을 듣고 달려와 왕의 행렬을 호위하여 낙읍까지 모셨다. 호경의 백성들 다수가 낙읍으로 이주하기 위해 따라 갔다. 이때 괵공(서괵)도 호경 부근이었던 기존의 영지를 낙읍 부근으로 바꿔 주평왕을 따라 하남河南 지역으로 같이 옮겨 갔다.

주가 도읍을 서쪽의 호경에서 동쪽의 낙읍으로 천도한 것을 기준으로 그 이전 시대를 **서주西周**라고 칭하고, 그 이후 시대를 **동주東周**라고 칭한다. 주평왕의 낙읍 천도로 서주시대는 끝나고, 동주시대 즉 **춘추전국시대**가 시작된다.

주선왕 때의 망국지요와 꿈, 태사 백양보의 괘사가 정확히 맞았다. 세 번 웃는 것은 여산에서 제후들을 비웃으며 포사가 웃는 것을, 세 번 우는 것은 주유왕·포사·백복이 죽는 것을, 신주를 가지고 동쪽으로 사라진 것은 동쪽의 낙읍으로 천도할 것을, 염소가 귀신에게 잡아먹히는 것은 기미년에 주선왕이 귀신 때문에 죽는 것을, 말이 개에게 쫓기는 것은 경오년에 견융이 쳐들어오는 것을 예언한 것이었다.

당시는 신화와 전설 등이 역사와 섞여 있던 시절이었다. 주선왕의 꿈과 포사의 출생 일화 등이 허황된 내용이고 논리적으로도 맞지 않지만 **당시 사람들은 이러한 전설 등을 사실로 믿었고**, 훗날 사마천도 사실로 믿어 위 내용의 상당 부분을 《사기》에 기록했다. 현대인의 입장에서는 수긍하기 어렵겠지만, 과학이 발전하지 못하고 기록이 부실했던 당시의 상황을 감안하여 상고사의 내용을 이해해야 할 것이다.

제3편 춘추春秋 시대의 시작

제1장

주周 왕실의 약화와 제후국들의 성장

진秦의 국력 신장[진문공秦文公의 활약]

　주평왕은 낙읍의 화려한 궁궐에 흡족해하며 왕성에서 조회를 열었다. 각국 제후들이 천도를 경하하는 표문과 방물을 올렸다. 그런데 남쪽의 초楚는 끝내 표문을 올리지 않았다. 분노한 주평왕은 거병하여 초를 징벌하려 했으나, 아직 민심이 안정되지 않아서 불가하다는 신하들의 의견을 수용하여 단념했다.

　진秦양공이 귀국할 때 주평왕은 견융을 정벌하면 기와 풍 지역을 분봉하겠으니 주 왕실의 서쪽 울타리가 되어 줄 것을 제안했다. 또한 진양공의 둘째 아들 강康에게 양梁(황하 서쪽 지역) 땅을 분봉하면서 백伯의 작위를 책봉했다. 이로써 제후국 **양梁**이 개국했다.

　진秦양공은 귀국한 후 즉시 견융을 칠 준비에 착수하여 3년 뒤에 대대적으로 견융을 공격했다(BC 767년). 진秦과 견융은 접전을 벌였다. 진양공은 분전했으나, 기산에서 견융에 패하여 죽었다(BC 766년).

　진양공의 뒤를 이어 아들인 **진문공秦文公**[1]이 즉위했다. 진秦문공은

---

1) 진秦문공: 이름은 불명. 재위 BC 765 ~ BC 716. 춘추오패의 진晉문공과 구별하여야 함

계속해서 견융과 전투를 벌였다. 결국 진秦은 위수渭水 부근에서 대승을 거두었다(BC 762년). 견융 군주는 서쪽 황무지로 도주했고, 패정과 만야속은 전사했다. 그 결과 진秦문공은 기와 풍 지역을 차지하여 국력이 급신장했고, 진秦이 춘추시대 초기에 서쪽 지역 여러 제후국들 중 최강자[1]가 되는 기초를 마련했다. 반면 서주의 본래 근거지인 기와 풍 지역을 진秦에 넘겨준 주는 급격히 국력이 약해지게 되어 일반 제후국의 국력 정도에 불과하게 되었다. 진秦문공은 도읍을 옹읍雍邑으로 옮기고(BC 762년), 중원의 여러 제후국들과 교류하기 시작했다.

초楚의 발전과 초소오楚霄敖의 즉위

남방에 위치한 **초楚(=형荊)**는 중원과는 다른 이민족(남만)으로 중원 여러 국가들로부터 야만족이라고 멸시받고 있었다. 그러나 온난다습한 기후조건과 장강의 풍부한 수원 덕분에 농업 산출량이 풍부하여 많은 인구의 부양이 가능해 예전부터 국력이 강했다. 중원의 질서에 속하지 않았기 때문에 초는 중원의 다른 제후국들과는 달리 주 왕실의 눈치를 보지 않고 마음대로 무력을 써서 주변 약소국들을 점령할 수 있었다. 그래서 초는 일찍부터 남쪽에서 큰 세력을 형성하고 있었다.

초가 위치한 장강 유역은 다양한 부족들이 다양한 문화를 발전시키며 살고 있는 지역이었다. 중원의 문화와 달리 원시시대의 종교와 풍속이 많이 남아 있었고, 신비주의적인 색채도 강했다. 초는 주변의 여러

---

1) 춘추시대 초기를 지나면서 동쪽의 제齊, 북쪽의 진晉, 서쪽의 진秦, 남쪽의 초楚가 국력이 급신장하여 4대 강국으로 부상함

부족들을 정복하고 그들의 문화를 흡수하면서 중원과는 다른 독특한 문화를 발전시켰다.

춘추시대가 시작되던 당시 초의 군주는 **약오若敖**[1] 웅의熊儀였다. '오敖'는 추장을 의미하는 초의 고유어인데, 당시 초는 중원 국가들과 다른 고유한 문화를 많이 가지고 있었다. 약오에게는 세 아들이 있었는데 **웅감熊坎**(훗날의 소오霄敖), **투백비鬪伯比**, **성모成某**(이름 불명)였다. 투鬪와 성成은 훗날 분봉받은 땅 이름을 씨氏로 삼은 것으로 추정된다.

투백비는 약오가 운鄖[2] 출신 여자를 첩으로 맞이하여 얻은 아들이다. 약오가 죽었을 때(BC 764년) 투백비는 아직 어렸으므로 모친을 따라 운으로 가서 궁중에서 자랐다. 당시 운후鄖侯의 부인인 운부인은 투백비의 이모였다. 운부인에게는 딸(운녀)이 있었다. 투백비는 어릴 때부터 이종사촌인 운녀와 친하게 지냈다. 그런데 투백비와 운녀는 성장하여 서로 정을 통하게 되었고, 운녀는 임신하게 되었다. 뒤늦게 그 사실을 알게 된 운부인은 대노하여 투백비를 궁 밖으로 쫓아내고 운녀를 별궁에 가두어 버렸지만, 남편에게는 그 사실을 숨겼다. 투백비는 모친과 함께 다시 초로 돌아갔다. 운녀는 아들을 낳았는데, 운부인은 그 아이를 몽택夢澤에 내다 버렸다.

어느 날 운후가 몽택으로 사냥을 나갔는데, 범이 갓난아기에게 젖을 먹이는 것을 발견했다. 운후는 그 아이와 범을 신神이 내린 것으로 판단하여 그 장소를 차단하고 돌아왔다. 운후가 운부인에게 그 이야기를 했다. 그때에야 비로소 운부인은 자초지종을 이야기했다. 운부인은 그

---

1) 약오 웅의: 재위 BC 790 ~ BC 764
2) 유래와 정확한 위치가 불분명한 제후국. 한수 하류 지역에 있었던 것으로 추정됨

아이가 나중에 큰 인물이 될 것이라고 말하며, 다시 데려와 키울 것을 건의했다. 운후는 외손자를 몽택에서 데려와 딸에게 주어 키우게 하고, 운녀와 투백비를 결혼시켰다. 초의 고유어로 젖을 누穀, 범을 오도於菟라고 한다. 투백비는 범이 젖을 먹였다는 의미에서 아들의 이름을 누오도穀於菟라고 지었다.

투누오도鬪穀於菟는 자字가 자문子文이어서 **투자문鬪子文**으로 통칭되었고 나중에 초의 명재상이 되는데(후술), 이 일화는 투누오도의 위대함을 강조하기 위해 조작된 것으로 보인다. 약오가 BC 764년에 사망했으므로 투백비를 최대한 늦게 잡아서 BC 765년경에 태어난 것으로 추정하면, 투누오도는 BC 750년 ~ BC 745년에 태어난 것으로 분석된다. 그런데 투누오도는 BC 664년에 초의 영윤이 되어 27년 동안 재직하였으므로 이 일화대로라면 투누오도는 최소 나이 80세가 지나서 재상이 되어 110세 정도까지 재직한 것이 되는데, 이는 비현실적이다. 결국 이 일화는 나중에 투씨 가문이 가문의 권위를 높이기 위해 조작한 것으로 볼 수밖에 없는 것이다. 실제로는 투백비가 장년 또는 노년일 때 투누오도를 얻었을 것이고, 태몽으로 인하여 이름을 그렇게 지었을 것이다.

웅감이 약오의 뒤를 이어 초의 군주가 되니(BC 764년), **소오霄敖**[1]라고 한다. 투백비는 투씨의 시조가 되었고, 성모는 성씨의 시조가 되었다. 소오에게는 두 아들이 있었는데, **웅현熊眴**과 **웅통熊通**이다.

---

1) 소오 웅감: 재위 BC 763 ~ BC 758

제3편 춘추시대의 시작 173

정무공鄭武公의 활약

정은 신생 제후국으로 정환공 때부터 주변으로 세력을 확장하기를 희망했다. 그러다 주 왕실이 낙읍으로 옮기면서 천하가 혼란해지자 정무공은 그 기회를 놓치지 않고 낙읍 남쪽의 동괵東虢[1])과 회鄶를 점령했다(BC 767년). 그리고 회 땅에 도읍 형양滎陽을 건설하고, 회 땅을 신정新鄭으로 고쳐 불렀다(나중에는 형양과 신정이 같은 의미로 쓰이게 됨). 또한 형양 인근에 성을 쌓고 경성京城으로 불렀으며, 제읍制邑에 관문을 설치하고 호로관虎牢關으로 불렀다.

신후申侯는 정무공의 영민함을 높이 평가하여 자신의 딸 **무강武姜**을 시집보냈다(BC 761년). 무강은 장자 **오생寤生**(BC 757년)과 차자 **단段**(BC 754년)을 낳았다. 그런데 무강은 장자 오생을 미워하고 차자 단을 편애했다. 그 이유에 대하여 ①무강이 꿈을 꾸며 낮잠을 자다가 갑자기 출산하여 이름을 오생으로 하였고 이를 불쾌하게 생각하여 미워하게 되었다는 주장과 ②오생을 낳을 때 심한 난산으로 인하여 거의 죽을 뻔했기 때문에 미워하게 되었다는 주장이 대립하고 있다.

정무공은 경사 벼슬을 겸직하여 낙읍과 형양에 번갈아 머물렀는데, 주평왕 13년(=BC 758년) 위무공이 사망한 이후부터는 주의 국정을 완전히 장악하게 된다. 이로써 정의 지위는 급성장한다.

정무공은 책략에도 능했는데, 다음과 같은 일화가 전해온다. 정무공

---

1) 괵은 서괵과 동괵이 있음. 원래 서괵은 호경 근처에 있었고, 동괵은 낙읍 근처에 있었음. 주평왕의 낙읍 천도 때 서괵도 함께 동쪽으로 이주했는데, 서괵은 훗날 진晉헌공 때 가도멸괵 계책으로 멸망함

은 호胡[1]를 공격하기 위하여 기망책을 마련하고 딸을 호의 군주에게 시집보낸다. 그 후 신하들과 회의를 열어 영토를 확장하기 위한 정복 대상을 의논하는데, 대부 관기사關其思가 호를 공격할 것을 건의했다. 정무공은 호와는 혼인한 사이인데 공격을 주장하는 것은 신의에 어긋나는 행위라고 대노하며 관기사를 처형해 버렸다. 이 소식은 호에 전해졌고, 호의 군주는 정에 대한 방비를 전혀 하지 않게 되었다. 그 틈을 이용해 정무공은 호를 급습하여 단숨에 점령해 버렸다.

주휴왕周携王의 죽음(BC 760년)

낙읍 천도 이후 주 왕실이 서서히 안정을 찾자 주평왕은 주휴왕에 대한 조치를 취했다. 이에 진晉문후가 주평왕의 명을 받고 휴 땅을 공격하여 주휴왕을 죽였다(BC 760년). 이로써 주 왕실은 다시 통합되었다.

위장공衛莊公의 즉위(BC 758년)

위무공이 사망하고 아들 양揚이 즉위하니(BC 758년), 곧 **위장공衛莊公**[2]이다. 위장공의 부인 및 첩과 아들은 다음과 같다.

- 장강莊姜: 정실부인. 제 출신. 엄청난 미인이나 자식이 없음. 마음씨가 착함

---

1) 전국시대 중기 이후부터 호胡는 흉노를 가리키는 명칭으로 주로 사용되지만, 춘추시대에 호胡는 이민족을 가리키는 보통명사였음. 당시 중원에는 화하족 외에도 다양한 계통의 이민족들이 거주하고 있었음. 정무공과 관련된 호胡는 이들 중 하나였음(흉노가 아님)
2) 위장공 희양: 재위 BC 757 ~ BC 735

- 여규厲嬀: 진陳 출신. 자식이 없음(아들을 출산했으나 곧 죽음)
- 대규戴嬀: 여규의 친정 동생. 언니와 함께 시집옴. **완完**과 **진晉**을 낳음
- 궁녀: 장강의 추천으로 들어옴. **주우州吁**를 낳음
- 이강夷姜: 공자 진晉과 사통함
- 기타 아들들: **직職, 예洩**

위장공은 장자인 완을 세자로 책봉했다. 한편 위장공은 아들 중에서 주우를 가장 총애했는데, 주우는 성미가 난폭하여 싸움을 즐겼다. 위장공은 주우를 장수로 임명했다(BC 740년). 대부 **석작石碏**이 군위를 전할 생각이면 주우를 세자로 세우든지 그렇지 않으면 미리 주우의 방자함을 제어하여 훗날 재앙이 일어나지 않도록 할 필요가 있다고 간언했으나, 위장공은 유의하지 않았다.

한편 대부 석작의 아들 중에 **석후石厚**라는 자가 있었는데, 주우와 절친한 사이였다. 그들은 모두 행동이 제멋대로여서 함께 사냥을 나가 인근 주민들을 괴롭혀 소요 사태가 발생한 적이 있을 정도였다. 석작이 아들 석후를 교화하기 위해 심하게 매질하고 빈방에 감금하기까지 하였으나, 석후는 탈출하여 주우의 집에 가서 함께 살았다. 그들의 친교는 더욱 두터워졌고, 석작도 석후를 어쩔 수가 없었다.

주周 왕실의 약화와 제후들의 무례

어느 날 **진秦문공**은 부읍鄜邑의 들판에서 꿈을 꾸었는데, 누런 뱀이 하늘에서 내려와 상제上帝(하늘님)의 아들로 변하여 진秦문공을 백제白帝로 삼는다는 상제의 명을 전하는 내용이었다. 태사 돈敦은, 백白은 서

쪽의 색깔을 상징하므로 서방을 차지할 징조이며, 상제를 모시고 제사를 지내면 큰 복을 받을 것이라고 해몽했다. 진秦문공은 부읍에 상제의 사당을 세우고(BC 756년) 그 사당 이름을 부치鄜畤라고 했다. 진秦은 이때부터 자신들의 역사를 기록하기 시작했다(BC 753년).

주례周禮에 의하면 하늘에 대한 제사는 천자의 권한인데, 이를 제후가 한 것은 천자의 권한을 침범한 것이다. 주평왕은 분노했으나, 힘이 약화된 주 왕실은 이를 문책하지 못했다.

노혜공魯惠公[1] 불황弗湟은 진秦문공이 왕처럼 하늘에 제사를 지낸다는 소식을 듣고 태재 양襄을 주 왕실에 보내어 교체郊禘의 예禮[2]를 올릴 수 있도록 허락해 주기를 아뢰었다. 주평왕은 당연히 불허했다. 그러자 노혜공은 자신의 조상인 주공 단이 제정한 예법이므로 그 자손도 이를 할 수 있는 자격이 있다고 주장하며, 허락도 받지 않고 교체의 예를 올렸다. 또다시 주평왕은 분노했으나 힘이 약화된 주 왕실은 이를 문책하지 못했다.

춘추春秋시대의 본격적인 시작

제후들이 제멋대로 행동해도 주 왕실이 이를 징벌하지 못하자 서주의 질서는 급속히 무너지기 시작했다. 주 왕실이 제후들을 통제하지 못하자 **제후들 간의 분쟁과 침범**이 본격화되기 시작한다. 중원 지역은 혼란에 빠지게 되었고, 군사력을 앞세워 정치·경제적 이익을 얻는 것이 제후들의 목적이 되었다. 바야흐로 본격적인 춘추시대가 시작되는 것

---

1) 노혜공 희불황: 재위 BC 768 ~ BC 723
2) 천자가 동지에 남교南郊에서, 하지에 북교北郊에서 하늘과 땅에 올리는 제사

이다.

낙읍 천도 이후 주 왕실은 서서히 정치 및 군사 분야에서 권위를 잃었고, 서주시대의 제도들은 무너지기 시작했다. 통제되지 않는 제후들의 군사력은 중원을 혼란에 빠뜨렸고, 지방의 제후들에게 분산된 권력은 **지방의 경제와 문화**를 발전시키는 동력이 되었다.

중앙(호경, 낙읍) 이외에 지방이 발전하면서 전체적으로 보면 **화하족의 힘이 증대**하는 결과가 되었고, 지방의 강력한 제후국들은 국력 강화를 위해 주변의 약한 이민족들을 서서히 병합하기 시작한다(주 왕실의 약한 제후국들에 대하여는 눈치가 보여 예외적으로만 병합함). 당시 산동반도 동남쪽, 회수 유역, 장강 하류의 동이족 국가들은 강력한 통합이 이루어지지 못하고 분열되어 있었다. 그 결과 국력이 강력해진 중원의 제후국들에 점점 밀리는 현상이 발생했다. 한편 남만족의 대표 국가인 초는 주변의 약소국가들을 병합하며 급속히 국력을 키워 나갔다.

제후들에 이어 경대부들도 주 왕실의 예법을 무시하는 경우가 발생했고, 이는 **계층 간 격렬한 분쟁**의 시작으로 이어진다.

진문공秦文公 때의 길조

어느 날 진창陳倉 땅에 사는 사람 하나가 진秦문공을 찾아와 다음과 같은 취지로 아뢰었다.

처음 보는 이상한 짐승을 사로잡아 바치려고 끌고 오는데, 두 동자가 나타나 "이 짐승은 위猬인데, 죽은 사람의 뇌만 먹고 산다."라고 알려 주었다. 그러자 위라는 짐승도 "두 동자는 꿩의 정령으로 이름이 진보陳寶인데, 둘 중 수놈을 얻으면 왕이 되고 암놈을 얻으면 천하의 패권을 장악한다."라고 고자질을 했다. 그러자 정체가 탄로 난 동자들은 꿩으로 변하여 날아올랐고, 위도 순식간에 사라져 버렸다. 꿩 중 암놈이 진창산으로 가므로 진창산에 올라가 보니 돌닭으로 변해 있었다.

진秦문공은 그 말을 듣고 패권을 장악할 생각으로 진창산에 진보사陳寶祠라는 사당을 지었다(BC 747년).

또 어느 날 종남산終南山에 있는 큰 가래나무를 베려고 하는데 도무지 벨 수가 없었다. 밤늦게 한 일꾼이 귀신들이 떠드는 소리를 들었는데, 나무꾼의 머리를 풀게 하고 붉은 실로 나무를 동여 메는 것을 귀신들이 염려한다는 사실을 알게 되었다. 이를 보고받은 진秦문공은 그 방법을 사용하여 결국 가래나무를 베었다. 그러자 쓰러진 나무에서 푸른 소가 나와 옹수雍水로 들어가 버렸는데, 얼마 후 다시 물 밖으로 나왔다. 진秦문공의 지시에 의하여 푸른 소를 잡으러 갔던 병사들은 소의 힘이 대단하여 도저히 잡을 수 없자 머리를 산발하고 얼굴에 흰 칠을 하니 푸른 소는 두려워하며 물속으로 들어가서 다시는 나오지 않았.

진秦문공은 노특사怒特祠라는 사당을 지어 가래나무의 신을 모시고, 군사들에게 모두髦頭[1]를 하도록 지시했다.

진소후晉昭侯의 즉위(BC 746년)와 진晉의 분열(BC 745년)

진晉문후는 동생인 **성사成師**를 총애했고, 그 결과 성사의 세력이 막강해졌다. 진문후가 사망하고 아들인 백伯이 즉위하니(BC 746년), 곧

---

1) 머리를 두 갈래로 길게 땋아 내린 머리(다팔머리)

진소후晉昭侯[1]다. 진소후는 세력이 강대한 숙부 성사를 두려워했다. 그래서 성사를 곡옥曲沃 땅에 봉하면서(BC 745년) 좋은 관계를 유지하려고 했다. 이때 성사는 55세의 나이였는데, 곡옥에 봉해지면서 환숙桓叔으로 불리게 된다.

진소후는 도읍인 강絳을 근거지로 하면서 나라 이름을 익翼으로 고쳤다. 이때부터 환숙은 사실상 익과는 별도로 곡옥의 독립한 제후가 되니, 곧 **곡옥백**曲沃伯(=곡옥환숙)[2]이다. 곡옥백은 난빈欒賓의 보좌를 받아 선정을 펴서 민심을 얻었다. 난빈은 곡옥백의 조부뻘인데, 그 후손들은 훗날 진晉의 대귀족인 난씨欒氏 가문을 형성해 막강한 권력을 행사하게 된다.

결국 진은 **익**과 **곡옥**으로 분열되었는데, 이를 '**이진**二晉**시대**'라고 한다. 그런데 곡옥은 도읍인 강보다 더 넓고 비옥한 지역이었다. 그래서 시간이 지남에 따라 서서히 공실인 익보다 방계인 곡옥의 힘이 더 커지게 된다. 익의 대부 사복師腹은 이를 매우 우려했다.

---

1) 진晉소후 희백: 재위 BC 745 ~ BC 739
2) 곡옥백(=곡옥환숙) 희성사: 재위 BC 744 ~ BC 731

제2장

정鄭의 전성기(정장공鄭莊公의 활약)

제1절 각국의 현황

정장공鄭莊公의 즉위(BC 744년)

정무공이 병이 들었다. 정무공의 부인인 무강은 차자 단을 편애하여 단을 세자로 할 것을 졸랐으나, 정무공은 장자 오생을 세자로 책봉하고 단에게는 공성共城이라는 작은 마을을 분봉했다(BC 744년). 이때부터 사람들은 단을 공숙共叔으로 불렀다. 무강은 남편의 처사가 매우 불만스러웠으나 어쩔 도리가 없었다.

정무공 굴돌이 재위 27년에 병으로 사망하고 세자 오생이 13세의 나이로 즉위하니(BC 744년), 곧 **정장공鄭莊公**[1]이다. 그는 부친의 경사 직위를 세습했다. 정장공은 지략이 탁월했고 특히 용병술에 밝았다.

무강은 장남인 정장공과 비교하여 차남인 단의 처지를 슬퍼했다. 결국 무강은 단에게 제읍을 분봉할 것을 정장공에게 지시했다. 정장공은 제읍은 전략적 요충지여서 부친이 절대로 분봉하지 못하도록 유언을

---

1) 정장공 희오생: 재위 BC 743 ~ BC 701. 정의 전성기를 이끈 뛰어난 군주

남겼으므로 불가하니 다른 지시를 해 줄 것을 부탁했다. 이에 무강은 경성을 분봉할 것을 지시했는데, 경성은 도성인 형양 다음으로 큰 성이었다. 정장공은 어쩔 수 없이 모친의 지시에 따라 공숙 단에게 경성을 분봉했다(BC 743년).

신하들은 모두 놀랐다. 경성을 분봉하면 한 나라에 두 임금이 있는 것과 같은 결과가 되어 나라에 환란이 예상된다며, 대부 **제족祭足**[1]이 강력히 반대했다. 정장공은 어쩔 수 없다며 힘없이 신하들을 달랬다. 이때부터 사람들은 단을 '태숙太叔'으로 불렀다.

무강은 경성으로 가기 전에 인사하러 온 태숙 단에게 군사를 길러 훗날을 도모할 것을 지시하며, 자신이 안에서 내응할 것을 약속했다. 이때부터 태숙 단은 경성을 기반으로 자신의 세력을 서서히 키워 나갔다.

초楚 웅통熊通(=초무왕楚武王)의 즉위(BC 741년)

소오가 죽고 웅현이 뒤를 이어 군주가 되니(BC 758년), **분모蚡冒**[2]라고 한다. 분모에게는 **위장遠章**이라는 아들이 있었는데, 위장은 위씨의 시조가 되었다. 위遠는 훗날 분봉받은 땅 이름을 씨氏로 삼은 것으로 추정된다.

분모가 사망하자 분모의 동생 **웅통熊通**[3]이 분모의 아들을 죽이고 스스로 즉위했다(BC 741년). 역사에서 숙부가 조카를 죽이고 즉위하는 경우가 종종 있는데, 이 경우 그 숙부들은 대체로 야망이 크고 호전적

---

1) 성명은 제중祭仲. 자字가 중족仲足이어서 일반적으로 제족으로 불리고 있음. 탁월한 지략가임
2) 분모 웅현: 재위 BC 757 ~ BC 741
3) 초무왕 웅통: 재위 BC 740 ~ BC 690

인 경우가 많았다. 웅통도 천성이 매우 호전적이었으며 또한 초의 강한 국력을 믿고 야심이 대단했는데, 즉위 직후부터 한수漢水 동쪽의 여러 소국들을 무력으로 정복하고 속국으로 삼으며 야욕을 드러냈다. 웅통은 훗날 스스로 왕을 칭하여 **초무왕楚武王**으로 불리게 된다.

한편 웅통의 아들 중에 **굴하屈瑕**가 있었는데, 굴하는 굴씨의 시조가 되었다. 굴屈은 훗날 분봉받은 땅 이름을 씨氏로 삼은 것으로 추정된다.

투씨, 성씨, 위씨, 굴씨를 초의 4대 귀족이라고 하는데, 이 중 투씨와 성씨가 가장 강력한 가문이다. 투씨와 성씨는 약오의 후손이므로 둘을 묶어 약오씨라고도 한다.

진효후晉孝侯의 즉위(BC 739년)

익의 대부 반보潘父가 민심을 얻고 있던 곡옥백(곡옥환숙)을 추대하기 위하여 진소후를 시해하고(BC 739년), 곡옥백을 익으로 모시려 했다. 곡옥백이 익으로 들어가려는데, 익의 대신들이 반보를 죽이고 곡옥백을 공격했다. 곡옥백은 패하여 다시 곡옥으로 돌아갔다.

익의 대신들이 진소후의 동생인 평平을 추대하니(BC 739년), 곧 **진효후晉孝侯**[1]다. 《사기》는 진효후를 진소후의 아들로 기록하고 있으나, 다수설은 동생으로 보고 있다.

---

1) 진晉효후 희평: 재위 BC 738 ~ BC 724

위환공衛桓公의 즉위(BC 735년)

대부 석작의 간언에도 불구하고 위장공이 특별한 조치 없이 사망하고 세자 완이 즉위하니(BC 735년), 곧 **위환공衛桓公**[1]이다. 위환공은 나약하고 결단력이 없었다. 이에 공자 주우는 더욱 방자하게 행동했고, 형의 군위를 빼앗을 욕심에 항상 석후와 일을 꾸미며 기회를 노리고 있었다.

곡옥장백曲沃莊伯의 즉위(BC 731년)

곡옥백 환숙의 아들로 **선鱓**과 **만滿** 등이 있었다. 곡옥백 환숙이 사망하고(BC 731년) 선이 즉위하니, 곧 **곡옥장백曲沃莊伯**[2]이다.

만은 한韓 땅에 봉해졌고, 한씨韓氏의 시조가 되었다. 훗날 전국시대 때 한만의 후손들이 한韓을 개국하고, 한만을 한무자韓武子로 추존한다.

진악후晉鄂侯의 즉위(BC 724년)

곡옥장백은 강해진 국력을 바탕으로 익을 병합할 결심을 했다. 결국 곡옥장백은 익으로 쳐들어가 익군을 크게 물리치고 진효후를 죽였다(BC 724년). 그러나 익은 순씨荀氏 등 여러 가문들의 원조를 받아 다시 전열을 정비하여 곡옥장백을 공격했고, 곡옥장백은 곡옥으로 물러났다.

---

1) 위환공 희완: 재위 BC 734 ~ BC 719
2) 곡옥장백 희선: 재위 BC 730 ~ BC 716

진효후가 곡옥장백에게 살해된 후 익의 대신들이 진효후의 동생인 극郄을 추대하니(BC 724년), 곧 **진악후晉鄂侯**[1]다. 《사기》는 진악후를 진효후의 아들로 기록하고 있으나, 다수설은 동생으로 보고 있다. 진악후는 곡옥에 대하여 깊은 원한을 가졌다.

노은공魯隱公의 즉위(BC 723년)

노혜공은 부인이 일찍 사망했다. 노혜공에게는 여러 첩들이 있었는데, 중자仲子를 가장 총애했다. 한편 노혜공의 여러 서자들 중 **식고息姑**가 가장 연장자였다. 노혜공은 애첩인 중자가 낳은 궤軌를 가장 총애하여 군위를 전하고 싶었으나, 주례周禮를 제정한 주공 단의 후손인 노의 정서 때문에 추진하지 못하고 있었다.

그러던 중 노혜공이 사망했다(BC 723년). 신하들의 추대에 의하여 가장 연장자인 식고가 즉위하니, 곧 **노은공魯隱公**[2]이다. 노은공은 신하들에 의하여 즉위하였으므로 신하들의 권력이 강해졌는데, 실권은 **공자 휘翬**가 쥐고 있었다.

공자孔子가 저술하였다고 오랫동안 잘못 알려졌던 역사서인 《춘추春秋》는 노은공 때부터 기술이 시작된다. 《춘추》는 노의 역사와 주변국들의 역사를 연대순으로 기록한 역사서인데, 노의 역대 사관들이 쓴 실록이다. 나중에 공자가 이에 약간의 수정을 하였는데, 이 때문에 공자가 저술한 것으로 잘못 알려지게 되었다. 춘추시대라는 명칭은 이 책의 이

---

1) 진晉악후 희극: 재위 BC 723 ~ BC 718
2) 노은공 희식고: 재위 BC 722 ~ BC 712

름에서 나왔다(전국시대는 《전국책戰國策》이라는 책 이름에서 나옴).

제2절 정鄭의 혼란과 위기

태숙太叔 단段의 반란(BC 722년)

정장공과 태숙 단의 대치로 인한 불안한 정국이 22년이나 계속되었다. 정장공은 오래전부터 태숙 단을 제거하고 싶었으나, 친동생을 핍박하는 것으로 비쳐질 경우 국내외에서 많은 부작용이 있을 것을 염려하여 속마음을 감추고 있었다.

경성을 기반으로 서서히 세력을 키워 나가던 태숙 단은 서비西鄙와 북비北鄙 수장들을 위협하여 무단으로 경성 소속으로 편입해 버리고, 계속 군대를 양성하여 언鄢 땅과 늠연廩延 땅을 무력으로 점령해 버렸다.

태숙 단의 노골적인 야욕은 당연히 정장공에게 보고되었다. 조정회의에서 정무공의 동생이자 상경上卿인 **공자 여呂**가 즉시 태숙 단을 체포할 것을 강력히 주장했으나, 정장공은 형제간의 정과 모친의 뜻을 이유로 허락하지 않았다. 정경正卿 제족이 비밀리에 공자 여를 만났는데, 주군이 주위의 이목 때문에 속뜻과 다르게 대답했을 것이므로 아무도 모르게 조용히 찾아가 건의하라고 조언했다.

비밀리에 정장공을 찾아간 공자 여는 베어내야 할 것을 베어내지 못하면 오히려 넝쿨이 더 헝클어지는 법이라면서 결단을 촉구했다. 정장공은 태숙 단이 방자하게 날뛰도록 방치하여 반역할 때까지 기다렸다가 그 죄를 명백히 밝혀야 동조세력이 없게 될 것이므로 때를 기다리고 있던 것이라고 자신의 속뜻을 밝혔다.

공자 여는 너무 오래 기다리면 자칫 제어하지 못할 지경이 될 수 있으므로 조속히 반란을 하게 유도하자고 건의했다. 공자 여는 ①정장공은 주 왕실에 간다고 소문을 내며 도성을 비우고 ②공자 여는 경성 근처에 몰래 매복하고 있다가 ③도성이 빈틈을 노려 태숙 단이 반란을 위해 경성 밖으로 출전하면 ④매복하고 있던 공자 여가 빈틈을 노려 경성을 점령하고 ④정장공은 낙읍으로 가다가 늠연 길로 우회하여 경성으로 와서 공자 여와 함께 근거지를 잃은 태숙 단을 협공하자는 내용의 계책을 올렸다. 정장공은 매우 만족했다.

정장공은 다음 날 왕을 돕기 위해 낙읍으로 간다는 소문을 내고 형양을 떠났다. 무강은 기뻐하며, '조속히 군사를 일으키도록 독려하고 자신이 안에서 내응할 것을 약속하는 내용의 밀서'를 작성하여 부하를 시켜 태숙 단에게 보냈다. 그런데 그 밀서는 그만 매복하고 있던 공자 여에게 발각되었다. 공자 여는 무강의 부하를 죽이고 대신 자신의 부하를 시켜 태숙 단에게 밀서를 전달케 하고, 거사 일자와 내응 방법에 대한 내용이 적힌 태숙 단의 답장을 전달받았다. 태숙 단의 죄목과 증거를 확보한 공자 여는 병거 200승을 거느리고 비밀리에 경성 근처로 가서 매복했다.

태숙 단은 뇌물을 약속하고 병사를 빌리도록 아들 **공손활公孫滑**을 위衛에 보내고, 자신은 경성과 언 및 늠연의 병사들을 동원하여 형양을 향해 출발했다. 공자 여는 곧 비어 있는 경성을 공격하여 점령했다. 공자 여는 정장공의 효도와 우애를 강조하고 태숙 단의 배은망덕을 비난하는 방문을 게시하여 주민들을 안정시켰다.

형양으로 진군하던 중 경성이 함락된 사실을 알게 된 태숙 단은 급히 회군했으나, 이미 민심과 군심이 떠나 태숙 단 소속 병사들은 도중에 대규모 탈영을 했다. 태숙 단은 급히 언으로 가서 병사들을 추가로 징병하려 했으나, 이미 언은 정장공에 의하여 점령된 상태였다. 태숙 단은 공성으로 도주하여 아들 공손활의 원군을 기다렸으나, 정장공과 공자 여는 신속히 공성을 공격하여 함락시켰다. 태숙 단은 위衛로 달아났다[1](BC 722년).

병사를 빌리러 위에 갔던 공손활은 많은 뇌물을 제공하고 병사를 빌려 귀국하던 중 부친이 도주한 소식을 듣고 다시 위로 돌아갔다. 공손활은 위환공을 알현하면서 죄 없는 모친을 학대하고 동생을 추방한 무도한 사람이라며 정장공을 무고하고, 원수를 갚는 데 도와주기를 간청했다. 위환공은 분노하며 군사를 내어주었고, 공손활이 이끄는 위군은 정의 늠연 땅을 공격하여 점령했다.

이에 대응하여 정장공은 주평왕에게 태숙 단의 반란을 보고했고, 주평왕은 정장공을 원조하기 위해 왕군을 파견했다. 왕군의 지원을 받으며 명분을 확보한 정장공은 대부 **고거미高渠彌**에게 병거 200승을 내어주며 반격을 지시했다. 위군은 왕군의 참전에 사기가 떨어졌고, 제대로 싸우기도 전에 퇴각했다. 공손활이 직속 부대를 이끌고 분전했으나 중과부족으로 정군에 크게 패했고, 공손활은 위를 향해 도주했다(BC 722년).

---

[1] 소설《동주 열국지》에서 태숙 단은 공성이 함락되자 자살한 것으로 나오나, 이는 픽션임

황천의 맹세(BC 721년)

반란을 진압한 정장공은 모친 무강과 동생 태숙 단이 쓴 밀서를 함께 모아 제족을 통해 모친에게 전달하도록 지시했다. 정장공은 병사를 시켜 모친을 영潁 땅에 안치하도록 조치하며, "황천黃川에 이르기 전에는 다시 만나지 않겠다."[1]라는 맹세를 했다. 제족이 바친 자신이 쓴 밀서를 보고 아들의 맹세를 들은 무강은 면목이 없어 영 땅으로 거처를 옮겼다.

정장공은 태숙 단의 반란을 진압하며 화가 나서 황천의 맹세를 했지만, 곧 천륜을 어긴 불효를 저질렀다며 깊이 후회했다. 당시 사람들은 맹세를 위반하면 하늘의 저주를 받는다고 두려워하는 주술적 세계관을 가지고 있었다. 정장공도 마찬가지여서 깊이 후회를 했지만 자신의 맹세를 차마 돌이키지는 못하고 있었다.

영고숙潁考叔은 당시 영곡潁谷 땅을 다스리는 지방관리였다. 그는 정직하고 공평무사하며 효성과 우애가 지극했다. 정장공이 모친을 안치했다는 소식을 들은 영고숙은 천륜을 어긴 정장공의 행동에 탄식하며, 계책을 마련한 후 정장공을 방문했다. 영고숙은 올빼미 몇 마리를 구해다 바쳤는데, 올빼미는 장성한 후 그 어미를 쪼아 먹기 때문에 불효한 새이므로 사람들이 서슴지 않고 잡아먹는다고 정장공에게 설명해 주었다. 아무 말도 못하고 정장공은 염소찜 요리를 대접했다. 그러자 영고숙은 늙은 모친에게 바치기 위한 것이라는 설명과 함께 염소찜 요

---

1) 황천은 땅속 깊숙이 위치한 저승을 흐르는 강임(그리스신화의 스틱스강과 비슷함). 결국 살아 있는 동안에는 모친을 만나지 않겠다고 맹세한 것임

리 중 가장 맛있는 부위를 먹지 않고 천에 싸서 소매 속에 넣었다. 정장공은 영고숙의 효심을 칭찬하며 슬프게 자신의 처지를 탄식했다. 아무 것도 모르는 척 정장공으로부터 설명을 들은 영고숙은 ①곡유曲洧 땅 우비산牛脾山 아래에 샘물이 나올 때까지 땅을 깊게 파고 ②샘물 이름을 황천으로 한 후 샘물 곁에 지하실을 만들어 ③모후를 모셔다 아들의 효심을 전달하고 만나면 황천의 맹세를 지킨 것이라고 계책을 아뢰었다.

정장공은 크게 기뻐하면서 영고숙에게 그 일을 맡겼고, 우비산 지하실에서 만난 모자는 얼싸안고 방성통곡을 했다. 정장공은 모친을 모시고 형양으로 돌아왔고(BC 721년), 모자의 정을 회복시켜 준 공을 칭찬하며 영고숙을 대부로 임명하면서 **공손알公孫閼**과 함께 병권을 지휘하게 했다.

공손알은 당시 최고의 미남으로 자字는 자도子都인데, 용력도 출중하여 정장공의 총애를 받고 있었다. 공손알은 정장공의 총애를 믿고 교만하고 횡포했는데, 결국 영고숙과 사이가 나빠지게 된다.

정鄭과 위衛의 분쟁(BC 721년)

태숙 단을 원조한 위환공에게 복수하기 위해 정장공이 고거미를 시켜 위를 공격했다(BC 721년). 위군과 공손활이 반격했으나, 정군은 공손활을 물리쳤다. 위환공은 긴급회의를 열었다. 호전적 성격인 주우는 정군과 일전을 벌일 것을 주장한 반면, 상경 석작은 정과의 화해를 주장하면서 서신을 보낼 것을 건의했다. 위환공은 석작의 건의를 채택했고, ①공손활에 속아 오해로 인하여 위군을 정에 보냈지만 ②이미 회군하였으니 다시 우호를 회복하기를 희망하며 ③태숙 단과 공손활을 잡아 넘겨줄 의사가 있다는 취지의 서신을 정장공에게 보냈다.

서신을 받은 정장공은 고거미를 소환했고, 또한 모친의 간곡한 부탁을 받았기에 태숙 단과 공손활을 위에 그대로 체류시켜서 보호해 주기를 위환공에게 부탁했다. 결국 정과 위의 분쟁은 마무리되었고, 태숙 단과 공손활도 계속 위에서 살았다.

주평왕周平王과 정장공鄭莊公의 인질교환(BC 720년)

정장공의 부친인 정무공은 주 왕실의 경사卿士로서 성실히 업무를 처리했으나, 부친의 지위를 세습한 정장공은 그 의무는 소홀히 한 채 경사의 지위를 이용해 정의 국력만 키웠다. 그래서 정장공은 경사 지위를 매우 중요하게 생각하고 있었다.

주평왕은 정장공이 낙읍에 거주하지 않고 본국에 머물며 왕의 경사 역할을 소홀히 하는 것이 불만이었다. 어느 날 주평왕은 조정을 방문한 **괵공 기보虢父**를 만나 정장공을 비난하면서 경사 벼슬을 제의했다. 괵공은 정장공의 원망을 염려하여 거절했는데, 그 대화 내용이 정장공에게 누설되었다.

정장공은 주평왕이 자신을 의심한다며 분노했다. 정장공은 즉시 낙읍으로 가 주평왕을 알현하면서 (항의의 의미에서) 경사 벼슬에서 물러날 뜻을 아뢰었다. 괵공과 나눈 대화가 누설된 것을 눈치챈 주평왕은 당황하여 황급히 정장공을 달래며 사임을 만류했다. 정장공은 사임을 고집하고 주평왕은 달래는 상황이 계속되었다. 왕실의 힘이 급격히 약화된 상태에서 주평왕은 낙읍과 가까운 거리에 위치하고 2대 째 주 왕실의 경사를 담당하며 상당한 군사력을 가지고 있던 정을 내칠 수 없는 처지였던 것이다.

정장공이 거듭 사의를 표명하자 주평왕은 정장공에 대한 자신의 신뢰를 강조하면서 갑자기 태자 호狐[1]를 인질로 정에 보낼 의사를 표시했다. 정장공이 당황하여 거듭 사양하자, 주변의 신하들이 나서 서로 의심을 풀기 위해 인질을 교환할 것을 중재했다. 결국 정은 먼저 **세자 홀忽**을 낙읍으로 보냈고, 이어서 주는 태자 호를 형양으로 보냈다(BC 720년). 정장공은 낙읍에 머물며 경사로서 **주공 흑견黑肩**과 함께 주 왕실의 국정을 보좌했다.

주와 정이 인질을 교환한 것은 서주의 종법제가 무너진 상태임을 여실히 보여주며, 또한 군신 간의 기강이 없어진 상황을 잘 보여주는 매우 큰 사건이었다. 왕이 신하를 두려워하여 자식을 인질로 보내는 상황은 주 왕실의 현실을 드러내는 것이고, 이로써 주 왕실의 권위는 더 떨어지게 되었다.

주환왕周桓王의 즉위(BC 720년)

인질을 교환한 뒤 얼마 후 주평왕이 세상을 떴다(BC 720년). 정 세자 홀은 태자 호를 모셔오려고 급히 귀국했다. 태자 호는 급히 낙읍으로 돌아왔는데, 임종을 하지 못한 것을 너무 애통해하다 즉위도 하지 못한 채 병으로 사망하고 만다. 결국 주평왕의 손자이자 태자 호의 조카[2]인 임林이 즉위하니(BC 720년), 곧 **주환왕周桓王**[3]이다.

---

1) 원래 주평왕의 장자는 예보洩父였으나 일찍 죽고 차자인 호狐가 태자로 책봉된 상태였음
2) 소설 《동주 열국지》에는 임이 호의 아들로 기록되어 있지만, 《사기》에는 사망한 예보의 아들로 기록되어 있음. 여기서는 다수설에 따라 예보의 아들로 기재함
3) 주환왕 희림: 재위 BC 719 ~ BC 697

즉위 과정에서 주환왕은 정장공에 대한 반감과 두려움이 강했다. 선왕先王의 장례를 치르면서 괵공 기보가 가장 공손하고 예법에 밝은 것에 호감을 가진 주환왕은 괵공을 경사로 임명할 의사를 보였다. 주공 흑견은 정장공이 왕실에 순종할 위인이 아니어서 해임할 경우 왕실에 분노할 우려가 있다고 아뢰며, 주환왕의 뜻에 반대했다. 그러나 주환왕은 정장공을 불러 자신의 신하가 아닌 선왕의 신하이므로 스스로 편안할 도리를 찾으라며, 사임을 종용했다. 정장공은 속으로 분노하며 사임하고, 부하들에게 어린 왕이 나를 버리니 도울 필요가 없다고 말하며 귀국했다. 그러나 주환왕은 정장공의 벼슬을 차마 거두지는 못하고 그냥 두었다.

한편 주환왕의 아들 중 적장자는 **타佗**이고, 그 외에 **성보成父**와 **극克** 등이 있었다. 주환왕은 극을 사랑하여 왕위를 넘기고 싶었지만, 명분이 없어 차마 어쩌지를 못하고 있었다. 주환왕은 주공 흑견에게 국정을 맡기며, 극을 부탁했다.

주환왕周桓王과 정장공鄭莊公의 갈등

정장공이 갑자기 귀국한 후 그 경위를 알게 된 정의 신하들은 왕이 정장공의 공로를 무시한다며 분노했다. 대부 고거미는 낙읍을 공격하여 왕을 폐하고 새로운 왕을 세워 패업을 달성하자고 주장했다. 영고숙은 군신君臣의 관계는 모자母子의 관계와 같으므로 그럴 수 없다며, 고거미의 주장에 반대했다. 제족은 강온 전략 모두 필요함을 강조하고, 일단 주의 영토인 온溫과 낙洛 땅을 침범하여 농작물을 약탈하고 왕의 반응을 살펴본 후 그에 따라 대처하자고 주장했다. 정장공은 제족의 의

견을 따르기로 했다.

　제족은 그해(BC 720년) 4월 병사들을 이끌고 온과 낙 사이에 침입하여 흉년을 핑계로 한낮에 보리를 노략질했다. 보고를 받은 주환왕은 분노했으나, 흑견의 건의에 따라 정장공을 비난하지 않고 그냥 두었다. 제족은 그해 7월 또 병사들을 이끌고 낙읍 근처까지 가서 밤중에 벼를 노략질했다. 이번에도 주환왕은 분노를 참으며 반응을 보이지 않았다. 예상과 달리 주환왕이 아무 반응이 없자 오히려 불안해진 정장공은 주 왕실을 방문하여 사태를 해결하기로 계획을 세웠다.

제齊와 정鄭의 석문石門회견(BC 720년)

　정장공이 낙읍에 가려고 준비하던 중 **제희공齊僖公**[1] 녹보祿父가 사신을 파견하여 석문石門 땅에서 회견할 것을 제안했다. 동쪽의 최강국인 제는 주 왕실의 경사로서 국력을 키워가던 정장공과 우호를 체결하는 것이 국익에 도움이 된다고 판단했던 것이다. 강국인 제가 회견을 요청하자 정장공은 기쁜 마음으로 승낙했고, 주환왕을 방문하려던 계획을 잠시 보류했다.

　제희공과 정장공은 석문에서 만나 회견하며(BC 720년) 삽혈歃血[2]의 맹세의식을 한 후 우호를 맺었다. 제희공은 정 세자 홀과 자신의 딸을 결혼시킬 것을 요청했고, 정장공은 수락했다.

　귀국한 부친으로부터 그 내용을 들은 세자 홀은 정에 비하여 제의

---

1) 제희공 강녹보: 재위 BC 730 ~ BC 698
2) 당시 사람들은 맹세할 때 희생인 짐승의 피를 입술에 발랐음. 맹세의식에 대한 자세한 설명은 후술하기로 함

국력이 너무 커서 균형이 맞지 아니하고 또한 대장부의 뜻은 자립에 있다면서 부친에게 거부의 의사를 표시했다. 정장공은 아쉬웠으나 세자 홀의 말을 기특하게 여겨 나중에 다시 논의하기로 하고 더 이상 말하지 않았다.

송宋의 형제상속

송선공宋宣公[1] 역力은 군위를 아들인 **여이如夷**에게 전하지 않고 자신의 동생인 화和에게 물려주었으니(BC 729년), 곧 **송목공宋穆公**[2]이다.

송목공은 형님의 은혜에 항상 감사한 마음을 가지고 있었다. 그래서 송목공은 군위를 아들인 **빙馮**에게 전하지 않고 조카 여이에게 물려주었으니(BC 720년), 곧 **송상공宋殤公**[3]이다.

송선공과 송목공은 형제의 정이 돈독했을지 몰라도 그 자식들끼리는 그렇지 않았다. 송상공 여이에게 사촌인 빙은 자신의 군위를 위협하는 존재에 불과했다. 빙은 사촌인 여의가 즉위하자 신변의 위협을 느껴 곧 정으로 망명했다(BC 720년).

위衛 공자 주우州吁의 정변(BC 719년)

위환공의 이복동생인 주우는 항상 석후와 모의하면서 군위를 노렸다. 이때 석작은 나이로 인하여 은퇴하고 집으로 물러나 있었다. 주환

---

1) 송선공 자력: 재위 BC 747 ~ BC 729
2) 송목공 자화: 재위 BC 728 ~ BC 720
3) 송상공 자여의: 재위 BC 719 ~ BC 710

왕이 즉위하자 위환공은 선왕의 죽음을 조문하고 신왕의 즉위를 축하하러 낙읍으로 갈 예정이었다. 석후는 주우에게 이 기회를 노려 군위를 차지하라고 부추겼다. ①전송연을 마련하여 낙읍으로 떠나는 위환공을 초대하고 ②전송연 때 매복한 군사들을 풀어 제거하라고 석후가 부추겼고, 주우는 거사하기로 결심했다.

위환공이 낙읍으로 떠나는 날에 주우는 서문 밖 행관에 전송연을 마련하여 위환공을 초대하고, 술잔을 올리는 척하다 비수를 꺼내 위환공을 찔러 죽였다. 그리고 미리 매복하여 둔 군사 500명을 풀어 전송연에 참석한 사람들을 순식간에 제압했다. 주우는 위환공이 급살병으로 죽었다고 선포하고, 스스로 군위에 올랐다(BC 719년 3월). 주우는 석후를 상대부로 임명하였고, 위환공의 동복동생인 진晉은 아내의 출신국인 형邢으로 급히 도주했다.

주우가 이복형인 위환공을 시해하고 즉위한 것은 <u>춘추시대 최초로 신하가 군주를 시해하고 군위를 찬탈한 사건</u>이었다.

송宋·노魯·위衛·진陳·채蔡 5국 연합군의 정鄭 공격(BC 719년)

위衛의 주민들은 주우에 대하여 형을 죽이고 군위를 찬탈한 무도한 자라며 저주했다. 주민들이 복종하지 않고 동요하자 주우는 고민했다. 석후는 예전에 정의 장수인 고거미가 위의 경계를 넘어 들어온 치욕을 갚는다는 명분을 내세워 정을 공격하여 승리하면 군주의 위엄을 과시하게 되는 것이므로 곧 주민들이 승복할 것이라고 건의했다. 주우는 제와 정이 회견하여 친하게 되었으므로 제가 정에 원군을 보낼 것이라며 망설였다. 석후는 송과 노를 끌어들여 정을 공격하면 된다고 계속 부추겼다. 즉 ①진陳과 채蔡는 주 왕실에 순종하는 약소국이므로 주 왕실과 정이 불화하고 있는 상황을 설명하면 정을 공격하는 것에 협조할 것이고, ②송宋은 송상공이 죽이고 싶어 하는 사촌 공자 빙이 정에 망명 중이므로 이를 잘 이용하면 정을 공격하는 것에 협조할 것이고, ③노魯는 실권을 장악하고 있는 공자 휘가 뇌물을 매우 좋아하므로 공자 휘에게 뇌물을 제공하면 정을 공격하는 것에 협조할 것이라고 설명했다.

주우는 매우 만족했다. 주우는 즉시 사신을 진陳, 채, 노에 보냈다. 주우는 송에 대하여는 언변이 좋은 사신이 필요하여 사신을 정하기가 고민이었다. 석후는 언변이 탁월하다며 영익寧翊을 천거했다. 영익은 송상공을 알현했는데, 공자 빙이 정의 군사를 빌려 송의 군위를 차지하기 위해 침공하면 송목공을 그리워하는 신하들과 백성들이 이에 내응하여 매우 위태로워질 것이라고 강조하면서 송상공을 불안하게 만들었다. 영익은 송상공에게 우환을 제거하기 위해 함께 정을 공격하자고 부추겼다. 송의 대사마 **공보가孔父嘉**가 정을 공격할 명분이 없다면서 반대했지만, 송상공은 정을 공격하여 공자 빙을 제거하기로 결심했다. 한편 노의 실권자인 공자 휘는 위의 뇌물을 잔뜩 받고 노은공에게는 알리지도 않고 무단으로 병사를 동원하기로 결정했다.

진환공陳桓公[1] 포鮑, **채선후蔡宣侯**[2] 고보考父, 송상공, 노 공자 휘, 위후 주우는 각국의 군사를 거느리고 합류했다. 송의 작위가 공公으로 가장 높았으므로 맹주는 송상공이 맡았고, 선봉은 위의 상대부 석후가 맡았다. 5국 군사 총병거 1,300승이 정을 향해 나아가 순식간에 정의 도읍 동문 앞을 포위했다(BC 719년).

---

1) 진陳환공 규포: 재위 BC 744 ~ BC 707
2) 채선후 희고보: 재위 BC 749 ~ BC 715

정장공鄭莊公의 대처

정의 조정에서 긴급회의가 열렸고, 신하들은 걱정하며 각자 다양한 주장을 했다. 정장공은 5국 동맹이 결속력이 약하고 각자 목적이 다르므로 상대가 원하는 것을 제공하면 곧 물러갈 것이라며, 신하들을 안심시켰다.

송에 대응하여 정장공은 대부 하숙영瑕叔盈을 시켜 송 공자 빙을 장갈長葛 땅으로 이동시켰다. 그 후 공자 빙이 장갈로 도망쳤다고 성 위에서 외치도록 군사들에게 시켰고, 그 사실을 알게 된 송상공은 즉시 군대를 장갈로 이동시켰다. 송의 군대가 이동하자 싸울 이유가 강하지 않았던 노·진陳·채 군사들도 귀국하고 싶어졌다.

위衛에 대응하여 정장공은 싸움에 이겼다는 명분을 제공하기로 한다. 공자 여를 시켜 겨우 병사 500명을 거느리고 나가 석후와 싸우게 했고, 공자 여는 적당히 싸우다 패배하고 돌아왔다. 석후는 공을 세운 것으로 과시하기 위해 정의 도읍 근처에서 곡식을 노략질했고, 정장공은 그냥 두었다.

석후는 정을 이겨 위엄을 과시했다는 명분을 세웠고 국내가 불안하니 이제 그만 회군하자고 건의했고, 주우는 회군을 선포했다. 귀국하고 싶었던 노·진陳·채에서도 즉시 사람을 보내어 승전을 축하고 위를 따라 회군했다. 정의 도읍을 포위한 지 겨우 5일 만에 위후 주우는 승전고를 울리며 의기양양하게 귀국했다.

석작石碏의 대의멸친[위선공衛宣公의 즉위](BC 719년)

　승전을 과시하며 귀국했지만 여전히 위의 백성들은 주우를 미워했다. 민심이 안정되지 않자 주우의 고민은 계속되었고, 석후는 백성들의 신망이 두터운 자신의 부친 석작을 포섭하여 국정을 맡기면 나라가 안정될 것이라고 건의했다. 주우는 석작에게 사람을 보내어 보물과 곡식을 전달하며 입조를 요청했으나, 석작은 병을 핑계로 사양했다. 어쩔 수 없이 석후는 부친 석작을 설득하기 위해 오래간만에 부친의 집으로 직접 찾아갔다. 석후는 부친 석작에게 주우의 군위를 안정시킬 방안을 물었다.

　석작은 아들 석후가 자신을 찾아올 것을 예상하고 미리 계책을 마련하고 있었다. 석작은 주우가 주환왕과 협의한 후 주 왕실을 방문하여 왕의 명령을 받고 제후의 인증을 받으면 백성들이 복종할 것이라고 아들에게 말했다. 예상대로 석후는 주우가 주 왕실과 친분이 없으므로 협의하는 것이 어려울 것이라고 염려했다. 석작은 진陳환공이 주 왕실과 친하므로 주우가 진환공을 친히 방문하여 부탁하면 진환공이 주선해 줄 것이라고 미끼를 던졌다.

　석후가 대만족하면서 돌아가자마자 석작은 자신과 친분이 두터운 진陳의 대부 자겸子鍼에게 혈서를 보내는데, ①그동안의 경과를 설명하며 ②군주를 시해한 주우가 자신의 계책에 의해 귀국을 방문할 것이니 ③잡아서 죄를 밝혀 주길 청하는 내용이었다.

　자겸은 진환공에게 보고하면서 군주를 시해한 자를 그냥 두면 그 해로움이 진陳에까지 퍼질 것이므로 처단해야 한다고 건의했고, 진환공도 동의했다.

얼마 후 주우는 석후를 대동하고 진환공을 방문했다. 진환공은 동생인 **공자 타佗**를 보내 영접하고, 다음 날 태묘太廟에서 회동하기로 약속했다. 다음 날 진환공은 태묘에서 주우와 회견하던 도중 미리 매복한 병사들을 풀어 주우와 석후를 꾸짖으며 체포했다. 진환공이 석작의 혈서를 보여주자 주우의 수행원들이 모두 승복했다. 진환공은 석작의 뜻을 몰라 처형하는 대신 주우를 복읍濮邑 땅에, 석후를 진陳의 도성에 나누어 감금하고 석작에게 처분을 문의했다.

석작은 대신회의를 열고 경과를 설명했는데, 여러 대신들이 주우는 원흉이므로 처형이 필요하지만 석후는 부역한 것일 뿐이므로 가볍게 처벌할 것을 건의했다. 석후가 석작의 아들이므로 모두 눈치를 보고 그렇게 말한 것이었다. 그러나 석작은 사사로운 정을 따른다면 선군을 볼 면목이 없다고 단호하게 말하며, 아들의 처형을 밀어 붙였다. 결국 **우재右宰 추醜**를 보내어 주우의 처형을 집행했고, 가신家臣 누양견獳羊肩을 보내어 석후의 처형을 집행했다(BC 719년). 석작은 대의를 위하여 자식을 죽인 것이다[1].

주우가 처형된 후 형邢에 망명해 있던 공자 진晉이 귀국하여 즉위하니(BC 719년), 곧 **위선공衛宣公**[2]이다. 위선공은 석작을 국로國老로 예우하였고, 위衛와 진陳은 지극히 친밀한 사이가 되었다.

---

1) 여기서 **대의멸친大義滅親**(대의를 위해 혈육의 친함도 버린다는 뜻. 대의를 위해서 부자나 형제의 사사로운 정도 버린다는 의미임)의 고사성어가 나옴
2) 위선공 희진: 재위 BC 718 ~ BC 700

위선공衛宣公의 음란[아버지의 첩과 며느리 예정자]

　위선공은 음란하고 무절제했다. 위선공은 원래 부인이 형비邢妃였는데, 공자 시절 때 아버지(위장공)의 첩인 **이강夷姜**과 사통하여 급자急子(=급伋)를 낳아 비밀리에 양육하고 있었다. 이강은 공자 신분인 위선공과 사통하면서 급자 외에도 석석碩과 검모黔牟를 더 낳았다. 위선공은 즉위 이후 부인인 형비를 박대하고 서모인 이강과 사실상 부부처럼 생활했다. 위선공은 급자를 후계자로 삼기로 결심하고, 우공자 직職을 급자의 후견인으로 지정했다.

　급자의 나이 16세가 되자 위선공은 제희공에게 장녀인 **선강宣姜**을 급자의 부인으로 보내주길 청혼했고, 제희공은 승낙했다. 그런데 며느리로 삼을 예정인 선강이 천하절색이라는 소식을 듣자 위선공은 흑심을 품게 된다. 위선공은 기하淇河 옆에 누대를 만들고 신대新臺라고 불렀다. 위선공은 친선을 위한 사신으로 급자를 송에 보낸 후 그 틈에 좌공자 예洩를 제에 보내 선강을 영접하여 데려온 후 신대에서 선강과 관계를 맺고 첩으로 삼아 버렸다. 천성이 착한 급자는 귀국한 후 서모가 된 선강에게 공손히 절했고, 부친과 선강을 조금도 원망하지 않았다. 선강을 첩으로 들인 후부터 위선공은 제희공과 매우 친밀한 관계를 유지하게 된다.

　이강은 이제 잊혀진 존재가 되었다. 이후 선강은 수壽와 삭朔(BC 715년)을 차례로 낳았다. 위선공은 수를 사랑하여 군위를 물려줄 결심을 하게 되고, 좌공자 예를 수의 후견인으로 지정하며 수를 군위에 올리도록 비밀리에 부탁했다. 위선공은 수에 대한 사랑이 깊어 갈수록 급자를 미워하게 되었다.

위선공의 주요 가족관계를 정리하면 다음과 같다.

- 형비邢妃: 공자 시절의 부인. 박대 받음
- 이강夷姜: 부친 위장공의 첩. 공자 시절부터 사통. 선강 이후 박대 받음 → **급자急子(=급伋), 석碩, 검모黔牟**를 낳음
- 선강宣姜: 제희공의 장녀로 문강文姜[1]의 언니임. 급자의 부인이 될 예정이었으나, 위선공이 가로챔 → **수壽, 삭朔**을 낳음

진애후晉哀侯의 즉위(BC 718년)

진쯥악후가 원한을 갚기 위해 곡옥으로 쳐들어갔다(BC 718년). 곡옥장백이 주환왕에게 뇌물을 바치고 원조를 요청했다. 주 왕군과 정, 형邢이 곡옥을 원조했다. 결국 진악후는 곡옥에 크게 패했고, 수隨로 도주했으나 곧 죽었다.

곡옥장백은 진악후가 죽었다는 소식을 듣고 익으로 쳐들어갔다. 그런데 곡옥장백이 주환왕에게 한 약속을 어기는 일이 발생했고, 주환왕은 크게 분노했다. 주환왕은 괵공虢公을 시켜 곡옥장백을 토벌하게 했다. 곡옥장백은 왕군에 맞설 수 없어 곡옥으로 물러났다.

익의 대신들이 진악후의 아들인 광光을 군위에 올리니(BC 718년), 곧 **진애후晉哀侯**[2]다.

---

1) 절세미녀로 제환공의 차녀임. 훗날 제와 노에 엄청난 파란을 몰고 옴(후술)
2) 진쯥애후 희광: 재위 BC 717 ~ BC 709

제3절 송宋과 위衛를 제압하는 정장공鄭莊公

송宋에 대한 정장공鄭莊公의 분노(BC 718년)

공자 빙을 노리고 장갈 땅으로 군사를 이동했던 송상공은 결국 장갈을 공격하여 점령했다(BC 718년). 공자 빙은 간신히 장갈을 탈출하여 정장공에게 찾아와 보호해 줄 것을 눈물로 부탁했다. 정장공은 분노하여 송을 공격하기로 결심했다.

제족은 송은 원래 강한 나라이고 또한 노魯, 진陳, 채蔡, 위衛와 동맹을 맺고 있어 현재로서는 승산이 없다고 아뢰며, 먼저 진陳과 우호를 맺고 노와 협조하여 송을 외롭게 할 필요가 있다고 강조했다. 또한 제족은 천자의 명을 받아 송을 정벌한다는 대의명분을 만들어 제와 노를 동원하면 송을 쉽게 제압할 수 있을 것이라고 건의했다. 제족의 계책에 대하여 정장공은 만전지계萬全之計라며 대만족했다.

정장공鄭莊公의 낙읍洛邑 방문(BC 717년)

정장공은 제족의 계책에 따라 낙읍으로 가서 주환왕을 알현했다(BC 717년 11월). 그러나 몇 년 전 정이 곡식을 노략질했던 것에 대하여 아직 분노하고 있던 주환왕은 차갑게 대하며, 정장공을 위한 잔치도 열지 않았고 하사품도 없었다.

며칠 후 주환왕은 정장공의 처소에 흉년에 대비하라며 곡식 열 수레를 내려 주면서 예전의 곡식 노략질을 비꼬았다. 정장공은 난감해하면서 낙읍에 온 것을 후회했다. 이때 주공 흑견이 정장공을 방문하면서 비단 두 수레를 선물로 가져왔다. 주공 흑견은 주환왕의 태자는 아니지만 총애를 받고 있던 왕자 극을 보좌하고 있었는데, 장래에 혹시 외부의 지원이 필요한 사태가 발생할 경우를 대비하여 정장공과 친선을 맺기 위한 목적이었던 것이다.

주공 흑견이 돌아간 후 제족은 우울해하는 정장공에게 흑견이 가져온 비단을 곡식 수레 열 대에 나누어 싣고 비단보로 덮은 다음 왕이 조공하지 않은 송을 토벌하라고 정장공에게 지시하면서 하사한 무기라고 선전하면 송을 공격할 대의명분을 만들 수 있다고 계략을 아뢰었다. 정장공은 제족의 계책에 따라 송 토벌의 왕명을 받았다고 참칭하며, 크게 선전하면서 귀국했다. <u>제후가 왕명을 참칭하는 것은 예전엔 상상할 수도 없는 일이었는데</u>, 정장공의 행동은 그만큼 주 왕실의 권위가 실추했음을 보여주는 사례다.

한편 주환왕은 정장공의 경사 벼슬을 빼앗고 괵공 기보를 경사로 임명하려고 했다. 주공 흑견은 정장공에게 환심을 사기 위해 계속하여 주환왕을 설득했다. 흑견은 정장공을 좌경사로, 괵공 기보를 우경사로 임명하도록 아뢰었다(BC 715년). 주환왕은 어쩔 수 없이 승낙했지만, 괵공에게만 국정을 맡기고 정장공에게는 실권을 맡기지 않았다.

곡옥무공曲沃武公의 즉위(BC 716년)

곡옥장백이 사망하고 그 아들인 칭稱이 즉위하니(BC 716년), 곧 **곡옥무공曲沃武公**[1]이다. 이제 익과 곡옥의 국력 차이는 돌이킬 수 없을 정

---

1) 곡옥무공(=진晉무공) 희칭: 재위 BC 715 ~ BC 677. 분열된 진晉을 다시 통일하여 진晉무공으로 칭해짐

도로 커졌다. 곡옥무공은 익을 병합하기를 원했다.

정鄭과 진陳의 우호관계 성립(BC 716년)

진陳은 오래전부터 송과 친했다. 정장공은 진陳에 사신을 보내어 우호를 요청했다. 공자 타가 허락할 것을 건의했으나, 진陳환공은 이는 정의 이간책이며 정을 얻고 송을 잃는 것은 손해라고 판단했다. 결국 진환공은 정의 사신을 만나주지도 않았다.

정장공은 대노했다. 제족은 정장공을 달래며, 진陳의 경계를 넘어가 약탈한 후 사자를 파견하여 사과하고 약탈한 것을 반환하면서 신의를 보인 다음 다시 설득할 것을 건의했다. 정장공은 병사들을 보내 진陳의 경계를 넘어가 약탈했다(BC 717년). 이후 정장공은 영고숙을 사신으로 보내어 약탈한 재물을 반환하며 국서를 전달했다. 국서에는 ①변방 관리가 정과 진陳이 불화한 것으로 오해하여 잘못을 저지른 것에 대해 사죄하고 ②약탈한 것을 돌려주니 용서해 주길 바라며 ③우호를 맺기를 희망한다고 정중하게 적혀 있었다.

진환공은 정의 신의에 만족하며 공자 타를 보내어 답례했다. 이로써 정과 진陳은 우호관계를 수립했다(BC 716년).

송宋·제齊·위衛의 와옥瓦屋회맹(BC 715년)

정장공의 왕명 선전은 송상공에게 두려움을 가져다주었다. 송상공은 정장공과 관계를 회복하기 위하여 위선공에게 사신을 파견하여 주선해 줄 것을 부탁했다. 위선공은 장인인 제희공과 만나 송과 정이 와옥瓦屋

땅에서 회견하여 동맹을 맺게 주선하기로 합의하고, 위는 송에 그리고 제는 정에 이 뜻을 통지하기로 했다. 송상공은 위선공에게 감사해하며 많은 선물을 보냈다.

와옥회견에 앞서 송상공과 위선공은 견구犬邱 땅에서 먼저 만나 정에 대한 대책을 상의한 후 와옥으로 이동했다. 곧 제희공이 도착했다. 그러나 정장공은 끝내 나타나지 않았다. 와옥 땅에서 열기로 한 회견이 실패하자 제희공은 귀국하려 했다. 그러자 송상공이 참석한 송·제·위 3국끼리라도 동맹을 맺자고 제안했다. 송상공과 위선공은 각별한 사이여서 당연히 찬성했지만, 제희공은 마지못해 동의했으며 속으로는 그저 관망하고 있었다.

북융北戎의 정鄭 공격(BC 714년)

중원의 제후국들이 해마다 혼전을 벌이는 틈을 타서 북융의 한 부족이 정을 공격했다(BC 714년). 정장공은 친히 방어군을 이끌고 나갔다. 당시 북융의 군대는 용감하고 강력했는데, 정은 송과 대립 중이어서 정장공은 걱정이 많았다.

정장공의 서자인 **공자 돌突**이 매복한 후 적을 유인하여 섬멸하는 계책을 올렸다. 정장공은 군사를 셋으로 나누어 매복시킨 다음 대부 축담祝聃에게 출전하여 적과 싸우되 패한 척하며 북융의 군사들을 유인하도록 했다. 축담은 거짓으로 패하고 달아나며 유인했고, 북융의 군사들은 정군이 매복하고 있는 곳으로 쫓아왔다. 정의 매복군은 일제 공격을 가하며 북융의 군사들을 앞뒤로 분리시켰고, 축담의 군사들까지 가세하여 맹공을 가했다. 결국 정군은 대승을 거두었다(BC 714년). 이때부터 정장공은 공자 돌을 총애하게 되었다.

정鄭·제齊·노魯 3국 연합군의 송宋 공격(BC 713년)

정장공은 제희공이 송·위와 동맹했다는 소식에 큰 충격을 받았다. 제족은 제희공이 마지못해 참가한 것이며 진심이 아닐 것이라고 분석했다. 오히려 제족은 드디어 송을 공격할 때가 되었다고 정장공을 위로했다. 제족은 ①제와 노에 대하여 (거짓으로) 왕명을 선포하고 ②노은공에게 부탁하여 제희공을 합류시키고 ③채蔡·위衛·성郕·허許에 격서를 보내 송에 대한 공격에 참가하도록 하는 계책을 아뢰었다.

정장공은 즉시 노에 사신을 파견하여 점령하는 송의 땅을 노에 주겠다고 약속하며, 제에 알려 같이 참전해 줄 것을 부탁했다. 욕심이 대단한 노 공자 휘는 당연히 수락했고, 노은공을 움직여 제에 그 사실을 알렸다. 제희공은 통지를 받자마자 송과 위를 배신하고 동생 이중년夷仲年에게 병거 200승을 내어주며 출전을 지시했다. 노 공자 휘도 병거 200승을 출동시켰다. 제군과 노군이 출발한 것을 통지받은 정장공은 세자 홀과 제족에게 도성의 수비를 맡긴 후 공자 여, 고거미, 영고숙, 공손알을 거느리고 직접 출전했다. 한편 채蔡·위衛·성郕·허許는 격서를 받고도 군사를 보내지 않았다.

정·제·노 3국은 중구中邱 땅에서 만나 작전을 협의하여 중군은 정장공, 우군은 노 공자 휘, 좌군은 제 공자 이중년이 맡기로 합의했다. 정·제·노 3국 연합군은 송을 향해 쳐들어갔다(BC 713년).

먼저 노 공자 휘가 송의 노도老桃 땅을 공격하여 대승을 거두었다. 정·제·노 3국 연합군은 노도 땅에 주둔하며 잠시 쉬었다가 군사를 나누어 정의 영고숙과 공자 여는 노 공자 휘와 함께 고성郜城을 공격하고, 정의 공손알과 고거미는 제 공자 이중년과 함께 방성防城을 공격했다.

송상공은 급히 신하들을 소집했다. 사마 공보가는 아직 정과 연합하지 않은 위·채와 협력하여 주력군이 떠나 비어 있는 정의 도성을 공격하면 정장공은 회군할 것이고 제와 노도 철수할 것이라고 계책을 올렸다. 송상공은 병거 200승을 내어주며 공보가를 급히 위에 파견했고, 공보가는 위선공을 만나 많은 뇌물을 바치며 설득했다. 위선공은 우재 추에게 출전을 지시했다.

송과 위의 연합군이 정을 급습하여 도성 형양에 접근했다. 세자 홀과 제족은 도성을 방어하면서 정장공에게 위기를 알리기 위해 사자를 보냈다. 형양 근처에서 노략질을 실컷 한 송과 위의 연합군은 정장공이 오기 전에 대戴[1]를 통과하여 회군하기로 결정했다. 송·위 연합군이 대에 접근하여 길을 빌려줄 것을 요청했다. 그러나 대공戴公은 송·위 연합군이 공격하는 것으로 오해하여 성문을 굳게 닫고 철저히 수비했다. 공보가(송)와 우재 추(위)는 대노하여 대성戴城을 공격했으나 함락시키지 못했다. 많은 사상자가 발생하자 공보가는 채에 원군을 요청했다.

이 무렵 송의 고성과 방성이 함락되었다. 이때 정장공은 본국으로부터 급보를 받고 회군을 결정했다. 그러나 제군과 노군에게는 본국의 위급함을 내색하지 않고, 충분히 송을 처벌하여 왕명을 준수했으므로 이제 회군하겠다는 뜻을 알렸다. 그리고 제와 노의 공을 평가하여 고성과 방성을 각 양도할 뜻을 알렸다. 제 공자 이중년은 왕명을 따른 것뿐이라며 끝까지 사양했다. 결국 욕심 많은 노 공자 휘가 고성과 방성을 다 차지하게 되었다.

---

1) 상商 계열의 제후국. 작위는 공公. 정 근처에 있던 소국임

정장공鄭莊公의 송宋·채蔡·위衛 3국 연합군 격파(BC 713년)

 정장공은 이중년, 공자 휘와 위급 시 서로 도울 것을 맹세한 후 정으로 회군을 시작했다. 회군 도중 송·위 연합군이 대戴로 이동한 사실과 대성에서 대치 중인 사실을 보고받은 정장공은 안도했다. 곧 스스로 계책을 마련한 정장공은 부하들에게 임무를 알려 준 다음 군대를 넷으로 나누어 대를 향해 출발했다.
 이 무렵 채의 원군이 도착하여 송·채·위 3국 연합군은 곧 대대적으로 대성을 공격할 예정이었다. 그런데 정장공의 군대가 도착하자 대성에 대한 공격을 보류하고 정군과 대치하게 된다.
 정 공자 여는 정이 대를 구원하러 왔다고 널리 선전했다. 대공戴公은 기뻐하며 성문을 열어 공자 여의 부대를 성으로 들였고, 이때 정장공은 일반 병졸로 꾸며 공자 여의 부대와 함께 대성으로 들어갔다. 그런데 대성으로 들어간 정장공은 갑자기 돌변하여 대공을 위협하며 성을 점령한 후 대공을 추방해 버렸다(BC 713년). 정장공은 송·채·위 3국 연합군의 대에 대한 공격 상황을 이용하여 계략으로 대를 속여 점령해 버린 것이다. 정장공은 병사들을 시켜 성 위에서 소리치게 하여 공보가와 우재 추를 약 올렸다.
 송의 사마 공보가는 격분했다. 위의 우재 추가 성 안팎으로부터 협공을 당할 가능성이 있다고 말하며 공보가에게 주의를 주었으나, 이성을 잃은 공보가는 정장공과 전서戰書를 교환하고 내일 결전을 치르기로 합의했다. 내일의 결전을 위해 송·채·위 3국 연합군은 합의하여 영채를 배치했다. 중영은 송군(공보가)이, 좌영은 채군이, 우영은 위군(우재 추)이 맡기로 했다. 영채 간의 거리는 3리 정도였다.

정장공은 내일 결전하기로 한 약속을 어기고 심야를 이용해 기습하기로 결정했다. 정장공은 직접 계략을 마련하여 장수들에게 지시했다.

①정장공은 한밤중에 먼저 공보가의 영채 뒤편을 위장 공격했다. 공보가는 즉시 출전했으나 허탕 치고 곧 영채로 돌아왔다. ②정장공은 이번엔 채군의 영채를 위장 공격했고, 공보가는 채군의 영채를 구원하러 갔다가 역시 허탕 치고 돌아왔다. ③정장공은 다음으로 우재 추의 영채를 위장 공격했고, 공보가는 위군의 영채를 구원하러 갔다가 역시 허탕 치고 돌아왔다. ④계속 가짜로 공격하여 송·채·위 3국군을 혼란하게 만든 정장공은 다시 좌영 채군의 영채를 위장 공격했고, 공보가는 또 구원을 위해 출전했으나 채군의 영채는 고요했다. ⑤다시 정장공은 공보가의 중영과 우재 추의 우영 중간 부분을 위장 공격하다 갑자기 빠져버렸다. ⑥공보가는 우재 추의 우영이 공격받는 것으로 오인하여 구원하러 전력으로 질주했고, 우재 추는 공보가의 중영이 공격받는 것으로 오인하여 역시 구원하러 전력질주하다 만나게 되었는데, 어두워서 서로 적군으로 오인하여 한참을 싸웠다. ⑦그 빈틈을 노려 고거미의 정군은 송군의 중영을 공격하여 점령해 버렸다. ⑧송·위군은 그 사실을 모르고 함께 중영으로 돌아오다 정군의 기습 공격을 받았는데, 고거미·영고숙·공손알이 세 방향에서 공격했다. ⑨채군이 가세했으나 결국 송·채·위 3국 연합군은 참패했다. 우재 추는 전사했고, 공보가는 겨우 도주했다.

춘추春秋시대의 일반적인 전쟁 모습

　봉건제와 종법제로 인하여 춘추시대 때 주 왕실과 제후들은 중첩된 혼인으로 복잡하게 연결되어 있었고, 그 결과 제후들은 대부분 서로 친인척의 관계였다. 이 때문에 제후국 사이에 전쟁이 벌어지면 복잡한 외교 문제가 발생했는데, 분쟁이 발생한 제후국 양측 모두와 중첩된 혼인관계로 엮여 있어 누구 편을 들지 곤란한 경우가 많았기 때문이다.

　춘추시대에 중원 국가들 사이의 전쟁에서는 대체로 <u>병거(전차)</u>가 가장 핵심적인 역할을 했고, 일반 병사들의 역할은 별로 중요하지 않았다. 제후나 귀족들(주로 하급귀족 계급인 무사武士)이 병거를 타고 <u>넓은 들판</u>에서 <u>정면 대결</u>로 싸웠는데, 병거를 동원하기 어려운 산악지대와 습지에서는 전투를 하지 않는 것이 일반적이었다. 제후들이 직접 병거를 몰고 전선의 선두에 서는 경우도 꽤 있었다.

　춘추시대의 전투는 미리 전서를 주고받으며 싸울 날짜와 장소를 협의하고, <u>약속된 날짜와 장소</u>에서 양쪽이 만나 포진한 이후 결전을 벌이는 방식이었다. 결전이 시작되기 전에 양쪽의 수장들이 나와 서로 대의명분을 주장하며 누가 정당성을 가졌는지에 대하여 설전을 벌이는 경우도 자주 있었다. 일반적으로 결전은 하루 또는 며칠 이내의 짧은 시간 내에 끝났다. 제후들이 서로 친인척 관계인 경우 그들 사이의 전쟁은 수단과 방법을 가리지 않는 사생결단의 대결양상은 아니었고, 패배한 적에 대하여도 추격하여 심한 추가 피해를 입히지는 않았다.

　송·채·위 3국 연합군과 싸우는 과정에서 정장공은 약속을 어기고 계략을 통한 야간기습을 사용하여 대승을 거두었고, 상대에게 통상의 범위를 넘어서는 큰 타격을 가했다. 이는 당시로서는 매우 이례적인 것이었다. 이 때문에 정장공은 신의 없는 자라는 많은 비난을 받았지만, 그 결과물이 너무나 크고 달콤하여 이때부터 전쟁에 정면 대결 대신 계략을 사용하고 약속을 위반하는 경우가 서서히 늘어나게 된다.

정鄭 내부 갈등의 시작

대승을 거두고 귀국한 정장공은 스스로 만족하여 상공上公과 방백方伯이 된 것처럼 우쭐댔고, 영고숙을 제외한 신하들은 모두 천세千歲를 외쳤다. 정장공이 불만스럽게 노려보자 영고숙은 아직 방백의 위엄을 인정받지 못하고 있다고 직언하며, 격서를 받은 위와 채는 송에 가담했고 성郕과 허許는 참가하지 않은 사실을 강조했다. 이에 정장공은 성과 허를 공격하기로 결심했다. 영고숙은 왕명에 불응한 죄를 널리 알려 성과 허를 공격하기 위한 명분을 만들고, 제에 사신을 보내 제와 정이 연합하여 (제에 가까이 위치한) 성郕을 먼저 공격한 다음 이어서 허를 공격할 것을 건의했다.

정장공은 성과 허에 사자를 보내 왕명에 불응한 죄를 꾸짖고, 또한 제에 사자를 보내 연합하여 성과 허를 공격한 후 하나씩 차지하기로 합의했다. 제의 이중년과 정 공자 여는 연합하여 성郕을 공격했고, 소국인 성은 즉시 제에 항복하여 제의 속국이 되었다(BC 713년 겨울). 정장공은 허를 공격하기 위한 의논을 하기 위하여 제희공과 시래時來 땅에서 회견하기로 약속했는데, 노은공의 합류를 주선해 줄 것을 부탁했다.

성郕을 공격하고 귀국하던 도중에 정의 상경인 공자 여가 갑자기 병이 났는데, 귀국한 후 곧 사망했다(BC 712년 봄). 정장공은 크게 슬퍼하며 여의 동생인 공자 원元을 대부로 삼았다. 상경 자리가 비게 되자 정장공은 후임으로 고거미를 생각했다. 그런데 세자 홀이 고거미는 탐욕이 많고 난폭하다며 반대했고, 결국 정장공은 제족을 상경에 임명했다. 고거미는 이 일로 세자 홀에게 큰 반감을 가지게 된다.

얼마 후 정·제·노 3국의 제후들은 시래에서 만나 7월에 허를 공격하기로 합의했다. 정장공은 귀국하여 대규모로 군대를 사열했는데, 봉천토죄奉天討罪 글자가 수놓여 있는 3장 3척의 큰 기旗를 잡고 평상시처럼 걷는 자에게 선봉을 맡기고 병거를 하사하겠다고 선언했다.

하숙영이 먼저 기를 들고 앞뒤로 움직이다 다시 기를 원래대로 꽂았다. 하숙영이 병거를 가져가려는데, 영고숙이 나서서 기를 들고 춤을 추었다. 모두 놀라며 그 힘을 칭찬했다. 영고숙이 병거를 가져가려는데, 공손알도 또한 기를 들고 춤을 추기 위해 나섰다. 그런데 공손알과 예전부터 사이가 나빴던 영고숙은 공손알이 기를 들고 춤을 추기 직전 병거에 올라타 몰고 가버렸다. 공손알은 대노하여 창을 들고 영고숙을 추격했고, 정장공은 급히 대부 공손획公孫獲을 보내 공손알을 말렸다. 결국 정장공은 하숙영, 영고숙, 공손알의 용력을 칭찬하며 각각 병거를 하사했다.

정鄭·제齊·노魯 3국 연합군의 허許 공격(BC 712년)

약속한 날에 정·제·노 3국의 제후는 연합하여 직접 허의 도성을 포위하고 공격했다. **허장공許莊公**[1]과 병사들은 결사적으로 저항했다. 제와

---

1) 허장공 강불姜弗: 재위 BC 731 ~ BC 712

노는 주동자가 아니어서 대강 싸웠으나, 정의 장수들은 전력을 다해 싸웠다.

공격 3일 째, 영고숙이 큰 기를 옆에 들고 괴력을 발휘하여 허성 위로 뛰어올라 분전했다. 그런데 밑에서 이를 본 공손알은 질투심에 그만 영고숙을 향해 화살을 쏘았다. 결국 화살을 맞은 영고숙은 성 밑으로 떨어져 죽게 된다. 영고숙이 죽는 것을 본 하숙영은 허의 병사들이 쏜 것으로 알고 대노하여 영고숙이 떨어뜨린 기를 옆에 들고 허성 위로 올라가 성을 돌면서 병사들을 독려했다. 정군은 사기가 급상승했고, 결국 허성을 함몰시켰다(BC 712년). 허장공은 급히 위衛로 도주했다.

노은공과 제희공이 모두 허를 점령하기를 사양하면서 정장공에게 권했다. 정장공도 체면상 허를 차지하는 것을 짐짓 사양하고 있었다. 그때 허의 대부 백리百里가 허장공의 어린 동생인 신신新臣을 데리고 와서 함께 알현하며, 태악太岳에 대한 제사를 계속 올릴 수 있게 해 줄 것을 눈물로 호소했다. 정장공, 제희공, 노은공은 이를 불쌍히 여겨 결국 허를 분할하여 동쪽은 신신에게 주어 다스리게 했고, 서쪽은 정의 대부 공손획에게 다스리게 했다. 허의 서쪽을 차지한 정장공은 이후 허를 돕는다는 명분을 내세워 허를 사실상 감독하고 감시한다.

귀국한 정장공은 하숙영을 크게 포상하고, 무사巫師를 시켜 영고숙을 죽인 자에 대하여 저주를 하는 강신의식을 거행했다. 그런데 그 자리에 참석하고 있던 공손알의 몸에 영고숙의 원혼이 붙어 급사하게 되었고[1], 사람들은 영고숙을 죽인 자가 공손알인 것을 알게 되었다. 정장공은 슬프게 탄식하며 영고숙을 제사지냈다.

---

1) 이 부분은 소설 《동주 열국지》의 픽션임. 다만 이후 공손알은 역사서에 더 이상 등장하지 않는데, 영고숙의 사망과 관련하여 처벌받은 것으로 추측됨

정장공鄭莊公에 대한 주환왕周桓王의 작은 보복

주환왕은 정장공을 미워하여 한 가지 계책을 마련했다. 무왕 때 남양南陽 땅 12개 마을을 분봉받은 소蘇라는 작은 나라가 있었는데, 그 후손들은 주 왕실 대신 북적北狄을 섬기고 있었다. 주환왕은 정의 마을 3개를 가져가고, 대신 소蘇 소속 12개 마을을 주었다(BC 713년). 주환왕의 입장에서 보면 소蘇의 마을은 주의 통제력이 미치지 못하는 땅이었다. 결국 형식적으로는 정장공의 봉토를 늘려주는 것처럼 보이나 실제로는 봉토를 빼앗아 버린 것이다. 정장공은 주환왕의 처사에 매우 서운해했다. 이후 정이 소蘇에 대하여 12개 마을에 대한 권리를 주장하면서 소蘇의 군주는 주 왕실에 대하여 원한을 가지게 된다.

주환왕은 정장공이 천자의 명을 참칭하여 송을 침공한 사실을 알게 된 후 분노하면서 더욱더 정장공을 미워하게 되었다. 그리하여 정장공을 좌경사 직에서 해임하고(BC 712년), 괵공 임보林父를 중용했다.

제희공齊僖公의 가족관계

제희공의 자녀들은 모두 외모가 뛰어났으나 색을 밝혔다. 그중 중요한 자녀들은 다음과 같다.

- 세자 **제아諸兒**: 훗날의 제양공
- 장녀 **선강宣姜**: 위 공자 급자에게 시집갔다 시아버지 위선공의 첩이 됨
- 차녀 **문강文姜**: 훗날 노환공에게 시집감

- 서자[1] **규糾**
- 서자 **소백小白**: 훗날의 제환공(춘추시대의 첫 번째 패자霸者)

　　세자 제아와 두 살 아래인 이복 여동생 문강은 어릴 때부터 매우 친하게 지내다 어느 순간 육체관계까지 가지게 되었고, 서로 사랑하는 사이가 되었다. 제희공이 정 세자 홀에게 청혼한 대상이 누구인지 명확하지는 않으나, 석문회견 때에는 문강이었던 것으로 추정된다. 나중에 제희공이 다시 청혼할 때에는(후술) 문강은 이미 출가한 상태였으므로 다른 여식이었을 것이다. 정 세자 홀이 청혼을 거부하고, 연인이었던 제아마저 송공의 딸과 혼인을 하게 되자 문강은 상당히 실망하게 된다.

　　한편 제희공의 동복동생으로 **이중년夷仲年**이 있었고, 이중년의 아들로 **공손무지公孫無知**가 있었다. 제희공과 이중년은 형제간의 우애가 깊었고, 제희공은 조카인 무지를 총애하여 궁에서 키우며 세자와 동일한 예우를 해 주었다. 세자인 제아는 이것이 항상 불만이었고, 결국 무지를 미워하게 된다. 언젠가 제아와 무지가 씨름 시합을 한 적이 있었는데, 무지가 승리하여 제아는 이를 매우 불쾌해했고 무지를 더 미워하게 되었다.

공자 휘翬의 노은공魯隱公 시해[노환공魯桓公의 즉위](BC 712년)

　　노은공은 부친(노혜공)이 궤를 총애하여 군위를 물려주고 싶어 하던

---

[1] 소설《동주 열국지》에는 규와 소백이 제양공의 아들로 기록되어 있지만, 다수설은 제희공의 아들로 보고 있음

것을 항상 기억하고 있었다. 그래서 이복동생인 궤에게 군위를 물려줄 결심을 하게 된다. 어느 날 욕심 많은 공자 휘가 은밀히 노은공을 찾아가 태재 벼슬을 달라고 청했다. 노은공은 조금만 기다리면 궤가 군위에 오를 것이니 그때 궤에게 부탁하라고 답을 했는데, 공자 휘는 노은공이 궤를 시기하고 있는 것으로 오해하여 공을 세울 요량으로 궤를 죽여서 군위를 안전하게 자손에게 전하라고 건의했다. 노은공은 공자 휘를 강하게 질책하면서 조만간 궤에게 양위할 뜻을 밝혔다.

공자 휘는 노은공에게 궤를 죽이라고 건의했던 것을 후회하면서 궤가 즉위하여 이 사실을 알게 되면 자신의 목숨이 위험해질 것을 걱정하게 되었다. 결국 공자 휘는 노은공을 죽여서 비밀을 유지하기로 결심한다.

공자 휘는 궤를 찾아가 노은공이 자신에게 궤를 죽이라는 비밀지시를 했다고 거짓말을 했다. 궤가 어찌할 바를 모르자 공자 휘는 어질지 못한 노은공에게 의리를 지킬 필요가 없다고 강조하고, 큰일을 도모하라며 궤를 부추겼다. 궤가 성공 가능성이 없음을 걱정하자 공자 휘는 미리 생각한 계책을 말했다. 즉 노은공은 매년 동짓달에 개인적으로 믿고 있는 귀신 종무鍾巫에 대한 제사를 도성 밖 사당에서 지내는데, 제사를 지낼 때는 항상 대부 위씨鴌氏 집에 숙소를 잡으므로 이때 부하들을 대부 위씨의 시종으로 가장하여 노은공을 암살하고, 대부 위씨에게 죄를 뒤집어씌우면 된다는 것이다. 결국 궤는 공자 휘에게 태재 벼슬을 약속하며 일을 맡기게 된다.

공자 휘는 계획한 대로 자객들을 시켜 노은공을 암살한 후 궤를 군위에 올리니(BC 712년 12월), 곧 **노환공魯桓公**[1]이다. 노환공은 공자

---

1) 노환공 희궤: 재위 BC 711 ~ BC 694

휘를 태재로 임명했고, 공자 휘는 대부 위씨에게 누명을 씌워 멸족시켜 버렸다.

노환공은 군위를 인정받기 위해 제희공에게 많은 뇌물을 보냈다. 당시 노환공은 나이가 많았지만 정실부인이 없었다. 대부 장손달臧孫達이 이를 걱정했고, 공자 휘는 제희공의 둘째 딸인 문강에게 청혼할 것을 건의했다. 노환공은 공자 휘를 제에 파견하여 청혼했으나, 제희공은 즉답을 하지 않았다.

또한 노환공은 정권의 안정을 위해 정장공에게 사신을 보내어 회견을 희망했다. 정장공은 군주를 시해하고 즉위한 노환공에게 반감이 있었으나, 송·위와 대립중인 현재의 세력 판도를 감안해야 한다는 제족의 건의를 받아들여 승낙하게 된다. 결국 정장공과 노환공은 월越[1] 땅에서 회견하여(BC 711년 4월) 동맹을 맺었다.

이로써 **신하가 군주를 시해하고도 처벌받지 않는 선례**가 만들어져 이후 군주 시해 사례는 급증하게 된다.

제4절 정장공鄭莊公의 소패업小霸業

태재 화독華督의 정변[송장공宋莊公의 즉위](BC 710년)

송의 태재인 **화독華督**은 원래 공자 빙과 친했다. 송상공이 정에 망명

---

1) 훗날 강대국이 되는 장강 이남에 위치한 남만계 국가인 월越이 아님. 고대에는 같은 이름의 지명이 흔했음

중인 공자 빙을 제거하기 위해 정을 침공하자 화독은 송상공에게 불만을 가지게 되었고, 특히 병권을 쥐고 있는 공보가에게 강한 반감을 가지게 되었다. 그런데 공보가가 대戴를 공격하던 중 정장공에게 참패하여 군사의 대부분을 잃고 도망쳐 오자 송의 국민들과 병사들은 공보가를 매우 원망하게 된다. 화독은 평소 공보가의 후처인 위씨魏氏의 미모를 사모하여 욕심내고 있었는데, 이 기회를 이용하여 공보가를 제거하고 위씨를 차지할 결심을 한다.

 태재 화독은 처음에 사마 공보가의 주장으로 정에 대하여 거병하게 된 것이었다고 거짓 소문을 퍼뜨려 국민들이 공보가를 더 원망하게 만들었다. 또한 공보가가 조만간 또다시 정을 공격하기 위해 거병할 것이라고 거짓 소문을 퍼뜨려 정에 대하여 큰 두려움을 가진 병사들을 동요하게 했다. 병사들이 화독의 집을 찾아가 공보가의 거병 계획을 막아달라고 간청했다. 화독은 병사들을 직접 만나주지 않고 부하들을 시켜 위로만 했다. 화독만이 전쟁을 막을 희망이라고 여긴 병사들이 계속하여 화독의 집에 모여들어 애원했고, 밤이 되자 그 수가 헤아릴 수 없을 지경이 되었다. 이때 화독은 자기의 심복들을 일반 병사로 꾸며 미리 병사들 사이에 심어 놓았다.

 군심이 자신에게 모인 것을 확인한 화독은 한밤중에 드디어 병사들 앞에 나가 주공이 공보가를 총애하여 자신도 어쩔 방법이 없다고 말하며, 병사들이 송상공과 공보가를 더 원망하도록 자극했다. 병사들이 극도로 흥분하자 미리 병사들 사이에 끼어 있던 화독의 부하들은 공보가의 집을 습격하자고 분위기를 조성했고, 수레를 가져와 화독을 태우고 공보가의 집으로 앞장서 쳐들어갔다. 흥분한 병사들이 모두 뒤따라갔고 순식간에 공보가의 저택 근처에 도착했다. 화독은 병사들을 진정시킨 후 공보가의 저택을 비밀리에 포위했다.

　잠시 후 화독은 상의할 일이 있어 공보가를 방문한 것처럼 대문을 두드렸고, 공보가가 황급히 나오자 병사들에게 갑자기 공격을 지시했다. 순식간에 공보가는 병사들에게 무참히 살해당했고, 공보가의 집안은 도륙을 당했다. 병사들이 노략질에 열중하는 동안 공보가의 아들인 목금보木金父[1]만 겨우 빠져나와 노魯로 도주했다. 화독은 위씨를 납치하여 수레에 싣고 자신의 집으로 급히 달렸는데, 위씨는 수레 안에서 자살을 하고 만다. 화독은 집에 도착하여 위씨가 자살한 것을 알게 되자 아쉬워하며 부하들에게 멀리 교외에 내다 묻도록 지시했다.

　날이 밝자 사실을 보고 받은 송상공이 격노하여 처벌하기 위해 즉시 화독을 소환했으나, 화독은 병을 핑계로 가지 않았다. 송상공은 친히 공보가의 집으로 가서 문상하기로 했다. 자신이 무사하지 못할 것을 짐작한 화독은 병사들의 우두머리를 불러 송상공이 대노하여 병사들을 처벌하기로 했다고 말하며 다시 자극했고, 송목공의 은혜를 갚기 위해 공자 빙을 군위에 올리자고 선동했다. 병사들이 모두 찬동하자 화독은 병사들을 공보가의 집 근처에 매복시켰고, 잠시 후 송상공이 공보가를 문상하러 방문하자 병사들을 시켜 송상공을 공격하여 무참히 살해했다.

---

1) "**공보가-목금보-역이-방숙-백하-숙량흘-공구(공자)**"로 이어짐. 송의 1대 제후인 미자 계의 동생 미중微仲 연衍이 송의 2대 제후가 됨. 공보가는 미중 연의 8대 후손이며, 송의 5대 제후인 송민공宋湣公의 5대 후손임. 공보가는 자성子姓으로 공보孔父는 자字임. 목금보는 노로 도주한 후 공孔을 씨氏로 정함. 상商이 동이계 국가이므로 상왕의 후손인 공보가도 혈통적으로는 동이족이 되며, 그 결과 공자도 동이족이 됨. 그러나 상의 유민들은 시간이 흐르면서 화하족에 흡수되어 춘추시대 당시에는 동이족이라는 인식이 없어졌고, 공자도 스스로를 화하족으로 생각했음

화독은 신하들을 모두 모아 회의를 열었는데, 평소 자신이 미워하던 몇몇 사람들에게 송상공을 시해한 죄를 뒤집어 씌워 처형한 후 공자 빙을 군위에 올릴 것을 제안했다. 참석한 사람들이 모두 찬성하자 화독은 공자 빙을 모셔오기 위해 사신을 정에 보냈다. 공자 빙은 정장공에게 보호해 준 것에 대하여 감사를 하고 귀국하여 즉위하니(BC 710년), 곧 **송장공宋莊公**[1]이다.

화독은 태재 벼슬을 계속 유지했다. 화독은 군주 시해의 비난을 피하기 위해 송장공에게 건의하여 각국에 뇌물을 돌렸는데, 특히 노환공에게는 고郜의 대정大鼎을 정장공에게는 상商의 이彝[2]를 보냈다. 그 후 정장공·제희공·노환공은 직稷 땅에서 회견하고(BC 710년) 송장공의 군위를 승인했다. 이때 노환공은 제희공에게 다시 문강에 대한 청혼을 하였으나, 제희공은 역시 즉답을 하지 않았다. 군위를 인정받고 얼마 후 송장공은 화독을 정경正卿에 임명했다.

진소자후晉小子侯의 즉위(BC 709년)

오랫동안 익을 병합하길 원하던 곡옥무공이 장수 한만韓萬과 양홍梁弘을 거느리고 드디어 익을 공격했다(BC 709년). 분수汾水에서 벌어진 싸움에서 곡옥무공은 한밤중에 기습하여 진晉애후를 사로잡았다. 이에 대응하여 익의 대신들은 진애후의 어린 아들을 바로 즉위시키니(BC 709년), 곧 **진소자후晉小子侯**[3]다. 소자小子는 일반적으로 선군先君의 어

---
1) 송장공 자빙: 재위 BC 710 ~ BC 692
2) 상商의 종묘 제사에 쓰던 귀한 청동 술그릇
3) 진소자후: 재위 BC 708 ~ BC 705

린 아들로, 죽어서도 정식 시호를 받지 못한 미약한 군주를 일컫는 말이다.

곡옥무공은 포로로 잡은 진애후를 활용하려던 계획이 실패하자 한만을 시켜 진애후를 죽여버렸다(BC 708년).

노환공魯桓公과 문강文姜의 혼인(BC 709년)

두 번의 청혼에도 불구하고 제희공이 즉답을 하지 않자 노환공은 다시 제의 영嬴 땅에 가서 제희공을 만나 간절히 청혼했다. 결국 제희공은 노환공의 정성에 만족하며 허락했고(BC 709년), 성대한 준비 끝에 노환공과 문강은 그해 9월에 결혼했다. 결혼 준비가 한창일 때 제아와 문강은 서로 연서를 주고받으며 이별을 아쉬워하면서 훗날을 기약했다.

노환공은 강대국인 제와 통혼하면서 천하절색인 어린 부인까지 얻게 되어 대만족이었다. 노환공은 지극정성으로 문강을 대우했고, 제와 노는 매우 친한 사이가 되었다.

한편 노환공에게는 첩을 통해 얻은 아들로 '서출장자'인 ①**경보慶父**가 있었는데, 문강을 부인으로 삼은 후 '적장자'인 ②**동同**을 얻었고, 계속하여 경보의 모친으로부터 ③**숙아叔牙**를 얻었고, 문강으로부터 ④**계우季友**를 얻게 된다.

진陳 공자 타佗의 군위 찬탈(BC 707년)

진陳환공은 적자인 **면免**을 세자로 삼았다. 진환공은 또한 채후의 여동생을 첩으로 맞이하여 서자인 **약躍**을 얻었다. 그 외에 진환공의 아들로 **임**林과 **저구**杵臼가 있다[1].

진환공이 사망하자(BC 707년) 아우인 공자 타가 조카인 세자 면을 죽이고 스스로 군위에 올랐다. 진후 타는 국정에는 소홀하면서 교외에 나가 사냥하기를 좋아했다. 진의 백성들은 진후 타를 미워하였고 마음속으로 복종하지 않았다.

주환왕周桓王의 정鄭 정벌 결심(BC 707년)

정장공은 봉읍 3개가 몰수(BC 713년)되고 좌경사 직에서 해임(BC 712년)된 이후 주환왕에 대해 매우 서운한 감정을 가졌다. 정장공은 이후 5년 동안 주 왕실에 조례하지 않았다. 결국 주환왕은 대노하여 무례한 정장공을 정벌하기로 결심하게 된다. 괵공 임보가 현실적으로 정을 칠 힘이 부족하다고 아뢰었으나, 주환왕은 너무나 분노하여 현실적인 판단을 하지 못하고 밀어붙였다. 주환왕은 왕군이 출전하면 정장공이 사죄할 것으로 예상하고, 주 왕실의 위엄을 높이기 위해 정벌을 결심한 것이다.

주환왕은 평소 왕실에 충성이 깊은 위衛·채蔡·진陳에 하명하여 정 정벌에 출전하도록 지시했다(BC 707년). 진후 타는 국내 정세가 안정되지 않아서 직접 출전하지는 않고 대부 백원제伯爰諸를 보냈다. 진후 타를 미워하던 상태에서 강제로 징발되어 출전한 진陳의 병사들은 사기가 바닥이었다. **채환후**蔡桓侯[2] 봉인封人도 직접 출전하지는 않고 대신

---

1) 임과 저구가 누구의 아들인지 견해가 갈림. 진환공의 아들로 보는 견해(《사기》)와, 공자 약(= 진여공)의 아들로 보는 견해(소설 《동주 열국지》 등)가 있음. 여기서는 《사기》의 견해를 따르기로 함
2) 채환후 희봉인: 재위 BC 714 ~ BC 695

동생 채계蔡季를 보냈다. 이때 채계는 진陳 대부 백원제를 만나 진의 국내 사정과 진후 타가 사냥을 좋아한다는 사실 등을 알게 되었다. 위선공도 직접 출전하지는 않았다. 왕이 직접 출전하는데 제후들이 출전하지 않은 것은 주 왕실의 권위가 이미 크게 실추되어 있음을 보여주는 것이다.

주周·위衛·채蔡·진陳과 정鄭의 수갈繻葛전투(BC 707년)

주환왕은 직접 중군을 이끌었고, 우군은 괵공 임보와 위·채의 병사들로 편성했고, 좌군은 주공 흑견과 진陳의 병사들로 편성했다.

정장공은 긴급회의를 열었다. 제족이 주 왕실과는 맞설 수 없으니 사죄하자고 건의했다가 정장공의 비난만 받았다. 고거미가 성을 지키며 왕군의 예기를 피해 장기전으로 나가자고 건의했지만 정장공은 만족하지 못한 듯 아무 말이 없었다. 대부 공자 원元이 신하로서 왕과 오랫동안 싸울 수는 없으므로 속전속결이 필요하다고 강조하며, 진후 타에 대한 반발이 강한 상태에서 강제 징발된 진陳군이 사기가 없어 가장 공격하기 좋으므로 ①우선 우군右軍이 진군을 공격하고 무찔러 아군의 사기를 높인 후 ②좌군左軍이 위·채군을 공격하면 역시 쉽게 격파가 가능할 것이며 ③이후 우군과 좌군이 중군에 합세하여 왕의 중군을 공격하면 쉽게 승리할 수 있을 것이라는 각개격파의 계책을 아뢰었다.

정장공은 공자 원을 극찬했다. 정장공은 중군을 직접 지휘하며 고거미·원번原繁·하숙영·축담 등을 편성했고, 좌군은 제족에게 맡기고, 우군은 대부 만백曼伯에게 맡겼다.

주환왕의 군대와 정장공의 군대는 수갈繻葛 땅에서 만났다. 주환왕은 왕군이 출전하면 정장공이 사죄할 것으로 예상했다가 왕에 대항하여 출전했다는 사실에 극도로 분노했다. 결전하기로 약속한 날, 주환왕은 아침 일찍 포진하여 정장공이 출전하기를 기다렸고 왕군의 예기는 날카로웠다. 주환왕은 정장공이 출전하면 정장공의 죄를 밝혀 정군의 사기를 완전히 꺾어 놓을 작정이었다. 그러나 정장공은 엄명을 내려 움직이지 않고 기다렸다. 주환왕이 아무리 도발해도 정군은 꿈쩍도 하지 않았다.

오후가 되자 왕군의 예기가 둔해졌고, 정장공의 지시에 따라 만백의 정 우군이 갑자기 왕의 좌군을 향해 공격을 개시했다. 원래 싸울 의욕이 없었던 진陳의 병사들은 도망치기 바빴고, 주공 흑견이 지휘하던 왕군도 속절없이 무너졌으며 흑견도 황급히 도주했다. 연이어 제족의 정 좌군이 공격을 개시했고, 진陳군의 패주로 인하여 동요하던 위·채군도 사기가 저하되어 쉽게 무너졌다. 오직 괵공 임보가 지휘하던 왕군만이 괵공의 분전으로 인하여 침착히 후퇴했다.

승리를 거둔 정의 좌·우군이 합세하자 정의 중군이 총공격을 개시했다. 주환왕의 군대는 감당하지 못하여 대패했고, 주환왕은 후퇴를 지시했다. 기세가 오른 정군은 왕군을 격파하며 맹렬히 왕을 추격했다. 축담이 왕의 병거에 접근하여 왕을 향해 화살을 날렸고, 화살은 주환왕의 왼쪽 어깨에 꽂혔다. 다행히 중무장을 하였기에 중상은 아니었다. 왕이 부상당한 것을 본 괵공이 분전하며 겨우 축담의 추격을 저지하는 사이 원번과 만백이 합세하여 주환왕을 포위했다. 주환왕의 절체절명의 위기상황이었다. 이때 정장공이 급하게 징을 울려 군사들에게 후퇴를 지시했고, 주환왕은 그 틈에 겨우 탈출하여 도주했다.

영채로 돌아온 축담이 왕을 잡을 기회를 놓쳤다며 투덜댔고, 정장공은 위세를 보였으니 충분하며 만약 왕을 사로잡거나 중상을 입히면 그 오명을 감당할 수 없다고 설명했다. 제족은 충분히 위력을 보였으므로 이제는 왕에게 사신을 보내 문안과 해명을 하고 충성을 다짐할 필요가 있다고 건의했다. 정장공은 많은 예물을 마련하여 제족을 왕에게 사신으로 보냈다. 제족은 예물을 바치며 주환왕을 알현했고, 땅에 엎드려 거듭 머리를 조아리며 왕군에 대항한 것은 불가피한 자위권 차원의 방어였다고 해명하는 동시에 말단 병사의 실수로 옥체를 범한 것을 사죄하는 취지로 정장공의 말을 전달했다. 주환왕은 분노와 부끄러움에 참담하여 말을 하지 못했고, 배석한 괵공 임보가 왕을 대신하여 용서한다는 취지로 답했다.

주환왕은 참패한 채 귀국했다. 위신이 손상된 주환왕은 복수를 위해 각국에 격서를 보내어 정장공을 다시 치려 했으나, 괵공 임보가 현실을 분석하고 아뢰며 거듭 간언하여 겨우 단념시켰다.

정장공은 왕군을 물리치고 난 후 논공행상을 실시했는데, 특히 공자 원의 공적을 높이 평가하여 큰 읍락인 <u>역성櫟城</u>을 맡기며 지키게 했다. 그러나 왕에게 부상을 입히게 했다는 이유로 축담의 공로는 무시하며 논공행상에서 제외해 버렸다. 축담은 크게 실망했고 울적했다. 상심이 컸던 축담은 결국 몇 년 후 병으로 사망하게 된다(BC 701년).

수갈전투는 춘추시대에 주왕이 '직접' 군대를 이끌고 제후와 대전을 벌인 유일한 사건이다. 주환왕은 천자의 위세를 떨치려고 했으나, 오히려 왕실이 굴욕을 당하는 결과가 발생했다. 이때부터 주 왕실은 제후들에 대한 종주의 지위를 사실상 상실하게 되었다.

한편 수갈전투에서 정장공은 처음으로 보병부대를 주력으로 삼는 전술을 도입했다. 기존에 보병부대는 병거(전차)부대에 비해 낮은 평가를 받으며 병거를 보좌하는 미미한 역할을 수행했으나, 정장공은 수갈전투에서 보병부대와 병거부대의 합동작전을 구사하여 전투력을 극대화시켰다. 이때부터 보병부대에 대한 인식이 바뀌면서 보병이 전투에서 차지하는 비중이 서서히 늘어나게 된다.

춘추春秋시대의 본격화

춘추시대에는 주 왕실을 정점으로 하던 여러 통제가 약화되고, <u>사회의 전면적인 분화分化현상</u>이 활발해졌다. 제후가 왕을 억압하고, 대부가 제후를 통제하고, 가신이 대부를 누르고, 방계가 본가를 빼앗는 현상이 서서히 많아진다. 주 왕실에 의한 중앙통제가 약화되자 지방의 제후들을 주축으로 **지방의 고유문화가 발달**하기 시작했다. 학문과 사상 측면에서도 주 왕실에 의한 획일적인 통제가 약화되면서 **다양한 내용의 학문과 사상이 등장**하게 되고, 이는 훗날 제자백가가 꽃피우는 계기가 된다.

진후陳侯 타佗의 피살[진여공陳厲公의 즉위](BC 706년)

왕군을 따라 참전했다가 패배하고 귀국한 채계는 형인 채환후에게 진후 타가 군위를 찬탈했지만 백성들이 불복하고 있고 사냥만 하면서 국정을 소홀히 한다고 보고했다. 채환후는 진환공의 세자가 죽었으면 당연히 채와 인연이 있는 서자 약이 군위를 승계해야 한다고 생각하면서 진후 타를 제거하고 약을 군위에 올릴 결심을 한다. 채계는 진후 타가 사냥을 좋아하니 타가 사냥을 나갈 때 기습할 것을 건의했고, 채환후는 만족하며 동의했다.

채계는 정탐꾼을 보내어 진후 타가 계구界口 땅으로 사냥 나갈 계획임을 알아냈고, 병거 100승을 거느리고 미리 가서 군사를 나누어 사냥꾼으로 변장하고 매복했다. 채계는 결국 진후 타를 급습하여 죽였다. 채계는 진후 타를 수행했던 진陳군과 함께 백성들의 환호를 받으며 진陳의 도성으로 들어갔다. 채계와 진陳의 대신들이 공자 약을 군위에 올리니(BC 706년), 곧 **진여공陳厲公**[1]이다. 이로써 진陳과 채는 지극히 친한 사이가 되었다. 조카를 죽이고 즉위했던 진후 타는 약 1년 6개월 정도 군위에 있다가 피살당했다.

산융山戎의 제齊 공격(BC 706년)

산융山戎 군주가 대량大良을 장수로 하고 소량小良을 부장으로 삼아 1만 명의 군사를 내어주며 제齊를 공격하게 했다(BC 706년). 산융군은 축아祝阿 땅을 함몰하고 역하歷河로 진격했다. 제희공은 급히 노·위·정에 사신을 보내 구원을 요청하고, 공자 원元과 공손대중公孫戴仲을 거느리고 즉시 역성歷城으로 출발했다. 제와 친밀하게 지내던 정장공은 즉시 세자 홀을 대장으로, 고거미를 부장으로, 축담을 선봉으로 삼아 병거 300승을 내어주며 제에 구원병으로 보냈다. 정의 구원군은 역성

---

1) 진陳여공 규약: 재위 BC 706 ~ BC 700

에서 제군과 합류했다.

　정鄭 세자 홀은 복병을 두고 거짓 패배로 적을 유인하여 기습할 것을 건의했고, 제희공은 동의했다. 제 공자 원은 역성의 동쪽에 매복했고, 정 세자 홀은 역성의 북쪽에 매복했다. 공손대중이 산융군에 싸움을 건 후 거짓으로 패하고 도주하니 산융의 소량이 군사 3,000명을 거느리고 추격했고, 곧 대량의 군대도 가세했다. 산융군이 매복한 곳까지 접근하자 공자 원은 기습했고, 당황한 산융군은 급하게 도주했다. 공자 원과 공손대중이 같이 추격하며 산융군에 많은 피해를 입혔다. 산융군이 작산鵲山까지 도주하여 한숨을 돌리려 할 때 고거미의 정군이 급습했고, 산융군이 또다시 많은 피해를 입고 겨우 도주하자 매복하고 있던 세자 홀의 정군이 다시 맹공을 퍼부었다. 축담이 화살을 쏴 소량을 죽였고, 세자 홀은 대량을 칼로 베어 죽였다.

　결국 제와 정의 연합군은 노와 위의 원군이 오기도 전에 산융군을 격파해 버렸고, 제희공은 정 세자 홀의 공을 높게 평가하며 감사의 잔치를 열었다. 여기서 제희공은 다시 정 세자 홀에게 자신의 여식[1]과 결혼하여 주기를 요청했으나, 세자 홀은 이번에도 사양했다. 잔치가 끝난 후 제희공은 이중년을 불러 세자 홀과의 혼사가 이루어질 수 있도록 하라고 지시를 내렸고, 이중년은 많은 뇌물을 가지고 고거미를 찾아가 부탁했다. 고거미는 세자 홀에게 거듭 제의 청혼을 승낙할 것을 권유했으나, 세자 홀은 계속 거부했다. 얼마 후 세자 홀은 귀국했고, 제희공은 거듭된 청혼이 거부되자 자존심이 상하여 분노했지만 세자 홀에 대한 호감이 남아서 계속 아쉬웠다.

---

1) 이때 시집보내려 했던 제희공의 딸이 문강이라는 주장이 있으나, 이때 문강은 이미 시집간 상태였음

정鄭 내부의 잠재적 불안 요소

정장공에게는 아들이 11명 있었다. 적자인 **홀忽**이 세자로서 국내외에서 큰 활약을 하고 있었다. 그러나 정장공은 서자인 공자 **돌突**을 가장 총애했고, 공자 돌은 남의 밑에 있는 것을 싫어하는 성격이어서 내심 군위를 욕심냈다. 공자 돌의 생모인 옹길雍姞은 송에서 큰 세력을 형성하고 있는 대부 옹씨의 딸로서 정장공의 총애를 받았다. 그 외 공자 **의儀**(=영嬰)와 공자 **미亹**도 각자 세력을 형성하면서 군위를 노리고 있었다.

제족은 이 점을 항상 염려하면서 세자 홀이 강대국인 제와 혼인하기를 희망하고 있었다. 그러던 중 세자 홀이 제의 청혼을 거절하며 귀국하자 제족은 군위 계승과 관련하여 분란이 발생할 경우 제의 원조가 필요한데 왜 거절하도록 그냥 두었냐며 고거미를 질책했다. 고거미는 세자 홀의 의사가 확고하여 어쩔 수 없었다고 답했는데, 고거미는 원래 공자 미와 친한 사이로 예전에 상경 지위에 오르지 못한 것 때문에 세자 홀을 원망하고 있었다. 고거미는 이후 계속하여 공자 미와 비밀 회합을 가졌는데, 이는 세자 홀에게 알려졌고 세자 홀은 정장공에게 보고했다. 정장공은 처신을 주의하라며 고거미를 꾸짖었고, 고거미는 세자 홀을 더욱 원망하면서 계속 공자 미와 비밀리에 만나 대책을 논의했다.

제족은 세자 홀의 지위를 확고히 하기 위해 정장공에게 건의하여 진陳여공에게 청혼했고, 세자 홀은 얼마 후 진여공의 누이인 규씨와 결혼했다. 그리고 제족은 위衛와 적대관계를 청산하고 친교를 맺기로 결심했다.

초楚와 수隨의 동맹 체결(BC 706년)

　초의 군주 웅통은 야심이 대단하여 이전부터 왕을 칭하고 싶었다. 그러나 중원 제국들이 주를 왕으로 섬기는 것에 부담을 느껴 차마 어쩌지 못하고 사세만 관망하고 있었다. 그러던 중 주환왕이 정에 패배하여 그 실력이 드러나자 드디어 왕을 칭하기로 결심하고 신하들에게 그 뜻을 밝혔다.

　영윤 투백비가 왕을 칭하기 전에 먼저 위력을 보여야 중원 국가들이 복종할 것이라고 아뢰며, '한수漢水 하류 동쪽 지역'(=한동漢東)의 강국인 수隨[1]에 동맹을 청하여 수가 복종하면 한수와 회수淮水 지역의 모든 국가들이 초에 순종하게 될 것이라고 강조했다. 이에 따라 웅통은 대군을 하瑕 땅에 주둔시킨 후 대부 위장을 수에 보내 동맹을 청했다.

　당시 수에는 계량季梁이라는 어진 신하와 소사少師라는 간신이 있었는데, 수후隨侯는 아첨하는 신하를 좋아하여 소사가 총애를 받고 있었다. 초의 동맹 요청에 대해 수후는 신하들의 의견을 물었다. 계량은 강대국인 초가 갑자기 동맹을 청하는 이유를 알 수 없으므로 겉으로는 응하되 안으로는 방어 준비를 철저히 할 것을 건의했다. 소사는 자신이 하 땅에 가서 협상하며 초군의 허실을 파악할 것이니 그 이후에 동맹 여부를 결정할 것을 건의했다. 수후는 소사를 파견하며 동맹 여부에 대한 전권을 부여했다.

　투백비는 상대를 교만하게 만들 목적으로 소사가 방문했을 때 일부

---

1) 주 왕실과 동성인 제후국임. 초가 강성하기 전에 한수 유역에서 가장 강국이었고, 서주의 남쪽 방어선 역할을 하였음

러 늙고 병든 병사들을 앞에 세우고 강한 병사들은 뒤로 숨겼다. 소사는 결국 초군을 얕보게 되었고, 거만하게 굴며 초와 동맹을 맺었다. 귀국 후 소사는 수후에게 초군의 나약함을 보고하며, 수의 위력을 보이기 위해 초군을 공격할 것을 건의했다. 투백비는 초군을 뒤로 물리며 수를 유인했다. 수후가 초를 공격할 준비를 하고 있을 때 계량이 초의 유인책이라고 강력히 주장하며 조심할 것을 아뢰었다. 결국 수후는 점을 치도록 지시했는데, 점괘가 불길하게 나와 공격을 단념했다(BC 706년).

진후晉侯 민湣의 즉위(BC 705년)

곡옥무공이 진소자후를 유인하여 죽여버렸다(BC 705년). 주환왕은 경사인 괵공 임보를 보내 곡옥을 정벌하게 했다. 곡옥무공은 왕군에 맞설 수 없어 곡옥으로 물러났다. 괵공은 진애후의 동생인 **민湣**[1]을 군위에 올렸다(BC 705년).

방계가 공실을 압박하는 것에 대한 주 왕실의 반감 때문에 곡옥무공은 익을 차지하지 못하고 어쩔 수 없이 시간을 보내고 있었다.

웅통熊通의 수隨 격파[초楚의 한동漢東 패권 장악](BC 704년)

초의 군주 웅통은 수와 동맹한 이후에도 계속 수를 복속시키고 싶어 했다. 영윤 투백비는 한동漢東 여러 군장들을 침록沈鹿 땅에 초청하여 회합할 것을 제안하며, 수가 참석하면 초에 복종한 것이고 참석하지 않

---

1) 진晉후 희민: 재위 BC 704 ~ BC 678. 나라가 망하여 시호를 받지 못하였음

으면 이를 빌미로 공격하면 된다고 설명했다.

웅통은 침록 땅에서 초 최초의 회합을 개최했다(BC 704년 7월). 파巴·용용庸·복복濮·등鄧·우鄅·교絞·나羅·운鄖·이貳·진軫·신申·강江이 참석했으나, 황黃과 수隨는 참석하지 않았다. 웅통은 황에 위장을, 수에 굴하를 보내 질책했다. 황은 초의 책망에 굴복하여 즉시 사신을 보내 사과했으나, 수는 사과하지 않았다.

웅통은 동맹 위반을 이유로 즉시 수에 대한 공격을 개시했다. 웅통은 군을 좌군과 우군으로 나누어 주둔했는데, 웅통은 상위 서열인 좌군에 위치했다. 초의 공격에 대항하여 수의 계량은 일단 초에 우호를 요청할 것을 주장하며, 초가 승낙하면 교만하여 나태해질 것이니 이를 이용하고 초가 거절하면 수의 병사들이 분노하여 사기가 오를 것이라고 설명했다. 그러나 소사는 초군을 얕보며 정면 대결을 강력히 주장했고, 결국 수후는 출전하여 청림산靑林山 아래에 주둔하며 초와 대결하게 된다. 계량은 초의 좌군에 웅통이 있을 것이고 강병으로 편성되어 있을 것이므로 상대적으로 약한 초의 우군을 공격하여 적의 기운을 꺾을 것을 건의했다. 그러나 소사는 만약 웅통을 공격하지 않으면 초를 무서워하는 것으로 여겨져 다른 제후들의 비웃음을 받을 것이라고 설명하며, 정면 대결을 강력히 주장했다.

수후는 소사의 주장대로 초의 좌군에 대한 정면 공격을 결정하고, 초 좌군의 진영 속으로 깊숙이 진격했다. 그러나 곧 초의 강병들에 의해 포위되어 수군은 공격받게 된다. 소사는 초의 장수 투단鬪丹과 대결하다 칼에 맞아 죽었고, 수군은 대패했다. 수후는 상황이 위급하자 일반 병사로 가장했고, 계량이 분전하여 겨우 포위를 뚫고 탈출했다.

초의 군주 웅통이 수隨를 대파하면서 한동漢東의 패권을 완전히 확립하게 되었고, 이후 중원을 향해 진출할 발판을 마련하게 되었다.

웅통熊通(=초무왕楚武王)의 칭왕(BC 704년)

참패한 수후는 계량의 주장에 따라 웅통과 강화하기로 결심하고 계량을 보냈다. 웅통은 수를 멸망시키고 초의 영토에 편입할 생각으로 수의 강화 요청을 거부하려고 했다. 그러나 투백비는 간신이 없어져 수를 완전히 멸망시키기는 힘들어졌으므로 차라리 수후가 주 왕실과 친한 사이임을 이용하자고 아뢰며, 수후가 '장강과 한수 유역'(=강한江漢)의 군장들을 거느리고 주왕을 알현하여 초의 공적을 칭송하고 왕의 칭호를 받아 오는 조건을 걸어 강화할 것을 건의했다. 웅통은 만족하며 계량에게 강화조건을 제시했고, 수후는 어쩔 수 없이 승낙했다.

수후는 강한江漢의 여러 군장들을 거느리고 주환왕을 알현하러 갔고, 초의 공적을 칭송하며 초에 왕의 칭호를 하사해 줄 것을 주청했다. 주환왕은 당연히 대노했고, 수후는 황송해하며 돌아왔다. 웅통은 그 소식을 듣고 분노하면서 결국 스스로 왕을 칭하게 되니(BC 704년), 곧 **초무왕楚武王**[1]이다.

초무왕은 수와 동맹을 체결한 후 귀국했다. 강한江漢의 여러 국가들은 초의 무례에 분노했지만 어쩔 도리가 없었다. 모두 초무왕에게 사신을 보내 경하를 올렸다. 이 소식을 들은 주환왕은 노발대발했으나, 초를 응징할 힘이 없으니 어쩔 도리가 없었다. 이로써 주 왕실의 무능은 더 명확해졌다.

---

1) 초무왕 웅통: 재위 BC 740 ~ BC 690. BC 704년에 스스로 왕으로 칭함

한편 초무왕은 강한江漢 소국들에 대한 지배력을 더욱 강화하여 아예 백복百濮과 교絞를 멸망시켜 버리고(BC 700년경) 그 땅을 병합했다. 이어서 권權과 나羅(BC 690년경)도 멸망시키고 그 땅을 차지해 버린다.

정장공鄭莊公의 소패업小霸業

주 왕실의 경사라는 지위를 적절히 활용하고 제족을 비롯한 능력 있는 여러 신하들의 보좌를 받았던 정장공은 자신의 탁월한 능력을 발휘하여 신생국 정鄭을 당시 국제 정세를 주도하는 국가로 발전시켰다. 주 환왕과의 갈등을 통해 주 왕실의 몰락을 가속화시키고 춘추시대의 변화를 유발했으므로 정장공에 대하여는 춘추시대를 개막한 역할을 했다는 평가가 따르기도 한다.

정장공은 중원의 한복판에 위치한 정의 지정학적 위치를 감안하여 여러 국가들과의 외교관계에 신경을 썼다. 남쪽의 강대국인 초를 견제하기 위해 채환후와 회견하고(BC 710년), 제희공·위선공과 회맹을 하기도 했다(BC 702년). 오랫동안 적대관계였던 위와는 제족의 노력으로 관계가 개선된 것이다. 춘추시대의 국제관계는 회맹을 통해 이루어졌는데, 정장공은 이의 선구적인 역할을 했다.

신생국 정의 최전성기를 이룩하고 당시 국제 정세를 주도했던 탁월한 능력의 군주인 정장공은 비록 춘추오패에 꼽히지는 못하지만 그들에 못지않은 영향력을 발휘했으므로 소패小霸라고 칭해진다. 정장공이 조금만 더 힘이 강한 국가의 제후로 출발했다면 아마 최초의 패자는 제환공이 아니라 정장공이었을 것이다.

제3장

정鄭의 위축과 제齊·초楚의 부상

제1절 정鄭의 혼란과 각국의 이합집산

위衛 공자 급자急子와 수壽의 피살[이자승주二子乘舟](BC 701년)

위선공이 서모(=부친의 첩)인 이강과 사통하여 낳은 **급자急子**는 성격이 매우 온순하고 행동이 조심스러워 백성들의 신망을 받고 있었다. 위선공이 선강을 첩으로 삼고 낳은 **수壽**와 **삭朔**은 형제지만 성격이 너무나 달랐다. 수는 어진 성격으로 이복형인 급자를 존경하여 매우 우애 있게 지냈다. 그러나 삭은 모진 성격으로 군위를 욕심내며 급자는 물론 동복형인 수마저 증오하면서 비밀리에 자객들을 양성하고 있었다. 삭은 선강에게 급자가 (선강의 등장으로 인해 위선공의 총애를 잃게 된) 모친 이강 때문에 선강과 수, 삭을 증오하고 있다고 계속 모함했고, 이에 따라 선강은 위선공에게 급자를 계속 모함했다.

어느 날 급자의 생일잔치가 열렸는데, 급자와 수는 매우 친밀하게 잔치를 즐기고 있었다. 삭은 이에 대하여 분노를 느끼고, 선강을 찾아가 급자를 모함했다. 선강은 원래 자신의 부인이므로 선강이 낳은 삭은 자신의 아들이라고 급자가 잔치에서 희롱했는데, 이에 항의하자 마구 때렸다는 것이다. 분노한 선강이 위선공을 찾아가 급자를 모함했다. 선강은 서모이나 원래 나의 아내인데 아버지가 잠시 빌려 간 것이고, 아버지도 서모를 부인으로 취했듯이 자기도 나중에 서모를 부인으로 취하겠다고 급자가 잔치에서 말했다는 것이다.

급자의 평소 성품을 아는 위선공은 선강의 말을 믿을 수 없어 잔치에 함께 있었던 수를 불러 사실 여부를 물었고, 수는 그런 일이 절대로 없었다고 대답했다. 그러나 위선공은 모함을 한 선강과 삭을 꾸짖는 대신 이강을 불러 자식 교육을 잘 시키지 못했다고 꾸짖었고, 이강은 너무나 어이없고 원통하여 목을 매고 자살해 버렸다. 모친의 원통한 죽음에 급자는 부친의 의심을 염려하여 숨어서 통곡할 뿐 어쩔 도리가 없었다.

삭과 선강은 위선공에게 계속하여 급자를 모함했다. 결국 위선공은 수에게 군위를 물려주기 위하여 급자를 죽일 결심을 하게 된다. 그러나 백성들의 신망이 두터운 급자를 자기 손으로 죽일 경우 세상의 비난을 받을 것이 두려워 타인의 손을 빌려 죽이기로 작정한다.

그즈음 제희공이 조상의 원수인 기紀를 공격하기 위하여 위에 사신을 보내 군사 원조를 요청했다. 위선공과 삭은 모의하여 ①급자를 제에 사신으로 보내기로 하고 ②급자가 배를 타고 제에 갈 때 배에 흰 깃발을 걸어 표시를 하였다가 ③삭의 자객들에게 흰 깃발이 걸린 배를 타고 온 자가 급자이니 그를 죽이라고 지시를 한 후 미리 신야莘野[1]에 매복시키고 ④배가 신야에 상륙할 때 ⑤미리 매복해 둔 삭의 자객들을

---

1) 위에서 제로 갈 때 반드시 거쳐 가야 하는 곳임(배를 타고 가다 육지에 상륙하는 지점)

시켜 급자를 죽이고 ⑥급자가 도적 떼를 만나서 죽은 것으로 선포하기로 작당했다. 삭은 이를 모친 선강에게 보고했다.

한편 수는 위선공과 삭이 은밀히 무언가를 의논하는 것을 보고 의심이 나서 나중에 선강을 찾아가 떠보았는데, 선강은 수에게 급자를 죽일 계획을 알려 주었다. 놀란 수는 즉시 급자를 찾아가 위선공의 계획을 알려 주며 외국으로 망명할 것을 권유했다. 그러나 급자는 부친의 명령을 따르는 것이 자식의 도리라고 말하며, 수의 권유를 슬프게 거절했다.

며칠 후 급자는 사신이 되어 배를 타고 제로 출발했다. 죽음의 길을 떠나는 것이다. 한편 며칠 동안 수는 계속 고민을 하다 결국 급자 대신 죽기로 결심을 하게 된다. 수는 다른 배를 구해서 급자를 따라 잡은 후 급자의 배에 올라 영원한 이별을 슬퍼하는 환송자리를 마련했다. 형제가 눈물을 흘리며 술을 마신다. 그런데 수는 자신의 술을 먹는 척하며 버리고 급자에게 잔뜩 권하여 결국 급자를 대취한 채 잠들게 만들었다. 잠든 급자 옆에 미리 써 둔 편지[1]를 남겨 두고 자신의 배로 돌아온 수는 자신의 배에 흰 깃발을 걸고 급히 신야로 출발했다. 신야에 상륙한 수는 삭의 지시에 따라 미리 매복한 자객들의 공격을 받았고, 자신의 정체를 급자라고 속이며 자객들을 꾸짖고 결국 무참히 살해당한다. 자객들은 흰 깃발을 단 배에 탄 사람이 당연히 급자일 것으로 생각하고 상금을 받기 위해 머리를 잘라 상자에 넣었다.

한편 급자는 한참 후에 깨어나 수가 써 놓은 편지를 읽고 대성통곡했다. 그리고 급히 배를 타고 신야로 출발했다. 신야에 도착한 급자는 수의 배에 타고 있던 자객들을 만났고, 자객들은 급자를 삭이 보낸 사

---

[1] "동생이 대신 가오니(弟己代行) 형님은 속히 피하십시오(兄宜速避)."

람으로 여겨 배에 태웠다. 급자는 수의 배에 오른 후 수의 수급을 보고 오열하면서 자신이 급자임을 밝혔다. 당황한 자객들은 급자마저 무참히 살해했고(BC 701년), 귀국하여 수와 급자의 수급을 삭에게 바치며 변명을 했다[1].

삭은 예상치 못한 성과에 매우 기뻐했지만 슬픈 태도를 가장하며 모친 선강에게 보고했다. 선강은 급자가 죽어 기뻤지만 수가 죽어 슬펐고, 선강과 삭은 수를 총애하는 위선공의 분노를 염려하여 보고를 하지 않았다.

정소공鄭昭公의 즉위(BC 701년)

BC 701년 봄부터 정장공이 시름시름 앓더니 여름에는 병세가 중하여 회복할 가망이 없게 되었다. 정장공은 제족을 불러 세자 홀 대신 공자 돌에게 군위를 전할 뜻을 표시했다. 제족은 세자 홀은 적자로서 그동안 여러 차례 큰 공을 세웠으며 백성들의 신뢰를 받고 있다고 말하면서 공자 돌에게 군위를 전하는 것에 반대했다. 정장공은 공자 돌의 성격상 분란을 일으킬 것을 염려하여 고민 끝에 돌을 외가가 있는 송의 옹雍 땅으로 보내 버렸다. 공자 돌은 속으로는 부친을 원망했지만 내색하지 않고 송으로 조용히 떠났다.

얼마 후 정장공은 정의 미래를 걱정하며 재위 44년에 세상을 떠났다 (BC 701년 5월). 정장공의 뒤를 이어 세자 홀이 즉위하니, 곧 **정소공**

---

1) 이 내용이 《시경詩經》에 〈이자승주二子乘舟〉라는 제목의 시로 실려 있음

鄭昭公[1]이다. 정소공은 즉위 후 여러 제후들에게 사절을 파견하여 즉위 사실을 알렸다. 제족은 송에 있는 공자 돌의 정황도 탐지할 겸 자원하여 송으로 즉위 통지 사절이 되어 떠났다.

한편 공자 돌은 부친에 의하여 송으로 사실상 추방된 이후 외가에 머물며 외가 친척들과 모여 정으로 돌아갈 방법만 궁리하고 있었다.

송장공宋莊公의 무서운 계략

공자 돌의 외삼촌인 송 대부 옹씨는 송장공의 신임을 받고 있었다. 그는 송장공에게 공자 돌이 정의 군위를 차지하도록 도와줄 것을 부탁했고, 송장공은 승낙했다. 이때 제족이 정의 사신으로 송을 방문하게 된다. 송장공은 깊이 생각한 후 무서운 계책을 마련했다.

송장공은 천하장사인 **남궁장만南宮長萬**에게 명하여 궁중에 무사들을 매복시켰다. 제족이 송장공을 알현하려고 궁으로 들어오자 송장공은 갑자기 무사들을 시켜 제족을 체포한 다음 군부에 가두어 버렸다. 감금된 제족은 마음이 진정되지 않았다. 송장공은 화독에게 계책을 설명한 후 제족에게 보냈다. 한밤중에 화독은 군부에 감금된 제족을 방문하여 정장공이 공자 돌을 총애했다는 사실을 강조하며, 공자 돌을 군위에 올리는 데 협조하도록 설득했다. 제족이 거부하자 화독은 제족을 참수한 다음 병거 600승을 동원하여 정을 무찌르고 나서 공자 돌을 군위에 올릴 것이라고 협박했다. 현실적으로 정이 송과 대결 시 승산이 없다고 판단한 제족은 화독의 협박에 굴복하여 결국 공자 돌을 군위에 올리는

---

1) 정소공 희홀: 재위 BC 700. BC 696 ~ BC 695

데 협조할 것을 승낙했다. 그리고 화독의 요구에 따라 천지신명께 맹세까지 했다.

다음 날 송장공은 공자 돌을 불러 정소공이 성 3개를 양도할 것을 약속하며 공자 돌을 죽여 줄 것을 부탁하는 밀서를 보냈지만 의리상 그렇게 할 수 없어 알려 준다고 거짓말을 했다. 공자 돌이 감사를 표하며, 자신이 송의 도움으로 군위를 차지하면 성 3개 이상을 양도하고 영원히 명령에 복종하겠다고 애원했다.

송장공은 제족과 대부 옹씨를 불러 공자 돌과 만나게 하고, 공자 돌이 정의 군위에 오르는 데 협조할 것을 맹세하게 했다. 송장공은 공자 돌에게 군위에 오르면 성 3개, 백옥 100쌍, 황금 1만 일, 매년 곡식 3만 종種[1]을 바치도록 요구했다. 공자 돌은 군위에 오르고 싶은 욕심에 모든 내용을 승낙했다. 송장공은 공자 돌에게 서약서를 쓰게 하고, 제족에게는 서약서에 보증 서명까지 강요했다. 송장공은 또한 공자 돌에게 즉위 후 제족에게 국정을 맡기도록 요구했고, 제족에게는 대부 옹씨의 아들인 **옹규雍糾**를 사위로 맞이하고 정의대부로 임명할 것을 요구했다. 공자 돌과 제족은 승낙할 수밖에 없었다.

얼마 후 공자 돌과 옹규는 장사치로 꾸민 다음 제족의 수레를 뒤따라 정으로 들어갔다.

제족祭足의 연명장[정여공鄭厲公의 즉위](BC 701년)

귀국 후 제족은 공자 돌과 옹규를 자신의 집에 숨겨 둔 다음 칭병하

---

1) 1종이 얼마인지 견해(①64두 ②80두 ③100두)가 일치하지 아니함. 1두斗(=말)는 약 55.4㎖임

고 집에 머물렀다. 정의 주요한 대부들이 날을 잡아 제족의 병문안을 위해 찾아왔다. 제족은 미리 자객 100여 명을 방 근처에 매복시킨 다음 대부들을 방으로 들였다. 제족은 대부들에게 송장공의 위협과 현재 정의 처지를 설명하고 공자 돌을 군위에 올릴 수밖에 없음을 호소했다. 대부들이 놀라서 머뭇거리고 있을 때 평소 정소공을 싫어했던 고거미가 적극적으로 찬성하며 칼집을 쓰다듬으면서 위협적인 태도를 보였다. 또한 밖에서 자객들이 인기척을 내자 참석한 대부들은 결국 제족의 제안에 찬성했다. 제족은 숨겨 두었던 공자 돌을 방으로 들어오게 했고, 대부들에게 공자 돌에 대하여 하례를 하도록 시켰다.

제족은 송이 대군을 거느리고 공자 돌을 군위에 올리려 하니 더 이상 신하들은 주공을 모실 수 없다는 취지의 연명장을 작성하고 대부들에게 서명을 받은 다음 정소공에게 보냈다. 이때 제족은 아무도 모르게 비밀 장계를 작성하여 함께 보냈는데, 송의 협박과 강요에 의해 어쩔 수 없는 상황이었고 후일 복위를 추진할 것을 맹세하니 잠시 동안만 외국으로 피신할 것을 부탁하는 내용이었다.

자신의 외로운 처지를 절감한 정소공은 부인 규씨와 작별하고 급히 위衛로 도주했다. 이후 제족이 공자 돌을 군위에 올리니(BC 701년 9월), 곧 **정여공鄭厲公**[1]이다. 제족은 계속 정의 실권을 장악하게 되었고, 옹규는 제족의 딸과 결혼했다. 정여공은 옹규를 총애했고, 제족 다음가는 자리에 앉혔다. 신변의 위협을 느낀 공자 미는 채로 망명했고, 공자 의는 진陳으로 망명했다.

---

1) 정여공 희돌: 재위 BC 700 ~ BC 697. BC 679 ~ BC 673

송장공宋莊公과 정여공鄭厲公의 갈등

송장공은 정여공에게 사신을 보내 즉위를 축하하고 서약서의 이행을 요구했다. 정여공은 군위에 오를 욕심에 송장공의 무리한 요구를 다 승낙했으나 막상 즉위하고 보니 아깝다는 생각이 들었다. 그래서 제족과 상의한 후 답변서를 보냈는데, ①아직 민심이 안정되지 않아 성을 바칠 수는 없으므로 세 성에서 바치는 세물을 대신 보내며 ②사정이 어려워 백옥과 황금은 약속한 것의 3분의 1만 보내고 ③곡식은 내년부터 보내겠다는 취지였다. 정여공은 송의 사신 편에 백옥 30쌍과 황금 3,000일을 보냈고, 세 성의 세물은 겨울에 보내겠다고 전했다.

송장공은 대노했고 다시 사신을 보내 책망하며 약속이행을 재촉했다. 정여공은 다시 제족과 상의한 후 송의 사신 편에 곡식 2만 종을 보냈다. 송장공은 또다시 사신을 보내 책망하며, 제족을 송으로 보내 약속을 이행하지 못하는 이유를 설명하라고 요구했다.

제족은 송장공이 예전에 정장공의 은혜를 받은 적이 있음에도 고마움을 모르는 배은망덕한 자라고 비난을 하며, 제와 노에 사신을 보내 정과 송의 문제를 중재해 줄 것을 부탁하자고 아뢰었다. 제족은 사신을 뽑아 전달할 말과 계책을 알려 주었고, 정여공은 즉시 양국에 사신을 보냈다.

정의 사신이 노환공을 알현하면서 많은 예물을 바치며 송장공의 욕심을 비난했고, 노환공은 즉위할 때 정장공의 승인을 받은 신세를 졌기에 중재를 승낙했다. 그러나 제희공은 예전에 정소공이 세자 시절에 그의 도움을 받았던 일이 있었으므로 오히려 정소공을 폐위시키고 정여공을 올린 이유와 책임을 묻겠다고 사실상 선전포고를 했다.

위혜공衛惠公의 즉위(BC 700년)

급자와 수가 계속 보이지 않자 좌공자 예와 우공자 직은 각자 사람을 풀어 조사를 했다. 예와 직은 결국 급자와 수가 살해당한 사실을 알게 되었다. 예와 직은 각자 모시는 공자가 달랐으나 같은 슬픔을 겪으면서 동병상련의 심정으로 이후 협력관계를 유지하게 된다. 예와 직은 위선공에게 급자와 수가 살해당한 경과를 보고했다. 가장 사랑하는 아들인 수가 무참히 살해당한 사실을 알게 된 위선공은 큰 충격을 받았다. 위선공은 삭을 원망하며 대노했지만 슬픔이 너무 커 곧 화병으로 쓰러지고, 결국 보름 후 재위 19년에 세상을 떴다(BC 700년). 위선공의 뒤를 이어 삭이 15세의 나이로 즉위하니, 곧 **위혜공衛惠公**[1]이다. 위혜공은 즉위하자마자 좌공자, 우공자 벼슬을 없애버렸다.

백성들의 신망을 받던 급자와 수가 살해당하고 갑자기 위혜공이 즉위하자 위의 민심은 매우 불안하게 되었다. 급자의 동복동생인 석碩은 신변의 위협을 느껴 급히 제로 망명했다. 반면 공자 예와 공자 직은 계속 국내에 남아 복수를 하기로 다짐했다.

관포지교管鮑之交

관이오管夷吾[2]는 자字가 중仲이어서 흔히 **관중管仲**으로 불리고 있다. 관중은 가난으로 인해 어려운 시절을 보냈지만, 같은 (또는 인접한) 마을 출신의 부유한 **포숙아鮑叔牙**와 동문수학하며 친하게 지냈다. ①젊은

---

1) 위혜공 희삭: 재위 BC 699 ~ BC 697. BC 688 ~ BC 669
2) 관이오(=관중): BC 725경 ~ BC 645. 춘추시대 최고의 명재상

시절 둘이 동업하여 장사를 할 때 관중이 항상 더 많은 이익을 가져가 세상 사람들이 관중을 욕심이 많다고 비난했지만, 포숙아는 관중이 가난하고 부양가족이 많아서 그러한 것이라고 대신 변명해 주었다. ②관중은 전쟁터에 나갈 때는 항상 뒤에 서고 전쟁터에서 돌아올 때는 항상 앞에 섰으므로 세상 사람들이 관중을 겁쟁이라고 비난했지만, 포숙아는 관중이 늙은 모친을 봉양하기 위해서라고 두둔해 주었다. ③함께 일을 하다 둘이 가끔 의견이 맞지 않아 다툴 때 세상 사람들이 관중을 심술꾸러기에다 마음이 삐뚤어졌다고 비난하면, 포숙아는 관중이 때를 만나지 못해 아직 뜻을 펴지 못하는 것이라고 오히려 관중을 높여주었다.

관중은 "나를 낳아준 사람은 부모지만, 나를 알아준 사람은 포숙아다."라고 말하며, 포숙아에 대하여 항상 깊이 감사해했다. 이후 관중과 포숙아는 생사를 함께하는 교우의 의를 맺고 평생을 함께하는데, 세상 사람들은 그들의 우정을 관포지교管鮑之交[1]라고 불렀다.

관중은 어린 시절부터 가난을 뼈저리게 경험했기 때문인지 성장하여 '현실적인 정치 감각'이 탁월했고, 특히 세상을 경영하는 능력에 장점을 보였다. 반면 포숙아는 부유한 환경에서 엄격한 교육을 받고 성장하여 군자의 인품을 갖추었지만, 너무 대의명분에 엄격하고 시비곡직을 분명히 했다. 관중과 포숙아는 서로의 장점을 인정하고 단점을 감싸주면서 항상 의논하였고, 같은 (또는 인접한) 마을 출신인 **소홀召忽**과도 교류하면서 뜻을 펼칠 때를 기다리고 있었다.

관중, 포숙아, 소홀은 자신의 능력을 발휘할 기회를 잡기 위해 제의

---

1) 평생의 우정을 나타내는 말에는 관포지교 외에도 지란지교芝蘭之交, 문경지교刎頸之交 등이 있음

도성인 임치로 갔다. 그러나 명문귀족들이 실권을 잡고 있던 당시에 젊은 이주민들이 기회를 잡기는 쉽지 않았다. 제희공의 인정을 받았지만 관중과 소홀은 제희공의 서자인 규의 스승이 되었고, 포숙아는 역시 제희공의 서자인 소백의 스승이 되었다. 규와 소백은 군위를 승계할 가능성이 거의 없어 사실상 관중과 포숙아가 자신들의 뜻을 펼칠 가능성은 없어 보였다.

제희공齊僖公의 기紀 공격(BC 700년)

제희공은 제의 위세를 떨치고 조상의 원수를 갚기 위해 불구대천의 원수인 기紀를 공격했다(BC 700년). 기에 대한 원수를 갚는 것은 제의 군주들이 대를 이어 물려받은 과제였다.

다른 제후국들에 비해 제가 강국이었지만 제 혼자만의 힘으로 기를 함락시키는 것은 쉽지가 않았다. 기의 맹렬한 저항으로 제희공은 고전하고 있었다.

송장공宋莊公과 노환공魯桓公의 갈등

정여공의 부탁을 받은 노환공은 공자 유柔를 송에 보내 부종扶鍾 땅에서 회견하기로 송장공과 합의했다. 약속한 날 송장공을 만난 노환공은 송과 정의 갈등을 해결하기 위해 열심히 송장공을 설득했다(BC 700년 9월). 그러나 송장공은 정여공을 비난하며 원래의 약속을 계속 고집했고, 결국 노환공은 불쾌한 마음으로 소득 없이 귀국했다.

노환공이 실패하자 정여공은 대부 옹규를 노에 보내 예전에 정장공이 송장공으로부터 받았던 상이商彝와 백옥 30쌍, 황금 2,000일을 노환공에게 주면서 추가로 송장공에게 이를 전달하고 다시 한번 중재해 줄 것을 부탁했다.

노환공은 인정상 거절할 수 없어 송장공에게 요청하여 다시 곡구穀邱 땅에서 만났다. 노환공은 정여공이 제공한 예물들을 송장공에게 주며 좋은 말로 설득했다. 송장공은 중간에서 고생하는 노환공에게 감사의 말도 없이 예물들을 받았고, 특히 상이는 자신이 즉위할 때 감사의 뜻으로 정에 선물한 것임에도 뻔뻔스럽게 모르는 물건인 척했다. 그리고 송장공은 노환공에게 성 세 개를 언급했다. 노환공은 자신이 받은 은혜에 대하여는 겨우 상이 하나로 보답하면서 자신이 베푼 은혜에 대하여는 성 세 개, 백옥 100쌍, 황금 1만 일, 매년 곡식 3만 종을 요구하는 송장공의 욕심에 질려버렸다.

이때 **연선후燕宣侯**[1]가 곡구 땅의 회견장을 찾아와 제희공이 수시로 연을 공격하여 어려운 상황이라고 송장공에게 호소하면서 연과 제가 우호를 맺을 수 있게 주선해 줄 것을 부탁했다. 송장공은 연의 처지를 불쌍히 여겨 승낙했다. 옆에서 노환공이 대대로 원수 사이인 제와 기紀가 우호를 맺고 또 제와 연이 우호를 맺어 모든 나라에 평화가 왔으면 좋겠다고 거들었다. 결국 송·노·연 3국 제후들은 그 자리에서 동맹을 맺고(BC 700년), 송장공은 제와 연의 우호를 주선하고 노환공은 제와 기의 우호를 주선하기로 합의했다.

노환공은 귀국했고, 송장공은 계속 정여공에게 사신을 보내 약속 이

---

[1] 연선후: 재위 BC 710 ~ BC 698

행을 독촉했다. 그러자 정여공은 노환공에게 또다시 사신을 보내 정과 송의 분쟁을 중재해 줄 것을 부탁했다. 노환공은 정여공을 불쌍히 여겨 송장공에게 사신을 보내 허구虛龜 땅에서 만나자고 요청했다. 약속한 날 노환공은 허구 땅에서 송장공을 기다렸으나 송장공은 나타나지 않았고, 송장공은 대신 사신을 보내 더 이상 간섭하지 말라고 통지했다. 노환공은 송장공의 무례와 탐욕에 대노하면서 귀국했다.

노환공魯桓公과 정여공鄭厲公의 송宋 공격(BC 699년)

얼마 후 노환공과 정여공은 무부武夫 땅에서 회견했는데, 함께 송을 치기로 합의했다. 한편 송장공은 공자 유游를 제에 사신으로 보내 제와 연의 우호를 주선하면서 또한 송과 제가 협력하여 정여공(돌)을 폐위시키고 정소공(홀)을 복위시키자고 제안했다. 이때 제희공은 조상의 원수인 기紀를 공격하고 있었다. 공자 유를 만난 제희공은 정여공에 대한 반감을 표시하면서도 현재 기와 전쟁 중이어서 당장 정을 공격하는 것은 어렵다고 답하며, 제가 기를 공격할 때 송이 원조하면 송이 정을 공격할 때 제도 원조하겠다는 조건을 제시했다.

송의 사신인 공자 유가 임무를 마치고 아직 귀국하기 전에 노와 정은 연합하여 송에 대한 공격을 시작했다(BC 699년). 노환공과 정여공이 직접 출전하여 기세 좋게 송의 도성인 수양睢陽 근처까지 접근했다.

송 조정에서 긴급회의가 열렸다. 송장공의 둘째 아들인 **공자 어열御說**은 지나친 욕심으로 인하여 발생한 전쟁이어서 싸울 명분이 약하므로 사죄하고 강화할 것을 주장했고, 화독과 남궁장만은 반격할 것을 강력히 주장했다. 송장공은 반격을 결정했고, 남궁장만을 대장으로 삼아 병거 300승을 이끌고 직접 출전했다. 송장공은 남궁장만의 추천으로 선봉에는 **맹획猛獲**을 세웠다.

송의 선봉부대와 노·정의 군대가 만나 대치했다. 맹획이 먼저 기세 좋게 쳐들어갔다. 노 공자 익溺과 정 장수 원번原繁이 동시에 나가 상대했으나 감당하지 못했다. 연이어 노 장수 진자秦子와 양자梁子, 정 장수 단백檀伯이 가세했다. 용력이 출중한 맹획도 5명을 상대하기는 어려웠다. 결국 양자가 쏜 화살에 맹획은 부상을 입은 후 생포되었고, 송의 선봉부대는 대패했다.

맹획이 생포당하자 남궁장만은 맹획을 구할 결심을 하고 아들 남궁우南宮牛에게 병거 30승을 내어주며 거짓으로 패하여 적을 유인하도록 지시했다. 남궁우는 거짓으로 패하여 도주했고, 정의 편장偏將[1] 하나가 이를 추격하다 남궁장만의 협공을 받아 생포당했다.

정 장수 원번과 단백이 정의 편장을 구하기 위해 출전했다가 송 정경 화독의 군사와 만나 정과 송의 군사들이 혼전을 벌였다. 이를 본 노 공자 익, 진자, 양자가 노군을 이끌고 가세했다. 하루 종일 서로 뒤엉켜 싸웠지만 결국 송군이 중과부족으로 밀렸고 상당한 손실을 입었다. 송과 정은 협상을 하여 사로잡은 맹획과 편장을 서로 교환했다.

기紀를 둘러싼 국제전(BC 699년)

제희공은 원수인 기紀에 대한 공격을 계속 유지하고 있었다. 기는 노환공에게 사신을 보내 구원을 요청했다. 노와 기는 여러 차례 혼인을

---

1) 장수 아래의 부하 장수

통해 친선관계를 유지하고 있었으므로 노환공은 기를 구원하길 원했다. 그래서 노환공은 정여공을 만나 충분히 송을 응징하여 더 이상 무리한 요구를 하지 않을 것이므로 이제 기를 구원하기 위해 떠날 뜻을 나타냈고, 정여공도 감사를 표하며 같이 가서 기를 구원하기를 희망한다고 말했다. 결국 노군과 정군은 송에서 회군하여 함께 기로 이동했다. 송장공은 노·정 군사들이 철수하는데도 계략을 의심하여 감히 추격할 생각을 못했다. 이때 제에 갔던 공자 유가 귀국하여 제희공이 말한 조건에 대한 보고를 올렸다.

노·정 군사들이 철수하여 기로 갔다는 보고를 받자 송장공은 제가 기를 공격하는 데 원조하기로 결정하고, 남궁장만에게 병거 200승을 내어주며 맹획을 선봉으로 삼아 출발시켰다.

한편 제희공은 기에 대한 공세를 강화하기 위하여 위衛와 연에 원군을 요청했다. 위혜공은 아직 민심이 안정되지 않았지만 제와의 우호관계를 유지하기 위하여 원군으로 병거 200승을 파견했다. 연선후는 제를 두려워하면서 우호관계를 수립할 목적으로 제의 요청에 응하여 직접 출전했다. 얼마 후 제·위·연 3국의 군대가 연합하여 기성을 포위했다.

며칠 후 노의 군대가 기를 돕기 위하여 기성에 도착했다. 정군은 뒤따라오고 있었고, 송군은 아직 도착하지 않았다. 노환공은 장인인 제희공에게 기와 화해할 것을 부탁했다. 제희공은 기는 불구대천의 원수라며 화해를 거부했고, 제와 노는 진을 치고 전투를 개시했다. 노 공자 익이 출전했고, 제에서는 천하장사인 **공자 팽생彭生**이 출전했다. 노 공자 익이 밀렸고, 노 장수 진자와 양자가 가세했다. 노군과 제군이 팽팽하게 맞설 때 위와 연의 군대가 제군에 합세하자 노군이 위험해졌다. 이때 정군이 도착했고, 정 장수 원번이 제희공의 본영을 공격했다. 성에서 지켜보던 기후紀侯는 곧 동생 영계嬴季를 출전시켰다. 팽생이 지휘하는 제군이 뒤로 물러났고, 곧 **제·위·연**의 공격군과 **노·정·기**의 수비군이 서로 엉켜 혼전이 전개되었다.

혼전 중 노환공이 연선후를 발견하자 동맹 때 입에 바른 피가 아직 마르지도 않았는데[1] 동맹을 위반한 신의 없는 자라고 비난했다. 연선후는 국력이 약해 어쩔 수 없이 제에 가담했지만 노와의 신의를 지키지 못했음을 부끄러워하며, 슬며시 전장에서 물러났다. 위군은 특출한 장수가 없어 곧 무너져 도주했고, 결국 제군도 중과부적으로 패배하여 도주했으며 팽생은 중상을 입었다. 퇴각하던 제희공은 기를 더욱더 증오하며, 같은 하늘 아래 결코 함께 살지 않을 것을 맹세했다.

이때 송군이 드디어 도착하여 급히 접근하고 있었다. 노군과 정군은 다시 군사들을 정비한 후 막 도착한 송군이 미처 싸울 준비도 갖추기 전에 습격하여 크게 격파해 버렸다. 제군 등이 이미 패주한 사실을 알게 된 송군은 황급히 도주했다. 정여공과 노환공은 기후의 전송을 받으며 귀국했다. 기성에서 벌어진 전투로 인하여 노와 정이 밀접한 사이가 되었고, 송과 제가 밀접한 사이가 되었다.

---

1) 여기서 **구혈미간**口血未乾(회맹 때 입에 바른 희생의 피가 아직 마르지 않았다는 뜻. 맹세한 시기가 얼마 되지 않았는데 벌써 약속을 지키지 않는 것을 비유함)의 고사성어가 나옴. 乾은 원래 '마르다'의 뜻이면 간으로 읽고, '하늘'의 뜻이면 건으로 읽음

제2절 제양공齊襄公의 패륜과 제齊의 강성

제양공齊襄公의 즉위(BC 698년)

　승리를 눈앞에서 놓친 제희공은 귀국한 후 너무 원통하여 화병이 났다. 결국 제희공은 병이 악화되자 세자 제아를 불러 기는 불구대천의 원수이니 반드시 멸망시킬 것과 공손무지를 세자와 동일한 예우로 우대할 것을 유언으로 남기고 재위 33년에 사망했다(BC 698년). 이어서 세자 제아가 즉위하니, 곧 **제양공齊襄公**[1]이다.

　제양공은 원래부터 무지를 미워했는데, 즉위하자마자 박대하기 시작했다. 어느 날 무지가 대부 **옹름雍廩**과 사소한 문제로 말다툼을 했는데, 제양공은 무지의 태도를 불손하다고 책망하며 궁 밖으로 쫓아내 버렸다. 그리고 품계를 낮추고 녹봉을 반으로 줄여 버렸다. 무지는 제양공을 원망했으나 어쩔 도리가 없었다.

　서주 때부터 주 왕실에서는 신하를 제후국에 파견하여 제후국을 감시·감독하는 제도가 있었는데, 제양공 때 주는 **고혜高傒**와 **국의중國懿仲**을 제에 파견했다. 고혜와 국의중은 제의 상경이 되었고, 결국 제에 눌러앉아 제의 명문귀족[2]이 된다.

　한편 제양공은 매부인 노환공에게 부탁하여 주 왕실의 왕희王姬[3]에게 청혼을 했다.

---

1) 제양공 강제아: 재위 BC 697 ~ BC 686
2) 여기서 제의 거대 귀족가문인 고씨와 국씨가 등장하게 됨
3) 당시에 공주公主라는 명칭은 없었고, 왕의 딸 등을 왕희라고 칭했음. 왕의 딸에 대한 혼례를 제후(公)가 중매하고 주관(主)하는 것에서 유래하여 훗날 공주라는 명칭이 나오게 됨

송宋·제齊·채蔡·위衛의 정鄭 공격(BC 698년)

정의 역성을 다스리던 공자 원이 사망하자 정여공은 제족의 건의에 따라 단백檀伯을 그 후임으로 보냈다(BC 698년).

송장공은 정여공에 대한 원한이 사무쳐 정을 공격하기로 결심했고, 제·채·위衛·진陳에 많은 뇌물을 제공하면서 원군을 요청했다. 제양공은 이를 승낙하여 대부 옹름에게 병거 150승을 내어주며 원군으로 보냈고, 채·위衛도 원군을 파견했다.

송장공은 직접 출전하여 제·채·위의 원군과 함께 정을 공격하기 시작했다. 정여공은 즉시 반격하려고 했다. 그러나 제족은 이번 싸움은 승산이 없으므로 대응하지 않는 것이 더 타당하다고 건의하며, 정여공의 허락도 받지 않고 군사들에게 성을 지키되 싸움에 응하지 말도록 엄명을 내렸다. 송·제·채·위 군은 아무리 도발해도 정군이 대응하지 않고 도성을 굳게 지키자 동쪽 교외로 가서 약탈과 파괴행위를 자행했다.

제족은 끝까지 대응하지 않고 정여공을 재촉하여 멀리 피난을 가 버렸다. 송·제·채·위 군은 정의 도성 성문에 불을 질러 파괴한 후 난입하여 성을 마음껏 약탈했으며, 송장공은 종묘의 서까래까지 벗겨 가져갔다. 송·제·채·위 군은 약탈한 물건들을 가득 싣고 귀국했으며, 송장공은 정의 종묘 서까래를 도성의 성문 서까래로 사용하면서 정을 모욕했다.

피난에서 돌아와 파괴된 도성을 본 정여공은 탄식하며 제족의 독선을 원망했고, 자신의 실권을 되찾기 위해 제족을 죽일 결심을 하게 된다.

곡옥무공曲沃武公의 세자 궤제詭諸

곡옥무공은 아들인 **궤제詭諸**를 세자로 삼았다. 궤제는 가賈 출신인 가희賈姬를 부인으로 맞이했으나, 가희는 자식을 낳지 못했다. 그래서 궤제는 견융 군주의 조카딸이자 대부 **호돌狐突**의 딸인 호희狐姬를 첩으로 두어 **중이重耳**[1]를 얻었다(BC 697년). 또한 궤제는 소융小戎 윤씨의 딸을 첩으로 두어 **이오夷吾**를 얻었다.

주장왕周莊王의 즉위(BC 697년)

주환왕이 병이 나서 증세가 심각하게 되었다. 주환왕은 주공 흑견을 불러 예법상 어쩔 수 없어 세자 타에게 왕위를 물려주지만 타 다음에는 (자신이 가장 총애하는) 극에게 왕위가 계승될 수 있게 힘써 달라는 유언을 남기고, 재위 23년에 세상을 떴다(BC 697년). 이어서 세자 타가 즉위하니, 곧 **주장왕周莊王**[2]이다. 주장왕은 항상 왕자 극과 주공 흑견을 의심하고 경계했다.

옹규雍糾의 제족祭足 제거 실패[정소공鄭昭公의 복위](BC 697년)

정여공은 주장왕에게 조문하기 위해 사신을 보내려고 했다. 그러나

---

1) 훗날 춘추오패의 두 번째 패자인 진문공晉文公임. 춘추시대의 영웅 중 가장 파란만장한 인생 여정을 겪으므로 잘 기억해야 함
2) 주장왕 희타: 재위 BC 696 ~ BC 682

제족은 선왕(=주환왕)과 선군(=정장공)은 원수지간이어서 사신을 보내도 모욕만 받을 것이라며 반대했고, 결국 정여공도 단념했다. 그러나 속으로 정여공은 자신의 뜻을 제족이 여러 번 꺾는 것에 극도로 분노하면서 죽일 뜻을 더 강하게 가졌다.

　어느 날 정여공이 후원을 산책하다 자유롭게 날아가는 새를 보며 자기도 모르게 탄식을 했고, 수행하던 옹규가 그 이유를 물었다. 정여공은 자유를 가진 새보다 자신의 처지가 못한 것 같아 탄식하게 되었다고 대답을 했다. 옹규는 그 원인이 제족 때문이 아니냐고 물었는데, 정여공은 옹규가 제족의 사위임을 의식하여 경계하면서 답을 하지 않았다. 옹규는 자신과 제족은 송의 강요에 의하여 장인과 사위가 된 것이어서 서로 본심이 아니라고 답하며, 정여공에 대하여 충성을 바칠 것을 다짐했다. 또한 옹규는 제족이 항상 정소공을 그리워하지만 송 때문에 어쩔 수 없어서 행동에 나서지 않는 것이라며 정여공을 자극했다.

　결국 정여공은 옹규에게 제족의 제거를 부탁한다. 옹규는 ①송의 침공 때 파괴된 동쪽 교외를 수리하여 복구한 후 ②제족에게 곡식과 베를 가지고 동쪽 교외로 가서 백성들을 위로하라고 지시하고 ③제족이 동쪽 교외에 행차할 때 자신이 장인의 장수를 기원하는 잔치를 열어서 ④잔치 때 독주를 먹여 죽이겠다는 계책을 아뢰었다. 정여공은 옹규에게 제족의 자리를 약속하며, 잘 처리하도록 지시했다.

　그런데 옹규는 정여공의 부탁을 받고 집으로 돌아와 부인 제씨를 보자 자신도 모르게 당황하는 태도를 보였다. 제씨는 이상하게 여기며 낮에 궁궐에서 무슨 일이 있었는지 물었는데, 옹규는 어쩔 줄 모르며 자신이 동쪽 교외에서 장인을 위한 잔치를 열게 되었다고 둘러댔다. 제씨는 남편의 행동이 이상하자 의심하여 그날 밤 술상을 마련하여 옹규를 대취하게 만들었고, 술에 취해 쓰러진 남편에게 남자의 목소리를 내며 제족을 죽이라는 주군의 명을 잊었냐며 유도 질문을 했다. 옹규는 취중에 자신도 모르게 어찌 잊을 수 있겠냐며 답한 후 계속 잠이 들었다.

다음 날 제씨는 옹규에게 어제 밤 잠꼬대를 해서 알게 되었다고 둘러대면서 자신의 아버지(=제족)를 죽일 것이냐고 물었다. 옹규가 대답을 피하자 제씨는 출가외인이므로 여자는 남편을 좇을 뿐이라고 설득했고, 결국 옹규는 자초지종을 다 이야기해 버린다. 그러자 제씨는 자신의 아버지는 교외로 잘 나가지 않으므로 자신이 친정에 가서 교외로 나가도록 만들겠다고 협력할 뜻을 밝혔고, 옹규는 기뻐하며 부귀영화를 함께할 것을 약속했다.

계획대로 정여공은 제족에게 동쪽 교외에 가서 백성들을 위로하도록 지시했다. 제족이 교외로 가기로 한 날 하루 전에 제씨는 친정에 갔는데, 친정어머니를 만나자 친정아버지와 남편 중 누가 더 소중한지 물었다. 제씨의 친정어머니는 웃으며 친정아버지가 더 소중하다고 가볍게 답했다. 제씨가 놀라며 이유를 물었는데, 제씨의 친정어머니는 남편에 대한 사랑은 인도人道에 부합하지만 아버지에 대한 사랑은 천도天道에 부합하는 것이라고 가볍게 답했다. 잠시 후 제씨는 뜨거운 눈물을 흘리며, 친정어머니에게 모든 사실을 고백했다.

다음 날 제족은 심복 부하인 강서強鉏에게는 용사 10여 명을 거느리고 자신을 수행하도록 지시하고, 공자 알閼에게는 무사 100여 명을 거느리고 동쪽 교외에 매복하도록 지시했다. 그리고 동쪽 교외로 행차하여 백성들을 위로한 후 옹규가 마련한 잔치에 참석했다. 한편 정여공도 옹규의 거사를 돕기 위해 무사들을 파견했다.

잔치에서 옹규는 공손한 태도로 독이 든 술잔을 바쳤다. 제족은 술잔을 받아 갑자기 술을 연못에 뿌렸고, 곧 물고기들이 죽었다. 제족은 옹규를 비난하면서 부하들에게 지시를 내렸다. 강서는 옹규를 끌어낸 후 칼로 목을 쳤고, 공자 알은 정여공이 보낸 무사들을 제압해 버렸다.

 일이 실패한 것을 알게 된 정여공은 급히 채蔡로 달아났고, 나중에 옹규가 부인에게 비밀을 누설한 사실을 알게 되자 옹규를 비난하며 탄식했다. 제족은 위衛에 망명 중인 정소공을 모시러 정숙定叔을 위로 보냈다.

 한편 위혜공은 기紀에서 패전한 후 정여공에 대한 반감이 극심했는데, 정에서 정소공을 복위시키기 위해 사신을 보내자 매우 기뻐하면서 정소공을 축하하며 서로 친선을 약속했다. 위에서 귀국한 정소공은 다시 군위에 올랐다(BC 697년). 그러나 정소공은 즉위 후 위혜공에게 아무런 감사의 예물을 보내지 않았다. 이로 인하여 위혜공은 정소공에 대하여 분노하게 되었다.

정鄭의 정국 불안

 제족은 정소공을 알현하면서 예전에 맹세한 바를 지켜 신의를 잃지 않게 되었음을 아뢰었다. 그러나 정소공은 예전에 제족에 대한 서운함이 너무 커 제족을 차갑게 대했다. 제족도 정소공의 냉대에 불안하여 병을 핑계대고 조정회의에 나가지 않았다.

 정여공의 추대에 적극적이었던 고거미 역시 마음이 불안했다. 고거미는 정소공을 증오하면서 자신의 안전을 위해 공자 미를 군위에 올릴 결심을 했고, 몰래 자객들을 양성했다.

한편 채로 망명한 정여공은 재기를 노리며, 우선 역성에 사람을 보내 단백을 회유하여 자신의 편으로 만들려고 시도했다. 단백은 이를 거절했다. 그러자 정여공은 계획을 바꾸어 단백의 측근을 매수한 후 단백을 암살했다. 이후 정여공은 역성을 무단으로 점령해 버렸다(BC 697년). 정여공은 역성에서 군사를 조련하면서 정의 도성을 공격할 준비를 했다. 역성이 점령당했다는 보고를 받은 제족은 정소공에게 보고한 후 대부 **부하**傅瑕를 대릉大陵 땅에 파견하여 군사를 주둔시키고, 역성의 정여공을 견제하게 했다.

정여공은 친분이 깊은 노환공에게 송장공이 다시 자신을 원조하도록 주선하여 주길 부탁했는데, 예전에 이행하지 않았던 조건들을 다시 뇌물로 제시했다. 정여공이 제시한 뇌물 조건에 다시 혹한 송장공은 채·위에 사신을 파견하여 역성을 점거하고 있는 정여공을 함께 원조하기로 합의했다.

공자 예洩와 직職의 정변[위후衛侯 검모黔牟의 즉위](BC 697년)

위혜공은 즉위 후 아직 다른 제후들과 직접적인 교류가 없었다. 그래서 다른 제후들과 교류할 목적으로 위혜공은 정여공을 도와서 정에 직접 출전했다.

위의 공자 예, 공자 직, 대부 영궤甯跪는 은밀히 모여 위혜공이 친정을 위해 떠나고 없는 기회를 이용하여 급자의 친동생이자 주왕의 사위[1]인 검모黔牟를 추대하기로 합의했다. 그들은 위혜공이 정에서 전사했

---

1) 소설 《동주 열국지》의 내용인데, 주왕과 제후 사이에서 같은 희성姬姓끼리 혼인을 하는 것이 가능한지 의문임. 일단 소설 《동주 열국지》의 내용대로 기재하기로 함

다는 거짓 소문을 퍼뜨렸다. 그리고 공자 검모[1]를 추대하여 즉위시키고(BC 697년), 위혜공이 저지른 악행을 널리 선포했다. 이어서 급자와 수의 장례를 다시 성대히 치러 민심을 수습했다. 대부 영궤는 교외에 주둔하면서 위혜공의 귀국에 대비했다. 선강의 처분에 대하여는 논의가 많았으나, 공자 직의 주장을 받아들여 제와의 우호를 위하여 살려두되 별궁에 가두었다.

송宋·노魯·채蔡·위衛·정여공鄭厲公의 정鄭 공격(BC 697년)

정여공을 돕기 위해 송·노·채·위 4국 군대가 역성에 모였다. 이들 군대와 정여공의 군대는 정소공을 목표로 정에 대한 공격을 개시했다(BC 697년).

이에 대응하여 제족은 방어군을 편성하여 대릉으로 가서 대부 부하와 함께 철저히 방어하면서 지연작전을 펼쳤다. 제족은 각 제후들이 국내 문제 때문에 정에 오래 머무를 수 없는 것을 알고 있었다. 결국 송·노·채·위 4국 군대와 정여공의 군대는 제족의 방어선을 뚫지 못하고 성과 없이 회군하게 되었다.

위衛에 대한 제양공齊襄公의 압력

회군하던 도중에 위혜공은 검모의 즉위 소식을 듣고 황급히 방향을 돌려 제로 망명했다(BC 697년). 제양공은 조카(=누이 선강의 아들)인

---

[1] 위후 희검모: BC 696 ~ BC 688

위혜공을 위로했다. 위혜공은 큰 보상을 약속하며 군사 원조를 부탁했고, 제양공은 승낙했다.

이때 주 왕실에 청혼한 것이 성사되어 제양공은 주왕의 사위가 되기로 결정되었다. 그래서 같은 주왕의 사위인 위후 검모에 대한 공격은 보류되었고, 제양공은 감사의 뜻으로 중간에서 노력해 준 노환공을 초대하면서 노환공의 부인이자 자신의 누이동생인 문강까지 같이 초대했다.

한편 제양공은 선강의 신변을 염려하여 궁리 끝에 위후 검모의 동복형으로서 제에 망명 중이던 **공자 석碩**을 귀국시켜 선강과 결혼시킬 계획을 세웠다. 제양공은 공손무지를 불러 지시를 내렸고, 공손무지와 공자 석은 위衛로 들어갔다. 공손무지로부터 제양공의 뜻을 전해들은 위의 군신들은 제를 두려워하여 승낙했다. 뒤늦게 사실을 알게 된 공자 석은 형 급자의 아내이자 부친 위선공의 첩인 선강과는 절대로 결혼할 수 없다며 거절했다. 공손무지는 위 공자 직에게 협조를 요청했고, 공자 직은 제를 두려워하여 승낙했다.

공자 직은 궁리 끝에 계책을 마련했고, 잔치를 열어 공자 석을 초대했다. 공자 직은 공자 석에게 술을 억지로 권하여 대취하게 만들었고, 인사불성이 된 공자 석의 방에 선강을 넣어 합방시켰다. 만취 상태에서 선강과 관계를 가진 공자 석은 어쩔 수 없이 서모인 선강과 결혼했다. 이후 공자 석은 선강과의 사이에서 **공자 신申**, **공자 훼燬**를 포함한 5남매를 낳는다.

고거미高渠彌의 정소공鄭昭公 시해[정백鄭伯 미亹의 즉위](BC 695년)

제족은 역성에 둥지를 튼 정여공을 무찌르기 위해 제와 친선하기로 결심했다. 기紀에서 제희공이 정여공에게 패하여 원한을 품고 있을 것으로 생각했기 때문이다. 중대한 문제이므로 제족은 자신이 직접 가서 설득하기로 결심하고 제로 출발했다.

고거미는 제족이 없는 기회를 노려 거사하기로 결심하고, 채로 사람을 보내 망명 중이던 공자 미를 몰래 귀국시켰다. 기회를 노리던 고거미는 자객들을 보내 제사를 지내러 가던 정소공을 습격하여 죽이고 (BC 695년), 공자 미를 추대하여 즉위시켰다. 그리고 즉시 제로 사람을 보내 제족을 소환했다.

제족의 알현을 받고 협상을 하던 중 이 소식을 들은 제양공은 대노하여 즉시 정을 공격하고 싶었으나, 노환공 부부의 방문이 예정되어 있어 정에 대한 공격을 잠시 보류했다. 제족은 귀국한 후 숨죽이며 지내는 처지가 되었다.

문강의 불륜과 노환공魯桓公의 피살(BC 694년)

제양공이 주 왕실의 왕희와 결혼하게 된 것에 대하여 감사의 뜻으로 노환공 부부를 초대했을 때, 문강은 연인이었던 오빠 제양공을 다시 만날 것을 기대하여 몹시 기뻐했다. 그러나 노의 대부 신수申繻는 문강이 친정을 방문하는 것은 예법에 맞지 않는다며 반대했다. 애처가인 노환공은 부인을 기쁘게 하기 위해 신수의 반대를 무시하고 문강과 함께

제를 방문하기로 결정하고, 준비를 마친 후 출발했다.

　제양공은 낙수灤水까지 나가 노환공 부부를 영접하고 함께 도성인 임치로 왔다. 노환공은 주장왕의 명을 전달했고, 제양공과 혼사에 대하여 의논했다. 이후 성대한 잔치가 열렸는데, 잔치가 끝난 후 제양공은 옛 궁인들과 재회할 수 있도록 한다는 핑계를 대고 문강을 내궁으로 데려갔다. 내궁 밀실에서 제양공과 문강은 서로 욕정을 억누르지 못하고 밤새도록 관계를 가졌다. 노환공은 홀로 객사에서 지내며, 문강이 돌아오지 않자 의심이 들어 사람을 풀어 은밀히 조사를 했고 결국 문강의 불륜사실을 파악하게 되었다.

　분노한 노환공은 다음 날 아침 늦게 돌아온 문강을 추궁했다. 문강은 강하게 부인하며 억울함을 호소했으나 소용이 없었다. 노환공은 분노를 억제하지 못하여 즉시 귀국하기로 결정하고, 제양공에게 통지했다. 노환공은 귀국 후에 문강을 처벌할 생각이었다. 제양공은 자신의 행위가 떳떳하지 못하여 심복인 석지분여石之紛如를 시켜 노환공을 계속 감시하고 있었는데, 곧 불륜이 탄로 난 것을 알게 되었다[1].

　제양공은 문강의 신변을 심각하게 걱정했는데, 결국 노환공을 죽여 후환을 없애기로 결심하게 된다. 계책을 마련한 제양공은 귀국하는 노환공을 위해 우산牛山에서 전송잔치를 열었다. 울적한 심정으로 술을 많이 마신 노환공은 대취했다. 제양공은 공자 팽생을 불러 대취한 노환공을 숙소로 모시라고 지시하면서, 은밀히 노환공을 죽이라고 명령했다. 팽생은 노환공을 수레에 태워 옆자리에서 호위하며 숙소로 가던 도중에 갑자기 주먹으로 노환공의 가슴을 압박하여 늑골을 부러뜨려 수

---

[1] 문강이 제양공에게 불륜이 발각된 사실을 알렸다는 주장도 있음

레 안에서 죽여버렸다(BC 694년). 노환공의 수행원들은 팽생이 저지른 만행을 알면서도 두려워서 아무 말도 하지 못했다.

제양공은 거짓으로 통곡하면서 노환공이 급환으로 사망했다고 노에 알렸고, 상여를 노로 호송하도록 지시했다.

노장공魯莊公의 즉위(BC 694년)

제로부터 노환공의 사망 소식을 전달받은 직후에 노환공의 수행원들로부터 자초지종을 보고받은 노의 조정은 발칵 뒤집혔다. 대부 신수는 가신인 **시백施伯**과 상의했는데, 시백은 명백한 증거가 없고 또한 노와 제의 국력 차이 때문에 어쩔 도리가 없으니 차라리 팽생을 죽여 나라의 체면을 차리는 것이 좋을 것이라고 건의했다.

조정회의에서 노환공의 서출장자인 공자 경보는 즉시 제를 공격하여 책임을 추궁하자고 주장했다. 대부 신수는 시백이 말한 내용대로 주장했고, 현실적인 이유로 신하들은 대부 신수의 주장에 동의했다. 시백이 제로 보낼 국서의 초안을 작성했다. 대부 신수는 국서를 제로 보내어 노환공을 잘 모시지 못한 죄를 이유로 팽생의 처형을 강력히 요구했다.

내심 노의 공격과 같은 강한 반발을 염려하고 있던 제양공은 안심하며 즉시 팽생을 불러 노환공을 잘 모시지 못한 죄를 꾸짖고, 무사들에게 팽생을 참수할 것을 명령했다. 끌려 나가던 팽생은 제양공을 원망하며, 귀신이 되어 반드시 복수할 것이라고 저주를 퍼부었다.

제양공은 노환공의 상여를 노로 보냈고, 대부 신수는 세자 동을 모시고 교외에 나가 노환공의 영구를 영접했다. 신하들이 세자 동을 군위에 올리니(BC 694년), 곧 **노장공魯莊公**[1]이다. 신수, 전손생顓孫生, 공자 익溺, 공자 언偃, 조말曹沫 등이 조정대신이 되어 기강을 세웠다. 노장공은 동복동생인 계우를 특히 신뢰하여 중용했다. 대부 신수는 시백을 천거했고, 시백은 상사上士에 임명되었다.

제양공齊襄公의 결혼(BC 694년)

문강은 신하들과 백성들의 시선에 부담을 느껴 귀국하지 않고 제에 머물며 오히려 제양공과 계속 관계를 가졌다. 제양공은 주장왕에게 사신을 보내 사은하며 혼례 날짜를 통지했다.

원래 제양공과 왕희의 혼인에 대하여 노환공이 주선했으므로 이와 관련하여 노의 조정에서 회의가 열렸는데, 상사 시백이 현재 노의 세 가지 수치에 대하여 언급했다. 즉 ①선군의 즉위 과정의 오명(형을 죽이고 즉위) ②선군 부인의 제 체류 ③상주의 처지에서 원수의 혼례를 주관하는 것이 노의 수치임을 아뢰고, 이를 해결하는 방안으로 ①주 왕실에 청하여 선군의 군위를 인정받고 ②제로 사람을 보내 선군 부인을 모셔오고 ③교외에 관사를 지은 후 상중임을 알리고 대신 상대부를 보내 왕희를 영접한 다음 제로 전송하여 보낼 것을 건의했다. 노장공은 기뻐하며 시백의 건의를 받아들였고, 전손생을 사신으로 주 왕실에 보냈다.

전손생은 상중인 노장공을 대신하여 주장왕의 왕희를 모시러 주를 방문했고, 그 기회를 이용하여 주장왕에게 노환공의 군위를 정식으로

---

1) 노장공 희동: 재위 BC 693 ~ BC 662

승인해 줄 것을 청했다. 주장왕은 이를 승낙하고, 노환공의 군위를 승인하기 위해 노에 사신을 보내기로 했다. 주공 흑견이 노에 사신으로 가기를 자청했지만, 주장왕은 왕자 극과 친한 흑견이 제후국과 결탁할 것을 염려하여 대부 형숙榮叔을 노에 파견했다. 전손생은 왕희를 모시고 노를 경유하여 제에 갔고, 제양공을 알현하면서 문강의 귀국을 요청했다.

제양공은 왕희와 혼례를 치렀고(BC 694년), 여론을 의식하여 문강이 노로 귀국하는 것을 허락했다. 문강은 제양공과 눈물로 이별한 후 귀국하다 제의 끝 지점인 작禚 땅에 이르러 이곳에 머물겠다고 선언해 버리고 귀국하지 않았다. 노장공은 모친이 귀국할 면목이 없어서 그러는 것으로 짐작하고 축구祝邱 땅에 별궁을 지어 그곳에 살게 했다(BC 693년). 이후 문강은 제와 노의 중간에 머물며 제양공과 문란한 관계를 지속하고, 노장공을 수시로 간섭한다.

한편 제양공의 후궁 중에 연씨連氏가 있었는데, 대부 연칭連稱의 사촌 여동생이었다. 제양공은 문강에게 빠져 연씨를 소홀히 대했고, 이로 인해 연씨는 제양공을 원망하게 되었다.

주공周公 흑견黑肩의 역모(BC 694년)

주공 흑견은 자신이 자원했음에도 불구하고 주장왕이 대부 형숙을 노에 보내자 왕이 자신을 의심하고 있음을 알았다. 흑견은 왕자 극과 상의하여 동지들을 모아 주장왕을 죽이기로 모의했다. 그러나 대부 신백辛伯이 역모를 밀고했고, 주장왕은 흑견 일파를 숙청했다.

이로 인해 주는 혼란에 빠졌고, 주환왕의 또 다른 아들인 **왕자 성보**

成父는 혼란을 피해 제로 이주하여 제양공의 신하가 되었다(BC 694년). 흑견은 결국 처형당했고, 왕자 극은 국외로 추방당했다(BC 693년). 이후 왕자 극은 연으로 망명했다.

제양공齊襄公의 정백鄭伯 미亹 처단(BC 694년)

제의 백성들은 제양공을 무도한 군주라고 비난했다. 제양공은 세상의 비난을 무마하고 민심을 안정시키기 위해 고민하다가 군주를 시해한 정의 책임을 물어 세상에 자신이 얼마나 의리 있는 사람인지를 보여주기로 결심한다. 제양공은 정면으로 정을 공격하다 실패하면 여론이 더 악화될 것을 우려하여 고민 끝에 계책을 마련했다.

제양공은 정에 사신을 보내 수지首止 땅에서 회견하여 동맹을 맺자고 제안했다. 강대국이 먼저 동맹을 요청하자 정백 미는 만족하면서 수락했다. 제족은 제양공의 의도를 의심하여 일부러 칭병하며 집에서 나오지 않았다. 원번이 병문안을 왔을 때 제족은 제양공의 부친인 제희공이 정소공에 대하여 세자 때부터 호감을 가졌던 사실을 강조하며, 큰 변고가 있을 것으로 예상했다. 결국 정백 미가 수지 땅에 갈 때 고거미만 수행했고, 제족은 칭병하며 가지 않았다.

제양공은 수지 땅으로 가면서 왕자 성보와 관지보管至父에게 각각 자객 100여 명씩을 거느리고 수행하도록 지시했고, 석지분여에게는 자신을 근접 경호하도록 지시했다.

수지 땅에서 제양공과 정백 미가 만나 제 대부 맹양孟陽의 주제하에 맹세 의식을 거행했다. 그런데 의식이 한창 진행되던 도중에 갑자기 제양공이 정소공의 시해에 대하여 정백 미를 문책했고, 석지분여는 고거미를 포박했다. 제양공이 신호를 보내자 왕자 성보와 관지보는 자객들을 거느리고 단 위로 올라와 정백 미를 무참히 칼로 찔러 죽였다. 제양공은 선전 효과를 극대화하기 위해 고거미를 제로 압송하여 거열형에 처하고 방을 붙여 효수했다.

정백鄭伯 의儀의 즉위(BC 694년)

제양공은 정에 사신을 보내 사실을 통지하고, 새 군주를 뽑아 다시 제와 우호를 맺도록 하라고 거만하게 지시했다. 원번은 제족의 식견에 감탄했다.

정의 조정에서 회의가 열렸다. 대부 **숙첨叔詹**은 정여공을 추대했다. 제족이 결사적으로 반대했고, 대신 공자 의를 추대했다. 원번이 제족의 의견에 찬성했고, 결국 공자 의를 추대하기로 결정되었다. 얼마 후 진陳에 망명 중이던 공자 의[1]가 귀국하여 즉위했다(BC 694년). 정백 의는 제족을 중용하면서 국내의 혼란을 안정시키기 위해 노력했고, 여러 국가와 우호를 맺었다.

당시 국제 정세를 살펴보면 **동쪽의 제**와 **남쪽의 초**가 가장 강력했고, 진晉은 분할되어 아직 밖으로 관심을 두지 못했고, 진秦은 중원으로부터 멀리 떨어져 있었다. 정백 의는 제 덕분에 군위에 올랐음에도 불구하고 군주를 함부로 죽인 제양공에 대한 불신이 강하여 점점 초에 의지하게 된다. 정의 국내가 안정되고 외국의 원조를 얻기가 어려워지자 정여공은 기회를 잡지 못하고 역성에 머무르고만 있었다.

---

1) 정백 희의: 재위 BC 693 ~ BC 680

진선공陳宣公의 즉위(BC 693년)

진陳여공 약을 이어 **진장공陳莊公**[1] 임林이 즉위했고(BC 700년), 진장공을 이어 **진선공陳宣公**[2] 저구杵臼가 즉위했다(BC 693년).

진장공과 진선공이 형제인 것에 대하여는 의견이 일치하나, 진여공과의 관계는 불분명하다. 《사기》는 진장공과 진선공을 진여공의 형제로 기록했으나, 소설 《동주 열국지》는 진여공의 아들로 보고 있다. 사료가 불분명하여 정확히 알 수 없으므로 일단 《사기》의 견해를 따르기로 한다.

진선공의 '장녀'는 **채애후蔡哀侯**[3] 헌무獻舞의 부인이 되었고, '차녀'는 식후息[4]侯의 부인(식부인息夫人)이 되었다. 특히 차녀는 천하절색의 미모로 유명했다. 진선공은 아들로 세자 어구御寇, 관款, 소서少西 등을 두었다.

한편 진여공의 아들 중에 **공자 완完**이 있었는데, 진선공의 세자인 어구와 친하게 지냈다.

송민공宋湣公의 즉위(BC 692년)

송장공은 첩捷, 어열御說 등의 아들을 두었다. 송장공이 재위 19년에 사망하고 세자 첩이 즉위하니(BC 692년), 곧 **송민공宋湣公**[5]이다.

---

1) 진陳장공 규림: 재위 BC 699 ~ BC 693
2) 진陳선공 규저구: 재위 BC 692 ~ BC 648
3) 채애후 희헌무: 재위 BC 694 ~ BC 675
4) 유래가 불명한 희성姬姓 제후국. 한수 동쪽의 소국임
5) 송민공 자첩: 재위 BC 691 ~ BC 682

송의 5대 제후에 이미 민공湣公 공共이 있었으므로 송의 17대 제후인 송민공 첩을 **후민공後湣公**이라 하기도 하고, **민공閔公**으로 표기하기도 한다.

제양공齊襄公의 기紀 점령(BC 690년)

왕희는 시집을 와서 얼마 후 제양공과 문강의 관계를 알게 되어 큰 충격을 받았다. 왕희는 짐승만도 못한 자에게 시집을 왔다며 자신의 처지를 비관하다 병이 나서 시집온 지 1년도 채 못 되어 죽었다. 왕희가 죽자 제양공의 행동은 더욱 제한이 없어져 사냥을 핑계로 수시로 작 땅으로 가서 문강과 관계를 가졌다. 그러면서도 제양공은 혹시 노가 노환공의 복수를 추진할까 마음이 불편하여 노장공에게 제의 위력을 과시할 결심을 하게 된다.

결국 제양공은 노장공에게 위력도 보이고 조상의 원수도 갚을 겸 직접 기紀에 대하여 공격을 시작했다(BC 690년). 예전에 제희공이 외국의 원조 때문에 실패한 사례가 있어서 제양공은 기를 원조하면 즉시 군사를 옮겨 원조하는 나라를 치겠다는 내용의 글을 써서 미리 여러 국가에 보냈다. 제군은 순식간에 기의 여러 고을을 점령하고 기의 도성으로 진군하여 항복을 요구했다. 대대로 기는 노와 혼인관계를 유지했었는데, 당시 기후紀侯의 처인 백희伯姬 역시 노 출신이었다. 기는 노에 원군을 요청했다.

노장공은 기의 원조요청에 따라 군사를 거느리고 출전하면서 정에 함께 기를 돕자는 요청을 했다. 그러나 정백 의는 정여공이 역성에서 기회만 노리고 있어서 원조할 여력이 없었으므로 거절했다. 노장공은 기로 향하던 중 정백 의의 거절 통지를 받고 혼자서는 제를 감당할 힘이 없으므로 결국 회군했다.

노의 원군이 회군한 사실을 알게 된 기후는 절망했다. 결국 기후는 나라가 망하는 것을 볼 수 없어 동생 영계에게 양위한 후 몰래 도주했다. 이후 그의 행적은 아무도 알 수 없었다. 영계는 결국 제양공에게 항복했고(BC 690년), 제양공은 제사 목적으로 종묘 주변의 30호만 주어 영계를 묘주로 격하시켰다. 나라가 망하자 백희는 원통하여 병이 나 곧 죽었고, 백희의 여동생으로 함께 기후에게 시집 왔던 숙희叔姬는 친정인 노에 귀국하지 않고 평생 수절했다.

초문왕楚文王의 즉위(BC 690년)

초무왕이 자신의 위엄을 과시하기 위하여 한동漢東 제후들을 불러 회합을 가졌다(BC 690년). 수후隨侯는 이 회합에 가지 않았다. 초무왕은 대노하여 군대를 이끌고 수를 공격하러 출발했다. 그런데 수로 진군하던 도중에 초무왕은 많은 나이로 인하여 병이 나서 결국 재위 51년에 죽게 된다. 죽기 직전에 초무왕은 영윤 **투기鬪祈**와 막오 **굴중屈重**을 불러 자신의 죽음을 비밀로 하고 수에 대한 공격을 계속하여 승리한 후 발상하라는 유언을 남겼다.

투기는 초무왕의 죽음을 숨긴 채 초군을 이끌고 수의 도성을 공격했고, 수후는 결국 강화를 요청했다. 굴중은 수가 초를 종주국으로 섬기는 것을 조건으로 수후와 동맹을 맺었다. 곧 초군은 회군했고, 투기는 초군이 한수를 건넌 이후 초무왕의 죽음을 공표하고 발상했다. 초무왕은 자貲, 선善(=자원子元) 등의 아들을 두었다. 이 중 장남인 자貲가 즉위하니(BC 690년), 곧 **초문왕楚文王**[1]이다.

화씨和氏의 옥玉(화씨지벽和氏之璧)

초 분모 웅현의 말년 때 초에 **변화卞和**[2]라는 사람이 살고 있었다. 그는 형산荊山에서 좋은 옥돌을 주워 분모에게 바쳤다. 분모는 옥공에게 그 옥돌의 감정을 지시했는데, 옥공은 보통의 돌에 불과하다고 말했다. 분모는 군주를 기망하였다는 죄를 물어 변화의 왼쪽 다리를 잘라 버렸다.

분모에 이어 웅통(초무왕)이 즉위하자 변화는 다시 그 옥돌을 바쳤다. 초무왕도 옥공에게 그 옥돌의 감정을 지시했는데, 옥공은 보통의 돌에 불과하다고 말했다. 초무왕은 군주를 기망하였다는 죄를 물어 변화의 오른쪽 다리마저 잘라 버렸다.

초무왕에 이어 초문왕이 즉위하자 변화는 왕에게 다시 그 옥돌을 바치고 싶었으나, 다리가 없어서 그렇게 하질 못했다. 변화는 형산 아래에서 통곡했는데, 눈물이 말라 피가 흘러내릴 정도였다. 변화의 친구들이 이번에마저 잘못되면 목숨이 위험해진다며 말렸다. 변화는 감정을 잘못한 옥공을 원망하며, 상을 타기 위해 바치려는 것이 아니라 자신이 정직한 사람임을 증명하기 위해서 바치려는 것이라고 친구들에게 말했다. 또한 자신의 옳음과 그들의 잘못을 밝히지 못하는 것이 슬퍼서 우는 것이라고 덧붙였다.

초문왕이 변화에 대한 소문을 듣게 되었다. 초문왕은 그 옥돌을 가

---

1) 초문왕 웅자: 재위 BC 689 ~ BC 675
2) 변화란 '변 마을 출신 화씨'라는 의미이고, 정확한 이름은 알 수 없음

져 오게 하여 다시 감정을 시켰고, 옥공은 옥돌 안에서 완벽한 옥을 발견했다. 초문왕은 옥공을 시켜 그 옥으로 둥근 구슬을 만들었는데[1], 그 빛이 너무나 아름다워 세상 사람들은 그 옥을 **화씨의 옥(화씨지벽和氏之璧)**이라고 부르게 되었다. 초문왕은 변화의 정성에 감동하여 변화에게 대부에 해당하는 국록을 주었다.

노장공魯莊公의 불효와 가족관계

어느 날 노장공은 낭대郎臺에서 잔치를 벌이며 놀다가 참석한 당씨黨氏의 딸 '맹임孟任'에게 반하여 부인으로 삼겠다는 맹세를 하고 동침을 했다(BC 691년). 맹임은 **반般**을 낳았다. 노장공은 문강에게 맹임을 부인으로 삼겠다고 말했으나, 문강은 노장공을 친정인 제에 혼인시킬 생각이어서 이를 허락하지 않았다.

제양공이 기를 멸망시키고 귀국하자 문강은 작 땅에서 제양공의 개선을 축하하는 잔치를 열었다. 이때 제양공은 문강에게 청하여 노장공을 작 땅으로 부르게 했다. 작 땅에 도착한 노장공은 문강의 지시에 따라 부친의 원수인 제양공에게 외삼촌을 대하는 예로 절을 했다. 당시 제양공의 첩이 딸을 갓 출산했는데, 문강은 그 자리에서 노장공에게 '제양공의 갓 출생한 딸'과 혼인할 것을 지시했다. 노장공과 제양공이 황당해했으나 문강은 고집을 계속 부렸고, 결국 제양공의 갓 출생한 딸과 노장공은 정혼하게 되었다(BC 690년).

---

[1] 이는 소설 《동주 열국지》의 잘못된 내용임. 실제로는 당시에 구슬 모양이 아니고 도넛 모양으로 옥을 가공했음

외삼촌과 조카의 관계에다 장인과 사위의 관계까지 더해지자 제양공과 노장공은 작 땅에서 함께 사냥을 즐기며 친밀한 시간을 보냈다. 이를 본 노의 어떤 백성이 노장공을 손가락질 하며 선군의 진짜 자식이 아니라고 비난했는데, 노장공은 신고를 받고 그 백성을 잡아와 칼로 직접 쳐 죽였다.

문강과 제양공은 이제는 노장공을 의식하지 않고 마음껏 패륜을 저질렀으며, 문강은 수시로 제의 도성까지 방문하여 공공연히 제양공과 즐기게 되었다.

한편 맹임은 정실부인이 되지는 못했지만 사실상 궁궐의 안주인 역할을 계속했다. 노장공의 다른 첩으로 '풍씨風氏'가 있었는데, **신申**을 낳았다. 풍씨는 신을 군위에 올릴 욕심을 내어 공자 계우에게 넌지시 협력을 요청했다. 계우는 이를 거절했고, 결국 풍씨는 욕심을 포기하게 되었다.

제齊·송宋·노魯·진陳·채蔡의 위衛 공격[위혜공衛惠公의 복위](BC 689년)

위혜공 삭은 제양공에게 복위를 도와줄 것을 수시로 간청했다. 제양공은 왕희가 죽어 더 이상 주왕의 사위임을 고려할 필요가 없어지자 같은 주왕의 사위인 위후衛侯 검모를 끌어내리기로 결심했다. 제양공은 위衛를 공격하는 것에 대하여 공인을 받기 위해 송·노·진陳·채 4국에 격서를 보냈다. 송·노·진陳·채 4국 제후들은 격서에 응해 군대를 끌고 직접 참가했다. 제양공은 병거 500승을 거느리고 위혜공 삭을 대동하여 송·노·진陳·채 4국 제후들(송민공, 노장공, 진선공, 채애후)과 함께 위로 진격하여 순식간에 위의 도성을 포위하고 공격을 시작했다(BC 689년).

위후 검모는 주 왕실에 대부 영궤를 파견하여 원조를 부탁했다. 이에 따라 주 왕실에서 회의가 열렸다. 주공 기보忌父와 괵공 백개伯皆는 공격군의 군세가 대단하므로 현실적 이유에서 원군을 보내는 데 반대했다. 이때 하사下士 **자돌子突**이 위후 검모는 왕의 승인을 받아 군위에 오른 것인데 제후들이 이를 부정하고 공격하는 것은 명백히 잘못된 것이라고 지적하며, 천하의 이치가 부당한 힘보다 우선함을 밝히는 것이 천자의 존재 이유이므로 원군을 파견할 것을 강력히 주장했다. 주공과 괵공이 승산이 없어 왕의 위엄만 손상될 것이라고 지적하자, 자돌은 이치가 힘보다 우선함을 거듭 강조하며 자신이 가서 이치와 의리로 그들을 꾸짖겠다고 강조했다. 이때 대부 부진富辰이 자돌의 명분론에 찬성하면서 왕실에도 사람이 있음을 천하에 알릴 것을 건의했다. 결국 주장왕은 원군을 보내기로 결정했다. 그런데 주공과 괵공이 자돌을 못마땅하게 여겼고, 병력 규모를 줄여버렸다. 결국 자돌은 병거 200승을 거느리고 출전했다.

자돌이 이끈 왕군은 5국 군대와 만났는데, <u>제후들은 왕군이라는 이유로 주저하기는커녕 맹공을 퍼부었다</u>. 자돌이 분전했으나 결국 중과부족으로 주장왕의 구원군은 참패했고, 자돌은 칼로 목을 찔러 자살했다. 이로 인해 주 왕실의 권위는 더욱 추락하게 되었다.

주장왕이 보낸 구원군이 순식간에 패배하자 위군은 사기가 급락하였고, 결국 위의 도성은 함락되었다. 위후 검모는 공자 예, 공자 직, 대부 영궤와 함께 달아나다 노장공의 군대를 만나 대패했다. 영궤는 탈출하였으나 나머지는 다 사로잡혔다. 노장공은 이들을 위혜공에게 보냈다.

위혜공은 스스로 결정하지 못하고 제양공에게 이송하여 처분을 요청했다. 제양공은 공자 예와 직을 참수했으나, 검모는 주왕의 사위임을 감안하여 죽이는 대신 주로 추방했다. 겨우 탈출한 영궤는 진秦으로 도주했다.

결국 제양공의 도움을 받아 위혜공은 다시 즉위했고(BC 689년), 감사의 뜻으로 5국 제후들에게 막대한 뇌물을 제공했다. 반면 위혜공은 원군을 파견한 주장왕에 대하여는 깊은 원한을 가지게 되었다. 위의 백성들은 검모를 추방하고 위혜공이 다시 즉위하자 위혜공을 저주했다. 이후 시간이 지나면서 어질고 덕이 있는 공자 훼가 위 백성들의 희망이 된다.

초문왕楚文王의 세력 확장

초문왕은 즉위한 직후 도읍을 단양에서 **영郢**[1] 땅으로 옮겼다. 이후 초문왕은 투백비鬪伯比, 투기鬪祈, 굴중屈重, 위장薳章, 투염鬪廉, 육권鬻拳 등의 보좌를 받으며 초의 국력을 더욱 강하게 만들었다.

초문왕은 등후鄧[2]侯의 딸을 첩으로 들였는데, 초문왕은 등에 길을 빌려 등 북쪽인 완宛 땅에 위치한 신申(=남신南申)을 공격했다. 초문왕이 등을 지날 때, 등의 신하들이 초문왕의 야망을 우려하여 초문왕을 공격할 것을 건의했다. 등후는 사위를 믿으며 거절했다.

초문왕은 신을 공격하기 위해 파巴와 연합하여 공동작전을 폈는데,

---

1) 장강 중류에 위치. 소설 《삼국지》의 강릉 땅임
2) 상商 때부터 존재했던 유래가 불명한 군소 제후국. 한수 중류에 위치했음

연합하여 신을 공격하는 과정에서 파군을 멸시하면서 혹사를 시켰다. 이로 인해 파는 초에 대하여 반감을 가지게 된다.

결국 초문왕은 남신을 멸망시키고 그 땅을 병합했다(BC 688년). 다음 해 초문왕은 야욕을 드러내며 등을 공격하여 크게 무찔렀다.

연칭連稱과 관지보管至父의 불만

주장왕이 보낸 구원군을 격파했던 제양공은 혹시 주장왕이 군사를 일으켜 제를 토벌할까 걱정이 되었다. 그래서 변방 지역인 규구葵邱 땅에 군대를 주둔시키고 만일의 사태에 대비하기로 결정했다. 제양공은 대부 **연칭連稱**을 장수로, **관지보管至父**를 부장으로 삼아 규구에 가서 근무하도록 지시했다. 졸지에 변방으로 가게 된 연칭과 관지보는 떠나기 전 제양공에게 인사를 하며, 빨리 도성으로 돌아오고 싶어 언제 교대할 사람을 보내줄지를 물었다. 마침 햇참외를 먹고 있던 제양공은 참외(진과眞瓜)가 다시 익을 무렵 교대할 사람을 보내주겠다[1]고 건성으로 대답했다.

제양공의 약속만 믿으며 연칭과 관지보는 규구에서 1년을 보냈다. 그런데 1년이 지나 참외가 다시 익었는데도 교대병은 오지 않았다. 연칭과 관지보는 부하를 몰래 임치로 보내 제양공의 동정을 살폈다. 임치에서 돌아온 부하는 제양공이 문강과 재미를 보느라 한 달이 넘게 도성을 비우고 있다고 보고했다. 제양공의 약속위반에 대하여 연칭과 관

---

1) 여기서 **급과이대及瓜而代**(오이가 익을 때 자리를 교체시켜 준다는 뜻. 교체 시기가 되면 새로운 사람으로 차례를 바꿔준다는 의미임. 처음의 약속을 지키지 않는 것을 비유하기도 함)의 고사성어가 나옴

지보는 물론 주둔병들까지 모두 불만이 가득했다. 연칭이 제양공을 비난하며 반역까지 고려하자 관지보는 연칭을 달래며, 제양공이 잠시 약속을 잊고 있을 수 있으므로 사람을 보내 정식으로 교대병을 요청하자고 건의했다. 이에 따라 연칭은 부하를 보내 참외를 바치며 교대할 군사를 보내주기를 아뢰었다. 그런데 제양공은 이를 군주의 권위에 도전하는 것으로 여기고 거절하며, 오히려 내년에 참외가 익을 때까지 더 기다리도록 지시했다.

연칭과 관지보는 제양공을 저주하며 반역을 결의했다. 관지보는 거사의 성공을 위해서는 제양공 즉위 후 냉대를 받고 불우한 처지에 있는 공손무지를 끌어들여 안팎으로 호응하는 것이 반드시 필요하다고 강조하며, 이를 위해 공손무지에게 군위를 약속하자고 건의했다. 연칭도 찬성했다. 연칭과 관지보는 사냥을 좋아하는 제양공이 외부로 사냥을 하러 나올 때 기회를 노리기로 계책을 마련했다. 연칭은 제양공의 사냥 일정을 파악하기 위해 제양공을 원망하고 있던 제양공의 후궁이자 사촌 동생인 연씨를 끌어들이기로 결심했다.

연칭은 부하를 통해 공손무지에게 서신을 보냈는데, ①제양공을 비난하고 ②군위를 약속하면서 ③거사에 동참할 의사가 있으면 후궁 연씨와 협력할 것을 제안하는 내용이었다. 무지는 기뻐하며 승낙했다. 무지는 연씨에게 시녀를 보내 연칭의 서신을 보여주며 성공할 경우 부인으로 삼을 것을 약속했고, 연씨는 승낙했다(BC 686년 10월).

연칭連稱과 관지보管至父의 제양공齊襄公 시해(BC 686년)

제양공은 11월 초에 고분姑棼 땅에 있는 패구산貝邱山에서 사냥을 하기로 결정했다. 이 정보는 연씨를 통해 공손무지에게 전달되었고, 무지는 연칭과 관지보에게 사실을 통지했다. 연칭은 제양공이 사냥을 하러 떠나면 비게 될 도성을 공격하자고 제안했다. 그러나 관지보는 제양공이 살아 있으면 외국에 원조를 청할 것이므로 사냥 나온 제양공을 습격하여 반드시 죽여야 한다고 주장했고, 연칭도 동의했다.

제양공은 대신들은 제외하고 역사力士 석지분여, 총신 맹양孟陽, 도인(내시) 비費[1] 등만 거느리고 사냥을 떠났고, 고분의 이궁에서 잔치를 열었다. 이때 연칭과 관지보는 제양공을 습격하기 위해 군사들을 이끌고 몰래 고분으로 이동하고 있었다. 제양공은 잔치 후 패구산에서 사냥을 시작했다.

사냥이 본격적으로 진행되고 있을 때 갑자기 공자 팽생의 원귀인 괴물 같은 큰 멧돼지가 나타났다. 괴물 멧돼지는 제양공과 수행원이 쏜 화살을 피해 제양공의 수레 앞으로 와서 크게 울부짖었다. 너무 놀라 제양공이 기절하면서 수레에서 굴러 떨어졌는데, 이때 제양공의 신발 한 짝이 벗겨졌다. 괴물 멧돼지는 제양공의 신발 한 짝을 물고 사라졌다.

도인 비는 제양공을 안아서 수레로 옮겼고, 고분 이궁으로 오던 중 제양공은 겨우 깨어났다. 이궁으로 복귀한 제양공은 신발 한 짝이 없어진 사실을 알게 되자 책임을 물어 도인 비를 심하게 매질했다. 이때 연칭과 관지보는 고분에 도착하여 이궁을 몰래 포위하고 있었다. 도인 비는 등이 피범벅이 되어 이궁을 나오다 연칭 일행에게 사로잡혔다. 연칭이 도인 비를 죽이려 했다. 도인 비는 피투성이 상처를 보여주며 제양공을 원망하고, 안에서 내응하겠다고 제안했다. 연칭이 도인 비를 믿고

---

[1] 《사기》에는 불茀로 기록되어 있음

먼저 들어가게 했다. 도인 비는 이궁으로 들어와 석지분여와 제양공에게 연칭의 반역 사실을 알렸다. 상황이 급박하게 되자 맹양이 자원하여 가짜 제양공이 되어 침상에 눕고 제양공은 문 뒤에 숨어 적을 속이기로 했다. 제양공은 맹양과 비의 충성에 탄식하며, 문 뒤에 웅크리고 숨었다.

도인 비는 다시 이궁을 나가 연칭과 내응하는 시늉을 하다 갑자기 연칭에게 비수를 찔렀으나, 갑옷 때문에 실패하고 그 자리에서 목이 잘려 죽었다. 석지분여는 창을 들고 나와 맞섰으나, 중과부족으로 패하고 연칭의 칼에 맞아 죽었다. 제양공의 호위병들을 전부 제압하고 침실로 들어간 연칭은 침상에 누워 있는 사람의 목을 칼로 베었다. 확인 결과 제양공이 아닌 것이 드러났고, 연칭은 군사들을 풀어 제양공을 찾았다. 그런데 제양공이 숨어 있는 문 앞에 갑자기 신발 한 짝이 놓여져 있었고[1], 이로 인해 제양공은 발각되었다. 연칭은 제양공을 꾸짖었고, 제양공은 연칭의 부하들에게 무참히 살해당했다.

훗날 유가 사상이 득세한 이후 제양공은 여동생과 불륜을 저지르고 처남을 죽인 패륜 군주로 많은 비난을 받았다. 그러나 연칭에 의해 피살되는 과정에서 측근들이 목숨을 바쳐 제양공에게 충성을 바쳤고, 공손무지가 즉위한 이후 대신들의 처신을 보면(후술) 제양공이 폭군으로 민심을 상실한 것은 아니었던 것으로 판단된다. 오히려 제양공은 주 왕실의 눈치를 보지 않는 '다소 과격한 방법'을 통해 제의 강성을 이룩했고, 이복동생인 제환공이 춘추시대 최초의 패업을 달성할 수 있는 기초

---

[1] 당시 사람들은 팽생의 원혼이 두고 간 것이라고 믿었음(팽생이 죽기 전 저주를 한 것이 드디어 실현되었음)

를 마련한 공적이 있다고 평가해야 할 것이다.

제3절 제환공齊桓公의 즉위와 관중管仲의 등용

공손무지公孫無知의 즉위(BC 686년)

연칭과 관지보는 군사들을 거느리고 임치로 향했고, 공손무지는 사병들을 동원하여 성문을 열어 연칭의 입성을 도왔다. 정권을 장악한 연칭과 관지보는 제희공의 유명을 받았다고 사칭하며, 공손무지를 군위에 올렸다(BC 686년). 무지는 즉위 후 약속대로 연씨를 부인으로 삼으니 곧 연비連妃다. 연칭은 정경이 되어 국구로 불렸고, 관지보는 아경이 되었다.

대신들은 무지의 즉위를 매우 못마땅하게 여겼다. 그러나 예전에 무지와 논쟁을 벌여 무지가 궁에서 추방되는 단서를 제공했던 옹름은 사죄하고 겉으로 엄청 아부하는 척하여 계속 대부 자리를 유지했다. 자신들의 공을 뽐내며 연칭과 관지보는 거만한 태도로 행동했다. 상경 고혜와 국의중은 칭병하면서 아예 조정에 나오지 않았고, 무지에게 조례하지도 않았다. 문강은 제양공이 피살되자 급히 노로 귀국했다.

제후齊侯 무지는 관지보의 건의에 따라 정권의 안정을 위해 새로운 인재를 널리 구했다. 관지보는 자신의 먼 친척인 관중을 천거했다.

공자 규糾와 소백小白의 망명(BC 686년)

　제양공이 피살되고 공손무지가 즉위하자 제양공의 이복동생인 공자 규와 소백은 불안했다. 관중은 무지 정권이 오래가지 못할 것으로 예상하고 있었는데, 관지보가 자신을 천거하자 잠시 제를 떠날 결심을 한다. 관중은 포숙아, 소홀과 상의하여 공자들을 모시고 외국으로 망명하기로 계획을 세웠다. 관중과 소홀은 공자 규를 모시고 규의 외가가 있는 노로 떠났고, 포숙아는 공자 소백을 모시고 소백의 외가가 있는 거莒[1]로 떠났다. 《사기》와 소설 《동주 열국지》에서는 제양공이 피살되기 전에 미리 망명하는 것으로 되어 있으나, 다수설은 제양공이 피살된 이후 망명한 것으로 보고 있다.

　노장공은 공자 규 일행을 생두生竇 땅에 거주하게 하고, 공자 규를 위해 군사를 준비하기 시작했다. 문강은 노장공을 불러 제양공의 복수를 위해 군사를 일으키라고 계속 독촉했다. 그러나 시백은 노장공에게 제의 혼란은 노의 이익이므로 관망하라고 은밀히 건의했고, 노장공은 군사를 준비하는 것을 늦추며 지켜보고 있었다.

대부 옹름雍廩의 제후齊侯 무지無知 시해(BC 685년)

　옹름은 무지에게 아부를 하여 겨우 대부의 지위를 유지했으나 항상 불안했다. 옹름은 대부분의 신하들이 무지 정권에 불만을 가진 것을 이

---

[1] 동이 계열의 제후국. 무왕이 소호 금천씨의 후손을 제齊의 동남쪽 거 땅에 봉했다고 함. 실제로는 이전부터 존재하던 국가인데, 무왕이 책봉의 형식을 통해 그 지배권을 인정한 것임

용하여 무지를 제거하기로 결심하고 계책을 마련했다.

어느 날 옹름은 조정회의에서 노가 곧 침공할 것이라는 소문이 시중에 퍼져 있다는 이야기를 꺼내다 더 이상 말하지 않았다. 동곽아東郭牙를 포함한 여러 대부들은 처음 듣는 이야기에 궁금하여 회의가 끝난 후 함께 옹름의 집을 방문했다. 옹름은 방문한 대부들과 이런 저런 이야기를 나누다 모두 뜻이 일치함을 확인한 후 자신이 마련한 계책을 말했다. 즉 ①명망 있는 원로대신인 고혜를 포섭하여 ②고혜가 연칭과 관지보를 자신의 집으로 초대하여 주연을 열 때 ③옹름이 연칭과 관지보가 없는 틈을 이용해 궁에 가서 무지를 죽이고 연기를 피워 신호를 하면 ④고혜가 연칭과 관지보를 죽인다는 것이다. 참석한 대부들이 찬성했고, 동곽아의 주장에 따라 무지를 죽인 후에는 공자 규를 추대하기로 합의했다.

동곽아가 고혜를 방문하여 설득하자 고혜도 찬성했다. 이후 동곽아가 연칭과 관지보를 방문하여 고혜의 초청을 전달했고, 원로대신이 정권에 협력할 뜻을 보이자 그들은 기쁜 마음으로 승낙했다.

약속한 날 연칭과 관지보는 고혜를 방문했다. 미리 장사들을 근처에 매복시켜 둔 고혜는 방문한 연칭과 관지보를 위해 성대한 주연을 열면서 몰래 사병들을 시켜 저택을 포위했다. 때를 맞춰 옹름이 궁에 가서 제후 무지를 급하게 알현하며 공자 규가 노군을 이끌고 공격하고 있다고 거짓 보고를 올렸고, 무지는 급하게 연칭과 관지보를 찾았다. 옹름은 연칭과 관지보가 현재 교외에서 술자리를 갖고 있다고 둘러대며, 신하들이 긴급회의를 위해 조당에 모여 있으니 빨리 조당으로 나갈 것을 재촉했다. 무지가 황급히 앞장서 조당으로 가서 착석하려고 할 때 옹름이 뒤에서 비수로 무지의 등을 찔렀고, 무지는 재위 한 달여 만에 죽고 말았다(BC 685년). 옹름은 궁의 뜰에 연기를 피워 신호를 보냈고, 고혜는 매복해 둔 장사들을 시켜 연칭과 관지보를 무참하게 죽여버렸다. 무지가 죽은 사실을 보고받자 연비는 목을 매고 자살했다.

제환공齊桓公의 즉위(BC 685년)

　옹름을 비롯한 제의 대신들은 연칭과 관지보의 간을 꺼내 제양공의 신위에 바치고 장례를 치렀다. 장례 후에는 공자 규를 모셔오기 위해 노에 사신을 보냈다. 무지의 피살 소식을 들은 문강은 노장공을 거듭 들볶았고, 결국 노장공은 출병을 결정했다.
　노장공은 병거 300승을 준비하고 조말曹沫을 대장으로 하여 진자秦子, 양자梁子를 대동하고 공자 규를 호위하여 직접 제로 출발했다. 관중은 제에서 노보다 훨씬 가까운 거리에 있는 거로 망명한 공자 소백이 제에 먼저 도착하여 군위에 오르는 상황이 염려되었다. 그래서 관중은 노장공에게 건의하여 병거 30승을 선발대로 받아 급히 제로 달렸다.
　이때 포숙아도 무지가 피살된 소식을 듣자 거 군주를 알현하여 병거 100승을 빌려 공자 소백을 모시고 제로 급하게 귀국하고 있었다.
　소백이 먼저 제에 도착할 경우 규가 즉위하는 데 어려움이 있을 수도 있다는 생각이 들었기 때문에 관중은 마음이 급했다. 관중은 급하게 병거를 몰았고, 즉묵即墨 땅에서 결국 앞서가는 소백 일행을 따라잡았다. 관중이 공자 소백을 알현하면서 형님인 공자 규에게 군위를 양보할 것을 건의했는데, 포숙아가 강하게 거절하면서 강경하게 나왔다. 관중은 병력에서 열세임을 깨달았다. 그래서 관중은 군사를 물리며 물러나는 척하다 갑자기 뒤돌아서 소백을 향해 화살을 날렸다. 관중이 쏜 화살은 소백의 허리띠 갈고리에 명중했다. 그런데 소백은 쓰러지며 죽은 시늉을 했고, 소백의 의도를 눈치챈 포숙아는 곡을 했다. 소백이 순간의 재치를 발휘하여 적을 방심하게 하기 위해 죽은 시늉을 한 것이었다. 소백이 죽은 것으로 생각한 관중은 안심하며 돌아와 노장공에게 소백의 죽음을 보고했다. 노장공은 기뻐하면서 천천히 제를 향해 출발했다.

공자 소백은 관중을 의식하여 변복하고 수레에 누워 작은 길을 통해 급히 달려 임치에 도착했다. 포숙아는 제의 대부들을 일일이 찾아다니며 공자 소백이 어질고 덕이 있음을 강조하고, 공자 규가 즉위할 경우 노의 내정 간섭이 우려된다고 설득했다. 고해, 공손습붕公孫隰朋, 동곽아가 공자 소백의 즉위에 찬성하자 결국 다른 대부들도 찬성했다. 포숙아와 고해의 노력으로 공자 소백이 대부들의 추대를 받아 30세의 나이에 즉위하니(BC 685년), 곧 **제환공齊桓公**[1]이다.

제齊와 노魯의 건시乾時전투(BC 685년)

제로 향하고 있는 노장공의 군대를 돌리기 위해 포숙아는 제환공에게 보고하고 중손추仲孫湫를 급히 파견했다. 중손추는 노장공을 알현하면서 제환공의 즉위를 통지하고 회군을 요청했다. 노장공은 대노하면서 거절했다. 노군은 계속 제를 향해 진군했다.

제는 병거 500승을 동원하여 방어군을 편성했다. 중군은 제환공과 포숙아가, 우군은 왕자 성보(장수)와 영월甯越(부장)이, 좌군은 동곽아(장수)와 중손추(부장)가 맡았다. 옹름은 선봉을 맡았다. 포숙아는 노군

---

1) 제환공 강소백: 재위 BC 685 ~ BC 643. 춘추시대의 첫 번째 패자霸者

의 경로를 예상하여 건시乾時 땅에 영월과 중손추를 보내 매복을 시켰고, 옹름에게는 적을 매복 지점으로 유인하는 역할을 맡겼고, 왕자 성보와 동곽아에게는 멀리 우회하여 포진하다 적의 후방을 노릴 것을 지시했다.

노군이 건시 땅에 접근할 무렵 관중은 노장공을 찾아가 아직 제 내부에서 소백의 군위가 안정되지 않았으므로 신속하게 기습[1] 공격하면 제 내부의 혼란을 유발할 수 있을 것이라고 건의했다. 노장공은 소백이 죽었다고 잘못 보고했던 관중을 비꼬며, 기습이 아닌 통상의 전투준비를 지시했다. 결국 노장공은 전방에 영채를 세웠고, 20리 간격으로 공자 규는 후방에 영채를 세웠다.

제군과 노군이 포진하고 전투가 시작되었다. 옹름이 나서자 노장공은 옹름의 신의 없음을 비난하며, 양자와 진자를 거느리고 공격을 개시했다. 옹름은 후퇴했고, 조말이 옹름을 맹렬히 추격했다. 조말이 매복 지점에 접근하자 포숙아가 갑자기 나타나 조말을 포위하면서 공격했고, 조말은 기습 공격을 받고 패주했다. 뒤에서 오던 노장공과 양자, 진자도 좌우에서 제군의 매복 공격을 받았는데, 포숙아의 중군까지 가세하니 3면에서 포위 공격을 받은 노군은 참패했다.

상황이 위급하게 되자 노장공은 병졸 복장으로 바꾸어 입었고, 양자는 노장공의 깃발을 자신의 병거에 걸고 제군을 유인했다. 제군이 양자를 쫓는 틈을 이용하여 진자는 노장공을 호위하여 겨우 탈출했다. 결국 양자는 사로잡혔고, 제환공은 양자를 참수했다.

---

1) 당시 사람들은 전쟁에 기습을 사용하는 것을 비겁한 행위라고 여겼음. 정장공과 관중은 '관습에 구애받지 않고 실리를 추구하기 위해' 기습과 권모술수를 사용하는 것을 주저하지 않았음. 이들이 큰 업적을 남긴 데에는 이런 결단이 중요한 역할을 했음

관중은 전방의 노군을 도우러 가다 노의 패잔병들과 만났고, 결국 노장공과 함께 노를 향해 후퇴했다. 왕자 성보와 동곽아는 이미 우회하여 포진을 마치고 노의 후위를 노리고 있었는데, 후퇴하는 노의 패잔병을 발견하고 맹렬히 공격했다. 조말과 진자가 제군을 겨우 막고 있는 사이에 관중은 노장공을 호위하여 급히 후퇴했다. 노군은 큰 피해를 입었고, 조말은 중상을 입었다. 조말은 겨우 도주했으나, 진자는 전사했다. 성보와 동곽아는 패주하는 노군을 계속 추격했고, 문수汶水를 건너 노의 경계를 넘어 문양汶陽 땅까지 점령한 후에야 제로 돌아갔다.

공자 규糾의 처형과 관중管仲의 압송

포숙아는 제환공에게 건의하여 노가 큰 피해를 입고 제를 두려워하는 기회를 이용하여 노에 압력을 넣어 공자 규를 제거하기로 했다. 포숙아는 문양 땅에 대군을 거느리고 가서 무력시위를 하면서 동시에 공손습붕을 노장공에게 보내어 자신 명의의 서신을 전달했다. 서신에는 공자 규의 죄목을 나열한 후 형제간의 정 때문에 직접 죽일 수 없으므로 귀국이 대신 처단해 줄 것을 요청하고, 제환공의 원수인 관중과 소홀은 태묘에 고하고 죽일 수 있게 돌려주기를 요청하는 내용이 적혀있었다. 포숙아는 습붕을 노장공에게 보내기 전에 불러서 노장공이 혹시 관중을 돌려주지 않을 경우에는 '제환공의 허리띠 갈고리를 쏜 원수'라고 말하도록 미리 지시했다.

포숙아의 서신을 받은 노장공은 고민하다 결국 시백의 건의에 따라 공자 규를 처단하기로 결심하고, 공자 언偃을 생두 땅에 보내어 처단을 지시했다. 공자 언은 생두로 가서 공자 규를 죽이고 관중과 소홀을 잡아서 돌아왔다. 노장공이 관중과 소홀을 함거에 태워 제로 보낼 것을 지시했다. 소홀은 통곡한 후 주군에 대한 절개를 지키기 위해 궁전 기둥에 머리를 찧고 자살했다. 그러나 관중은 살아서 주군의 원통함을 풀어 줄 것을 다짐하며 순순히 함거에 탔다.

이때 시백이 관중은 천하의 기재이니 등용을 시도하되 만약 응하지 않을 경우에는 차라리 죽여 후환을 없애라고 노장공에게 은밀히 권유했다. 관중은 제환공의 원수이니 등용하면 제와 원수가 된다고 판단한 노장공은 차라리 관중을 처형하기로 결정했다. 위기의 순간에 습붕이 나서서 관중은 화살로 제환공의 허리띠 고리를 쏜 원수이므로 제환공은 관중을 직접 죽이려고 하는데, 만약 처형해 버리면 제환공이 분노하게 될 것이라고 아뢰었다. 제환공을 두려워한 노장공은 결국 습붕에게 관중을 넘겨주었다.

습붕은 관중을 함거에 태우고 급히 제로 출발했다. 한참 후 노장공은 관중을 보낸 것을 후회하고, 공자 언에게 추격하여 죽이도록 지시했다. 관중은 노장공이 추격병을 보낼 것으로 짐작하여 함거에 앉아 노래[1]를 지어 병사들에게 가르쳤고, 노래 덕분에 병사들은 피로를 잊고 행군의 속도를 높여 결국 노군보다 먼저 제의 경계로 들어오게 되었다.

습붕은 무사히 당부堂阜 땅에 도착했고, 포숙아는 관중을 영접하면서 제환공에게 천거할 것을 약속했다. 관중은 공자 규에 대한 의리 때문에 거절했다. 포숙아는 "큰일을 하는 자는 작은 일에 신경을 쓰지 않으며, 큰 공을 세우는 자는 작은 절개 때문에 목숨을 버리지는 않는다."라고

---

1) 이때 만든 노래가 〈황곡黃鵠(고니)〉이라는 제목의 노래임

설득하며, 천하의 패업과 필부의 절개는 다르다고 거듭 강조했다. 관중은 아무 말이 없었다.

관중管仲의 등용과 부국강병책

포숙아는 제환공에게 관중을 압송하여 왔음을 보고하고, 관중을 천하의 인재라고 칭찬하며 정경으로 등용하도록 건의했다. 그러나 제환공은 관중이 자신을 죽이려 한 데 대하여 분노를 표시하며 등용을 거절했다. 포숙아는 신하는 각자 그 주인을 위해 일하는 법인데 당시 관중은 공자 규를 위해 화살을 쏜 것이라고 설명하며, 관중을 등용하면 제환공을 위해 천하에 화살을 쏠 것이라고 거듭 설득했다. 제환공은 일단 관중을 죽이지는 않고 포숙아에게 맡겼고, 나중에 다시 생각하기로 결정했다.

얼마 후 제환공은 논공행상을 실시했는데, 포숙아에게 정경을 제수했다. 포숙아는 사양하며, 관중에 대하여 왕의 신하가 되어 천하를 다스릴 수 있는 능력을 가지고 있다고 평가하며 거듭 천거했다. 결국 제환공은 관중을 불러 식견을 시험해 보기로 결정했다. 포숙아는 관중의 능력을 완전하게 발휘하게 하려면 정경의 직위를 내리고 그에 맞는 국록을 내린 다음 비상한 예로 대우하는 것이 필요함을 강조했고, 그렇게 되면 천하에 소문이 퍼져 인재들이 모두 제로 모여들 것이라고 덧붙였다.

결국 제환공은 포숙아의 건의에 따라 길일을 택해 교외에 나가 관중을 영접하고 같이 수레를 타고 궁으로 와서 3일 낮밤 동안 계속 이야기를 나누었다. 제환공은 관중의 식견에 완전히 매료되어 관중을 즉시 정경에 임명했다. 또한 관중의 천거에 따라 **공손습붕**을 대사행에, **영월**

을 대사전에, **왕자 성보**를 대사마에, **빈수무**賓須無를 대사리에, **동곽아**를 대간에 임명했다.

　이후 제환공의 절대적 신임을 바탕으로 관중은 ①사농공상 4민의 분거를 통하여 사농공상의 분업과 전문화를 강화했고 ②행정구역을 3국國5비鄙제로 정비하여 평민에 대한 귀족의 지배력을 약화시켰고 ③농지를 개간하고 소금과 철의 국가 전매를 실시하여 국가재정을 확보했고 ④상업지역에 기녀 300명을 두어 교역과 국제무역을 활성화했고 ⑤병농일치제를 마련하여 군사력을 강화했고 ⑥교육을 보급하여 국민들을 교화하는 등 여러 가지 부국강병책을 실시한다. <u>원래부터 제의 국력은 강했는데, 관중의 부국강병책으로 인하여 제의 국력은 더욱더 강해지게 된다</u>.

　또한 관중은 존왕양이, 계절존망, 회맹질서 등 춘추시대의 이데올로기를 만들고 실천했는데, 이 중 상당 부분은 지금도 중국의 통치 이론의 체계 속에 남아 현대 중국인들에게 깊은 영향을 주고 있다. **주공 단이 서주 질서의 설계자라면, 관중은 춘추 질서의 설계자다**.

　제환공은 관중을 높여 중보仲父로 칭하며, 이름을 부르지 못하게 금하고 자字를 사용하여서 관중管仲으로 존칭하도록 명령을 내렸다.

춘추春秋시대의 이데올로기

① 존왕양이 尊王攘夷

　존왕양이란 <u>천자인 주왕을 존경하고 보필하면서 사방의 이민족들을 물리쳐 중원의 평화와 질서를 수호하겠다는 선언이다</u>. 춘추시대 최초의 패자인 제환공이 관중의 주장을 받아들여 내세운 대의명분이다. 중원 국가들에 매우 매력적인 명분이어서 나중에 진秦·한漢 등의 통일 제국이 수립된 이후에는 황제를 존경하고 보필하여 외세의 침입을 물리치고 중국의 문화와 역사를 수호하자는 애국적·배타적 이념으로 더욱 확대되어 확립된다.

제환공이 처음 주장한 이래 큰 호응을 받았던 것은 역으로 당시에 중원 국가들이 이민족 국가들에 얼마나 시달리고 고통을 받았는지를 간접적으로 보여주는 것이다. 존왕양이는 이후 중국의 역사를 관통하는 대의명분으로 자리를 잡는데, 중원 국가들이 외세의 공격으로 고통을 받을 때 더욱 강한 지지를 받는 이념이었다.

② 계절존망繼絶存亡

계절존망이란 내우외환으로 인하여 망하게 된 국가의 종묘와 국통을 다시 이어 주고, 멸망 직전의 국가들을 구원하여 나라를 회복시켜 줌으로써 중원의 안녕과 질서를 수호하겠다는 선언이다. 제환공이 북방 이민족의 공격을 받아 전 국토가 유린되고 백성들 다수가 도륙된 위衛와 형邢을 구원하기 위해 각각 초구楚邱와 이의夷儀 땅에 성을 쌓아 양국의 유민들을 이주시키고, 각종 물자와 식량을 지원함으로써 양국을 복국시킨 사례(후술)가 대표적인 예다.

전국시대 이후에는 유력 제후국들 간의 약육강식과 하극상이 보편화되면서 강대국이 약소국을 보호해 주는 계절존망의 원리는 완전히 사라지게 된다.

③ 회맹會盟질서

　회맹이란 춘추전국시대에 제후국들 사이에 전쟁, 군위 계승, 동맹 등 국가의 명운을 좌우할 만한 중대 현안이 생겼을 때 제후들이 모여서 중대 현안을 의논하는 것을 말한다. 요즘으로 치면 'G7 정상회담' 같은 것을 의미한다. 대부분의 회맹은 당사자 국가들의 중간 지점 또는 제3의 장소를 특별히 지정하고 길일을 택해 거행되었다. 이때 회맹을 주도한 제후를 맹주盟主라고 칭했는데, 패자霸者가 이 역할을 수행했다. 회맹에서 체결한 조약을 맹약盟約이라고 불렀다.

　춘추전국시대에는 회맹을 주재해야 **패자로 공인받는 의미**가 된다. 오왕 합려나 여러 초왕들이 강력한 국력에도 불구하고 중원 국가들을 참석시켜 회맹을 개최하지 못하여(후술) 패자로 인정받는 데 곤란한 면이 있다.

　맹주는 먼저 회맹에 관련된 각 제후국에 사람을 보내 회의 소집을 알리고, 서로 협의하여 또는 맹주가 일방적으로 시간과 장소를 정한 뒤, 정해진 날짜에 각 제후들이 참석했다.

　회맹의 일반적인 절차는 다음과 같다. ①주최국과 참가국 제후들이 단으로 올라간다. ②맹주는 희생으로 바쳐진 소의 왼쪽 귀를 잘라 피를 받은 뒤 그 피로 죽간 등에 맹약을 적는다. 이때 맹약을 적은 문서를 맹서盟書라고 한다. ③맹주와 참석 제후들이 소의 피를 입술에 바르고, 정화수에 피를 떨어뜨려 나누어 마신다. 이를 **삽혈歃血**이라고 칭한다. ④맹주와 참석 제후들이 맹서를 낭독하고, 천제天帝에게 맹약을 준수할 것을 맹세한다. ⑤땅을 파서 희생물인 소와 맹서를 묻는다. 이는 지신地神에게 맹약을 준수할 것을 약속하는 의미다. ⑥맹주와 참석 제후들이 맹서를 나누어 가진다.

제환공齊桓公이나 진문공晉文公(후술) 등 중원의 패자霸者들은 회맹 국가들 간의 협력을 더욱 돈독히 하고 회맹의 의미와 엄숙성을 높이기 위해 일관되게 존왕양이, 계절존망 등 대의명분을 추구했다.

춘추전국시대에는 국제 질서의 변동에 따라 제후국 간에 회맹과 반맹反盟[1]이 수없이 반복되었지만, 일단 회맹이 체결되면 해당 국가들은 적어도 회맹의 효력이 지속될 동안은 군사·정치·경제 모든 면에서 서로 협력했다.

춘추春秋시대의 국제 질서

춘추시대 초기만 하더라도 중원의 강대국들은 약소국과 전쟁을 하여 승리하더라도 멸망시키지는 않고 속국으로 삼아 충성의 의무를 부과하고 전쟁이나 외교에서 협조를 받는 방식을 사용했다. 춘추시대 때까지는 제후를 책봉하거나 정벌하는 것은 천자(주왕)만이 가능하다는 기존의 관념이 아직 유지되었으므로 제후가 제후를 없애는 것을 부담스러워했다. 또한 강대국이 약소국을 속국으로 삼았더라도 이는 제후와 제후의 관계일 뿐이고 강대국의 제후가 약소국의 주민들을 직접 지배한 것은 아니었다.

중원의 질서 밖에 있던 초楚와 진秦은 기존의 관념과 중원 국가들의 비난으로부터 자유로웠으므로 약소국을 점령하여 완전히 멸망시킨 뒤, 군현郡縣을 설치하고(멸국치현滅國置縣) 관료를 파견하여 직접 지배하

---

[1] 이전의 회맹관계를 깨뜨리는 행위

거나 제후를 책봉했다. 이로 인해 초와 진秦은 중원 국가들과 비교해 국력을 더 쉽게 강화시킬 수 있었다.

춘추시대 중기를 지나면서 주 왕실의 힘이 더욱 약해지고 땅에 대한 제후들의 욕망이 강해지면서 중원 국가들도 멸국치현을 하고 주민들을 강제로 이주시키는 경우가 서서히 늘어나게 된다. 중원 국가들 중 이를 가장 먼저 실행한 진晉이 중원의 최강국이 되는 것은 우연이 아니다.

제齊와 노魯의 장작長勺전투(BC 684년)

관중이 제의 정경으로 임명된 사실을 알게 되자 속임을 당했다는 사실에 노장공은 분노했고, 제를 공격하여 분을 풀 결심을 했다. 이 소식은 곧 제에 보고되었고, 제환공은 국내의 피해를 방지하기 위해 차라리 노를 먼저 공격할 결심을 한다. 관중은 병사들이 피로하고 국내가 아직 안정이 되지 않았다며 반대했다. 그러나 제환공은 노를 얕보고 자신의 뜻을 고집하며, 포숙아에게 노에 대한 공격을 지시했다.

포숙아가 제군을 이끌고 자신만만하게 노의 경계를 넘어 들어가 장작長勺 땅에 대하여 공격을 시작했다(BC 684년 봄). 노의 조정에서는 긴급회의가 열렸는데, 시백은 동평東平 땅에 거주하는 시골 백성인 **조귀曹劌**[1]를 천거했다. 노장공이 시백을 시켜 조귀를 불러와 제군에 대한 대책을 물었는데, 조귀는 고정된 전략은 없고 상황에 따라 맞게 전략을 바꾸어 마지막에 승리할 뿐이라고 답했다. 결국 노장공은 제군에 맞서

---

1) 조귀를 조말과 동일인이라고 보는 견해도 있음. 여기서는 다른 사람으로 보는 견해에 따르기로 함(조말의 투박함에 비하여 조귀는 너무 노련하여 같은 인물로 보기가 어려움)

출전하면서 조귀를 데려갔다. 제군과 노군은 장작 땅에서 만나 서로 진영을 펼치며 전서를 주고받고 결전을 치르기로 했다.

약속한 날 양군은 포진을 마치고 마주했다. 노군에 계속 승리하였기에 포숙아는 노군을 얕보고 총진격을 지시했고, 제군은 맹렬히 진격했다. 그러나 조귀는 노장공에게 아뢰어 일체의 대응을 금하고 진영 안에서 철저히 수비만 했다. 결국 제군은 소득 없이 자기 진영으로 돌아갔다.

잠시 후 포숙아의 지시에 따라 제군이 다시 두 번째 총진격을 했으나, 기세가 처음보다는 현저히 줄어들었다. 이번에도 조귀는 노장공에게 아뢰어 일체의 대응을 금하고 진영 안에서 철저히 수비만 했다. 결국 제군은 이번에도 소득 없이 자기 진영으로 돌아갔다.

포숙아는 노군이 겁을 먹고 있다고 판단하여 잠시 후 다시 총진격을 지시했다. 제군이 세 번째 총진격을 했는데, 기세가 거의 없었다. 그런데 조귀는 이번에는 북소리를 크게 울리며 병사들에게 진영을 나가 일제히 진격하도록 지시했고, 노군은 맹렬히 나가서 제군과 싸웠다. 결국 노군이 대승을 거두었고, 제군은 큰 피해를 입고 도주했다. 조귀는 적군의 예기를 피하고 적군의 기운이 쇠할 때를 기다렸다가 그동안 아군이 모았던 기운을 일거에 쏟아붓는 계책을 사용하여 제군을 물리친 것이다[1].

노장공이 승세를 몰아 제군을 추격하려하자 조귀는 제군의 복병 계책을 우려하여 말리며, 먼저 제군의 진지 터를 살펴보았다. 그 자리가 어지럽고 질서가 없는 것이 확인되자 비로소 조귀는 추격을 지시했고,

---

1) 여기서 **피갈아영**彼竭我盈(저들은 고갈되었고 우리는 가득 찼다는 뜻. 적군의 사기는 고갈되고 아군의 사기는 드높아졌음을 의미함), **일고작기**—鼓作氣(북소리 한 번으로 사기를 진작시킨다는 뜻. 힘을 비축했다가 단숨에 기세 좋게 일을 성공시킴을 비유함)의 고사성어가 나옴

노군은 30리를 추격하면서 제군에 막대한 추가 피해를 주었다. 노장공은 조귀의 공적을 높이 평가하고 대부로 삼았다.

송宋·제齊의 노魯 공격(BC 684년)

패배하고 돌아온 포숙아는 제환공에게 송에 원조를 요청하여 노를 다시 공격하자고 건의했고, 제환공은 송에 사신을 파견했다. 송민공은 제와의 친선관계를 계속 유지하기 위하여 이를 승낙했다.

약속대로 송군과 제군은 출전했고, 노의 도성 근처인 낭성朗城 땅에서 합세했다(BC 684년 6월). 송군은 남궁장만(장수)과 맹획(부장)이 지휘하였고, 낭성의 남동쪽에 진영을 세웠다. 제군은 포숙아(장수)와 중손추(부장)가 지휘하였고, 낭성의 북동쪽에 진영을 세웠다.

노의 조정에서 회의가 열렸고, 공자 언偃은 우선 정찰을 하여 적의 동정을 살펴볼 것을 건의했다. 정찰을 마치고 돌아 온 공자 언은 제군은 질서가 정연하나 송군은 자만에 빠져 방비가 허술하다고 보고하며, 먼저 송군을 기습하여 물리치면 제군 혼자서는 어쩌지 못할 것이라고 건의했다. 공자 언이 송군에 대한 기습을 강하게 자원했다. 노장공은 공자 언의 실전 경험이 부족함을 걱정했지만 마지못해 승낙했다.

공자 언은 기발한 계책을 마련했다. 호랑이 가죽 100여 장을 준비하여 말에 둘러씌우고 희미한 달빛 아래 조용히 송군의 진영까지 접근했다. 그리고 갑자기 시뻘건 불을 피우고 북을 크게 울리며 돌격했다. 송군은 기습공격을 받아 당황했고, 특히 말들은 호랑이에 대한 공포 때문에 통제 불능이 되었다. 결국 송군은 대패하여 도주했고, 이어서 노장공이 가세하여 송군을 추가로 공격했다. 송군은 막대한 피해를 입고 노의 국경인 승구乘邱 땅까지 물러났다.

송의 장수 남궁장만은 승구 땅에서 겨우 병사들을 수습한 후 노군에 사생결단의 반격을 가했다. 송군의 기세에 노군은 많은 피해를 입었다. 맹획과 공자 언이 교전을 했고, 남궁장만과 전손생이 접전을 벌였다. 전손생이 남궁장만과 힘겹게 싸우고 있을 때, 노장공이 남궁장만에게 화살을 발사했다. 이 때문에 남궁장만은 부상을 입었고, 그 기회를 노려 전손생이 남궁장만을 사로잡았다. 대장이 사로잡히자 맹획을 포함한 송군은 사기를 잃고 달아났고, 결국 노군이 대승을 거두었다. 노장공은 포로가 된 남궁장만을 예로서 후하게 대했다.

포숙아는 송군이 대패한 사실을 알게 되자 군사를 물려 돌아갔다.

송宋·제齊·노魯의 화해(BC 684년)

제환공은 즉위하고 나서 얼마 후 습붕을 주 왕실에 보내 즉위한 사실을 고하고 청혼을 했다. 주장왕은 이를 허락하면서 노장공에게 그 혼사를 주관하게 했다. 결국 주장왕은 왕희를 제환공에게 출가시켰고(BC 684년), 서徐·채·위衛 제후들은 딸을 잉첩으로 제환공에게 보냈다. 이 일로 인해 제와 노는 다시 친해졌다.

같은 해 가을에 송에서 큰 홍수가 발생했다. 노장공이 사신을 보내 위로했다. 송민공은 감사해하며 답례로 사신을 보냈고, 남궁장만의 석방을 부탁했다. 노장공이 이를 승낙했고, 이 일로 인해 송과 노는 친하게 되었다.

송민공은 원래부터 남궁장만과 친하게 지냈었다. 노에서 석방되어 남궁장만이 귀국하자 송민공은 그를 노의 죄수라며 놀리고 희롱했다.

대부 구목仇牧이 송민공에게 군주와 신하의 예법을 강조하며, 희롱은 불경을 야기하여 패륜까지 발생할 수 있으니 그를 놀리지 말라고 간언했다. 그러나 송민공은 남궁장만과 친한 사이라며 귀담아듣지 않았고, 이후에도 수시로 남궁장만을 놀렸다. 남궁장만은 분노가 치솟았으나 참을 수밖에 없었다.

제4절 제齊와 초楚의 강성과 진晉의 통일

초문왕楚文王의 위세

초문왕은 강해진 국력을 바탕으로 수隨·운鄖·식息을 굴복시켜 완전히 속국으로 만들었다. 초문왕은 장강에서 한수까지 넓은 영토를 확보했고, 한동 소국들을 지배하며 조공을 받고 있었다. 초문왕은 야망이 커서 항상 중원을 노리고 있었다.

당시 채는 제와 혼인을 통해 연결되었고, 중원 여러 제후들과 동맹을 맺고 있어서 초에 굴복하지 않고 있었다. 초문왕은 이런 채를 못마땅하게 여기고 있었다.

한편 초문왕의 신하 중에 **신후申侯**라는 자가 있었다. 신후는 언변이 매우 좋았고, 초문왕에게 아첨을 잘했다. 그러나 신후는 욕심이 매우 많아서 적이 많았다. 초문왕은 신후를 총애했는데, 이로 인해 신후는 다른 신하들의 시기를 많이 받았다. 어느 날 초문왕은 자신이 죽게 되면 신후의 안전이 위험해질 것으로 생각되어 신후를 불러 벽옥을 하사하며 미리 국외로 이주하도록 권유했다. 결국 신후는 역성으로 이주했고, 정여공의 신하가 되었다. 신후는 뛰어난 언변으로 곧 정여공의 총애를 받게 되었다.

초문왕楚文王의 채애후蔡哀侯 생포(BC 684년)

채애후의 부인은 진陳선공의 장녀고, 식후息侯의 부인은 진선공의 차녀다. 즉 서로 동서지간이다. 식후의 부인(**식부인息夫人**) 규씨嬀氏는 천하절색으로 유명했는데, 어느 날 친정을 방문할 때 채를 경유하게 되었다. 채애후는 평소 천하절색으로 유명한 처제 식부인을 궁금해했는데, 식부인이 채를 지나게 되자 기회를 살려 식부인을 영접하는 잔치를 열었다. 그런데 채애후는 잔치에서 크게 취하여 식부인을 희롱하며 음담패설을 늘어놓았고, 식부인은 분노하여 바로 떠나 버렸다.

나중에 이 사실을 알게 된 식후는 크게 노하여 채애후에 대하여 복수를 하기로 결심한다. 계책을 마련한 식후는 초문왕에게 조공을 바치고, 사신을 시켜 초에 조공하지 않는 채를 비난하며 은밀한 계책을 고하게 했다. 즉 ①초가 식을 거짓으로 공격하고 ②식은 동서지간인 채에 원군을 요청하면 ③채애후가 원군을 이끌고 식에 도착할 것이니 ④그때 초와 식이 함께 채군을 공격하면 채애후를 사로잡을 수 있다는 것이다. 원래부터 조공하지 않는다고 채를 못마땅하게 여기고 있던 초문왕은 매우 기뻐하며 승낙했다.

약속대로 초문왕은 식을 공격했다. 식후는 채에 원조를 요청했고, 채애후는 직접 동서인 식후를 구원하기 위해 출전했다. 초문왕은 채군이 구원하러 올 길에 미리 매복하였다가 기습 공격을 했고, 채군은 패하여 식성으로 도주했다. 그런데 식후는 성문을 굳게 닫고 채군을 맞아들이지 않았다. 곧 초군이 들이닥쳐 공격했고, 채군은 패주하기 바빴다. 결국 채애후는 도망치다 신야莘野 땅에서 초군에 사로잡혔다(BC 684년).

초로 압송되면서 채애후는 식후에 대한 깊은 원한을 품게 되었다. 초문왕은 귀국 후 채애후를 가마솥에 삶아 죽이고 그 고기로 태묘에 제사를 지내라고 지시했다. **육권鬻拳**이 채애후를 죽이면 소문이 나서 제후들의 의심을 사게 되고 중원에 진출하기 어려워지므로 석방하여 제후들에게 덕을 보일 것을 건의했다. 초문왕은 이를 거부했고, 육권은 계속 간했다. 초문왕은 끝내 주장을 굽히지 않았다. 그러자 육권이 갑자기 초문왕의 옷을 잡고 칼을 겨누며, 함께 죽을지언정 살아서 왕이 제후들의 멸시를 받는 꼴을 볼 수 없다고 결연히 말했다. 초문왕은 놀라서 육권의 말을 듣겠다고 말하고, 채애후를 풀어 주었다.

육권은 초문왕에게 왕을 겁박한 죄를 물어 자신을 처벌할 것을 요청했지만, 초문왕은 육권의 충성을 칭찬하며 용서해 주었다. 그러자 육권은 왕은 자신을 용서했지만 스스로는 용서할 수 없다고 말하며, 칼로 자신의 발을 끊어 버렸다. 초문왕은 신하의 간언을 듣지 아니한 자신의 허물을 반성하며, 이를 경계하기 위해 육권의 잘린 발을 왕실 창고에 보관하도록 지시했다. 초문왕은 육권을 성문城門을 담당하는 관직인 대혼大閽에 임명하면서 태백太伯으로 존칭해서 불렀다.

초문왕은 채애후가 석방되어 귀국하기 전에 전송연을 열어 위로했다. 그 자리에서 채애후는 식후에게 복수하기 위해 초문왕에게 식부인이 천하절색이라고 거듭 강조하며, 왕의 위엄으로 일개 속국 제후의 부인을 취하는 것은 매우 간단한 일이라고 자극했다. 채애후는 풀려나 귀국했다.

곡옥曲沃 세자 궤제詭諸의 불륜

곡옥무공은 늙었지만 여색을 좋아해서 제에 사람을 보내 청혼했다. 이에 제환공은 장녀를 출가시켰는데, 사람들은 그녀를 **제강齊姜**이라고 불렀다. 그런데 곡옥무공은 욕심만 있을 뿐 늙어서 남자 구실을 거의 하지 못했고, 제강은 만족을 얻지 못했다.

곡옥무공의 세자인 궤제도 여색을 밝혔는데, 제강의 처지를 알고 서모인 제강을 유혹하여 정을 통했다. 제강은 아들 **신생申生**을 낳았고, 궤제는 신생을 궁 밖으로 보내 일반 백성의 집에서 몰래 키웠다. 한편 세자 궤제의 부인인 가희는 병으로 사망했다.

초문왕楚文王의 식息 점령(BC 683년경)

채애후의 말을 기억하고 있던 초문왕은 사방을 순수한다는 명목을 내세우고 식을 방문했다. 식후는 조당에서 큰 잔치를 열어 초문왕을 대접했다. 초문왕은 식부인을 위해 군사를 일으켰던 것을 내세우며, 식부인이 술을 한 잔 따를 것을 청했다. 식후는 위세에 눌려 식부인을 조당으로 나오게 하여 술을 한 잔 올리게 했다. 식부인을 본 초문왕은 넋을 잃을 정도로 반했고, 식부인에 대한 욕심이 타올랐다.

다음 날 초문왕은 관사에서 답례연을 개최하면서 미리 무장한 군사들을 매복시켰다. 잔치가 한창 진행될 때 초문왕은 식후에게 식부인을 불러내어 술을 한 잔 따르게 하도록 청했다. 이번에는 식후가 정중히 거절했다. 그러자 초문왕은 식후를 꾸짖으며 부하들에게 식후를 체포하도록 했고, 장수 위장과 투단은 식후를 포박했다.

초문왕은 군대를 이끌고 식후의 궁전을 급습하며, 식부인을 찾았다. 식부인은 우물에 몸을 던져 자살을 하려고 했다. 그때 투단이 식부인을 발견했고, 식후의 목숨을 살리기 위해 초문왕의 뜻을 들어주라고 설득했다. 결국 식부인은 투단과 함께 초문왕에게 갔고, 초문왕은 식부인을 위로하면서 식후를 죽이지 않고 또한 종묘의 제사를 계속 올릴 수 있게 해주겠다는 약속을 했다. 결국 초문왕은 군중에서 식부인을 부인으로 삼았고 함께 귀국했다. 이로써 식은 멸망했다. 식부인은 초문왕의 부인이 된 이후 **문부인文夫人**으로 불리게 되었고, 초의 백성들은 문부인을 도화부인桃花夫人이라고 불렀다.

초문왕은 식후를 여수汝水 땅에 안치하고 10가를 봉하여 식의 제사를 이어 가게 했다. 부인이 너무 미인이어서 나라를 잃은 식후는 곧 화병으로 사망했다.

주희왕周僖王의 즉위(BC 682년)

주장왕의 첩 중에 요희姚姬가 있었는데, 주장왕은 요희를 무척 총애했다. 그래서 사람들은 요희를 왕도王桃라고 불렀다. 왕도는 **퇴頹**를 낳았는데(BC 696년), 주장왕은 퇴를 매우 사랑했다. 주장왕은 대부 위국蒍國을 퇴의 사부로 임명했다.

주장왕이 병으로 사망하고 태자 호제胡齊가 즉위하니(BC 682년), 곧 **주희왕周僖王**[1]이다. 사마천은 조부의 이름을 피휘[2]하여 《사기》에 기록

---

1) 주희왕(주이왕) 희호제: 재위 BC 681 ~ BC 677
2) 재위 중인 왕이나 조상 등의 이름자를 사용하는 것을 피하고, 해당 글자를 음이 비슷한 다른 글자로 대체하는 중원의 표기 관습

할 때 희僖 대신 이釐로 표기하고 있다.

왕자 퇴는 소를 매우 좋아하여 수백 마리를 키웠는데, 소에다 비단 옷을 입혔다. 사람들은 그 소를 문수紋獸라고 불렀다. 왕자 퇴는 위국, 변백邊伯, 자금子禽, 축궤祝跪, 첨보詹父와 비밀리에 왕래하고 결탁하면서 교만하게 행동하고 많은 횡포를 부렸다. 주희왕은 왕자 퇴를 못마땅하게 여겼으나 어쩌지는 못했다.

남궁장만南宮長萬의 송민공宋湣公 시해(BC 682년)

어느 날 송민공이 궁인들과 놀고 있었는데, 그 자리에 남궁장만을 불러 척극擲戟[1] 재주를 시켰다. 남궁장만이 멋진 재주를 보이자 궁인들이 환호했는데, 송민공은 심기가 불편해졌다. 그래서 자신이 잘하는 바둑 내기를 남궁장만과 했는데, 지는 사람이 벌로 술 한 말을 마시기로 했다. 송민공이 다섯 판을 내리 이겼고, 술 다섯 말을 마신 남궁장만은 대취했다. 다시 남궁장만이 도전했는데, 송민공이 남궁장만은 지는 데 이골이 난 사람이므로 또 해도 자신을 이길 수 없을 것이라고 놀렸다. 남궁장만은 너무 무안하고 분해서 아무 대꾸도 하지 못했다.

이때 주장왕의 부음 소식이 전해졌고, 송민공은 선왕에 대한 조문과 신왕에 대한 경하를 위해 사신을 보내기로 결정했다. 주 왕실에 가본 적이 없었던 남궁장만이 사신으로 가는 것을 자원했다. 송민공은 크게 비웃으며 죄수를 사신으로 보낼 수 없다고 장난을 쳤고, 궁인들이 모두 따라 웃었다. 남궁장만은 수치심이 분노로 바뀌어 얼굴이 붉어지며 송

---

1) 창을 하늘 높이 던져 올렸다가 떨어질 때 손으로 다시 잡는 놀이

민공을 크게 꾸짖고 따졌다. 이에 송민공도 분노하면서 남궁장만이 척극 재주를 했던 창을 들어 공격했다.

천하장사인 남궁장만은 취한 상태에서 분노가 대폭발하여 이성을 잃고 주먹으로 송민공을 마구 때려 그 자리에서 죽여버렸다(BC 682년). 그리고 궁문을 나가다 만난 대부 구목이 송민공의 피살 사실을 알고 꾸짖자 역시 주먹으로 때려 죽였다.

궁에 변고가 났다는 소식을 듣고 화독이 군사를 이끌고 달려왔으나, 남궁장만에게 피살당했다. 남궁장만은 송민공의 사촌 동생인 공자 유游를 옹립하였다. 송민공의 친동생인 공자 어열은 박亳 땅으로 달아났다. 남궁장만은 곧 대부분의 공족들을 추방했는데, 추방된 공족들은 소蕭 땅으로 달아났다.

송환공宋桓公의 즉위(BC 682년)

남궁장만은 신망이 높은 공자 어열을 경계하면서 반란을 두려워하여 아들 남궁우와 맹획을 시켜 박 땅을 공격하게 했다. 공자 어열은 박 땅의 군사들을 동원하여 이에 맞섰다. 이때 소읍蕭邑 수령이던 숙대심叔大心은 조曹에서 군사를 빌려 박 땅으로 가서 공자 어열과 합세했다. 양측 간에 치열한 싸움이 벌어졌고, 결국 공자 어열이 크게 승리했다. 이 싸움에서 남궁우는 전사했고, 맹획은 위衛로 도주했다. 패배한 송군은 공자 어열에게 항복했다.

대숙피戴叔皮가 ①항복한 병사들을 앞세워 도성으로 진군하고 ②승리했다며 거짓 보고를 하여 성문을 열게 한 후 ③일제히 공격하자는 계책을 건의했다. 이 계책을 써서 공자 어열의 군사들은 무사히 도성으로 들어갔고, 일제히 궁궐을 공격했다. 결국 송공 유는 피살당했다. 남궁장만은 급히 집으로 가서 팔순 노모를 수레에 태워 수레를 한 손으로 끌며 막아서는 병사들을 죽이고 도성을 탈출하여 진陳으로 달아났다.

궁을 점령한 공자 어열이 신하들의 추대로 즉위하니(BC 682년), 곧 **송환공**宋桓公[1]이다. 송환공은 대숙피를 대부에 임명했고, 화독의 아들을 사마로 임명했다. 또한 송환공은 숙대심의 충성을 높이 사 소읍을 부용국으로 승격시켜 숙대심을 소군蕭君으로 삼았다.

송환공은 위衛에 사신을 보내 맹획을 넘겨줄 것을 요청했다. 위혜공은 맹획의 용력을 인정하여 탐내며 양도를 주저했는데, 대부 공손이公孫耳가 한 사람의 악인보다 한 국가의 우호가 더 중요하다고 설득하여 결국 맹획을 잡아 송으로 보냈다.

송환공은 진陳에도 사신을 보내 남궁장만을 넘겨줄 것을 요청하려고 했는데, 옆에 있던 송환공의 서출 장자로 당시 5세 소년이었던 공자 **목이**目夷가 진陳은 천하장사인 남궁장만을 탐내어 순순히 넘기지 않을 것이므로 많은 뇌물이 있어야 할 것이라고 아뢰었다. 송환공은 감탄하며 공자 목이의 말대로 많은 뇌물을 보냈다. 진陳선공은 많은 뇌물 때문에 승낙했으나, 남궁장만의 용력을 두려워하여 계책을 마련한 다음 공자 결結에게 지시했다.

공자 결은 진선공의 지시에 따라 남궁장만과 교류하면서 매우 친하게 되었다. 어느 날 공자 결은 주연을 열어 남궁장만을 초대하여 대취하게 만들었다. 남궁장만이 취하여 쓰러지자 공자 결은 역사들을 시켜 남궁장만을 가죽 포대에 넣고 소 힘줄로 만든 동아줄로 포대를 묶어버

---

1) 송환공 자어열: 재위 BC 681 ~ BC 651

렸다.

  진선공은 남궁장만과 그의 팔순 노모까지 함거에 태워 송으로 보냈다. 송환공은 남궁장만과 맹획을 몽둥이로 무수히 때려 죽였고, 그 살점을 떠서 소금에 절여 신하들에게 나누어 주며 불충을 경계하게 했다. 남궁장만의 노모도 처형되었다.

관중管仲에 대한 제환공齊桓公의 신뢰

  제환공은 국가의 모든 일을 관중에게 맡기고, 술과 여자에 빠져 잔치를 즐기며 보냈다. 제환공은 관중이 하는 일에 일체 간섭하지 않고 절대적인 신뢰를 보냈다. 제환공은 여색을 좋아하여 출행할 때 항상 첩들을 많이 데리고 다녔는데, 이에 따라 관중도 출행할 때 애첩인 정청을 자주 데리고 다녔다. 이렇게 제환공과 관중은 모든 면에서 잘 맞았다.

  제환공을 모시는 시동 중에 **수초豎貂**라는 자가 있었는데, 매우 잘생기고 싹싹하여 제환공의 총애를 받았다. 수초는 오랫동안 제환공을 모시기 위해 스스로 거세하고 환관이 되었다. 제환공은 수초를 더욱 총애하게 되었다.

  또한 무巫라는 자가 있었는데, 옹읍雍邑 출신이어서 옹무雍巫로 불렸다. 옹무는 자字가 **역아易牙**인데, 요리 솜씨가 매우 뛰어나고 권모술수에 능했다. 당시 제환공의 총애를 받던 첩으로 위희衛姬[1]가 있었다. 어느 날 위희가 아팠을 때 역아가 바친 요리를 먹고 병이 치료되었다. 그

---

1) 위혜공 삭의 딸임. 제환공이 왕희와 혼인할 때 잉첩으로 왔음. 나중에 친동생도 제환공의 첩이 되자 장위희로 불리게 됨(동생은 소위희로 불림).

래서 역아는 위희의 총애를 받게 되었다. 역아는 수초에게 음식을 바치며 아부를 했고, 수초는 제환공에게 역아를 천거했다. 결국 역아는 제환공의 요리사가 되었다.

어느 날 제환공이 농담으로 사람고기를 먹고 싶다고 한 적이 있었는데, 역아는 대답 없이 물러났다. 얼마 후 역아가 처음 보는 고기를 바쳤고, 제환공은 매우 맛있게 먹었다. 제환공이 다 먹고 나서 무슨 고기인지 물었다. 역아는 군주에게 충성하는 자는 가정을 돌보지 않는다는 말을 인용하며, 자신의 세 살짜리 아들을 죽여 요리하여 바친 것이라고 답했다[1]. 제환공은 역아를 총애하게 되었다.

수초와 역아는 매우 친밀한 사이가 되었는데, 관중을 싫어했다. 수초와 역아는 제환공에게 원래 군주는 명령을 내리고 신하는 이를 수행하는 것임을 강조하며, 관중에게 전권을 부여하는 것은 마치 나라에 군주가 없는 것과 같다고 제환공을 충동했다. 그러나 제환공은 수초와 역아를 꾸짖으며, 관중은 내 몸의 팔다리와 같다고 강조하고 팔다리 없는 몸이 없듯이 관중 없이는 군주가 될 수 없다고 답했다.

관중에 대한 제환공의 신뢰는 이와 같았다. 관중이 국정을 책임진 지 3년 만에 제의 국력은 크게 향상되었다.

제환공齊桓公의 북행北杏회맹(BC 681년 3월): 1차 회맹

어느 날 제환공은 관중에게 천하의 패권을 잡을 방안을 물었다. 관

---

1) 고대 중국에서 식인 문화는 보편적인 현상이었음. 요리 재료를 구하는 것이 쉽지 않았으므로 사람고기 요리는 매우 귀한 취급을 받았음. 주로 죄인, 포로, 노예 등이 재료로 희생되었음. 훗날 북송北宋 때 법으로 사람고기 유통이 금지되지만, 이후에도 음성적으로 거래되었다고 함

중은 ①주 왕실에 사신을 보내 조례하고 ②왕명을 받아 제후들을 소집하여 당시 혼란한 송의 군후를 결정한 다음 ③안으로는 왕실을 높이고 밖으로는 사방의 오랑캐들을 물리친 후 ④약한 나라를 돕고 무법한 자를 누르면서 ⑤제후들을 거느리고 가서 불복하거나 어지럽히는 자를 토벌하면 천하의 패권을 잡게 될 것이라고 답했다.

제환공은 즉시 사신을 보내 주희왕에게 조례하면서 왕명을 받들어 제후들을 회합하여 송의 군위를 정해주겠다고 청했다. 주희왕은 매우 기뻐하며 허락했다(BC 681년 1월).

제환공은 왕명으로 송·노·진陳·채·위衛·정·조曹·주邾[1]의 제후들을 3월 초에 북행北杏 땅에 모이도록 포고했다. 제환공은 관중의 건의에 따라 신의를 지키기 위해 병거를 대동하지 않고 북행으로 가서 단을 마련하는 등 회맹을 준비했다. 송환공, 진陳선공, 주자邾子 극克, 채애후가 도착했다. 4국 제후들은 제환공이 병거 없이 참석한 것에 감탄하며, 모두 데려온 병거를 20리 뒤로 물렸다.

약속한 날 북행 땅에서 회맹이 열렸다. **제·송·진陳·채·주邾** 5국 제후들이 참석했다. 송환공이 군위를 인정받는 데 도움을 준 제환공에게 감사를 표했다. 절차의 시작에 앞서 회맹의 맹주를 누가 맡을지 논의가 있었다. 진선공은 제환공이 주희왕의 부탁을 받아 규합을 주도했으므로 맹주를 맡아야 한다고 주장했고, 다른 제후들도 찬성했다. 그러나 송환공은 작위가 상공上公이어서 다른 제후들보다 높았기에 속으로 불만스러웠다. 드디어 회맹 절차가 진행되었고, 5국 제후들은 주 왕실을

---

1) 동이계 국가로 작위는 자작임. 본래 이름은 주루邾婁임(전국시대 때는 추鄒로 불리게 됨). 훗날 노의 부용국이 되었다가 제 또는 초에 멸망함

돕고 약한 자를 돕기로 맹세하는 간簡[1]을 읽었으나 삽혈의식은 하지 않았다.

회맹이 끝난 후 관중은 왕명을 어기고 참석하지 아니한 **노·위·정·조**를 토벌해야 한다고 건의했다. 제환공이 원조를 요청했는데, 진陳·채·주邾 제후들은 동의했으나 송환공은 아무 답을 하지 않았다.

그날 밤 송환공은 대부 대숙피에게 작위의 차례를 무시하며 여러 국가의 군사들을 함부로 이용하려 한다고 제환공을 비난했다. 대숙피는 일단 회맹에 참석하여 군위를 인정받았고 만일 제가 패업을 달성하면 송에 유리할 것이 없으므로 그냥 돌아가는 것이 더 이로울 것이라고 건의했다. 결국 송환공은 다른 제후들에게 말도 하지 않고 동맹을 배신하여 그냥 귀국해 버렸다.

사실을 알게 된 제환공은 대노하여 즉시 송환공을 추격해서 공격하려고 했다. 관중이 송보다는 먼저 노의 복종을 받는 것이 중요하다고 건의하여 겨우 말렸다. 관중은 ①노의 속국인 수遂[2]를 먼저 공격하고 나서 ②문강에게 노와 화친을 주선하여 줄 것을 부탁하여 ③노와 동맹을 맺은 다음에 ④송을 공격할 것을 건의했다.

제齊와 노魯·위衛·조曹의 동맹(BC 681년)

제환공은 북행회맹이 끝나자마자 바로 수遂를 공격하여 멸망시키고 그 땅을 점령했다. 그리고 군사들을 제수濟水에 주둔시켜 노에 대하여

---

1) 당시에는 종이가 발명되기 전이어서 대나무를 쪼개서 글을 썼음(죽간)
2) 제순의 후손이 하夏시대 때 건국한 것으로 전해지는 소국임

압박을 가했다. 그러면서 문강에게 서신을 보내 화친을 주선하여 주길 부탁했다.

노의 조정에서 회의가 열렸다. 공자 경보는 즉시 제를 공격하자고 주장했다. 시백은 ①현재 제군은 절제가 있고 ②주 왕실의 명령을 위반한 노를 질책하는 명분이 있으며 ③노장공이 그동안 제를 위해 많은 수고를 했는데 이를 버리고 제와 싸워 원수를 맺는 것은 이롭지 못하다는 세 가지 이유를 들어 전쟁에 반대하고, 제와 강화하여 동맹을 맺을 것을 주장했다. 조귀는 시백의 의견에 찬성했다. 이때 제환공으로부터 북행회맹에 참석하지 않은 이유를 묻는 서신이 도착했고, 문강은 노장공을 불러 노와 제의 혼인관계를 언급하며 우호를 요청했다.

결국 노장공은 답신을 보내어 병 때문에 회맹에 참석하지 못했다고 변명하면서 군사를 제의 경계까지 물리면 찾아가 복종하겠다는 의사를 표시했다. 제환공은 즉시 군사를 제의 영역인 가柯 땅까지 물렸다. 이제 노장공은 약속대로 직접 제환공을 방문해야만 했다. 이때 조말曹沫이 제에 세 번 패한 원한이 있으므로 이번에 그 원한을 갚기 위해 수행하겠다고 자청했다. 노장공은 우울한 마음으로 조말을 대동하여 가 땅으로 갔다.

제환공은 가 땅에서 단을 마련하는 등 회견할 준비를 마쳤다. 드디어 회맹의 절차가 시작되었다. 조말은 노장공을 가까이서 수행하며 단에 오를 때도 무장을 풀지 않고 유지했다. 동곽아가 이를 제지했으나 조말은 노려보며 무시했고, 기세에 눌린 동곽아는 물러났다. 절차의 마지막 단계인 삽혈하고 동맹의 맹세를 하기 직전에 조말은 갑자기 왼손으로는 제환공의 옷을 잡고 오른손으로는 칼을 들고 제환공에게 약한 자를 돕는다는 신의를 증명하기 위해 문양 땅을 노에 반환해 줄 것을 요청했다. 제환공은 관중의 건의에 따라 이를 승낙했다. 그리하여 제환공과 노장공은 삽혈하고 맹세를 진행했고, 절차는 마무리되었다.

조말은 관중에게 문양 땅을 반환할 것을 맹세하라고 요청했다. 이때 제환공은 자신이 직접 맹세하겠다고 자청하며 이를 맹세했다.

회견이 끝난 후 왕자 성보를 비롯한 제의 신하들은 조말에 대하여 분노하며, 응징할 것을 건의했다. 그러나 제환공은 신하들을 달래며, 이미 약속한 것이므로 신의를 위해 지켜야 한다고 강조했다.

제환공은 즉시 문양 땅을 노에 돌려주었다. 이로 인하여 중원의 제후들은 제환공이 약한 자를 보호하고 중원의 평화를 유지할 것이라는 것에 대하여 깊은 신뢰를 가지게 된다.

얼마 후 위衛와 조曹가 제에 사신을 보내 사죄하면서 동맹을 요청했다. 제환공은 송을 친 뒤에 다시 대회를 개최하기로 약속했다.

제齊와 송宋의 동맹(BC 681년)

제환공은 주 왕실에 사신을 보내 송을 문죄해야 한다고 강조하며, 왕군을 보내줄 것을 요청했다. 주희왕은 대부 선멸單蔑에게 왕군을 내어주며, 제와 함께 송을 치도록 지시했다. 제환공이 송을 공격한다는 소식이 전해지자 진陳과 조曹도 군사를 보내어 선봉이 되길 자원했다.

제환공은 관중을 선발대로 먼저 보내며, 진과 조의 군사들과 합세한 다음 상구商邱에서 본진을 기다리도록 지시했다. 며칠 후 제환공은 공손습붕, 왕자 성보, 동곽아를 거느리고 직접 본진을 이끌고 출발했다.

먼저 출발해 앞서 가던 관중이 노산峱山에서 노래를 부르고 있는 비범해 보이는 한 농부를 보았는데, 별다른 생각 없이 부하를 시켜 술과 음식을 주고 지나쳤다. 그런데 그 농부는 '넓고 넓구나! 백수여(호호백수浩浩白水)'라는 답을 전해 왔다. 관중은 그 의미를 몰라 당황했다. 그때 옆에 있던 애첩 정청이 〈백수시白水詩〉[1]라는 옛 시를 설명하며, 벼슬을 원하는 것 같다고 덧붙였다. 관중이 그 농부를 불러와 대화를 나누었는데, 식견이 대단했다. 그 농부는 위衛 출신인 **영척寧戚**이었는데, 출신이 미천하여 비상한 수단을 써서 관중에게 자신을 드러낸 것이었다. 관중은 영척을 추천하는 추천서를 써서 영척에게 주며, 제환공에게 보여주라고 당부한 후 떠났다.

  3일 후 제환공이 지나갔는데, 영척은 반우가飯牛歌[2]를 불렀다. 제환공은 자신을 비난하는 것으로 해석하여 영척을 불러 노래의 내용을 꾸짖은 후 처형하려고 했다. 영척은 제환공의 잘못을 지적하며 늠름한 기상을 보였다. 습붕이 간언하자 제환공은 노기를 씻고 영척을 예로서 대했다. 그러자 영척은 관중의 추천서를 보여주었다. 영척은 제환공의 됨됨이를 보기 위해 일부러 제환공을 자극했던 것이다.

  제환공은 영척을 수레에 태우고 계속 행군했다. 제환공이 영척을 등용할 뜻이 있음을 눈치챈 수초가 위衛에 사람을 보내 조사한 후 임명할 것을 건의했으나, 제환공은 뒷조사 후 벼슬을 주면 빛이 나지 않으며 또한 버리기에는 너무 아까운 인재라면서 수초의 건의를 무시했다. 제환공은 그날 밤 군영에서 영척을 대부에 임명했다.

---

1) 넓고 넓구나! 백수여. 많고 많은 물고기 떼로다. 임금이 오시어 나를 부르시니 내 장차 편안히 머물 것이리라.
2) 남산은 찬란하고 하얀 돌은 빛나는데, 그 속에 길이 한 척 반이나 되는 잉어가 있도다. 아직 요순의 선위를 만나지 못해서 짧은 바지 홑옷이 종아리를 가리지 못했도다. 저녁부터 소를 먹여 한밤중에 이르렀으니, 밤은 길고 더디어 언제라야 아침이 될꼬.

상구 땅에 제환공, 진선공, 조장공, 주 대부 선멸이 이끄는 군사들이 모였다. 송을 치기 위한 군사회의가 열렸다. 이때 영척이 위세로 이기는 것보다 덕으로 이기는 것이 중요함을 강조하며, 자신이 가서 송을 설득하겠다고 자청했다. 제환공은 기뻐하며 영척을 사신으로 보냈다.

대숙피는 송환공에게 회견장에 무사들을 대기하고 일부러 무례하게 대하여 위세를 보일 것을 건의했다. 이에 따라 송환공은 일부러 영척을 무례하게 대했다. 영척은 주공 단의 토포악발 고사를 언급하며, 넌지시 송환공을 비난했다. 송환공이 즉시 깨닫고 예를 다해 영척을 대했다. 영척은 송이 천자의 명을 어겨 천자가 진노한 사실과 송이 천자의 군대에 대항하고 있는 사실 등을 설명하며, 송이 국가적인 위기에 빠졌음을 경고했다. 송환공이 크게 걱정하자 영척은 제와 노의 동맹을 예로 들면서 제환공이 어질고 관대하고 도량이 크므로 강화하여 동맹을 청할 것을 권유했다. 대숙피는 스스로 부끄러움을 느껴 물러갔다.

송환공은 사신을 파견하여 백옥과 황금 1,000일을 폐백으로 바치며 강화를 요청했다. 제환공은 천자의 허락이 필요하다며, 선멸을 통해 송이 바친 폐백을 주 왕실에 바치게 하고 송의 뜻을 전하게 했다. 연합군은 해산하고 귀국했다.

정여공鄭厲公의 복위(BC 680년)

귀국 후 관중은 제환공에게 패자가 되기 위해서는 왕을 자칭하며 주 왕실에 대적하고 있는 초를 반드시 쳐야 한다고 강조하면서, 그 전제로 현재 초를 열심히 섬기고 있는 정을 중원으로 끌어와야 한다고 건의했다. 역성에 주둔하고 있는 정여공을 지원하여 군위에 올리면 정이 우리 편으로 넘어올 것이라고 영척이 계책을 올렸다. 제환공은 빈수무에게 병거 200승을 내어주며, 역성으로 가서 정여공과 협의하도록 지시했다. 정여공은 크게 기뻐하면서 제환공의 제안을 받아들였다.

당시 정은 제족이 사망하고(BC 682년) 숙첨이 정경이 되어 국정을 책임지고 있었다. 정여공과 빈수무는 우선 대릉을 공격하여 17년 동안 대릉을 지키고 있던 부하傅瑕가 이끄는 정군을 격파하고 대릉을 점령해 버렸다(BC 680년). 부하는 정여공에게 항복하고 목숨을 구걸하며, 풀어 주면 자신과 절친한 사이인 숙첨을 포섭하여 정백 의의 목을 바치겠다고 제안했다. 부하는 처와 자식을 인질로 제공하고 맹세까지 하면서 간절히 목숨을 구걸했다.

정여공은 부하를 풀어 주었고, 부하는 정의 도성으로 몰래 들어가 숙첨을 방문했다. 부하는 현재의 상황을 숙첨에게 설명하면서 사태가 매우 급하니 정백 의를 죽이고 부귀를 보전하자고 설득했다. 숙첨은 원래 정백 의 대신 정여공을 추대하자고 제안했었는데, 제족에 밀려 실패했던 적이 있었다. 결국 숙첨은 부하의 설득에 넘어갔다. 부하傅瑕는 ①정여공에게 밀서를 보내 정의 도성을 공격하게 하고 ②숙첨이 성을 나가 거짓으로 대항하면 ③정백 의가 성 위에서 싸움을 지켜볼 것이니 ④그때 기회를 보아 자신이 정백 의를 죽이겠다는 계책을 말했고, 숙첨은 동의했다.

숙첨은 은밀히 정여공에게 서신을 보냈고, 부하는 정백 의를 찾아가 대릉이 함몰된 사실을 아뢰었다. 정백 의가 놀라며 숙첨에게 초에 구원군을 요청하는 사신을 보내도록 지시했으나, 숙첨은 사신을 파견하지 않았다.

약속대로 정여공이 정의 도성으로 쳐들어왔다. 숙첨은 성을 나가 거짓으로 대항했고, 빈수무가 제군을 이끌고 가세했다. 정백 의는 성 위에서 싸움을 지켜보다 승산이 없자 돌아서 내려가려고 했는데, 갑자기 곁에 있던 부하가 돌아선 정백 의를 칼로 찔러 무참히 죽여버렸다. 부하는 즉시 성문을 열었고, 정여공은 빈수무와 함께 입성했다. 부하는 정백 의의 아들들을 무참히 죽이고 정여공을 맞이하여 군위에 모셨다. 이로써 정여공은 17년 만에 다시 정의 군위에 복위했다(BC 680년). 정여공은 빈수무에게 제를 방문하여 동맹할 것을 약속했고, 빈수무는 귀국했다. 정의 민심은 곧 안정을 되찾았다.

즉위 얼마 후 정여공은 죽음을 두려워하여 군주를 죽이는 마음을 믿을 수 없다며 부하傅瑕를 참형에 처했으나, 그의 처자식은 살려 주었다. 정여공은 예전에 자신의 추대에 반대했던 원번을 크게 꾸짖었고, 원번은 목을 매고 자살했다. 정여공은 예전에 제족에게 협력하여 자신을 몰아냈던 공자 알을 처형하고, 강서의 다리를 잘랐다. 정여공은 숙첨을 정경에 그냥 두었고, 총신 신후, 도숙堵叔 설씨薛氏, 사숙師叔 자인사子人師를 대부에 임명했다.

숙첨(공씨孔氏=공숙孔叔), 도숙(설씨), 사숙(자인씨)은 정여공을 잘 보필했다. 그래서 당시 정의 백성들은 이들을 삼량三良이라고 불렀다.

제환공齊桓公의 견鄄회맹(BC 680년): 2차 회맹

송환공은 사신을 보내 주희왕에게 조례했다. 주희왕은 이 사실을 제환공에게 알리기 위해 사신으로 선멸을 파견했다. 선멸이 위衛에 당도했을 때쯤 제환공에게 그 내용이 미리 보고되었다. 관중은 제환공에게 이제 송과 동맹이 맺어졌으므로 위에 가서 제후들을 모아 회맹을 개최할 것을 건의했다.

제환공은 위의 견鄄 땅으로 가서 주희왕의 사신인 선멸을 참석시키고 송환공, 위혜공, 정여공과 회견했다(BC 680년). 제환공은 삽혈의 맹세를 강요하지 않고 예의로 제후들을 대하여 칭송을 받았다.

초문왕楚文王의 채蔡 공격(BC 680년)

초문왕은 문부인 규씨를 총애했고, 문부인은 간囏과 운惲을 낳았다. 그러나 문부인은 한이 맺혀 초에 온 지 3년 동안 초문왕과 대화도 하지 않았다. 참다못한 초문왕이 이유를 묻자 문부인은 여자의 몸으로 절개를 지키지 못하고 두 남자를 섬겼으니 무슨 면목이 있어 말을 할 수 있겠느냐고 답하며 눈물을 흘렸다.

초문왕은 문부인을 측은하게 여기며, 부인의 원수를 갚아주겠다고 위로했다. 초문왕은 이 모든 것이 채애후 때문이라면서 직접 채로 쳐들어갔다. 채애후는 육단肉袒[1]의 사죄의식을 하면서 막대한 보물을 바쳤고, 초문왕은 채애후를 포로로 잡은 후 회군했다.

한편 문부인이 낳은 웅간, 웅운 형제 중 동생인 운의 재주가 형인 간보다 훨씬 뛰어나 문부인의 총애를 받았고, 백성들에게 인기가 많았다.

제환공齊桓公의 유幽회맹(BC 678년): 3차 회맹

여러 제후들이 자신을 신뢰하며 따른다고 확신한 제환공은 유幽 땅

---

1) 웃옷을 벗고 꿇어 엎드려 사죄하는 의식

으로 **송·노·진陳·위·정·허**의 제후들을 불러 회견을 가졌다. 이번에는 정식으로 삽혈의 맹세의식을 치렀고, 제환공은 **맹주盟主의 '칭호'**를 받게 되었다. 이로써 제환공은 춘추시대 최초의 패자霸者로 평가받게 된다. 제환공은 총 9회의 회맹을 개최했는데, 3차 회맹인 유회맹은 최초로 맹주의 칭호를 받게 된 점에서 중요한 의미가 있다.

곡옥曲沃의 익翼 병합[진晉의 통일](BC 678년)

오래전부터 익을 차지하고 싶었던 곡옥무공은 나이가 많아져 뜻을 이루지 못하고 늙어 죽을 것을 염려했다. 오랜 기다림 끝에 곡옥무공은 대대적으로 익을 공격하여 진후 민을 죽이고 익을 병합했다(BC 678년). 곡옥무공은 도읍을 강으로 옮겼고, 나라 이름을 다시 진晉으로 고쳤다. 즉 곡옥무공이 **진晉무공**이다.

진무공은 익을 점령하고 빼앗은 보물을 모조리 주희왕에게 뇌물로 바쳤다. 그동안 주 왕실은 매우 약해져 있었고, 곡옥을 응징할 힘도 없었다. 결국 주희왕은 뇌물을 받고 1군軍만 둘 수 있다는 조건을 걸고 진무공을 정식 제후로 승인했다.

곡옥이 익을 병합한 것은 방계가 직계를 몰아낸 것으로 **서주의 봉건제와 예법질서가 완전히 무너진 것을 보여주는 상징적인 사건**이다. 진晉은 BC 745년 두 개로 분열되었다가 드디어 다시 합쳐지면서 국력이 강력해졌고, 외부로 진출할 가능성이 열리게 되었다.

초문왕楚文王의 정鄭 공격(BC 678년)

　초문왕은 대외팽창 정책을 계속 취했다. 한수 중류에 위치한 등鄧을 쳐서 멸망시키고(BC 678년) 그 땅을 병합했다. 한편 화살을 잘 만들어 유명한 융만戎蠻이 있었는데, 초문왕이 사람을 보내 화살 제조법을 문의했다. 융만은 초에 복속하며, 특산품인 화살 2대를 진상했다. 사람들은 그 화살을 투골풍透骨風이라고 불렀다. 초문왕은 융만의 복속을 선전하며, 투골풍을 태묘에 보관했다.

　초문왕의 팽창정책에 위기감을 느낀 정여공이 초에 사신을 보내 복위사실을 고했다. 초문왕은 2년이나 지나 알리는 것은 자신을 무시하는 것이라고 분노하며, 직접 군사를 이끌고 정을 공격했다. 정여공은 즉시 초군 앞에서 백배사죄했고, 초문왕은 회군했다(BC 678년).

　정여공은 초에 대한 두려움 때문에 제에 조공을 하지 못했다. 제환공이 이를 문책하자 정여공은 숙첨을 사신으로 보내 현재 상황을 고하며, 제가 초를 정벌해야 섬기는 것이 가능할 것이라고 변명을 했다. 제환공은 분노하여 숙첨을 구금해 버렸다. 숙첨은 곧 정으로 도주했고, 이때부터 정여공은 제를 등지고 초를 섬기기 시작했다.

우虞의 중대부가 되는 백리해百里奚

　백리해百里奚는 우虞 출신으로 매우 가난했으나 학식이 높았다. 나이 30세에 두씨杜氏와 결혼하여 아들 하나를 얻었다. 백리해는 외국으로 가서 출사하고 싶었으나, 처자식 걱정에 주저하고 있었다. 두씨는 남편의 뜻을 알고, 문빗장을 뜯어 불을 피워 시든 채소로 국을 끓이고 전

재산이나 마찬가지인 씨암탉을 잡아 마지막 식사를 준비했다. 이별의 식사를 마친 후 두씨는 남편을 격려하며 벼슬길을 찾아 떠나게 했다.

제로 간 백리해는 제양공에게 출사하고 싶었으나, 천거받을 길이 없어 시간을 보내다 결국 제의 질銍 땅에서 거지가 되었다. 이때 백리해의 나이 40세였다. 어느 날 부근에 사는 **건숙蹇叔**이라는 사람이 구걸하는 백리해를 보고 여러 이야기를 나누다 그 능력을 알게 되어 자신의 집으로 데려다 살게 했다. 건숙과 백리해는 의기투합하여 의형제를 맺었는데, 건숙이 한 살 위여서 형이 되었다. 백리해는 소를 키우는 재주가 있었는데, 마을의 소를 길러주며 식량을 구해다 생활을 했다.

이때 제는 공손무지가 즉위하여 인재를 구하고 있었는데, 백리해가 그 소문을 듣고 임관하려고 했다. 건숙은 공손무지가 곧 망할 것으로 예상하며 말렸고, 백리해는 단념했다.

주 왕자 퇴가 소를 좋아한다는 소문을 들은 백리해는 주로 가서 왕자 퇴에게 임관하고자 했다. 건숙은 벼슬을 살다 군주를 버리면 불충한 사람이 되고 못난 군주를 끝까지 모시면 어리석은 사람이 되므로 신중하게 판단하여 현명한 군주를 선택하라고 조언했다. 백리해는 주로 가서 왕자 퇴에게 소 기르는 법을 설명했고, 왕자 퇴는 마음에 들어 백리해를 등용하려고 했다. 얼마 후 건숙이 주에 갔고, 백리해는 건숙과 함께 왕자 퇴를 알현했다. 궁에서 나온 건숙은 왕자 퇴의 주변에 아첨꾼만 가득하다면서 임관을 말렸다.

백리해는 갈 곳이 없어 고향인 우로 가서 처와 아들과 같이 살고자 했다. 건숙이 우의 대부 궁지기宮之奇와 친분이 있다면서 같이 가서 추천해 주겠다고 했다. 백리해는 건숙과 함께 우로 갔다. 백리해는 고향 마을로 갔으나, 집은 없어지고 빈 터만 남아 있었고 아무도 처자식의 행방을 알지 못했다. 백리해는 슬퍼하며 통곡했다.

건숙의 추천을 믿고 궁지기는 우공虞公에게 백리해를 천거했다. 우공은 백리해를 중대부에 임명했다. 건숙은 우공이 식견이 없고 고집이 많다며 걱정했다. 그러나 백리해는 가난에 지쳐 그냥 우공에게 임관했다. 얼마 후 건숙은 제를 떠나 송의 명록촌鳴鹿村으로 가솔들을 데리고 이주했다.

주혜왕周惠王의 즉위(BC 677년)

주희왕이 재위 5년 만에 사망하고 왕자 낭閬이 즉위하니(BC 677년), 곧 **주혜왕周惠王**[1]이다. 퇴는 자기가 왕의 숙부라는 것을 믿고 더 교만하게 행동했다. 주혜왕은 퇴를 견제하기 위해 퇴의 측근인 위국, 변백, 자금, 축궤, 첨보의 토지나 주택을 여러 이유를 들어 일부 몰수했다. 다섯 대부들은 왕을 원망했다.

어느 날 주혜왕은 요리가 맛이 없다는 이유로 재부宰夫(왕실 요리사) 석속石速의 녹봉을 삭감해 버렸다. 이 때문에 석속은 왕을 원망했다.

진헌공晉獻公의 즉위(BC 677년)

진晉무공이 진을 통일하고 얼마 뒤 사망하고 세자 궤제가 즉위하니(BC 677년), 곧 **진헌공晉獻公**[2]이다. 진헌공은 제강을 부인으로 삼고,

---

1) 주혜왕 희랑: 재위 BC 676 ~ BC 652
2) 진晉헌공 희궤제: 재위 BC 676 ~ BC 651

신생을 세자로 삼았다. 진헌공은 대부 **두원관**杜原款을 태부太傅로, 대부 **이극**里克을 소부小傅로 삼아 신생을 보좌하게 했다. 이때 신생의 이복형인 공자 중이는 나이 21세였다.

진헌공이 즉위한 이후에 제강은 딸 하나를 더 낳고, 곧 사망했다. 그러자 진헌공은 가희의 여동생인 가군賈君을 얻어 부인으로 삼았는데, 가군은 자식을 낳지 못했다. 진헌공은 제강이 낳은 딸을 가군에게 보내 양육하게 했다.

초도오楚堵敖의 즉위(BC 675년)

초문왕이 파巴와 연합하여 남신南申을 공격해 멸망시키는 과정에서 파는 초에 대하여 반감을 가졌는데, 결국 파가 반란을 일으켰다(BC 676년). 초의 수비 장수인 염오閻敖는 이를 막지 못하고 수챗구멍으로 빠져나가 헤엄쳐 겨우 달아났다. 초문왕은 분노하여 염오를 처형했다. 이 때문에 염씨 일족은 초문왕을 원망하게 되었고, 파에 사람을 보내 결탁하며 내응을 약속했다.

드디어 파가 초를 공격하자 초문왕이 직접 진津 땅으로 나가 파와 싸웠다. 이때 염씨 일족이 초군에 잠입하여 기습을 했고, 초군은 대혼란에 빠졌다. 이 와중에 초문왕은 뺨에 화살을 맞는 부상을 당했고, 초군은 크게 패하여 달아났다. 파군은 더 이상 추격하지 않았고, 염씨 일족은 파로 이주했다.

초문왕이 패잔병을 이끌고 도성으로 돌아와 성문을 열라고 했다. 그런데 성문을 담당하고 있던 육권은 성문을 열어주지 않으며, 파에 패하여 국가의 체면을 손상시켰으니 조례를 하지 않고 있는 황黃[1]을 정벌하여 국가의 체면을 다시 세우면 그때 성문을 열어주겠다고 답했다.

초문왕은 육권의 말에 자극받아 병사들을 이동시켜 적릉踖陵 땅에서 황군을 크게 무찔렀다. 그러나 초문왕은 뺨의 상처가 덧나 회군했는데, 추湫 땅에서 결국 병으로 죽게 된다(BC 675년).

초문왕이 재위 16년에 사망하고 장남인 간이 즉위하니, 곧 **초도오楚堵敖**[2]다. 도오杜敖, 장오莊敖라고 칭하기도 한다. 육권은 두 번이나 왕명을 거스른 사실을 자책하며 칼로 목을 찔러 자살했다. 초도오는 육권의 죽음을 불쌍히 여겨 그 후손들에게 육권의 벼슬을 승계하게 했다.

채목공蔡穆公의 즉위(BC 675년)

채애후가 초에서 포로생활을 하다 귀국하지 못하고 죽었다(BC 675년). 이에 채에서 채애후의 아들인 힐肸이 즉위하니, 곧 **채목공蔡穆公**[3]이다.

주周 왕자 퇴頹의 반란(BC 675년)

주혜왕을 원망하고 있던 다섯 대부와 석속이 반란을 일으켜(BC 675년) 퇴를 왕으로 추대했다. 그러나 주공 기보와 소백召伯 요廖에 의해 진압되었고, 이들은 소蘇로 도주했다. 소蘇의 군주는 예전에 땅을 몰수

---

1) 회수 상류에 위치한 동이 계열 국가
2) 초도오 웅간: 재위 BC 674 ~ BC 672
3) 채목공 희힐: 재위 BC 674 ~ BC 646

당한 사실 때문에 평소 주왕을 원망하고 있었으므로 이들과 합세하여 위衛로 갔다. 소 군주는 복위 과정에서의 앙금 때문에 평소 주왕을 원망하고 있던 위혜공을 설득했고, 위혜공은 연에 원군을 요청했다.

결국 위군과 연군이 연합하여 주를 공격했다. 주공 기보가 이에 맞섰으나 패했고, 주혜왕은 주공 기보 및 소백 요와 함께 언鄢 땅으로 도주했다. 드디어 왕자 퇴가 왕으로 즉위했으나(BC 675년), 주의 백성들은 마음속으로 복종하지 않았다.

정여공鄭厲公의 활약[주혜왕周惠王의 복위](BC 673년)

초문왕이 죽은 사실을 알게 된 정여공은 기뻐했다. 이때 숙첨이 주혜왕에게 조례하고 예전에 담당했던 주 왕실의 경사를 맡아 제와 초의 지배에서 벗어날 것을 건의했다. 정여공은 만족하며 대부 사숙을 주 왕실에 보냈으나, 왕자 퇴의 반란 때문에 목적을 달성하지 못했다.

귀국한 사숙이 정여공에게 경과를 보고하며, 만세의 공로를 위해 주혜왕의 복위를 추진할 것을 건의했다. 정여공은 만족하며 사람을 보내 주혜왕을 역 땅으로 모셔왔다. 동시에 정여공은 퇴에게 서신을 보내 왕위에서 물러날 것을 권유했다. 퇴는 이를 거부했다. 정여공은 역 땅으로 가서 주혜왕을 조례한 후 왕명을 받고 낙읍을 기습했다(BC 674년). 정여공은 완전히 이길 자신이 없어 주 왕실의 보물만을 취한 뒤 다시 역성으로 돌아갔다.

정여공은 서괵에 사신을 보내 함께 주혜왕의 복위를 추진하자고 제안했고, 괵공은 승낙했다. 정여공과 괵공의 연합군이 다시 낙읍을 공격했다(BC 673년). 주의 백성들이 성문을 열어 정군과 괵군을 맞이했다.

왕궁 근처에서 싸움이 벌어졌고, 정군과 괵군이 크게 이겼다. 축궤와 자금은 전사했고, 위국은 칼로 목을 찔러 자살했다. 변백과 첨보는 백성들에게 사로잡혔다. 퇴는 서문을 빠져나가 도망을 갔는데, 비단 옷을 입은 소 떼를 데리고 갔다. 그런데 소들이 느려 결국 사로잡히게 되었다. 퇴, 변백, 첨보는 참형을 당했고, 주혜왕은 낙읍으로 돌아와 복위했다(BC 673년). 주혜왕은 정여공에게 호뢰虎牢 이동의 땅을 하사했고, 괵공에게는 주천酒泉 땅을 하사했다. 땅이 계속 줄어들면서 주의 국력은 더 약해졌다.

정문공鄭文公의 즉위(BC 673년)

주혜왕에게 감사의 인사를 하고 귀국하던 정여공은 도중에 병이 나 간신히 돌아왔는데, 바로 세상을 떴다(BC 673년). 복위 7년, 즉위 27년 만이었다. 이어서 세자 첩捷이 즉위하니, 곧 **정문공鄭文公**[1]이다.

정문공은 본부인에게서 아들 **화華**와 **장臧**을 얻었고, 화를 세자로 삼았다. 정문공은 여러 첩들을 두었고, 많은 아들들을 얻었다. 본부인은 정문공의 애정을 받지 못하다 곧 병으로 죽었다.

세자 화는 자신의 지위에 불안을 느껴 숙첨과 도숙을 찾아가 상의했다. 숙첨과 도숙은 효를 강조하며 원론적인 대답을 했다. 세자 화는 도움을 받지 못하자 숙첨과 도숙에 대해 서운한 감정을 가지게 되었다.

공자 장은 사치를 즐기고 허황된 것을 좋아했다. 공자 장은 평소에 도요새 날개 깃털로 만든 관冠을 쓰고 다녔는데, 사숙은 예에 맞지 않

---

1) 정문공 희첩: 재위 BC 672 ~ BC 628

는 복장이라고 충고했다[1]. 공자 장은 사숙에게 좋지 않은 감정을 가지게 되었다. 공자 장은 형인 세자 화를 만날 때마다 사숙을 험담했고, 결국 세자 화도 사숙을 싫어하게 되었다. 이로써 세자 화는 삼량 모두를 싫어하게 되었다.

당시 제는 제환공과 관중의 노력으로 날로 강성해지고, 초는 초문왕 사후 다소 세력이 약해졌다. 그러자 정문공은 제에 사신을 보내 동맹을 청했고, 제환공은 이를 승낙했다(BC 670년). 이로써 정은 초 대신 다시 제에 붙게 되었다.

웅운熊惲의 정변[초성왕楚成王의 즉위](BC 672년)

초도오 웅간은 즉위 이후 정치에는 관심이 없고 사냥에만 몰두하여 백성들의 신망을 얻지 못하고 있었다. 한편 초도오는 동생 웅운의 능력과 인기를 시기했다. 기회를 보아 동생을 처치하고 싶었으나 신하들과 백성들의 이목 때문에 실행하지 못하고 있었다. 웅운은 형이 자신을 경계하는 것을 의식하여 비밀리에 무사들을 양성하면서 백성들의 인기를 믿고 야심을 키웠다.

재위 3년 어느 날, 초도오가 사냥을 떠났다. 웅운은 중간에 미리 무사들과 함께 매복했다가 초도오의 행렬을 급습하여 죽였다(BC 672년). 웅운은 어머니 문부인을 찾아가 초도오가 병으로 급사했다고 거짓으로 보고했다. 문부인은 웅운을 추궁하지 않고 대신들을 불러 웅운을

---

[1] 새의 깃털을 관에 다는 방식은 새를 해(하늘)와 사람을 연결시켜 주는 특별한 존재로 여겼던 동이 국가에서 유행하던 방식임

즉위시키도록 지시했다. 이에 웅운이 군위에 오르니, 곧 **초성왕楚成王**[1]이다.

초성왕은 형을 선왕으로 인정하지 않았고, 도오라는 시호만 주었다. 초성왕은 숙부인 **공자 선善(=자원子元)**을 영윤에 임명했다.

한편 초성왕이 아직 군위에 오르기 전에 명관상가인 율사鬻似라는 사람이 웅운, **성득신成得臣(=자옥子玉)**, 투의신鬪宜申의 관상을 본 적이 있었는데, 모두 제 명대로 살지 못할 것이라고 예언을 했었다. 초성왕은 즉위 이후 그때의 일을 기억하고 성득신과 투의신을 불렀는데, 무슨 짓을 하더라도 죽이지 않겠다고 말하며 면사패免死牌를 수여했다.

진陳 공자 완完의 제齊 망명(BC 672년)

진陳선공이 모반을 의심하여 아들인 세자 어구를 처형해 버렸다(BC 672년). 그러자 평소 어구와 친하게 지내던 **공자 완完**은 신변의 안전을 염려하여 제로 망명했다(BC 672년). 제환공은 공자 완에게 공정工正 벼슬을 주었다. 공자 완은 자신의 출신을 의식하여 진陳을 씨氏로 사용하였다.

어느 날 제환공이 공자 완의 집에서 낮에 주연을 즐기다 끝내지 않고 밤까지 계속하려고 했다. 그러자 공자 완은 낮에만 제환공을 모시기로 약속한 것이었다고 아뢰며, 조심하고 삼가는 태도로 분부를 사양했다. 제환공은 공자 완의 예의 바른 태도를 칭찬하며 전田 땅을 하사했다. 이때부터 진씨陳氏의 일부는 전田을 씨로 사용하게 되고, 이로써 공

---

1) 초성왕 웅운: 재위 BC 671 ~ BC 626

자 완은 전씨田氏의 시조가 되었다. 실제로 진씨陳氏와 전씨田氏는 혼용되었는데, 먼 훗날 진씨(=전씨) 가문이 제의 실권을 차지하게 된 이후에는 제와의 인연을 강조하기 위하여 전씨를 내세우게 된다.

원수의 딸과 혼인하는 노장공魯莊公(BC 670년)

제양공이 죽은 이후에도 문강은 계속 음행을 즐기다 늙어서 죽게 되었다(BC 673년 7월). 문강은 노장공에게 정혼한 제양공의 여식과 상례에 구애받지 말고 최대한 빨리 결혼할 것과 제와 우호를 유지할 것을 유언으로 남겼다. 노장공은 모친의 유언대로 그해에 바로 혼인하려고 했다.

대부 어손御孫은 제와의 혼인 자체를 반대했다. 대부 조귀는 상을 끝내고 혼인할 것을 주장했다. 노장공이 문강의 유언을 강조했다. 결국 신하들은 소상小祥[1]을 마친 후 청혼하기로 결정했다. 노장공은 제의 방防 땅에서 제 대부 고혜를 만나 혼인의 주선을 부탁했다. 그러나 제환공은 노가 상중임을 강조하며 혼례를 늦추었다.

결국 노장공은 문강의 3년상을 다 끝낸 후 제양공의 딸과 정혼한 지 20년 만에 혼인을 하게 되었다(BC 670년 8월). 당시 노장공은 나이 37세, 재위 24년 차였다. 노장공은 제의 국력을 의식해서 지나치게 자신을 낮추고 제양공의 딸을 높여 혼인을 치렀다. 대부 어손은 예법이 무너졌다고 탄식했다. 이때 시집온 제양공의 딸을 **애강哀姜**이라고 부른다. 애강의 친정 동생인 숙강叔姜도 잉첩으로 나중에 시집왔다. 노장공

---

1) 사람이 죽은 지 1년 만에 지내는 제사

의 혼인으로 제와 노의 우호는 더욱 두터워졌다.

　20여 년 동안 실질적인 부인 역할을 하던 맹임은 억울하여 그만 화병이 나서 죽었다. 노장공은 애강을 의식하여 맹임을 첩에 대한 예로 장례를 치르게 했다. 노장공의 주요한 부인과 자식들을 정리하면 다음과 같다.

- 맹임: 당씨의 딸. **반般**을 낳음
- 풍씨: 수구자의 딸. **신申**을 낳음
- 애강: 제양공의 딸. 부인. 자식을 낳지 못함
- 숙강: 제양공의 딸. 잉첩. **계방啓方**(=개開)을 낳음
- 기타: 첩을 통해 **수遂**(=동문수東門遂)를 얻음

위의공衛懿公의 즉위(BC 669년)

　위혜공이 복위 20년(즉위 31년)에 사망하고 아들인 적赤이 즉위하니 (BC 669년), 곧 **위의공衛懿公**[1]이다. 위의공은 게으르고 오만한 성격이었다. 위의공은 특이하게도 학을 매우 좋아하며 집착했다. 백성들이 학을 잡아 바치면 후한 상금을 내렸고, 학들에게 벼슬과 녹봉을 지급했으며, 외출할 때 학들을 줄지어 데리고 다녔다. 이에 따라 국가의 재정이 부족해지자 세금을 올렸고, 백성들의 생활이 궁핍해져 민심이 위의공을 떠나게 되었다[2].

---

1) 위의공 희적: 재위 BC 668 ~ BC 660
2) 여기서 **애학실중愛鶴失衆**(학을 좋아하여 민심을 잃는다는 뜻. 작은 것을 탐하다가 큰 것을 잃는 것을 비유함)의 고사성어가 나옴

대의멸친의 일화로 유명한 석작의 후손인 대부 **석기자**石祁子는 충직한 성품으로 대부 **영속**寧速과 함께 위의 국정을 담당하고 있었다. 석기자와 영속이 여러 차례 위의공에게 학을 사육하지 말라고 간언했으나, 위의공은 듣지 않았다.

공자 석과 신강의 아들로 신망이 높았던 공자 훼는 위의 부패에 실망하여 제로 이주해 버렸다. 제환공은 공자 훼를 서형인 공자 규의 딸과 혼인시켰다. 당시 위의 백성들은 위의공에게 실망하여 공자 훼에게 큰 기대를 가지고 있었는데, 훼가 제로 가버리자 실망하여 더욱더 위의공을 원망하게 되었다.

여희驪姬에게 미혹되는 진헌공晉獻公

진晉은 통일된 이후 국력이 강해졌고, 진晉헌공은 이를 바탕으로 여융驪戎을 공격했다(BC 672년). 여융 군주는 절세미인인 딸 **여희**驪姬와 소희少姬를 바치며 강화를 요청했고, 진헌공은 승낙했다. 진헌공은 절세미인인 여희에게 완전히 빠져들게 된다. 여희는 해제奚齊를 낳았고(BC 665년), 소희는 탁자卓子를 낳았다.

진헌공은 여러 여자들로부터 9명의 아들을 얻었는데, 진헌공의 중요한 부인과 자식을 정리하면 다음과 같다.

- 가희: 세자 때 부인. 자식 없음
- 호희: 대부 호돌의 딸. 세자 때 첩. **중이**를 낳음(BC 697년)
- 소융 윤씨: 세자 때 첩. **이오**를 낳음

- 제강: 세자 때 부친 진무공의 첩인 제강(제환공의 딸)과 사통. **신생**을 낳음. 즉위 후 부인으로 삼음. 딸 **백희伯姬**[1](나중에 진秦목공과 혼인하여 목희로 불리게 됨)를 낳음
- 가군: 제강의 사망 이후 부인으로 삼음(가희의 동생). 자식 없음. 백희를 양육함
- 여희: 즉위 후 첩. 절세미인. **해제**를 낳음
- 소희: 즉위 후 첩(여희의 동생). **탁자**를 낳음

여희는 진헌공의 총애를 바탕으로 자기 세력을 키우며 정치에 관여하는 것을 즐겼고, 첩이 아닌 부인으로 임명되길 희망했다. 진헌공은 여희의 부인 임명을 위해 태복太卜 곽언郭偃과 태사太史 소蘇를 시켜 점을 쳤으나, 모두 점괘가 불길하게 나왔다. 진헌공은 그럼에도 여희를 부인으로 책봉하고, 소희를 차비次妃로 책봉했다.

세자 신생은 인자하고 정결한 성격으로 효성이 지극했고, 중이는 겸손하고 공손하여 여러 사람들과 교제했다. 반면 이오는 겉으로는 드러내지 않았지만 욕심이 많고 시기와 질투가 많았다. 중이·이오·신생은 서로 우애 있게 잘 지내고 있었다.

신생의 모친을 제환공의 딸이 아닌 제 출신의 공녀라고 주장하며, 신생을 중이의 이복형으로 보는 견해가 있다. 이 견해에 의하면 신생은 대략 BC 700년경에 태어난 것이 되는데, 신생의 동복여동생인 백희(=목희)는 진헌공의 즉위(BC 677년) 이후 태어났으므로 결국 신생과 백

---

1) 희씨 가문에서 정실부인이 낳은 큰딸(장녀)이라는 의미임

희는 25세가량 나이 차이가 난다. 이는 비현실적인 주장이다. 또한 백희가 혼인하고 신생이 자살한 해가 BC 656년인데(후술), 신생을 중이의 형으로 본다면 신생은 40대 중반에 자살한 것이 된다. 신생의 부인과 후손에 대한 기록은 전혀 남아 있지 않은데, 이는 신생이 젊은 나이에 죽은 것을 암시하는 것이다. 결국 신생은 중이와 이오의 이복동생으로 BC 680년경 태어나 20대 중반에 죽은 것으로 보는 것이 타당할 것이다.

이와 달리 중이를 진헌공이 즉위 후 적狄 여인을 취하여 BC 671년에 얻은 둘째 아들로 보는 견해가 있다. 이 견해도 신생을 중이의 이복형으로 보는데, 이에 의하면 중이는 30대 중반의 나이에 군위에 올라 43세에 사망한 것이 된다. 이는 중이가 즉위 후 나이 때문에 오래 재위하지 못할 것으로 생각하여 여러 아들들에 대한 조치를 취하는 부분과 맞지 않는다. 따라서 저자는 《사기》에 기록된 바와 같이 중이를 BC 697년에 출생한 것으로 보며, 이에 근거하여 기술하기로 한다.

진헌공은 곡옥백 환숙과 곡옥장백의 자손들이 반란을 일으킬까 항상 불안했는데, 결국 그들을 제거하기로 결심했다. 대부 **사위士蒍**가 ①그들을 이간질하여 분리시켜 힘을 약화시키고 ②새로 성을 쌓아 그곳에 거주하도록 유인한 후 공격하는 계책을 건의했고, 진헌공은 그 계책을 써서 곡옥백 환숙과 곡옥장백의 자손들을 거의 대부분 죽여버렸다(BC 671년 ~ BC 669년). 그들 중 일부가 괵虢으로 탈출하여 괵공에게 억울함을 호소했고, 괵공은 이들의 복수를 명분으로 진晉을 공격했다(BC 668년). 진헌공은 괵의 공격을 잘 방어했고, 괵에 대하여 깊은 원한을 가지게 되었다.

한편 진헌공은 공족 제거의 공을 인정하여 대부 사위를 대사공에 임명했다. 진헌공은 사위를 시켜 도읍 강絳을 크게 확장하고(BC 668년) 궁실을 화려하게 꾸몄다.

제환공齊桓公의 위衛 공격(BC 666년)

제환공은 노와 연합하여 동이 국가인 서徐를 공격하여 복속시켰고(BC 667년), 여세를 몰아 주변 동이 국가 몇 개를 더 복속시켰다.

왕자 퇴의 반란 때문에 위혜공에 대한 원한이 깊었던 주혜왕이 어느 날 소백 요를 제에 사신으로 보내 왕명을 전달했다. 그 내용은 ①제환공을 방백方伯으로 삼고 ②제환공에게 태공太公의 작위를 제수하며 ③제후들에 대한 정벌 권한을 인정하니 ④천리를 어긴 위혜공을 토벌하라는 내용이었다.

제환공은 명을 받들어 직접 위를 토벌하러 출전했다(BC 666년). 위의공은 이유를 따지지도 않고 성을 나와 대응했으나 대패했다. 이후 제환공은 위의 도성을 포위한 다음 왕명을 알리고 위혜공의 죄를 선포했다. 위의공은 큰아들인 **공자 개방開方**을 보내 많은 뇌물을 바치며, 선군의 잘못임을 강조하고 강화를 간청했다. 제환공은 많은 뇌물을 받고 결국 퇴의 반란은 위의공의 잘못이 아니라며 강화를 허락했다.

위 공자 개방은 제의 강력함에 반해 제환공을 찾아가 신하가 되기를 간청했다. 제환공은 개방에게 장차 군위에 오를 예정인데 이를 버리고 신하가 되려는 이유를 물었다. 개방은 천하의 어진 군후인 제환공을 말석에서라도 모시는 것이 위의 군위에 오르는 것보다 더 영광스러운 일이라고 답했다. 제환공은 크게 만족하며 허락하고, 개방을 대부에 임명했다.

이후 제환공은 개방을 총애했다. 제의 백성들은 제환공의 총애를 받는 **수초**, **역아**, **공자 개방**을 제의 삼귀三貴라고 불렀다. 어느 날 개방은 제환공에게 위의공의 여동생이 매우 아름다우니 첩으로 얻을 것을 권유했다. 개방이 말한 위의공의 여동생은 제환공의 애첩인 위희의 여동생이자 개방에게는 고모가 된다. 제환공은 위에 이를 요청했고, 위의공은 제의 위세에 눌려 여동생을 바쳤다. 제환공이 위의공의 여동생을 첩으로 삼으니 사람들은 언니를 장위희長衛姬, 동생을 소위희少衛姬라고 불렀다.

초楚 영윤 자원子元의 정鄭 공격

초의 영윤 자원은 초문왕의 동생인데, 형수인 문부인을 사모하고 있었다. 자원은 조카인 초성왕을 제거하고 왕이 되고 싶었고, 특히 문부인을 차지하고 싶었다. 그러나 자원은 투씨와 성씨의 세력이 강하여 자신의 계획을 실천하지는 못하고 있었는데, 서서히 자신의 세력이 강화되자 행동을 멋대로 하게 된다. 자원은 왕궁 옆에 관사를 건축하고, 문부인을 유혹하기 위해 매일 잔치를 열어 춤과 음악이 끊이지 않았다. 음악 소리가 매일 들려오자 문부인은 시자를 보내 아직 중원을 정복하지 못하고 있는 상태에서 이를 추진할 생각은 않고 '남편이 죽었을 때 같이 죽었어야 하나 아직 따라 죽지 못한 사람(미망인未亡人)'[1] 곁에서 음악만 즐긴다며 자원을 질책했다.

---

1) 문부인이 스스로를 지칭한 말인데, 문헌상 미망인이라는 단어가 처음으로 등장하는 순간임. 부인이 남편을 따라 순사하는 경우가 실제로 있었는지는 불명임(첩이 강제로 순장되는 경우는 종종 있었음)

결국 영윤 자원은 문부인의 환심을 사기 위해 제에 붙은 정을 공격하기로 결정했다. 자원은 투어강鬪御彊과 투오鬪梧를 전대로 삼고, 자신은 중군을 맡고, 왕손 유游와 가嘉에게 후대를 맡겼다. 그리하여 자원은 병거 600승을 거느리고 직접 정으로 쳐들어갔다.

정의 조정에서 회의가 열렸다. 도숙은 사신을 보내 사죄하고 화평을 요청하자고 주장했고, 사숙은 성을 지키며 제에 원군을 요청하자고 주장했고, 세자 화華는 정면 대결을 펼치자고 주장했다. 숙첨은 사숙의 주장에 찬성하며, 자원의 승리에 대한 초조함과 패전에 대한 불안함 때문에 초군이 곧 회군할 것으로 예측했다. 정문공은 사숙과 숙첨의 주장에 따라 제에 구원을 요청하는 사신을 보냈다.

초군은 정의 외곽을 순식간에 함락하고 정의 도성 근처에 도달했다. 예상보다 훨씬 일찍 초군이 도성까지 도달하자 도숙은 당황하며 동구桐邱 땅으로 피난 갈 것을 건의했다. 숙첨은 물리적으로 피난도 불가능하고 성을 지키는 것도 어렵다고 판단하여 군사들을 성안에 매복시킨 다음 성문을 활짝 열어 버렸다[1]. 가장 먼저 정의 도성에 당도한 초군의 선발대인 투어강은 성문이 열려 있는 모습을 보고 무언가 속임수가 있을 것으로 생각하여 감히 더 이상 진격하지 못했다. 얼마 후 자원이 도착했는데, 이 모습을 보고 차마 공격을 개시하지 못했다. 자원은 정군의 동정을 탐지하기 위해 일단 주둔했다. 며칠 후 후대로 오던 왕손 유가 제·송·노의 제후들이 직접 원군을 이끌고 접근하고 있다는 소식을

---

[1] 군사가 없는 빈 성의 문을 열어젖혀 복병이 있을 것이라는 커다란 의혹을 적에게 불러일으켜 결국 퇴각하게 만드는 계책을 **공성계空城計**라고 함. 당시 정이 공성계를 사용한 것은 사실이나, 누구의 계책인지 역사서에 기록은 없음. 소설《동주 열국지》는 이를 당시 정의 실권자인 숙첨의 계책으로 기록하고 있음

전해왔다.

자원은 원군에 의하여 포위당하는 것을 염려하여 정의 도성까지 도달한 것은 승리한 것과 같다고 선언하면서 싸우지도 않고 밤을 이용하여 비밀리에 회군했다. 자원은 정군의 추격을 염려하여 군막과 기를 그대로 두고 신속히 물러났다.

숙첨은 초군 진영을 살피다 새들이 군막에 앉아 있는 것을 보고 초군이 철수한 것과 제군이 구원하러 오고 있는 것을 예측했다. 얼마 후 숙첨의 예측대로 제·송·노의 원군이 도착했고, 사람들은 숙첨의 식견에 감탄했다. 정문공은 원군을 이끌고 직접 온 제환공, 송환공, 노장공에게 감사를 표했고, 제환공의 신의에 감복했다. 제·송·노의 원군은 초군이 철수한 사실을 보고받자 각자 본국으로 귀국했다.

자원은 정의 경계를 벗어나자 비로소 북을 울리고 개가를 부르며 마치 승전한 것처럼 개선했다. 자원은 먼저 사람을 문부인에게 보내 승리한 것을 보고하게 했다. 그러나 문부인은 자신에게 고할 것이 아니라 종묘와 백성들에게 고하라고 냉정히 대답했다. 초성왕은 자원이 싸우지도 않고 돌아온 사실을 나중에 알게 되자 자원에 대하여 강한 반감을 가지게 된다.

여희驪姬의 야망

여희에게 완전히 빠진 진晉헌공은 여희를 더 기쁘게 하기 위해 세자를 해제로 바꾸려는 뜻을 밝혔다. 여희는 속으로 매우 기뻤으나, 중이·이오·신생의 세력이 강하고 서로 우애가 있는 현실을 감안하여 겉으로는 거짓으로 사양을 했다. 이에 진헌공은 이 문제를 더 이상 언급하지 않았다.

당시 대부 **양오梁五**와 **동관오東關五**는 아첨을 잘하여 진헌공에게 총애를 받으며 권세를 누리고 있었는데, 진晉의 백성들은 그들을 '이오二五'라고 불렀다. 또한 **배우 시施(=우시優施)**라는 미소년이 있었는데, 말을 잘하고 영리하여 진헌공의 총애를 받았다. 진헌공은 배우 시를 불러 남색을 즐기곤 했는데, 배우 시는 궁중을 마음대로 출입하며 여희와도 간통을 했고 매우 친밀한 사이가 되었다.

여희는 자신의 세력을 키우는 데 더 집중했다. 여희는 해제를 세자로 세우고 싶어 배우 시와 상의했다. 시는 ①중이·이오·신생을 나누어 멀리 보내버리고 ②뇌물을 주어 이오二五와 결탁하라고 계책을 아뢰었다. 여희는 기뻐하며 시에게 뇌물을 내어주었고, 시는 이를 가지고 양오와 동관오를 방문하여 전달하면서 설득했다. 결국 이오二五는 여희의 편이 되었다.

배우 시, 양오, 동관오는 은밀히 모여 계략을 꾸몄다. 이후 계략에 따라 양오가 진헌공에게 곡옥曲沃은 종묘가 있는 중요한 땅이고 포浦와 굴屈은 변경의 요지이므로 이 세 땅은 반드시 믿을 수 있는 세자 신생과 공자 중이, 공자 이오가 맡아 다스려야 한다고 건의했다. 진헌공은 세자가 멀리 나가 있는 것과 포와 굴이 그냥 황야여서 지키기 힘들 것 등 문제점을 지적하며 주저했다. 그러자 동관오는 곡옥의 중요성을 거듭 강조하며, 포와 굴에 성을 쌓으면 변경을 개척하는 결과가 되어 진晉의 국력이 더 강해질 것이라고 주장하면서 양오의 건의에 적극 찬성했다. 결국 진헌공은 양오의 건의를 받아들였다(BC 665년).

이에 따라 진헌공은 ①세자 신생을 **곡옥**으로 보내 다스리게 했는데, 태부 두원관이 따라 갔고 ②공자 중이를 **포** 땅으로 보내 다스리게 했는데, 호모狐毛가 따라 갔고 ③공자 이오를 굴 땅으로 보내 다스리게 했는데, 여이생呂飴甥이 따라 갔다.

공자 중이의 부인은 서영徐嬴이었는데, 일찍 죽었다. 중이는 핍길偪姞을 부인으로 새로 맞아 아들 환讙과 딸 백희를 얻었다. 포 땅으로 갈 때 중이는 가족들을 데리고 갔으나, 핍길은 포 땅에서 일찍 죽게 된다.

진헌공은 조숙趙夙을 곡옥으로 보내 성을 새로 쌓았는데, 그 성을 신성新城이라고 불렀다. 또한 진헌공은 사위士蔿를 포와 굴로 보내 성을 쌓게 하였는데, 사위는 여희의 계략을 파악하고 성을 튼튼히 쌓을 필요성을 못 느껴 일부러 나무와 흙만 사용하여 대충 완성했다. 이때 사위는 '여우가죽옷에 난잡한 여우털이여, 한 나라에 삼공이 있으니[1] 내 누구를 따라야 하리오?'라는 시를 지어 국가의 혼란을 예언했다.

중이·이오·신생을 나누어 멀리 보내버린 여희는 진헌공의 주변을 완전히 장악했고, 더욱 진헌공에게 아양을 떨며 총애를 받았다.

초楚 영윤 자원子元의 몰락

초의 영윤 자원은 문부인과 왕위에 대한 욕망이 점점 강해졌고, 그럴수록 더 불안하고 초조해졌다. 어느 날 문부인이 가벼운 병으로 자리에 눕게 되었는데, 자원은 병간호를 이유로 내궁으로 거처를 옮기고 내궁에서 생활했다. 자원은 사병 수백 명을 시켜 궁 밖 경비를 시켰다. 사흘 동안 자원이 궁에서 나오지 않자 대부 투렴鬪廉이 내궁으로 들어가

---

1) 여기서 **일국삼공一國三公**(한 국가에 제후가 세 명이라는 뜻. 명령을 내리는 상관이 너무 많고 체계가 통일되어 있지 않아 누구를 따라야 할지 모르는 상황을 비유함)의 고사성어가 나옴

자원의 불경을 꾸짖었는데, 자원은 오히려 투렴을 궁중 행랑에 감금해 버렸다.

문부인이 이 사실을 알게 되었다. 문부인은 몰래 **투누오도**鬭穀於菟에게 사람을 보내 혼란한 사태를 바로잡으라는 전지를 내렸다. 투누오도는 초성왕을 찾아가 보고한 다음 투오, 투어강 그리고 아들인 투반鬭班과 상의했다. 그날 밤 투누오도와 투씨 일족은 사병들을 총동원하여 내궁을 습격하였고, 결국 자원을 죽였다(BC 664년). 다음 날 새벽 초성왕은 자원의 가문을 멸족시켜 버렸다.

초楚 영윤 투누오도鬭穀於菟(=자문子文)의 활약

초성왕은 투렴을 영윤에 임명하려 했으나, 투렴은 극구 사양하며 대신 투누오도를 천거했다. 결국 초성왕은 투누오도를 영윤에 임명했는데(BC 664년)[1], 그 이름을 부르지 못하게 하고 자字로만 부르도록 하였다. 투누오도의 자는 자문子文이다. 그래서 흔히 **투자문**鬭子文으로 불리고 있다.

투자문은 영윤이 되자 제의 관중에 비견되는 여러 부국강병책을 시행했다. 즉 ①관리들이 받은 식읍食邑의 반을 국가에 환납하게 하여 국가의 재정을 충실하게 했고 ②도읍인 영성을 확대하여 영도로 이름을 고쳤고 ③군대를 강하게 육성했고 ④여러 어진 사람들을 발굴했다. 그리하여 투누오도는 굴완屈完을 대부에 임명했고, 투장鬭章에게 군사를

---

1) 투누오도: 영윤 재임기간 BC 664 ~ BC 637. '약오-투백비-투누오도-투반-투극황(투생)'의 가계도임

다스리게 했고, 아들인 투반을 신공申公으로 임명하여 신申 땅을 다스리게 했다.

투누오도는 제의 관중에 비견되는 명재상으로 그가 영윤으로 있는 동안 초의 국력은 급속히 성장하게 된다.

제4장

제환공齊桓公의 패권 장악

제1절 제환공齊桓公의 영지令支, 고죽孤竹 원정

제환공齊桓公의 영지令支 원정(BC 663년)

제환공은 초의 국력이 강해지는 것을 우려하여 중원 국가들과 연합해 초를 공격하려고 했다. 관중은 초의 국력이 강하여 아직 시기상조이므로 위엄과 덕망을 더 쌓아야 한다고 말렸다. 그러자 제환공은 원래 기紀의 속국이었던 장鄣[1]을 정벌하려고 했다. 이번에도 관중은 동성同姓 국가를 공격하는 것은 의리 없는 일이라며 반대하고, 대신 왕자 성보를 시켜 대군을 거느리고 기성을 순시하며 장을 정벌할 시늉만 하면 장은 항복할 것이라고 계책을 아뢰었다. 제환공은 관중의 계책대로 했고, 장은 곧 항복하며 복속했다.

당시 연燕의 북동쪽에 **영지令支**[2]라는 이민족 국가가 있었는데, 기병

---

1) 태공망 강상의 손자인 목공穆公이 봉해진 강성姜姓 부용국임
2) 중국에서는 산융山戎의 일파로 보고 있으나, 단재 신채호는 고조선의 동맹국인 동이 국가로 보고 있음

1만 기로 연을 공격했다. **연장공燕莊公**[1]은 감당할 수 없어서 제에 구원을 요청했다. 관중은 중원의 우환으로 초·산융·적狄을 지적하며, 제후의 맹주로서 군사를 일으켜 우환을 제거할 것을 건의했다. 제환공은 연의 구원요청을 받아들여 즉시 제수濟水를 건너 연으로 군사를 이끌고 갔다. 노장공이 그 소식을 듣고 제수 건너편 언덕에 나와 제환공을 영접하면서 자신도 함께 가서 싸우기를 희망했다. 제환공은 멀고 험한 원정이 될 것을 걱정하여 이를 사양했다.

영지 군주인 **밀로密盧**는 두 달 이상 연을 공격하여 많은 재화와 사람들을 약탈한 후 제의 구원군이 온다는 소식을 듣자 곧 철수했다. 연장공은 계문관薊門關에서 제환공을 영접했다. 관중은 비록 영지가 철수했으나 다시 침범할 것이므로 이번에 아예 그 싹을 제거해야 한다고 주장했다. 그리하여 제와 연의 연합군이 결성되었다. 연장공이 전대가 되기를 자청했으나, 제환공은 연군의 피로를 고려하여 후대를 맡겼다. 연장공은 북동쪽 80리에 **무종無終**[2]이 있는데, 융족이지만 영지와는 사이가 좋지 않으므로 길 안내를 요청하자는 제안을 했다. 제환공은 공손습붕을 무종에 보내 많은 뇌물을 주고 길 안내를 요청했다. 무종 군주는 대장 **호아반虎兒班**에게 기병 2,000기를 내어주며 제를 돕게 했다.

그리하여 영지에 대한 원정군이 편성되었는데, 전대는 호아반이, 중군은 제환공이, 후군은 연장공이 맡았다. 원정군은 북쪽으로 200리를 전진하여 규자葵玆 땅에 당도했다. 제환공은 규자에 관關을 설치하고

---

1) 연장공: 재위 BC 690 ~ BC 658
2) 동이 계열이 아닌 북방 계열의 이민족 국가로 추정됨. 북방식(오르도스식) 청동단검을 사용하며 보병전에 능했음. 한때 북방 계열 이민족 국가 중 가장 강력했으나, BC 470년 진晉의 조씨 가문에 멸망함

포숙아에게 지키게 했다. 제환공은 군량의 반과 병든 군사들을 규자에 남겨 보관 및 수송을 맡기고, 튼튼한 병사들을 데리고 다시 전진했다.

영지 군주 밀로는 원정군이 온다는 소식을 듣고 장수 **속매速買**에게 3,000기를 내어주며 반격을 명했다. 속매는 군사들을 골짜기에 매복시킨 다음 선대로 오는 호아반을 100기만 데리고 공격하여 거짓으로 패하면서 호아반의 군대를 매복 지점으로 유인했다. 속매의 군사들이 매복 공격으로 호아반의 군사들을 크게 무찌르고 있을 때, 제환공의 본진이 당도했다. 왕자 성보가 호아반을 구출했고, 속매는 달아났다. 제환공은 호아반을 위로하며 명마를 하사했다.

원정군은 동쪽으로 30리를 전진하여 복룡산伏龍山에 도착했고, 그곳에 영채를 설치했다. 밀로가 속매와 기병 1만 기를 이끌고 와서 제군 영채를 공격했으나, 제군의 방어가 철저하여 효과를 거두지 못했다.

밀로가 다시 계책을 세워 군사들을 매복시킨 다음 소수의 병사들만 보내 제군을 유인했다. 관중이 밀로의 계책을 역이용하는 계책을 마련하여 지시했다. 즉 ①호아반은 영지의 유인에 걸려 밀로군을 공격하는 척하다가 신호가 있으면 회군하고 ②호아반이 밀로군을 공격하고 있을 때, 왕자 성보는 몰래 왼쪽으로 진격하고, 빈수무는 오른쪽으로 진격하여 ③밀로의 매복군을 급습하는 내용이었다. 관중의 지시에 따라 호아반이 출전하여 밀로군을 공격했다. 그사이 성보와 빈수무는 몰래 밀로의 매복군에 접근했다. 호아반이 공격해 오자 밀로는 자신의 계책이 들어맞았다고 만족했다. 그런데 신호가 떨어지자 갑자기 호아반이 철수해 버렸다. 밀로는 대노하여 총공격을 지시했지만, 성보와 빈수무가 먼저 밀로의 매복군을 급습했다. 결국 영지군은 대패하여 달아났다.

이제 원정군은 황대산黃臺山만 넘으면 영지의 근거지에 도달할 수 있게 되었다. 속매는 밀로에게 ①황대산 골짜기에 함정을 파서 방어선을 구축하고 ②유수濡水(현재의 난하灤河)를 막아 식수를 차단하여 적군을 혼란에 빠뜨리고 ③**고죽孤竹**[1])에 구원을 요청할 것을 건의했다. 밀로는 기뻐하며 그대로 실행했다.

황대산 큰길이 막힌 사실을 보고받은 관중은 호아반에게 지형을 물어보았고, 결국 황대산을 우회하여 지마령芝麻嶺으로 돌아나가 청산靑山 입구 쪽으로 나가는 멀고 험한 길을 선택하기로 결심했다. 시간이 지나자 제군은 유수가 차단되어 식수를 구하지 못하고 고통을 받게 되었다. 그러자 공손습붕이 개미구멍을 파서 샘물을 발굴하여 식수 부족을 해결했다. 제환공은 습붕의 지혜로움을 찬탄하며, 복룡산을 용천산龍泉山으로 부르게 했다. 제군이 식수를 구하게 되자 밀로는 크게 실망했다.

속매는 황대산을 굳게 지키면 결국 제군은 군량이 떨어지게 될 것이라고 건의했다. 밀로는 이에 따라 황대산을 굳게 지키기만 하고 있었다. 관중은 빈수무와 호아반에게 지마령을 돌아 6일 후에 영지의 근거지에서 합류할 것을 지시하고 출발시켰다. 관중은 적의 염탐을 우려하여 빈수무와 호아반이 식량을 실어오기 위해 가는 것처럼 가장했다. 관중은 우회하는 것을 영지가 눈치 채지 못하게 하기 위해 아장牙將[2]) 연지連摯에게 황대산에 가서 싸움을 계속 걸라고 지시했고, 영지군은 이에 응하지 않았다. 밀로는 제군이 더 이상 전진하지 못하자 방심하게 되었다.

---

1) 백이·숙제의 나라로 유명한 동이 국가임. 신채호는 고주는 오래된 뿌리를 뜻하는 고유어인데, 고주박·고추가(고구려의 관직명)·고죽국 등이 여기서 나온 말이라고 주장함
2) 군사 5,000명 규모의 부대에 2명의 아장을 두었음

관중은 6일 후 드디어 황대산에 대한 총공격을 개시했다. 군사들은 등에 흙가마니를 지고 빈 수레 200승을 앞세워 전진했다. 빈 수레가 함정에 빠지면 제군은 흙가마니로 순식간에 함정을 메워버리고, 나무와 돌이 길을 가로막고 있으면 치우면서 전진했다. 제군은 영지의 근거지에 접근했다. 방심하고 있던 영지 군주 밀로가 남쪽으로부터 제군의 접근을 보고받고 맞서 싸우려는데, 갑자기 서쪽에서 빈수무와 호아반이 기습 공격을 시작했다. 남쪽과 서쪽에서 공격을 받게 되자 밀로는 견디지 못하여 고죽을 향해 동남쪽으로 달아났고, 영지 백성들은 항복했다. 제환공은 연의 포로들을 구출했고, 많은 전리품을 획득했다.

제환공齊桓公의 고죽孤竹 원정(BC 663년 ~ BC 662년)

　제환공은 멀리 원정을 온 김에 영지의 동맹국인 고죽마저 격파하여 북쪽의 우환을 완전히 제거하기로 결심하였다. 그때 포숙아가 보낸 아장 고흑高黑이 식량 50수레를 싣고 도착했다. 제환공은 고흑을 돌려보내지 않고 군무를 맡겼다. 제환공은 항복한 영지 병사 1,000명을 뽑아 호아반의 부대에 편입시켰다. 이때 밀로는 고죽에 도착하여 원조를 요청했다. 고죽 군주 **답리가答里呵**는 밀로를 위로하며 원조를 약속했다.

　원정군은 고죽으로 진군했다. 고죽은 영지 동남쪽 100여 리에 있는데, 상商 때부터 튼튼한 성곽이 있었다. 가는 길은 기암괴석으로 가득하고 초목이 무성하며 대나무 숲이 빽빽한 매우 험한 산길이었고, 마지막에 비이鼻耳계곡을 지나 유수濡水를 건너면 고죽 경내로 들어간다. 원정군은 고죽의 기병에 대비하여 반드시 병거를 가져가야 했다. 병거를 위해 불을 질러 초목을 태우고 산을 깎고 길을 만들면서 전진했다.

그래서 병사들의 고생은 말로 표현하기 힘들 정도였다. 관중은 원정길의 어려움을 이기기 위해 노래(〈상산가上山歌〉, 〈하산가下山歌〉)를 지어 병사들에게 부르게 하여 사기를 높였다.

원정군이 접근하고 있다는 보고를 받았지만 답리가는 유수 주변의 뗏목만 치워버리면 원정군은 강을 건널 수 없어서 후퇴할 것이라고 방심했다. 고죽군 대장 **황화黃花**는 비이계곡 입구 주변에 수비병을 주둔시켜 적군이 뗏목을 만들어 유수를 건너는 것에 대비해야 한다고 건의했으나, 답리가는 이를 무시했다.

원정군이 비이계곡 근처에 있는 양쪽이 석벽으로 끼인 좁은 길까지 당도했을 때 제환공은 적의 복병이 있을까 크게 걱정했다. 그때 제환공의 눈앞에 키 1척 남짓의 주홍빛 옷을 입고 검은 관을 쓴 괴물이 나타났다 사라졌다. 제환공이 놀라서 관중에게 괴물의 모양을 말하면서 무엇인지 물었다. 관중은 그 괴물은 유아兪兒인데, 등산의 신으로 패왕에게만 보이는 귀신이라고 설명했다. 제환공은 걱정이 사라지며 기분이 매우 좋아졌다[1].

관중은 정찰병을 보내 지형 등을 자세히 조사했다. 연장공은 비이계곡을 지나 유수를 건너서 동쪽으로 전진하면 단자산團子山이 나오고, 30리 더 전진하면 마편산馬鞭山이 나오고, 또 30리를 더 전진하면 쌍자산雙子山이 나오는데, 거기서 25리만 더 전진하면 도읍인 무체성無捄城이 나온다고 설명했다. 적군이 없는 것을 확인한 원정군은 유수가 내려다보이는 산 위에서 대나무를 베어 칡넝쿨로 묶어 수백 개의 뗏목을 순식간에 만들었다.

---

1) 관중은 나태해지고 약해지는 제환공에게 자신감을 불어넣기 위해 인위적 조작을 가끔 했는데, 이 일화도 그중 하나임. 이와 달리 고죽의 정찰병으로 보는 견해도 있음

관중은 강 건너편에 혹시 복병이 있을 것을 염려하여 군대를 정병正兵과 기병奇兵으로 나눴다. 정병과 기병은 유수를 건넌 다음 단자산에서 합세하기로 약속했다. 왕자 성보와 고흑이 정병正兵을 거느리고 뗏목을 이용해 먼저 오른쪽으로 강을 건너고, 공자 개방과 수초가 제환공을 호위하며 뒤를 따랐다. 빈수무와 호아반은 기병奇兵을 거느리고 뗏목을 이용해 먼저 왼쪽으로 강을 건너고, 관중과 연지가 연장공을 호위하며 뒤를 따랐다.

원정군이 유수를 건너고 있다는 사실을 뒤늦게 알게 된 답리가는 놀라서 급하게 황화에게 5,000명을 내어주며 적을 막도록 지시했다. 영지 군주 밀로가 속매와 함께 선봉이 되기를 자청했다. 황화는 여러 번 패한 사람이라고 비웃고 거절하면서 그냥 출발해 버렸다. 답리가는 속으로 미안하여 밀로에게 단자산을 수비해 줄 것을 부탁했다. 무시를 당한 밀로는 황화에게 깊은 원한을 품은 채 단자산으로 떠났다.

황화는 군사를 이끌고 급히 유수로 가다가 이미 도강하여 단자산으로 향하던 고흑의 부대와 만났다. 양측이 싸웠는데, 고흑이 수세에 몰렸다. 이때 왕자 성보의 부대가 합류하여 양측이 접전을 벌였다. 그러던 중 제환공의 본진이 도착했고, 황화는 중과부족으로 군사의 대부분을 잃고 단자산으로 도주했다. 그런데 양측이 교전할 때 단자산은 이미 빈수무가 점령을 했다. 밀로도 단자산으로 가던 중 이미 점령된 사실을 알고 마편산에 주둔할 수밖에 없었다. 결국 황화는 마편산으로 도주했다. 황화가 도착하자 밀로는 비웃으며 푸대접했다. 황화는 밀로에 대하여 깊은 원한을 품은 채 무체성으로 돌아갔다.

황화가 고죽 군주 답리가에게 밀로를 죽인 다음 제와 강화할 것을 건의했으나, 답리가는 거절했다. 고죽 재상 **올률고兀律古**가 답리가에게 북쪽에 있는 미곡迷谷 땅에 대해 이야기했다. 그 땅은 한해旱海라고도 불리는데, 길이 복잡하고 물과 풀이 없으며 바람과 모래가 뒤섞여 한번 들어가면 빠져 나올 수 없는 곳이라는 것이다. 올률고는 제군을 그곳으로 보내면 싸우지 않고도 무찌를 수 있다고 강조하며, 답리가에게 계책을 올렸다. 즉 ①주군(답리가)은 관리들과 백성들을 데리고 양산陽山으로 피난을 떠나고 ②무체성은 완전히 비우고 ③제군에 사람을 보내 거짓으로 항복하면서 ④고죽 군주가 북쪽으로 도망갔다고 거짓으로 알려 추격을 유도한 다음 ⑤제군을 미곡으로 유인하면 제군은 빠져나올 수 없다는 것이다.

답리가는 매우 기뻐했고, 황화는 거짓으로 항복하는 역할을 자원했다. 답리가는 무체성을 비우고 피난을 떠났다. 황화는 병사 1,000명을 데리고 항복하러 가다 갑자기 밀로에 대하여 복수하고 싶어졌다. 황화는 마편산으로 가서 밀로를 방문하는 척하다 갑자기 기습 공격을 했고, 결국 밀로를 죽여 수급을 취했다. 영지군과 고죽군 사이에 싸움이 벌어졌으나, 속매는 중과부족으로 패하여 달아났다. 속매는 호아반에게 가서 투항했으나, 호아반은 거짓투항으로 의심하여 속매를 죽여버렸다.

황화는 제환공을 찾아가 거짓으로 투항했다. 제환공은 처음에는 의심했으나, 밀로의 수급과 무체성이 비어 있다는 보고 때문에 완전히 속아 넘어갔다. 황화는 답리가가 외국 군사를 빌리러 북쪽으로 달아났다고 거짓보고를 했다. 제환공은 연장공에게 무체성의 방어를 맡긴 후 즉시 답리가를 추격하러 나섰다. 황화는 추격군의 선대를 자청했고, 제환공은 고흑에게 황화와 함께 먼저 출발하도록 지시했다. 황화는 앞장서 가면서 제군을 미곡으로 유인했다. 제군이 미곡으로 들어가자 황화는 고흑을 포박한 후 양산으로 돌아갔다.

미곡으로 들어간 제군은 길을 잃고 큰 혼란에 빠졌다. 공손습붕의 부대는 실종되었다. 도저히 길을 발견하지 못하자 제환공은 불안해졌다. 그때 관중이 제환공에게 '늙은 말들은 길을 안다.'는 옛말이 있다고 아뢰며, 무종 출신의 늙은 말 몇 필을 모아 앞세우고 군사들은 그 뒤를 따를 것을 건의했다[1]. 결국 제군은 관중의 계책 덕분에 미곡에서 빠져나올 수 있었다.

양산으로 돌아온 황화는 답리가에게 경과를 보고하며, 밀로가 전사했다고 거짓말을 했다. 답리가는 고흑에게 항복을 권유했다. 고흑은 거부하며, 속임수를 쓴 황화를 꾸짖었다. 황화는 노하여 고흑을 참해버렸다. 답리가는 무체성을 공격했다. 연장공은 승산이 없음을 알고, 성에 불을 놓은 다음 단자산으로 도주했다.

제환공은 겨우 사지를 탈출한 후 공손습붕의 부대를 만났다. 급히 무체성으로 돌아오던 제환공은 피난을 마치고 무체성으로 돌아가던 고죽 백성들의 행렬을 발견했다. 관중이 계책을 마련하여 아뢰었다. 즉 ①호아반의 부대는 피난 떠났던 고죽 백성으로 가장하여 백성들에 섞여서 무체성으로 들어가고 ②제군이 무체성의 북문 밖에 일단의 군사들을 매복한 다음 동·남·서 방향에서 무체성을 공격할 때 ③호아반이 성안에서 내응하면 ④답리가는 북쪽으로 도주할 것이니 그때 매복군이 공격한다는 것이다.

관중의 계책에 따라 호아반의 부대는 고죽 백성들에 섞여서 무체성으로 들어갔다. 그날 밤 관중은 왕자 성보와 공손습붕에게 북문 밖에서 매복할 것을 지시하고, 나머지 군사들을 이끌고 동·남·서 방향에서 무

---

1) 여기서 **노마지지老馬之智**(늙은 말의 지혜라는 뜻. 경험 많은 사람에게 지혜를 얻을 수 있음을 일깨워 주는 의미임)의 고사성어가 나옴

체성을 공격했다. 성안에서는 호아반이 불을 지르고 성문을 열어 내응했다. 결국 답리가는 견디지 못하고 북쪽으로 달아났는데, 미리 매복한 제군의 공격을 받았다. 황화와 올률고는 전사했고, 답리가는 사로잡혔다. 제환공은 즉시 답리가를 처형했다. 연장공이 찾아와 제환공을 축하했다.

여기서 사실 확인이 반드시 필요한데, 위에서 기술한 미곡(한해) 관련 내용 및 고죽의 도성 함몰 부분은 소설 《동주 열국지》의 픽션이라는 점이다. 《한비자》 등의 기록에 의하면, 실제로는 고죽의 완강한 저항으로 싸움이 예상 외로 길어져 겨울에야 비로소 작은 승리를 거둔 채 싸움이 종결되었다. 제환공은 너무 오랫동안 본국을 비운 것을 염려하여 귀국을 서둘렀다. 그런데 급히 귀국하던 제환공은 지름길을 이용하다 길을 잃었고, 이때 늙은 말을 앞세워 길을 발견했던 것이다.

제환공의 영지 및 고죽 원정과 관련하여 《사기》는 산융에 대하여는 정벌이라는 표현을 사용하고 있으나, 고죽에 대하여는 (정벌이라는 표현을 사용하지 않고) 갔다가 돌아온 것으로만 기록하고 있다. 이는 제환공이 고죽을 공격하였으나 멸망시키지는 못하였음을 의미하는 것이다.

연燕의 영역 확대와 산융山戎의 약화

제환공은 영지와 고죽으로부터 빼앗은 땅(500리)을 제와는 너무 멀리 떨어져 있다면서 연장공에게 주었다. 연장공은 거듭 사양하다 결국 받았다. 제환공은 무종에는 용천산 일대의 땅을 하사했다. 제·연·무종군은 귀국했다.

연장공은 제환공에게 깊은 은혜를 느끼며, 규자관에서 성대한 송별연을 열었다. 송별식 이후 연장공은 제환공을 환송하다 제의 국경을 넘어 50리를 들어가게 되었다. 제환공은 예법[1]을 어길 수 없다면서 50리 땅을 연에 양도했다. 연장공은 거듭 사양하다 결국 받게 되었는데, 나중에 이곳에 성을 쌓고 연류성燕留城이라 불렀다. 제의 은덕이 연에 머물러 있다는 의미다. 550리 땅을 얻게 된 연은 비로소 약소국에서 벗어나게 되었다.

이로 인해 제환공은 중원의 여러 제후들로부터 절대적인 신뢰를 받게 되었다. 제환공이 귀국할 때 노장공은 제수까지 나가 제환공을 영접하면서 승전을 축하했다. 제환공은 노장공에게 감사를 표하며, 선물로 전리품의 반을 나누어 주었다.

관중의 봉읍 중에 소곡小穀 땅이 있었는데, 노의 국경 근처에 있었다. 노장공은 관중에게 잘 보이기 위하여 사람을 보내 소곡에 성을 쌓아 주었다(BC 662년).

제환공의 영지, 고죽 원정은 중원을 크게 위협하던 북동쪽의 이민족들을 상당 기간 동안 약화시켜 결과적으로 중원의 발전에 획기적으로 공헌한 역할을 했다. 이는 오랫동안 동이족과 북융족에 밀리던 화하족이 서서히 역전을 할 수 있는 계기를 마련한 결과가 되었다. 이 때문에 훗날 공자는 유가 사상과는 전혀 어울리지 않는 인물인 관중에 대하여 《논어》〈헌문憲問〉편에서 중국을 구원한 인물이라고 그 공적을 높이

---

1) 제후는 자기 나라의 경계 범위 안에서 다른 나라 제후를 전송하는 것이 당시 예법이었음

평가하고 있는 것이다[1].

소설 《동주 열국지》는 연이 제환공 덕분에 북쪽의 넓은 땅을 획득한 것으로 기술하고 있으나, 실제로 고죽은 이때 멸망하지 않았다. 결국 연은 산융 땅의 일부만 추가로 획득한 것이며, 이후에도 계속 약소국으로 남아 있었다. 그 결과 연은 역사에 별다른 흔적을 남기지 못하다가 전국시대 중기 이후에야 비로소 국력이 커지며 역사의 무대에 자주 등장하게 된다.

제2절 제환공齊桓公의 계절존망繼絶存亡(노魯, 형邢, 위衛)

노후魯侯 반般의 즉위(BC 662년)

노장공은 모친인 문강 때문에 애강과 혼인했지만, 원수의 딸이라서 차갑게 대했다. 남편의 애정도 받지 못하고 자식도 낳지 못한 애강은 노장공의 이복형인 **공자 경보**와 간통을 하게 된다. 공자 경보는 평소 군위를 노리고 있었고, 친동생인 **공자 숙아**를 포섭했다.
어느 해 날이 가물어 기우제를 올리기로 했는데, 그 전날 대부 양씨

---

1) 자공이 공자에게 여쭈었다. "관중은 어진 자가 아니겠지요? 환공이 공자 규를 죽였을 때, 그는 죽지 못하고 오히려 환공을 도왔으니 말입니다." 공자가 대답했다. "관중은 환공을 도와서 제후들의 패자가 되어 천하를 오롯이 바로잡았는데, 백성들은 이제까지 그 혜택을 받고 있다. 관중이 아니었다면, 우리는 머리를 풀어헤치고 옷섶을 왼쪽으로 여몄을 것이다. 어찌 평범한 사람들처럼 작은 의리를 헤아리다가 스스로 도랑에 뛰어들어 죽어서 남들이 알지도 못하게 할 것인가?"

梁氏의 집 정원에서 잔치가 열렸고 음악이 연주되었다. 한편 노장공의 장남인 **공자 반**은 나중에 부인으로 삼겠다고 맹세까지 하면서 대부 양씨의 딸과 깊은 관계를 맺고 있던 중이었다. 양씨의 딸은 내정內庭 담장에 올라가 외정外庭에서 열리고 있는 잔치와 음악을 구경하고 있었다. 천하장사인 어인圉人 낙犖이 양씨의 딸을 보고 반해서 담장 밑으로 가서 노래를 부르며 수작을 걸었다. 그런데 공자 반이 이를 발견하고 대노하여 어인 낙을 잡아다 채찍을 300대나 때렸다(BC 663년 10월). 거의 죽기 직전까지 갔던 어인 낙은 공자 반에게 깊은 원한을 품게 되었다. 이 사실을 알게 된 노장공은 어인 낙이 천하장사임을 염려하여 공자 반을 불러 차라리 어인 낙을 죽여 후환을 없애라고 넌지시 말했으나, 공자 반은 신경 쓰지 않았다. 공자 경보는 그 사실을 알고 어인 낙을 포섭하여 부하로 삼았다.

재위 32년에 노장공이 병에 걸려 상태가 심각해졌다(BC 662년 7월). 노장공은 공자 경보를 의심하여 경보의 동복동생이자 자신의 이복동생인 공자 숙아를 불러 후계 지정 문제를 물어보며 떠보았다. 공자 숙아는 경보를 극찬했다. 노장공은 이번에는 동복동생인 **공자 계우**를 불러 역시 후계 지정 문제를 물어보았다. 계우는 공자 반을 추천했다. 노장공은 고개를 끄덕였으나, 상태가 심각해져 더 이상 말을 하지 못했다.

노장공의 병세가 위독해졌다. 공자 계우는 후계 문제로 혼란이 발생할 것을 우려했다. 계우는 노장공의 명이라 칭하며, 공자 숙아에게 사람을 보내 대부 겸계鍼季의 집에서 대기할 것을 지시했다. 계우는 겸계에게 짐주鴆酒[1]를 보내며, 공자 숙아를 죽이라고 지시했다. 계우는 동

---

1) 올빼미 류의 새인 짐鴆의 독으로 만든 독주

시에 숙아에게 서신을 보내 주상의 명이니 짐주를 마시고 자살할 것을 종용하며, 자손의 지위를 보장해 주겠다고 약속했다. 공자 숙아는 저항했으나, 대부 겸계는 강제로 짐주를 먹여 숙아를 죽였다. 얼마 후 노장공은 사망했고(BC 662년 8월), 공자 반이 뒤를 이어 군위에 올랐다.

공자 경보慶父의 노후魯侯 반般 시해[노민공魯閔公의 즉위](BC 662년)

공자 반이 노후로 즉위하고 얼마 후 외조부 당씨가 병으로 죽었다. 노후 반은 외가로 문상을 하러 갔다. 공자 경보는 노후 반이 궁 밖으로 나온 기회를 이용하기로 결심했다. 경보는 어인 낙을 불러 노후 반을 죽이라고 지시했다. 어인 낙은 심야에 대부 당씨 집에 잠입하여 노후 반을 습격했다. 노후 반도 반격을 하여 칼로 어인 낙의 얼굴을 그었으나, 중상을 입은 상태에서도 어인 낙은 결국 노후 반을 찔러 죽였다(BC 662년 10월). 뒤늦게 당씨의 가병들이 달려와 어인 낙을 처참히 죽여버렸다.

공자 경보의 보복을 염려하여 공자 계우는 진陳으로 망명했다. 공자 경보는 어인 낙에게 죄를 뒤집어씌워 낙의 가족을 몰살해 버렸다. 애강은 간부姦夫인 공자 경보를 군위에 올리려고 했다. 그러나 경보는 아직 시기상조라며 당시 8세인 공자 계방啓方(노후 반의 이복동생)을 군위에 올리기로 결정했다.

공자 경보는 직접 제로 갔다. 먼저 수초를 만나 많은 뇌물을 주고 친분을 쌓았다. 그리고 제환공을 알현하면서 노후 반이 변고로 사망했다고 거짓으로 말했다. 이후 공자 경보는 귀국하여 공자 계방을 군위에 올리니, 곧 **노민공**魯閔公[1]이다.

노민공은 공자 경보와 애강을 매우 두려워했다. 그래서 외가인 제에 도움을 요청했다. 노민공은 제의 고락姑落 땅으로 가서 제환공을 만나 공자 경보의 역심을 호소했다(BC 661년). 제환공은 진陳에 망명 중이던 공자 계우에게 사람을 보내 귀국을 지시했다. 이에 공자 계우는 귀국길에 올랐는데, 귀국하던 노민공과 낭郎 땅에서 만나 같이 귀국했다. 노민공은 공자 계우를 정경에 임명했다.

제환공은 노의 정국이 불안한 것을 염려했다. 그래서 대부 중손추를 노에 보내며 동정을 파악하도록 지시했다. 중손추는 노에 와서 노민공을 알현했는데, 나이 어린 노민공은 눈물을 흘리며 못난 꼴을 보였다. 이어서 중손추는 공자 신申을 방문했는데, 이미 성숙한 공자 신은 매우 조리 있게 자신의 견해를 밝혔다. 중손추는 공자 신에게 깊은 인상을 받았고, 공자 계우를 만난 자리에서 공자 신을 보호해 줄 것을 부탁했다. 공자 경보는 중손추를 방문하여 많은 뇌물을 바쳤으나, 중손추는 거절했다. 귀국 후 중손추는 제환공에게 공자 경보를 제거할 필요가 있지만 아직 증거가 부족하므로 기다렸다 변고가 발생할 때 제거해야 할 것이라고 보고했다.

진헌공晉獻公의 세력 확장

진晉의 세자 신생은 곡옥을 훌륭히 잘 다스리며, 여희의 의도와는 달리 백성들의 신망을 받았다. 진晉헌공은 진晉의 국력이 강해지자 기존

---

1) 노민공 희계방: 재위 BC 661 ~ BC 660

의 1군에 1군을 더 추가하여 상·하의 2군으로 편성했다(BC 661년). 상군은 진헌공이 맡았고, 하군은 세자 신생이 맡았다.

이어서 진헌공은 신생, 조숙趙夙, 필만畢萬을 데리고 직접 출전하여 경耿·곽霍·위魏를 공격하고 멸망시켰다(BC 661년). 진헌공은 경 땅을 조숙에게 하사했고, 위 땅을 필만에게 하사했다. 이로 인해 세자 신생은 백성들 사이에 더욱 그 명성이 올라가게 되었고, 여희는 신생을 더 미워하게 되었다. 한편 **필만**은 위 땅을 분봉받은 이후 위만魏萬으로 불리게 되었고, 위씨魏氏의 시조가 되었다. 전국시대 때 위만의 후손은 위魏를 건국하게 된다.

공자 경보慶父의 노민공魯閔公 시해(BC 660년)

제환공이 노민공의 뒤에서 후원을 하고 공자 계우가 노민공의 옆에서 보좌하고 있어 공자 경보는 초조했다.

어느 날 대부 복의卜齮와 태부 신불해愼不害가 땅 때문에 분쟁을 벌이게 되었다. 노민공은 스승인 신불해 편을 들고 있었다. 복의는 공자 경보를 찾아가 노민공에게 잘 말해 달라고 부탁했다. 경보는 노민공이 신불해의 편임을 강조하며 복의를 계속 자극했고, 만약 복의가 노민공을 암살해 주면 자신도 신불해를 죽여 주겠다고 충동했다. 대부 복의가 동의했다. 경보는 노민공이 밤에 자주 궁 밖으로 놀러 나온다는 정보를 알려주었다.

대부 복의는 돈을 주고 장사인 추아秋亞를 고용했다. 추아는 매복하고 있다가 밤에 궁 밖으로 놀러 나오던 노민공을 급습하여 죽였다(BC 660년). 추아는 현장에서 체포되었으나, 복의가 사병을 동원하여 관군을 공격하고 추아를 빼앗아 달아났다. 공자 경보는 약속을 지켜 사병들을 동원하여 태부 신불해의 집을 습격하여 신불해를 죽였다. 공자 계우는 공자 신을 데리고 급히 주邾로 망명했다.

노희공魯僖公의 즉위(BC 660년)

노의 백성들은 연이어 군주가 살해되고 신망이 높은 계우마저 외국으로 달아나자 공자 경보에 대한 분노가 폭발했다. 항의 표시로 시장은 철시되었다. 1,000여 명의 성난 군중들은 대부 복의의 집으로 몰려가 복의의 집안을 몰살해 버렸다. 군중은 그 수가 점점 증가했고, 공자 경보의 집으로 향했다. 경보는 황급히 수레 수십 대에 재산을 가득 싣고 거莒로 도주했다. 경보는 거후에게 뇌물을 바치고 거처를 마련했다.

경보가 거로 도주하자 애강도 거로 갈 준비를 마쳤다. 그런데 주변 사람들이 모두 만류하며, 공자 계우에게 도움을 요청할 것을 건의했다. 결국 애강은 주邾로 가서 계우를 만나려 했으나, 계우는 애강을 만나주지 않았다. 계우는 귀국할 준비를 하면서 제로 사람을 보내 사건의 경과를 보고했다. 애강은 어쩔 수 없이 주邾에 머물렀다. 얼마 후 계우는 공자 신을 데리고 귀국했다.

노가 계속 혼란한 상태에 있자 제환공은 차라리 노를 병합할 뜻을 나타냈다. 중손추는 주공 단을 숭배하는 민심이 노에 강하게 남아 있음을 강조하며, 공자 신을 군위에 올릴 것을 건의했다. 제환공은 정병 3,000명을 내어주면서 상경 고혜를 노에 파견했다. 제환공은 고혜에게 상황에 따라 노를 병합하든지 우호를 맺든지 하라고 비밀리에 지시했다.

상경 고혜가 공자 신을 만났는데, 공자 신의 의젓한 모습을 보고 호감을 가지게 되었다. 고혜는 계우를 만나 상의했다. 이에 따라 계우가 공자 신을 즉위시키니(BC 660년), 곧 **노희공魯僖公**[1]이다.

고혜는 거와 주邾에 대비하여 녹문성鹿門城을 쌓았다. 계우는 공자 해사奚斯를 제에 파견하여 감사의 뜻을 전달했다. 계우는 거에 사람을 보내 뇌물을 약속하며 경보를 죽여 줄 것을 부탁했다. 거후는 경보를 죽이는 대신 추방했다.

경보는 예전에 수초에게 뇌물을 주어 친분을 쌓았던 것을 기억하며 제로 향했다. 그러나 제의 국경에서 입국이 불허되어 어쩔 수 없이 문수汶水 근처에서 머물렀다. 공자 해사는 임무를 마치고 제에서 귀국하다 문수 근처에서 경보를 만났다. 해사는 경보에게 귀국을 권유했고, 경보는 해사에게 계우의 용서를 주선해 주기를 부탁했다.

해사는 귀국하여 노희공과 계우에게 사실을 보고했다. 계우는 해사에게 경보를 찾아가 후사를 지정해 줄 것을 약속하니 자살하라고 전하도록 지시했다. 해사는 공자 경보의 집 문 앞에서 차마 들어가지 못하고 통곡했다. 통곡소리를 듣자 경보는 계우가 자신을 용서하지 않는 것을 알고 목을 매어 자살했다(BC 660년).

노魯 삼가三家(삼환三桓)의 성립

거후는 약속한 뇌물을 요구하면서 동생 영나嬴拏를 보내 노를 공격했다. 계우는 노희공으로부터 보도寶刀 맹로孟勞를 받은 다음 거군에 맞

---

1) 노희공 희신: 재위 BC 659 ~ BC 627

서 출병했다. 당시 8세이던 계우의 손자 행보行父도 따라 갔다. 계우는 노의 역酈 땅에서 거군과 만났다. 경보를 추방한 것이 노의 부탁을 이행한 것인지 여부에 대하여 계우와 영나는 설전을 벌였으나 결론이 나지 않았다.

계우가 영나에게 병사들의 피해를 줄이기 위해 1 대 1로 씨름을 벌여 승부를 가리자고 제안했고, 영나도 동의했다. 계우와 영나는 맨손으로 싸움을 시작했는데, 계우가 서서히 밀리기 시작했다. 할아버지가 위기에 빠지자 행보가 "맹로야! 너 어디에 있니?"라고 크게 외쳤다. 계우가 그 말을 듣고 의미를 깨달아 허리에 차고 있던 맹로를 꺼내 영나를 찔러 죽였다. 영나가 어이없게 죽자 거군은 사기를 잃고 후퇴했다.

노희공은 계우의 공을 인정하여 비읍費邑 땅을 하사했다. 계우는 사양하면서 부친인 노환공을 볼 면목이 없다며 경보와 숙아의 후손을 지정해 줄 것을 건의했다. 노희공은 경보와 숙아의 죄를 언급하며 거부했지만, 계우는 거듭 요청했다. 결국 노희공은 계우의 건의를 받아들여 다음과 같이 조치했다.

- 공손 오敖: 경보를 계승함. **맹손孟孫**씨로 칭함. **성읍成邑**을 분봉함
- 공손 자茲: 숙아를 계승함. **숙손叔孫**씨로 칭함. **후읍郈邑**을 분봉함
- 공자 계우: **계손季孫**씨로 칭함. **비읍費邑**과 **문양汶陽** 땅을 분봉함

이때부터 맹·숙·계 세 가문은 서로 협력하여 실권을 잡고 막대한 경제력을 바탕으로 노의 정권을 장악하며 권력을 나누어 가졌다. 이들은 모두 노환공의 후손이므로 사람들은 맹·숙·계 세 가문을 **삼환**이라고 불렀다.

한편 제환공은 노의 백성들이 제를 원망할 것을 염려하여 주邾에 머무르고 있던 애강을 처벌하기로 결심했다. 관중은 출가한 여자를 친정에서 처리하는 것은 적절하지 아니하므로 은밀히 처리할 것을 건의했다. 제환공은 수초를 불러 비밀 지시를 내렸다. 지시에 따라 수초는 애강을 찾아가 제로 귀국할 것을 요청했고, 애강은 기쁘게 동의했다.

수초는 애강을 모시고 귀국길에 올랐다. 제의 이夷 땅까지 왔을 때 수초는 애강에게 자결을 강하게 권유했다. 애강은 어쩔 수 없음을 알고 통곡한 후 목을 매고 자살했다(BC 660년). 노희공은 시호로 애哀를 내려주었고, 8년 뒤에는 태묘에 배향하여 주었다.

노희공은 제환공의 딸과 결혼했다. 이때 혼인한 제환공의 딸을 제강齊姜[1]이라고 한다. 제강은 흥興을 낳았다. 노희공은 흥을 세자로 임명했다.

제환공齊桓公과 귀신 위이委蛇

중원 여러 나라들이 복종하자 제환공은 국정을 관중에게 맡기고 잔치와 사냥으로만 시간을 보내며 나태하게 지냈다. 어느 날 제환공은 큰 연못가 언덕에서 사냥을 하던 중 연못 속에서 나타난 귀신을 보게 된다. 제환공은 매우 불안해하며 바로 관중을 불러오라고 지시했다. 수행하고 있던 수초가 이에 불만을 품고, 귀신의 모습을 미리 설명하지 말고 물어보아 관중이 정말로 학식이 높은지 시험해 보라고 아뢰었다. 궁으로 돌아온 제환공은 낮에 본 귀신 때문에 마음이 너무 불안하여 결국 병이 나서 자리에 눕게 되었다. 관중이 찾아오자 제환공은 수초의

---

1) 성강聲姜이라고 부르기도 함

건의대로 귀신의 모습을 물어 보았다. 관중은 대답하지 못했다.

관중은 제환공이 본 귀신의 모습을 설명할 수 있는 자에게 상을 내리겠다고 방을 게시했다. 얼마 후 시골 사람인 황자皇子가 관중을 찾아왔고, 관중은 그를 제환공에게 데려갔다. 황자는 연못 속에서 나타난 귀신의 모습을 정확히 묘사했고, 그 귀신은 위이委蛇라고 하는데 위이를 본 자는 천하의 패권을 잡게 된다고 설명해 주었다.

황자의 말을 듣자 제환공은 기분이 좋아져 즉시 병이 완쾌되었다 (BC 660년). 제환공은 황자를 대부에 임명하려 했으나, 황자는 사양했다. 제환공은 황자와 관중에게 큰 상을 내렸고, 황자는 다시 시골로 돌아갔다[1]. 수초는 관중에게까지 상을 내리는 것에 의문을 나타냈는데, 제환공은 대중에게 맡겨 일을 처리하는 것은 관중이 밝은 사람이라는 증거라고 설명해 주었다.

여희驪姬의 모략

여희와 배우 시는 신생·중이·이오를 제거하기 위해 계속 모의했다. 세 명을 동시에 제거하는 것은 불가능하므로 차례차례 제거하기로 결정했고, 인자하고 정결하여 곡옥 백성들의 칭송을 받고 있는 세자 신생부터 제거하기로 했다.

어느 날 여희는 눈물을 흘리며 진晉헌공에게 신생이 "부친이 첩에게 빠져 나라가 혼란해졌으므로 이를 바로잡겠다."라고 말하고 있다고 모

---

[1] 이 일화도 제환공에게 자극을 주기 위해 관중이 조작한 것으로 보임. 귀신 유아 때와는 달리 제3자를 등장시켜 설명하는 관중의 치밀함을 보여주고 있음

함했다. 진헌공은 신생의 성품을 알고 있어서 이를 믿지 않았다. 그러자 여희는 주유왕이 태자 의구를 살려 두었다가 나중에 견융이 주유왕을 죽이자 태자 의구가 왕위에 올랐음을 지적하며, 사람들이 주유왕은 비난하지만 태자 의구는 비난하지 않았음을 강조했다. 진헌공은 이 말에 충격을 받고 결국 신생을 제거하기로 결심했다.

여희는 ①신생에게 고락씨皐落氏[1]를 토벌하도록 지시한 후 ②패배하면 이를 이유로 처벌하고 ③승리하면 신생은 교만에 빠져 딴 생각을 할 것이니 그때 죄를 물으면 될 것이라고 진헌공에게 계책을 올렸다. 진헌공은 곡옥에 사람을 보내 신생에게 고락씨를 공격할 것을 지시했다.

소부 이극이 세자를 멀리 보내고 또 위험한 임무를 지시하는 것은 부당하다고 간언했으나, 진헌공은 무시했다. 이극이 대부 호돌을 찾아가 이 문제를 상의했다. 호돌은 신생의 신변을 걱정하여 신생에게 서신을 보내 외국으로 망명할 것을 권유했다. 그러나 신생은 부친의 명령을 어길 수 없다며, 곡옥군을 이끌고 출전했다. 신생은 직상稷桑 땅에서 고락씨의 군사를 만나 싸워 크게 이겼다(BC 660년). 패배한 고락씨는 근거지를 동남쪽으로 옮겼다.

신생으로부터 승전 보고를 받자 진헌공은 세자의 거듭된 공적을 우려했다. 여희는 세자의 뛰어난 용병술을 지적하며, 진헌공의 걱정을 더 자극했다. 호돌은 장차 국가에 큰 혼란이 있을 것으로 예상하고, 병을 핑계로 조정에 나가지 않았다.

---

1) 적적赤狄의 일파로 태원太原 동남쪽에 근거를 둔 이민족 부족임

적적赤狄의 형邢 침공(BC 660년)

북적北狄의 일파인 적적赤狄은 원래 진晉의 북쪽에 위치하고 있었고, 붉은 옷을 즐겨 입었다. 노潞, 고락皐落, 유우留吁, 갑甲, 탁진鐸辰, 장고여廧咎如, 유적有狄, 원흘袁紇, 곡률斛律, 해비解批, 호골護骨, 이기근異奇斤 등 여러 부족으로 구성되어 있었다.

적적은 진晉의 공격을 받고 크게 패하여(BC 660년) 근거지를 태행산太行山 동남쪽으로 이동했다. 복수와 생존을 위해 적적의 군주 수만瞍瞞은 남은 기병 2만 기를 총동원하여 형邢을 침공해 약탈했다(BC 660년).

적적赤狄의 위衛 침공[형택滎澤전투](BC 660년)

적적의 군주 수만은 형을 약탈하던 중 제가 구원병을 파견한다는 소문을 듣고 방향을 돌려 위衛로 진격했다. 적적이 침공한다는 소식이 들려오자 위의 백성들은 병역을 피해 도주하기 시작했다. 위의 군사들이 병역을 기피하기 위해 도망치던 백성들 수백 명을 잡아 왔다. 위의공이 그들을 비난하자 그들은 위의공에게 쓸모없는 학을 기르느라 쓸모 있는 백성을 버리니 백성들이 따르지 않는 것이라고 대답했다. 그 말을 들은 위의공은 자신의 행동을 깊이 후회했고, 대부 석기자의 건의에 따라 학들을 모두 풀어주었다.

석기자와 영속이 큰 길에 나가 위의공이 지난날의 잘못을 깊이 반성하고 있으니 국가의 위기를 맞아 군대에 참가하여 줄 것을 호소했다. 이에 백성들이 상당히 모였다. 석기자는 위의공에게 제에 구원병을 요청하자고 건의했다. 위의공은 평소 제와 밀접한 교류가 없음을 염려하면서 제에 사신을 보냈다.

적적의 군대가 접근하자 위의공은 성을 나가 적적군과 일전을 벌이기로 결정했다. 위의공은 전권 위임의 증표로 석기자에게는 옥을, 영속에게는 궁시를 주며 국정을 부탁했다. 위의공은 대부 거공渠孔을 장수로, 우백于伯을 부장으로, 황이黃夷를 선봉으로, 공영제孔嬰齊를 후대로 삼고 직접 출전했다. 그런데 행군하면서 장수인 거공은 지나치게 군법을 엄격히 집행하여 병사들의 원성을 샀고, 원래 사기가 없었던 위군의 불만은 증가했다.

한편 제환공은 위의 구원 요청을 받고 영지·고죽 원정으로 인한 병사들의 피로 때문에 다음 해 봄에 연합군을 결성하여 원군을 보내기로 결정했다.

위군과 적적군은 위의 형택滎澤 땅에서 만났다. 수만은 병사를 매복한 다음 일부러 싸움에 패하면서 위의 장수 거공을 유인했다. 거공이 수만을 추격했는데, 적적의 매복군이 용맹한 모습으로 등장하자 원래부터 사기가 떨어져 있었던 위군은 채 싸우지도 않고 도주하기 시작했다.

적적의 기병들은 위군을 포위했고, 포위된 위군은 참패했다. 적적군은 도주하는 위군을 추격하며 마음껏 살육했다. 위의 거공, 황이, 우백은 전사했고, 공영제는 칼로 목을 쳐 자살했다. 위의공도 무참히 살해되었는데, 그 형체가 없어질 정도로 난도질당했다(BC 660년). 태사太史 화용활華龍滑과 예공禮孔은 사로잡혔다. 화용활과 예공은 적적이 귀신을 섬기는 것을 알고 있었다. 화용활과 예공은 자신들은 국가의 제사를 담당하고 있는데, 위의 도성으로 돌아가 이번 일을 귀신에게 알리지 않으면 귀신이 수만을 돕지 않을 것이라고 말하며 수만을 속였다. 화용활과 예공은 처형되지 않았고, 먼저 도성으로 돌아갔다.

수만은 위의 도성을 향해 진군했다. 수만에 앞서 도성에 도착한 화용활과 예공은 성문 밖에서 큰 소리로 영속에게 위군의 패전 사실을 알렸다. 예공은 혼자만 돌아오는 것은 신하의 도리가 아니라면서 성문 밖에서 자살했고, 화용활은 사적을 지키는 것이 사관의 임무라면서 성으로 들어갔다.

영속과 석기자는 위의공의 가족과 공자 신申[1]을 모시고 성을 빠져나와 동쪽으로 급히 피난길에 올랐다. 화용활은 사적을 안고 피난을 떠났다. 위의 백성들도 통곡을 하며 피난길에 올랐다.

곧 적적군은 위의 도성에 들이닥쳤고, 살육과 약탈이 벌어졌다. 적적군은 피난민들을 추격하기 시작했다. 영속이 결사적으로 방어했으나, 피난민의 반 이상이 무참히 살해당했다. 이때 송에서 보낸 원군이 도착했고, 송의 원군 덕분에 석기자와 영속은 겨우 황하를 건널 수 있었다. 적적군은 더 이상 추격하지 않고 돌아가 위의 도성을 초토화시킨 후 철수했다.

위대공衛戴公의 즉위(BC 660년)

위의 대부 홍연弘演은 위의공의 명으로 진陳에 사신으로 갔다가 임무를 마치고 귀국하면서 위의공의 전사 소식을 들었다. 홍연은 형택으로 달려갔고, 그곳에서 중상을 당해 신음 중인 내시를 발견했다. 홍연은 그 내시에게 물어 위의공의 형체가 사라진 시체에서 겨우 간을 수습했

---

1) 공자 석碩과 선강 사이의 아들. 공자 훼燬의 형

다. 홍연은 위의공의 간에 예를 올리고 임무를 보고한 다음 자신의 배를 칼로 갈라 위의공의 간을 뱃속으로 넣은 후에 죽었다. 홍연은 자신의 몸을 관으로 제공한 것이다. 홍연의 시종은 홍연의 시체를 땅에 묻고 중상을 당한 내시를 태우고 수레를 몰아 위의 도성으로 돌아왔다.

피난을 떠났던 석기자와 영속은 조읍漕邑에 도착했다. 따르는 백성은 겨우 720명에 불과했다. 석기자와 영속은 인근의 공읍共邑과 등읍滕邑에서 백성 4,000여 명을 징발하여 어렵게 5,000명의 인구를 마련했다. 석기자와 영속이 조읍에 임시 거처를 마련하고 공자 신申을 추대하니(BC 660년), 곧 **위대공衛戴公**이다.

적적赤狄의 형邢 재침(BC 659년)

적적이 형邢을 다시 침공했다. 형은 제에 구원을 요청했다. 관중은 이번에 형을 구원하지 못할 경우 패업이 무너질 우려가 있다고 아뢰며, 그 시급함을 강조했다. 제환공은 즉시 송·노·조曹·주邾에 격문을 보내 형의 섭북聶北 땅에서 군사를 모아 함께 형을 구원할 것을 요청했다.

제·송·조군은 섭북 땅에 도착했으나, 아직 노·주邾군은 도착하지 않았다. 제환공은 먼저 도착한 제·송·조군으로 형을 구원하려고 했다. 이때 관중이 지금 구원을 하는 대신 형과 적적이 싸우다 지치길 기다렸다 구원을 하자고 간계를 아뢰었다. 그렇게 되면 적적군이 약화되어 구원군은 편해질 것이고 또한 구원의 효과도 극대화될 것이라고 덧붙였다. 제환공이 찬성했고, 구원군은 노·주邾군을 기다린다는 핑계를 대며 두 달을 지체했다.

그러는 사이 형은 적적의 공격 때문에 큰 위기에 빠졌다. 제군의 진영을 향해 피난민들이 몰려들었다. 형후邢侯 숙안叔顏이 처참한 모습으로 피난을 와서 제환공 앞에서 통곡했다. 제환공은 미안함을 느끼며 즉시 구원 공격을 결정했다. 형의 도성을 마음껏 약탈하고 방화한 적적 군주 수만은 제의 원군이 오기 전에 먼저 철수해 버렸다. 결국 제·송·조의 원군은 싸움도 해보지 못하고 형의 도성으로 가서 불을 껐다. 이 때문에 제환공은 후대의 사관들로부터 병란을 키워 공적을 탐했다는 비판을 받게 된다.

형의 재침으로 인해 형의 도성은 초토화되었고, 형후 숙안은 피난민들이 대거 모여 있는 이의夷儀 땅으로 도읍을 옮기고 싶어 했다. 제환공은 제·송·조군을 이끌고 이의 땅으로 가서 성을 만들어 주었다(BC 659년). 제환공은 이의성에 많은 물자를 원조했고, 형의 백성들은 제환공을 칭송했다.

위문공衛文公의 즉위(BC 659년)

위대공은 원래 지병이 있었다. 국가가 초토화되고 졸지에 군위에 오르면서 위대공은 상태가 더 나빠졌고, 결국 즉위하고 얼마 안 되어 병으로 사망했다(BC 659년). 군위를 이을 사람이 없게 되자 영속은 제로 가서 공자 훼의 귀국을 요청했다. 제환공은 구원병을 보내지 않아서 위가 망국지경에 이른 것을 후회했다.

제환공은 공자 훼를 귀국시키면서 많은 재물을 딸려 보냈다. 제환공은 장자인 공자 무휴無虧에게 병거 300승을 내어주며 공자 훼를 호위하게 했다. 공자 훼가 조읍漕邑에 와서 즉위하니(BC 659년 12월), 곧 **위문공衛文公**[1]이다.

대부 홍연의 시종이 조읍으로 와서 경과를 보고했다. 위문공은 형택으로 사람을 보내 홍연의 시체를 찾았고, 위의공의 간을 모셨다. 위문공은 위의공과 위대공의 장례를 치렀다. 위의공의 큰아들인 공자 개방은 장례에 참석하지 않았다. 각국 제후들이 사신을 보내 많은 부조를 보냈다. 공자 무휴는 데리고 간 병사들을 동원하여 여러 가지 원조를 했다. 위문공은 검소한 생활로 솔선수범하며 백성들을 위로했다. 이에 위의 민심은 안정을 되찾았다.

공자 무휴는 적적의 침입에 대비하여 병사 3,000명을 조읍에 남기고 귀국한 후 제환공에게 경과를 보고했다. 관중은 제환공에게 군사를 주둔시키는 것은 백성들에게 부담을 줄 수 있으니 성을 쌓는 것이 더 좋을 것이라고 건의했다.

제환공齊桓公의 계절존망繼絶存亡(노魯, 형邢, 위衛)

제환공은 제후들에게 격서를 보내 위衛를 돕자고 요청했고, 제후들은 이에 따라 많은 인원과 물자를 보내왔다. 제환공은 이들을 데리고 위로 갔다. 위문공은 상복 차림으로 나와서 영접했다. 위문공은 **초구楚邱** 땅으로 도읍을 옮기길 희망했다. 제환공은 제·송·조군을 이끌고 초구로 가서 성을 만들어 주었고, 많은 물자를 원조했다(BC 658년). 위의 백성들은 제환공을 칭송했다.

---

1) 위문공 희훼: 재위 BC 659 ~ BC 635

사람들은 제환공이 망하는 나라 셋(노, 형, 위)을 구했다고 칭송했다. 춘추시대의 주요한 이념인 계절존망을 몸소 실천했기에 나중에 제환공은 패자의 으뜸으로 칭송받게 된다.

제3절 중원 연합의 초楚 압박

초성왕楚成王의 정鄭 공격(BC 658년)

강한 국력을 기반으로 초성왕은 중원을 차지하길 원했는데, 제환공의 덕망과 위세에 질투를 느꼈다. 영윤 투자문은 중원을 원한다면 먼저 중원의 방패 역할을 하고 있는 정부터 정복해야 한다고 아뢰었다. 이에 초성왕은 대부 투장鬪章에게 병거 200승을 내어주며 정을 공격하도록 지시했다(BC 659년).

초군이 출정했다는 소식을 듣고 정문공은 대부 담백聃伯을 보내 국경인 순문純門을 지키게 하고, 제에 구원을 요청했다. 제환공은 중원 여러 국가에 격문을 보내 제의 정檉 땅에서 만나 함께 정을 구하자고 제안했다.

투장은 정의 수비가 철저하고 제의 구원병이 올 것이라는 소문을 듣고 승산이 없을 것으로 판단하여 정의 경계까지 갔다 그냥 철수했다. 아무 성과 없이 군사들이 돌아오자 초성왕은 대노하여 투장의 형인 투렴에게 칼을 내어주며 투장을 참하도록 지시했다.

투렴은 동생 투장을 찾아가 정을 공격하여 승리하는 것 외에는 처형을 면할 방법이 없다고 말하며, 초군이 물러난 것으로 정이 알고 방심하고 있을 때 급습하면 승산이 있을 것이라고 조언했다. 결국 투장이 전대를 맡고 투렴이 후대를 맡아 정으로 쳐들어갔다. 투장의 전대가 담백의 정군과 싸우고 있을 때 투렴의 후대가 은밀히 우회하여 뒤에서 정군을 공격했다. 앞뒤로 협공을 받은 정군은 크게 패하여 반 이상이 죽었고, 담백은 사로잡혔다.

투장은 승세를 몰아 정의 도성을 향해 계속 진군하려고 했다. 투렴은 이번 기습은 행운이 따른 것이고 원래 처형을 면할 목적이었음을 지적하며 반대했다. 결국 투렴과 투장은 회군했다(BC 658년).

투장은 초성왕에게 나아가 죄를 청하며, 처음에 회군한 것은 정을 유인하기 위해서 그런 것이었다고 변명했다. 투렴은 승리했지만 군사가 부족하여 회군했다고 덧붙였다. 초성왕은 군사의 수가 부족하다는 말을 듣자 분노하고, 군사를 더 내어주며 반드시 정으로부터 항복을 받으라고 지시했다. 투렴과 투장이 출전을 자청했다. 초성왕은 투렴을 대장으로 투장을 부장으로 삼고 병거 400승을 내어주며 정의 항복을 받으라고 지시했다. 투렴과 투장은 다시 정으로 향했다.

진晉의 괵虢 하양관下陽關 점령(BC 658년)

서괵과 우虞는 모두 희성姬姓 제후국으로 서로 인접하고 있어서 항상 입술과 이처럼 의지하고 있었다. 당시 괵공 추醜는 교만한 성격으로 매우 호전적이어서 수시로 진晉의 남쪽 국경을 침범하곤 했다. 이에 진晉 헌공은 괵을 공격하여 없애버리기로 결심하고 대부 **순식荀息**과 상의했다. 순식은 괵과 우가 상호 원조를 하는 관계이므로 정면으로 공격하면 승산이 없다고 지적하며, ①괵공에게 아름다운 무희를 파견하여 괵공을 여색에 빠지게 한 다음 ②견융에 뇌물을 주어 괵을 공격해 줄 것을 요청하고 ③이후 계책을 세워 괵을 멸망시킬 것을 건의했다.

진헌공은 괵공 추에게 미녀를 보내며 화평을 요청했다. 괵 대부 **주지교**舟之僑가 미녀는 진晉이 던지는 미끼이므로 거절할 것을 건의했으나, 괵공은 미녀를 받고 진과 화평을 체결했다. 괵공은 진의 의도대로 여색에 빠져 정치에 소홀하게 되었다. 주지교가 여러 차례 간언했으나 소용이 없었고, 오히려 괵공은 주지교를 귀찮게 여겨 변방의 군사 요충지인 하양관下陽關의 수장으로 좌천시켜 버렸다.

얼마 후 진으로부터 뇌물을 받은 견융이 괵을 공격했는데, 첫 교전에서 견융이 패했다. 그러자 견융은 병사들을 총동원하여 다시 공격했고, 양군은 상전桑田 땅에서 대치했다.

그런 상황에서 대부 순식이 진헌공에게 ①보물 중의 보물인 '수극垂棘 땅의 옥'과 '굴屈 땅의 명마'를 우공에게 뇌물로 주고 괵을 공격할 수 있는 길을 빌리면 우와 괵이 분리될 것이고 ②괵의 변방을 지키는 관리와 다툼을 만들어 괵을 공격할 명분을 마련한 다음 ③우의 원조를 받지 못하는 괵을 공격하여 함몰한 후 ④우도 함몰해 버리는 계책을 아뢰었다[1]. 진헌공은 보물을 주는 것이 아까워 주저했다. 순식은 그 보물은 잠시 외부에 맡겨 두는 것에 불과하고 우를 함몰하면 바로 찾을 수 있을 것이라고 설득했다. 대부 이극이 우의 현명한 신하인 궁지기와 백리해 때문에 계책이 실패할 것을 염려했다. 순식은 우공은 욕심이 많고 어리석어 뇌물을 받으면 반드시 길을 빌려줄 것이라고 주장했다. 결국 진헌공은 순식을 우에 파견했다.

---

1) 여기서 **가도멸괵**假途滅虢(진이 우의 길을 빌려 괵을 멸망시키고 우까지 쳐서 멸망시켰다는 의미. 본래의 의도를 숨기고 상대방에게 도움을 요청하여 자신의 목적을 달성한 뒤 도움을 준 상대방까지 피해를 주는 행위를 비유함)의 고사성어가 나옴

순식은 우공에게 괵의 횡포를 호소하고 보물을 바치며 괵을 공격할 수 있게 길을 빌려줄 것을 부탁했다. 순식은 괵을 치고 노획한 물품을 전부 다 우공에게 바칠 것이라고 덧붙이며, 진과 우가 영원한 화평을 맺을 것이라고 맹세까지 했다. 궁지기는 우공에게 우가 수레라면 괵은 받침대와 같다고 말하고, 입술이 망하면 이가 시리듯[1] 괵이 망하는 그 날로 우도 망할 것이라고 주장하며 길을 빌려주는 것을 강력히 반대했다. 그러나 우공은 보물에 대한 욕심 때문에 진에 길을 빌려주기로 결정하면서 괵보다 몇 배는 강한 진과 우호를 맺는 것이 훨씬 유리하다고 둘러댔다. 궁지기가 다시 간언하려고 했으나, 백리해는 궁지기의 소매를 조용히 잡아당기며 말렸다.

조당을 나와 백리해는 궁지기에게 예전에 충언을 올리다 처형당한 충신들의 사례를 들며, 신변의 안전을 당부했다. 궁지기와 백리해는 나라의 멸망을 염려했다. 궁지기는 나라가 망하기 전에 미리 외국으로 망명하자고 제안했으나, 백리해는 거절했다. 얼마 후 궁지기는 식솔들을 데리고 어디론가 떠나버렸고, 이후 그의 행방은 아무도 알지 못했다.

순식은 귀국하여 진헌공에게 경과를 보고했다. 진헌공은 이극을 대장으로 순식을 부장으로 삼고 병거 400승을 내어주며, 괵의 하양 땅으로 출전할 것을 지시했다. 순식은 미리 우공을 찾아가 진군의 도착 시간을 알렸다. 우공이 진에 원군을 파견할 의사를 표시했다. 순식은 우의 원군을 사양하며, 대신 우공이 괵공에게 사람을 보내어 견융에 대한 원군을 파견할 의사를 표시해 주길 부탁했다. 이에 따라 우공은 괵에 사람을 보내어 원군을 보낼 의사를 전달했다. 순식은 진晉군을 우虞군

---

1) 여기서 **순망치한**脣亡齒寒(입술이 없어지면 이가 시리다는 뜻. 서로 가까이 의지하던 대상 중에서 어느 하나가 사라지면 나머지 하나도 피해를 입게 되는 것을 비유함)의 고사성어가 나옴

으로 가장한 뒤 원래 우의 원군 안에 집어넣었다.

　대다수가 진군으로 구성된 우의 원군이 괵의 하양 땅에 도착했다. 하양관의 수장인 주지교는 우의 원군이 도착하자 관문을 열었다. 우의 원군으로 가장하여 하양관으로 입성한 진군은 기습 공격을 했고, 주지교는 버티지 못하고 항복했다. 이렇게 괵의 군사 요충지 하양관은 순식의 계략에 의해 허무하게 진에 함락되었다(BC 658년).

　견융군과 대치하고 있던 괵공은 하양관이 함몰되었다는 보고를 받고 급히 도읍인 상양上陽으로 후퇴했다. 견융군은 후퇴하는 괵군을 추격하여 막대한 피해를 입혔다.

제齊와 채蔡의 갈등(BC 657년)

　채목공은 여동생을 제환공에게 출가시켰다. 이때 시집간 채목공의 여동생을 **채희蔡姬**라고 한다. 채희는 제환공의 세 번째 부인이다.

　어느 날 채희가 제환공과 함께 배를 타며 유흥을 즐기고 있었다. 채희가 배 위에서 제환공에게 물을 튕기며 장난을 쳤다. 제환공이 그만하라고 했는데, 채희가 계속했다. 제환공이 크게 분노하여 채희를 근신하라며 친정으로 돌려보냈다. 이때 수초가 채희를 수행하여 채에 데려다 주었다(BC 657년).

　채목공은 대노하여 제환공을 원망하며 채희를 초에 개가시켜 버렸다. 채희는 초성왕의 부인이 되었다. 그 소식을 들은 제환공은 채목공을 크게 원망했다.

제환공齊桓公의 가족관계

제환공은 여색을 좋아하여 많은 부인과 첩을 거느렸고 그 결과 많은 아들을 얻었는데, 제환공의 부인과 아들 중 주요한 사항만 정리하면 다음과 같다.

- 왕희王姬: 첫 번째 부인. 자식 없음. 일찍 사망
- 서희徐姬: 두 번째 부인. 자식 없음. 일찍 사망
- 채희蔡姬: 세 번째 부인. 자식 없음. 물장난 때문에 쫓겨남

- 장위희長衛姬: 측실. **무휴無虧**를 낳음 → 무휴: 장자. 한때 세자 역할을 함. 수초·역아와 친밀함
- 소위희少衛姬: 측실. 장위희의 동생. **원元**을 낳음
- 정희鄭姬: 측실. **소昭**를 낳음 → 소: 어진 성품. 제환공의 총애. 실질적 세자로 인정받음
- 갈영葛嬴: 측실. **반潘**을 낳음 → 반: 공자 개방과 친밀함
- 밀희密姬: 측실. **상인商人**을 낳음 → 상인: 간악한 성격. 재물을 풀어 민심을 모음
- 송화자宋華子: 측실. 옹雍을 낳음 → 옹: 군위에 대한 욕심 없음
- 기타 수많은 첩들이 있음

공자 상인은 천성이 간악하고 욕심이 많았다. 어느 날 대부 **병원邴原**과 토지의 경계 문제로 다툼을 벌였는데, 제환공이 관중에게 판결을 지시했다. 관중은 조사 결과 공자 상인이 억지를 부린다고 판결했다. 이

때문에 공자 상인은 관중과 대부 병원에게 깊은 앙심을 품게 되었다.

제환공은 여러 아들 중 성품이 어진 소를 가장 총애했으나, 장위희가 자신을 가장 오래 모셨고 무휴가 장자여서 세자를 누구로 정할지 고민하고 있었다.

제환공齊桓公의 양곡陽穀회맹(BC 657년): 4차 회맹

초군이 다시 정을 공격하자 정문공은 제에 구원을 요청했다. 관중은 제환공에게 정을 직접 구원하는 것보다 중원의 제후들을 모아 초를 공격하는 것이 더 좋다고 말했다. 관중은 승리를 위해서는 아무도 생각하지 못한 곳을 치는 것이 필요하다고 강조하며, 채희로 인해 죄를 범한 채를 토벌한다고 선언한 다음 방심한 초를 공격하는 계책을 아뢰었다.

회수 상류 지역에 위치한 강江과 황黃은 초의 속국이었는데, 그즈음 초의 무리한 공물 요구에 지쳐 은밀히 제로 사람을 보내 동맹을 희망하고 있었다. 제환공은 강·황과 동맹을 맺고 나중에 초를 공격할 때 내응을 받는 것을 계획했다. 관중은 강·황은 남방의 작은 나라고 초에 가까이 있어 나중에 구원하러 가기 어려우므로 동맹하는 것에 반대했다. 그러나 제환공은 강·황과 동맹을 체결하면서 나중에 초를 함께 공격하기로 약속했다.

얼마 후 강·황에서 사신을 보내 서舒[1]가 초와 동맹을 맺고 적극적으로 협력하고 있으므로 먼저 서를 정벌할 필요가 있다고 아뢰었다. 제환공은 서舒를 공격하기로 결정하고, 결혼을 통해 동맹을 맺고 있던 서徐

---

1) 제순의 뛰어난 신하로서 판결을 담당한 고요의 후손이 봉해진 것으로 알려진 동이 계열의 제후국. 장강 중하류에 위치

에 사신을 보내 서舒를 공격하도록 지시했다. 서徐는 곧 서舒를 공격하여 승리했다. 제환공은 서徐에서 서성舒城을 맡아 지키도록 했다.

그즈음 노에서 계우가 사신으로 와서 주邾·거筥와 다툼이 있어서 제환공이 형과 위를 원조할 때 참가하지 못했음을 사죄하면서 나중에 남방을 도모할 때 참가할 것을 약속했다. 그리하여 제환공은 **노·송·강·황**의 제후들과 양곡陽穀 땅에서 회견하면서 동맹을 맺었다(BC 657년).

제환공齊桓公의 채蔡 공격(BC 656년)

초의 공격이 계속되자 정문공은 초와 동맹을 맺는 것을 고려했다. 숙첨은 제가 초를 치려고 준비하고 있으므로 조금만 더 버티면서 다시 제에 구원을 요청하자고 건의했다. 정문공은 다시 제에 사신을 보냈다. 제환공은 정의 사신에게 채를 물리친 다음 바로 초를 공격할 계획을 알려주고, 일단 귀국하여 제가 구원군을 보냈다고 소문을 내면 초의 공격이 완화될 것이라고 계책을 마련해 주었다.

제환공은 송·노·진陳·위·조·허에 사자를 보내 채의 도성에서 만나 함께 채를 공격할 것을 요청했다. 제환공은 관중을 대장으로 삼고, 습붕·빈수무·포숙아·개방·수초를 대동하고, 병거 300승과 갑사 1만 명을 거느리고 직접 채를 공격하러 떠났다(BC 656년).

수초가 별동대로 먼저 가서 채를 공격하기를 자청했다. 제환공은 이를 허락했다. 수초가 채의 도성을 공격했는데, 채목공은 은밀히 수초에게 뇌물을 주면서 공격 속도를 늦추어 줄 것을 부탁했다. 우쭐해진 수초는 송·노·진陳·위·조·허에서 군사를 보내 함께 채를 치고 나서 초까지 공격할 것임을 말하며, 빨리 피할 것을 권유했다. 놀란 채목공은 초로 달아났고, 남은 채군은 곧 항복했다. 수초는 채가 항복한 것을 자신의 공으로 자랑했다.

초성왕을 만난 채목공은 수초로부터 들은 내용을 말했다. 초성왕은 놀라서 즉시 정에 나가 있던 군사들을 소환했고, 방어준비를 했다.

8국 제후의 초楚 진군(BC 656년)

8국 제후들(**제**환공, **송**환공, **노**희공, **진**陳선공, **위**문공, **정**문공, **조**소공曹昭公, **허**목공)이 채에 모였다. 당시 허목공은 병이 깊었지만 가장 먼저 채에 도착했는데, 도착 후 병이 도져 사망했다. 허군은 귀국했고, 나머지 7국 연합군은 초를 향해 진군했다.

7국 연합군이 초의 경계에 접어들 때 초 대부 **굴완**屈完이 나와 제환공을 영접했다. 제환공과 관중은 기습 계획을 초가 이미 파악한 것을 아쉬워했다. 굴완은 관중에게 제는 북해北海에 있고 초는 남해南海에 있어 바람난 말이나 소라 할지라도 서로 미치지 못하는데[1] 이렇게 멀리 출전한 이유가 무엇인지 물었다. 관중은 초가 ①주 천자에게 조공[2]을 하지 않았으며 ②주소왕周昭王을 죽게 한 죄를 지어 이를 추궁하기 위해서 출전했다고 답했다. 굴완은 조공을 하지 않은 잘못은 인정했지만, 주소왕의 죽음은 초의 잘못이 아니라고 답한 뒤 돌아갔다.

관중은 말로써는 초를 굴복시킬 수 없으니 계속 진군할 것을 건의했

---

1) 여기서 **풍마우불상급**風馬牛不相及(바람난 말과 소라 할지라도 서로 미치지 못한다는 뜻. 서로 멀리 떨어져 있어 전혀 관계가 없는 것을 비유함)의 고사성어가 나옴
2) 초는 원래 주의 제후국이 아닌데, 무왕이 일방적으로 책봉한 후 주 왕실에 제사용 청모靑茅를 특산물로 바치도록 임무를 부여하였음

고, 연합군은 한수 근처인 형산陘山 땅에 도착했다. 관중은 초의 대비가 철저하여 승산이 높지 않다고 판단하여 연합군을 주둔시킨 뒤 더 이상 진군하지 않았다. 대신 관중은 연합군의 세력을 과시하여 초와 협상할 때 유리한 위치에 서기로 결심했다. 일부 제후들이 싸울 것을 주장했으나, 제환공은 관중의 주장대로 하였다.

초성왕은 투자문을 대장으로 삼고 한수 남쪽에 출전하여 대비하고 있었다. 연합군이 한수를 건너지 않자 투자문은 관중이 싸우는 대신 협상할 의사가 있는 것으로 판단하고, 초성왕에게 굴완을 사신으로 파견할 것을 건의했다. 굴완은 초성왕으로부터 전권을 부여받은 후 한수를 건너 제환공을 방문했다. 굴완은 주 왕실에 조공을 하지 않은 잘못을 인정하면서 강화를 원한다면 군을 30리[1] 물려줄 것을 요청했다. 제환공은 초가 주 왕실의 신하로서의 직분만 다한다면 더 이상 요구할 것이 없다고 강조했다. 제환공은 30리를 후퇴하여 소릉召陵 땅[2]에 주둔했다.

굴완은 복귀하여 초성왕에게 초가 주 왕실에 공물을 상납하는 조건으로 제환공은 군사를 물리기로 합의했다고 보고했다. 초성왕은 자신도 왕이라 주장하며 주왕에게 공물을 상납하는 것을 꺼려 했으나, 투자문은 신용을 지키는 것이 중요하다고 건의했다. 결국 초성왕은 공물을 바치라고 지시했다.

---

1) 30리는 당시 군대가 통상적으로 하루에 행군하는 거리였음. 하루 행군하고 밤에 머문다고 해서 30리를 1사—숨라고 칭하였음
2) 한수에서 소릉까지는 300㎞가 넘음. 따라서 한수 위쪽 형산 땅에서 30리 후퇴한 것이 아니라 실제로는 방성(초의 국경 지역에 위치한 마을) 근처에서 30리 후퇴하여 소릉에 주둔한 것으로 보임. 즉 제환공은 초의 국경 깊숙이 들어갔던 것이 아니라 초의 국경을 약간 넘었다가 물러난 것으로 보임

한편 허에서는 허목공의 뒤를 이어 세자 업業이 즉위하니, 곧 **허희공
許僖公**이다. 허희공은 상중이어서 대신 대부 백타百佗에게 군사를 내어
주며 소릉 땅으로 보냈다.

제환공齊桓公의 소릉召陵회맹(BC 656년): 5차 회맹

굴완은 황금과 비단 여덟 수레, 청모 한 수레, 위문용 음식 등을 가지
고 소릉에 왔다. 제환공은 초가 가져온 예물을 연합군에 나누어 주었지
만, 청모는 돌려주며 초가 직접 주 왕실에 공물로 바치라고 말했다. 제
환공은 군대를 사열하면서 굴완에게 군사력을 과시했다. 굴완은 제환
공이 천자의 덕을 널리 알리고 백성들을 사랑했기에 중원의 맹주가 된
것으로 알고 있다고 말하며, 제환공의 무력시위를 간접적으로 비난했
다. 제환공은 굴완을 칭찬하며 초와 동맹을 맺기로 선언했다.

제환공이 이끄는 **중원 8국 연합(제·송·노·진陳·위·정·조·허)**과 **초**는 소
릉 땅에서 맹세의식을 거행하고 동맹을 맺었다. 초성왕은 참석하지 않
았고, 굴완이 의식에 참석했다. 의식이 끝난 뒤 관중과 굴완은 협상을
하여 초는 포로로 잡혀있는 정 대부 담백을 돌려주고, 제는 채를 용서
하기로 합의했다.

제환공은 총 9회의 회맹을 개최했는데, 5차 회맹인 소릉회맹은 <u>중원
이 연합하여 남방의 최강국이고 이민족 국가인 **초를 견제**</u>한 점에서 중
요한 의미가 있다.

한편 포숙아는 은밀히 관중을 찾아가 초의 가장 큰 죄인 칭왕 문제
를 문책하지 않은 이유를 물었다. 관중은 칭왕 문제를 거론하면 전면전
이 불가피한데, 승리를 장담할 수 없고 그 피해가 막대할 것이라고 강

조했다. 관중은 초가 공물을 주 왕실에 상납하면서 잘못을 인정하게 하는 것은 초도 수용이 가능하고 중원 제후들의 위력도 과시할 수 있는 방법이라고 설명했다. 결국 관중은 칭왕 문제를 거론하지 않는 방법을 택함으로써 대신 초로부터 가벼운 죄를 자백받는 명분도 얻었고, 승리가 불확실한 싸움을 피하는 실리도 챙긴 것이다.

<u>제는 제환공과 관중의 노력으로 중원의 여러 중소 제후국들을 그러모았지만, 초를 무력으로 제압하지는 못했다.</u> 그만큼 초의 국력은 강했던 것이다. 그러나 초도 중원 제후국들의 단합된 힘 때문에 이후 상당 기간 동안 중원을 도모하지 못하게 된다. 이때 진晉과 진秦은 참가하지 않았다. 나중에 제齊·진晉·진秦 3강이 연합해서야 비로소 초를 제압할 수 있었다(후술).

8국 군대의 회군

8국 군대는 회군을 시작했다. 통상적인 경로로 회군하면 진陳과 정을 통과하여 회군을 하게 된다. 진陳 대부 원도도轅濤塗는 연합군이 통과할 때 대접하는 막대한 비용이 국가 재정에 부담이 될 것을 걱정했다. 원도도는 정 대부 신후申侯를 찾아가 상의했고, 동쪽 해안으로 회군을 유도하여 대접 부담을 서徐와 거莒에 떠넘기기로 합의했다. 신후가 원도도에게 제환공을 찾아가 건의할 것을 권유했다. 원도도가 제환공을 찾아가 동쪽으로 회군하면 동해를 구경할 수 있고 동이東夷 땅에 위세를 보여 군후의 위엄을 과시할 수 있다고 아뢰었다. 제환공은 기뻐하며 승낙했다.

얼마 후 정 대부 신후가 제환공을 찾아가 동쪽으로 회군하면 멀리 돌아가게 되어 군사들이 피로하고 만약 동이가 저항하면 싸움이 불가피하다고 딴소리를 하며, 원도도의 의도가 자국의 재정 부담을 덜기 위한 꼼수라고 참소했다. 제환공은 그 말을 듣고 타당하다고 여겨 원도도를 감금하고, 정문공을 불러 신후를 칭찬하며 포상으로 땅을 분봉할 것을 지시했다. 정문공은 제환공의 지시를 거절할 수 없어 호뢰 땅을 분봉했다. 결국 신후는 원도도를 이용해 땅을 얻게 되었지만, 정문공은 신후에 대하여 원한을 가지게 되었다. 진陳선공은 제환공에게 뇌물을 주고 원도도의 사면을 간청했다. 제환공은 원도도를 풀어주었다.

제환공은 귀국 후 관중의 공을 평가하여 대부 백씨伯氏가 소유한 변읍騈邑 땅 300평을 회수하여 관중에게 하사했다.

초楚의 주周 왕실에 대한 공물 상납

제환공이 이끄는 연합군이 물러가자 초성왕은 자존심 때문에 주 왕실에 대한 공물을 바치지 않으려고 했다. 굴완은 중원 제후국들에 대한 신용을 유지할 필요가 있고 이번에 주 왕실과 교섭하면 나중에 제와 다툴 때 유리할 것이라고 초성왕을 설득하면서, 왕이라는 표시 없이 막연히 원신遠臣이라고 표기하면 될 것이라고 아뢰었다. 결국 초성왕은 허락했다.

굴완은 주혜왕을 찾아가 청모 열 수레와 황금, 비단 등을 공물로 바쳤다. 주혜왕은 크게 기뻐하며 종묘에 제사 지낸 후 남을 고기를 초에 하사했다. 주혜왕은 초에 남방 이민족들을 진압하는 것을 허가하며, 중원을 침범하는 것을 금지했다.

이후 초성왕은 중원을 잠시 단념하고, 동이 계열인 회이淮夷 약소국가 진軫(BC 655년)과 황黃(BC 648년)을 점령한다.

제4절 제환공齊桓公의 패권

진晉과 진秦의 통혼(BC 656년)

진성공秦成公[1]이 일찍 죽고(BC 660년) 동생인 임호任好가 군위를 계승하니, 곧 **진목공秦穆公**[2]이다. 진秦목공은 **공자 칩縶**을 진晉에 보내 진晉헌공의 장녀(세자 신생의 여동생 백희)에게 청혼했다(BC 656년). 진헌공은 점을 치게 하여 길흉을 살폈다. 태사 소는 시초점[3]을 쳤는데 불길한 것으로 나왔고, 태복 곽언은 거북점을 쳤는데 길한 것으로 나왔다. 진헌공은 거북점을 믿고 승낙했다.

공자 칩이 임무를 마치고 귀국하던 도중에 진晉의 시골에서 엄청난 무게가 나가는 괭이를 들고 농사를 짓고 있던 천하장사인 **공손지公孫枝**라는 농부를 발견했다. 공자 칩은 공손지를 설득하여 데리고 귀국했다. 공자 칩은 진목공에게 경과를 보고하면서 공손지를 천거했고, 진목공은 공손지를 대부에 임명했다.

진秦목공은 다시 공자 칩을 진晉에 보내 폐백을 바쳤고, 백희를 부인으로 맞이했다(BC 656년). 진목공과 혼인한 백희는 목희穆姬로 불리게 되었다.

---

1) 진秦성공: 재위 BC 663 ~ BC 660. 양공襄公-문공文公-헌공憲公-출자出子/무공武公/덕공德公-선공宣公/성공成公/목공穆公
2) 진秦목공 영임호: 재위 BC 659 ~ BC 621
3) 톱풀을 이용하여 치는 점

진晉 세자 신생申生의 자살(BC 656년)

　여희는 세자 신생과 친한 사이인 **이극里克**이 곽을 공격하는 데 큰 공을 세우자 걱정을 했다. 배우 시는 지혜와 공적 면에서 **순식荀息**을 더 높이 평가하며, 순식을 우리 편으로 만들 것을 건의했다. 여희는 진헌공에게 아양을 떨어 순식을 해제와 탁자의 스승으로 임명하게 했다.
　여희는 이극을 제거하기로 결심했다. 배우 시는 여희에게 이극을 '강한 듯 보이지만 생각이 많은 인물'이라고 평가하며, 술자리를 마련하여 이해로써 설득하겠다고 아뢰었다.
　얼마 후 배우 시는 이극을 찾아가 아첨하며 술자리를 마련해 기쁘게 해주고 싶다고 제안했고, 이극은 기쁘게 승낙했다. 배우 시는 여희가 마련해 준 음식 등을 가지고 이극의 집으로 가서 잔치를 열면서 〈가예暇豫〉라는 노래를 불렀다. '모두 번창한 나무에 모였는데, 그대만 메마른 나무에 남아 도끼를 기다리고 있구나.'라는 취지의 노래였다. 이극이 웃으며 노래의 뜻을 물었다. 배우 시는 번창한 나무는 군주의 사랑을 받아 세력이 강해지는 어머니와 아들을 뜻하며, 메마른 나무는 어미는 이미 죽었고 군주로부터 비방을 받는 아들을 뜻한다고 답했다. 말을 마친 배우 시는 바로 떠났다.
　이극은 크게 고민을 하다 결국 한밤중에 배우 시를 집으로 초대했다. 배우 시는 진헌공이 세자 신생을 처형하고 해제를 세자로 책봉할 계획이라고 거짓말을 했다. 이극은 인정상 세자를 제거하는 데 협력할 수도 없고 주군의 뜻에 저항할 생각도 없으므로 자신은 중립을 지킬 것이라고 말했다. 배우 시는 중립을 지킨다면 별고 없을 것이라고 말한 뒤 떠났다.

다음 날 일찍 이극은 대부 **비정보**丕鄭父를 찾아가 상의했다. 비정보는 이극의 태도에 실망하면서 동지를 모아 세자 신생을 도우라고 독려했다. 이극은 그렇게 하겠다고 답을 하고 떠났으나, 귀가하다 일부러 수레에서 떨어져 다쳤다고 핑계 대며 조회에 나가지 않고 집에 머물렀다.

여희는 신생을 제거하기 위해 궁리 끝에 간계를 마련했다. 여희는 진晉헌공을 부추겨 신생을 도읍 강주로 불러들였다. 여희는 잔치를 열어 신생을 초대하고 극진히 대접했다. 잔치가 끝난 후 여희는 진헌공을 찾아가 신생이 자신을 희롱하며 손을 잡으려 했다고 모함했다. 즉 할아버지(=진무공)가 아내 강씨를 아들(=진헌공)에게 물려주었듯이 아버지(=진헌공)도 아내 여희를 아들인 자신에게 물려줄 것이라고 말하며, 수작을 부리고 손을 잡으려 했다는 것이다. 신생의 인품을 알고 있던 진헌공은 여희의 말을 미심쩍어 했다. 그러자 여희는 진헌공에게 자신이 신생과 궁궐 정원에서 놀겠으니 몰래 숨어서 신생의 태도를 살펴보라고 제안했다.

다음 날 여희는 머리에 꿀을 바르고 신생을 궁궐 정원으로 초대했다. 벌과 나비가 꿀 냄새 때문에 여희에게 날아들자 여희는 신생에게 벌과 나비를 쫓아주길 부탁하며 달아났다. 신생이 여희를 따라가며 옷소매로 벌과 나비를 쫓아냈다. 멀리 숨어서 지켜보던 진헌공은 신생이 여희를 희롱하는 것으로 생각하여 대노했고, 즉시 신생을 죽이기로 결심했다. 여희는 진헌공을 진정시키며, 자신의 체면을 봐서 이번에는 용서해 줄 것을 부탁했다. 진헌공은 신생을 바로 곡옥으로 돌려보냈다.

얼마 후 진헌공이 적환翟桓 땅으로 사냥을 나갔다. 여희는 신생에게 사람을 보내 진헌공이 세자에게 모친 제강의 제사를 지내라고 지시했다고 거짓말을 했다. 신생은 제강의 제사를 지낸 후 관례대로 제사 고기와 술을 진헌공에게 보냈다. 6일 후 진헌공이 사냥에서 돌아왔다. 여희는 신생이 보낸 제사 고기와 술에 독약을 넣은 후 신생이 바쳤다고 말하며 진헌공에게 올렸다. 진헌공이 먹으려 할 때 여희는 제지하며 먼저 시식을 건의했다. 진헌공이 고기를 개에게 던졌고, 고기를 먹은 개는 바로 죽었다. 여희가 놀란 표정을 지으며 술을 시녀에게 강제로 먹였는데, 시녀는 바로 죽었다. 여희가 놀란 척 연기하면서 눈물을 흘리며 차라리 자신을 죽이고 세자와 화해하라고 자극했다.

　진헌공은 대노하며 회의를 열어 세자 신생이 역모를 저질렀다고 선포했다. 이때 대부 호돌, 이극, 비정보는 참석하지 않았다. 동관오가 세자 신생을 토벌할 것을 주장했다. 진헌공은 동관오를 대장으로 양오를 부장으로 삼고 병거 200승을 내어주며, 신생을 토벌할 것을 지시했다. 칭병하고 있었지만 궁궐에 많은 사람들을 심어두었던 호돌은 진헌공의 신생에 대한 토벌 지시를 바로 알게 되었다. 호돌은 급히 곡옥으로 사람을 보내 신생에게 사실을 미리 알려 주었다.

　태부 두원관은 여희의 음모임을 적극적으로 해명할 것을 신생에게 건의했다. 신생은 부친의 마음을 상하게 할 것이라며 해명 권유를 거절했다. 그러자 두원관은 외국으로 망명할 것을 권유했다. 신생은 부친에게 불효를 저지르게 되고 다른 제후들의 비웃음을 받을 것이라며 망명 권유를 거절했다. 결국 신생은 국가를 위해 힘써 줄 것을 당부하는 서신을 호돌에게 보낸 후 부친의 죄악을 드러내지 않기 위해 목을 매고 자살했다(BC 656년).

　동관오는 곡옥으로 출전하여 두원관을 체포한 후 돌아갔다. 진헌공 앞에 끌려 나온 두원관은 신생의 무죄와 억울함을 외쳤다. 뜨끔해진 여희는 진헌공을 독촉했다. 진헌공은 무사들을 시켜 두원관을 무참히 죽였다.

진헌공은 해제를 세자로 임명했다(BC 656년). 한편 이때 공자 중이와 이오는 진헌공에게 문안 인사를 드리려고 오다가 신생이 자살했다는 소식을 듣게 되었다. 중이와 이오는 즉시 임지로 되돌아갔다.

주혜왕周惠王의 고민

주혜왕의 부인인 강후姜后는 태자 정鄭을 낳았다. 강후가 죽은 뒤 주혜왕이 진규陳嬀를 새로 부인으로 맞이하니, 곧 혜후惠后다. 혜후는 **대帶**를 낳았다. 주혜왕은 대를 매우 사랑하여 태숙太叔으로 부르게 했고, 태자를 태숙 대로 바꾸고 왕위를 물려주고 싶었다. 그러나 명분이 없어서 주혜왕은 고민하고 있었다.

그즈음 제환공의 지시에 따라 습붕이 주혜왕을 알현하고 초 원정 결과를 보고했다. 이후 습붕은 태자 정을 알현하기를 희망했는데, 주혜왕은 당황하며 난처해했다. 주혜왕은 태자 정과 태숙 대를 같이 불러 습붕을 만나게 했다. 습붕은 주혜왕이 차자인 대를 총애하는 것을 눈치챘다.

제환공齊桓公의 수지首止회맹(BC 655년): 6차 회맹

습붕은 귀국 후 제환공에게 경과를 보고하며, 주 왕실에 왕위분쟁이 발생할 것이니 대책이 필요하다고 강조했다. 제환공은 당연히 강성姜姓의 피가 섞인 태자 정이 왕이 되기를 원했다. 관중은 일단 태자가 제후들과 만나 신분이 정해지면 왕도 쉽게 태자를 바꿀 수 없을 것이라고 강조하며, 모든 제후들이 태자를 알현하기를 희망하고 있으니 제후들의 회맹에 태자가 참석하는 것을 허락해 주기를 부탁하는 상표를 주혜왕에게 올리는 계책을 아뢰었다.

제환공은 내년 5월 위衛의 수지首止 땅에서 회견을 하면서 태자를 알현하자는 취지의 격문을 제후들에게 보냈다. 제환공은 습붕을 주 왕실에 보내 모든 제후들이 왕실을 존경하는 뜻에서 태자를 알현하기를 희망한다는 뜻을 전달했다. 주혜왕은 제의 국력 때문에 어쩔 수 없이 허락했다. 제환공은 공자 완完을 수지 땅에 보내 별궁을 건립하는 등 행사를 준비하게 했다.

8국(제·송·노·진陳·위·정·허·조) 제후들이 수지에 모였다(BC 655년 5월). 얼마 후 태자 정이 수지에 도착했고, 제후들이 문안을 드렸다. 태자 정은 심야에 몰래 제환공을 초청해 태숙 대가 왕위를 찬탈할 음모를 꾸미고 있음을 알리고 지원을 호소했다. 제환공은 8월에 태자를 위한 제후들의 동맹대회를 개최할 것임을 알리고 수지에 계속 머물기를 건의했다.

주혜왕은 제환공이 태자 정을 후원하는 것에 대해 고민을 하다 결국 초와 정을 끌어들여 제를 견제하기로 결심한다. 주혜왕은 태재 공孔을 불러 제환공을 비난하고 초성왕을 칭찬하며 자신의 결심을 알렸다. 태재 공은 당황하며 제환공 때문에 초가 순종하는 것이라고 강조하고, 오랫동안 친해 온 제후를 버리고 남쪽 오랑캐를 선택하는 것은 있을 수 없는 일이라며 설득했다. 그러나 주혜왕은 자신의 고집을 꺾지 않았다. 주혜왕은 정문공에게 보내는 밀서를 작성했는데, ①태자 정을 폐위할 계획임을 알리고 ②이를 방해하는 제를 버리고 대신 초를 따를 것을 지시하며 ③경사 직을 맡길 것이니 ④초와 함께 태숙 대를 보좌하라는 취지였다. 주혜왕은 태재 공에게 밀서를 건넸고, 태재 공은 심복을 시켜 그 밀서를 정문공에게 전달했다.

밀서를 읽은 후 정문공은 경사 벼슬을 간절히 원하게 되었고, 예전에 조상들이 이루었던 권도에 대한 욕심이 생겨났다. 숙첨은 제를 버리고 초를 택하는 것은 배은망덕한 행위임을 강조하고, 태자 정은 적장자이므로 그를 추대하는 것이 천하의 대의라며 정문공을 설득했다. 정문공은 패자인 제환공보다 천자의 뜻이 더 중요한 것이라고 계속 고집을 부렸다. 대부 신후는 천자의 명령을 받은 사실과 태숙 대가 왕실 내에 상당한 세력을 보유하고 있는 사실을 지적하며, 정이 귀국하면 동맹은 성립하지 않을 것이므로 일단 귀국하여 국제 정세를 살펴볼 필요가 있다고 건의했다.

결국 정문공은 국내에 급한 문제가 생겼다고 핑계를 대고 제환공에게 인사도 하지 않은 채 귀국해 버렸다. 제환공은 대노하여 바로 정을 공격하려고 했다. 관중이 회맹 날짜가 얼마 남지 않았다고 말하며 겨우 말렸다.

정을 제외한 7국 제후들은 수지에서 회맹을 개최했고(BC 655년 8월), 태자 정을 돕기로 맹세했다. 태자 정과 7국 제후들은 귀국했다.

초楚와 정鄭의 동맹

정문공은 예상과 달리 7국 제후들이 동맹했다는 사실을 보고받았고, 이어서 배신한 정을 치러 올 것이라는 소문까지 들리자 초와 동맹을 하려던 계획을 보류하고 정세를 관망하고 있었다.

초성왕은 초 출신인 정 대부 신후를 이용하여 제와 정을 분열시킬 결심을 했다. 초성왕은 신후에게 사람을 보내 정을 초의 편으로 끌어들이도록 지시했다. 신후는 정문공을 찾아가 제와 초 모두를 적대시하면 정이 존속하기 어렵다고 강조하며, 주왕의 명에 따라 제를 버리고 초와 동맹을 맺을 것을 권유했다. 결국 정문공은 신후를 초로 보내 비밀리에 초와 우호를 맺었고, 초를 따를 것임을 알렸다.

정문공은 초성왕의 동생인 **문미**文芈를 새로 부인으로 맞이하고, 딸 백미伯芈와 숙미叔芈를 얻었다.

진헌공晉獻公의 괵虢·우虞 점령(BC 655년)

진晉헌공은 이극에게 괵의 도읍 상양을 함몰하라고 지시했다. 이극은 괵의 항장 주지교를 선봉으로 삼고 상양으로 진격했다. 진군은 상양성을 5개월 동안 포위했고, 상양성은 한계상황까지 왔다. 주지교가 항복을 권유하는 글을 써서 화살에 묶어 성 안으로 보냈다. 괵공은 대대로 주 왕실의 경사를 지냈다는 자존심 때문에 항복하는 대신 몰래 성을 빠져나가 달아났다. 이극은 사실을 보고받자 추격하지 않고 묵인했다. 괵공이 도주하자 백성들은 바로 항복했다. 이극은 백성들을 위로하며, 병사들의 노략질을 금지시켰다. 이로써 서괵은 멸망했다(BC 655년).

이극은 군사들을 이끌고 우虞로 갔다. 이극은 괵의 부고에서 노획한 보물의 3할과 미녀들 전부를 우공에게 바쳤다. 우공은 매우 기뻐했다. 이후 이극은 거짓으로 병을 핑계 대며 군사들을 우에 계속 주둔시키며 체류했고, 진헌공에게 몰래 사람을 보내 보고했다.

한 달 후 진헌공이 괵 공격을 지원한다는 핑계를 대며 군사를 이끌고 우의 외곽에 도착했다. 우공은 진헌공과 친교를 맺기 위해 교외까지 나가 영접했다. 진헌공은 우공에게 같이 사냥을 할 것을 제안했고, 우공은 기뻐하며 기산箕山에서 사냥대회를 열기로 합의했다.

평소 승벽이 있던 우공은 진헌공에게 위세를 과시하고 싶어 도성 안의 병력을 총동원하여 기산으로 갔다. 진헌공과 우공이 사냥에 열중하고 있을 때 진헌공의 비밀 지시를 받은 진晉군은 몰래 행군하여 우의 도성을 점령해 버렸다.

도성 안에서 변란이 발생했다는 보고를 받은 우공은 사냥을 중단하고 급히 귀성했다. 진헌공은 남은 진군을 총동원하여 우공의 뒤를 몰래 추격했다. 우공은 귀성하던 중 변란이 진군의 소행이라는 사실을 알게 되었다. 대노한 우공은 급하게 도성을 공격했으나 방비가 철저하여 성을 함락시키지 못했다. 오히려 뒤따라온 진헌공의 공격을 받고 우군은 대패했다. 주지교가 우공에게 항복을 권유했다. 우공은 탄식하며 어찌할 바를 몰랐다. 곧 진헌공이 도착했고, 우공을 잡아 가두었다. 백리해는 지난날의 은혜에 보답하기 위해 우공을 끝까지 수행하면서 수발했다.

순식은 진헌공에게 옛 보물(수극의 옥, 굴의 명마)을 반납했다. 입성한 진헌공은 우의 백성들을 위로했다. 이로써 우는 멸망했다(BC 655년). 진헌공은 순식의 건의를 수용하여 우공을 포로가 아닌 손님의 예로 대하면서 보물을 우공에게 도로 주었다[1].

<u>진헌공은 제환공이 패업에 전념하는 동안 주변의 약소국들을 차례로 병합하여 진晉의 국력을 크게 강화시켰다.</u> 훗날 진晉은 중원을 대표하는 강대국이 되는데, 진헌공이 그 기초를 닦았다고 볼 수 있다.

주지교는 공을 인정받아 대부에 임명되었다. 주지교는 진헌공에게 백리해를 천거했고, 진헌공은 주지교에게 교섭을 지시했다. 백리해는 주지교의 제안을 거절했다. 주지교가 돌아간 후 백리해는 어찌 원수의

---

1) 한비는 《한비자》〈십과〉편에서 작은 이익에 사로잡히면 큰 이익을 해친다고 말하며, 우공을 예로 들고 있음

나라에서 벼슬할 수 있겠냐며 탄식했는데, 나중에 이 사실을 알게 된 주지교는 자신을 비난하는 것으로 생각하고 백리해에게 앙심을 품게 되었다.

진晉 공자 중이重耳의 책翟 망명(BC 655년)

여희는 진헌공에게 중이와 이오가 신생과 공모했었는데 신생이 죽자 신생의 복수를 위해 군사들을 훈련시키고 있다고 계속 모함했다. 진헌공은 중이와 이오를 의심하면서 분노했다. 진헌공은 우선 **시인寺人**[1](= 내시) **발제勃鞮**를 불러 중이를 잡아오라고 지시했다.

바로 정보를 입수한 호돌은 급히 둘째 아들 **호언狐偃(=자범子犯)**을 불러 즉시 포 땅으로 가서 형 **호모狐毛**와 함께 중이를 도와 외국으로 망명하여 훗날을 도모하라고 지시했다. 호언은 급하게 포 땅으로 가서 형에게 부친의 지시를 알렸다. 공자 중이가 호모·호언 형제와 상의하고 있을 때 발제가 군사들을 이끌고 도착해 포성을 포위했다. 중이는 군주의 명령에 항거할 수 없다면서 성문을 열게 했다. 중이가 호모·호언과 함께 탈출을 시도하려고 할 때 입성한 발제는 중이의 집을 포위했다. 간발의 차이로 중이가 담을 넘었고, 발제의 칼은 중이의 옷 소맷자락을 잘랐다. 발제는 중이의 옷자락만 가지고 도읍으로 돌아갔다.

중이·호모·호언은 도망쳐 책翟[2]으로 갔다(BC 655년). 책주翟主는 이들을 영접했다. 이때 중이의 나이 43세였다. 중이가 책으로 망명한 사

---
1) 寺는 절 사, 관청 시로 읽음. 당시 불교는 아직 창시되기 전이므로 시인으로 읽는 것이 맞음
2) 북적이 세운 여러 부족국가 중의 하나. 책翟은 '적'으로도 발음되며, 적狄과 통용되는 용어임. 여기서는 종족명인 '적'과 구별하기 위해 '책'으로 읽기로 함

실이 알려지자 **조최趙衰**(=자여子餘, 조성자趙成子), **서신胥臣**(=구계臼季), **위주魏犨**, **호야고狐射姑**(호언의 아들), **전힐顚詰**, **개자추介子推**, **선진先軫**, **호숙壺叔** 등은 중이의 덕망을 사모하여 중이를 모시기 위해 책으로 갔다. 다혈질인 위주는 책과 포성의 군사들을 동원하여 도읍 강주를 급습하자고 제의했다. 중이는 자식의 도리가 아니라며 거절했다. 위주가 계속 고집을 부렸는데, 호언은 명분과 대의를 존중하는 중이의 뜻을 따라야 한다고 위주를 달랬다.

한편 중이는 급하게 포성을 탈출하느라 어린 자식(환, 백희)도 버리고 갔다. 중이의 고장庫藏 담당 가신인 **두수頭須**가 어린 남매를 거두어 몰래 포 백성 수씨에게 맡겨 키우게 하고, 여러 가지 물자를 대주었다. 중이는 환과 백희의 소식을 알지 못했다.

백리해百里奚의 도망(BC 655년)

진晉헌공이 진秦으로 시집간 딸 백희(=목희)를 위해 몸종들을 뽑아 보내려고 했다. 주지교는 진헌공에게 백리해가 진晉에 원한을 품고 있으므로 몸종으로 진秦에 보내라며 충동했다. 진헌공은 진秦으로 보내는 몸종들 속에 백리해를 포함시켰다.

백리해는 뜻을 펴지 못하고 노년에 치욕을 당하게 되었다고 깊이 탄식했다. 결국 몸종이 되어 진秦으로 가던 백리해는 도중에 도망쳤다. 백리해는 송으로 향하다 길이 막혀 초로 갔다. 백리해는 초의 완성宛城 근처에서 첩자로 오인을 받고 주민들에게 사로잡히게 되었는데, 겨우 혐의를 벗었다. 완성 주민들은 백리해의 소 키우는 재주를 인정하여 마을의 소를 기르게 했다. 초성왕이 이 소문을 듣고 백리해를 어인에 임명하고, 동해로 보내 말을 기르게 했다.

진晉 공자 이오夷吾의 양梁 망명(BC 654년)

중이가 책으로 달아난 사실을 보고받은 진헌공은 중이와 이오가 결탁할 것을 우려하여 가화賈華를 불러 이오를 잡아오라고 지시했다. 진헌공이 체포 지시를 내리자 굴 땅에서 공자 이오를 모시고 있던 **여이생呂飴甥**과 친한 사이인 대부 **극예郤芮**와 공자 이오의 외삼촌인 **괵사虢射**는 굴 땅으로 가서 급보를 알렸다. 잠시 후 가화가 군사들을 이끌고 굴성에 당도했다. 이오는 중이와 달리 굴성을 굳게 수비했다. 가화는 원래 적극적으로 이오를 체포할 의욕이 없었다. 그래서 피신을 권유하는 서신을 화살에 묶어 성안으로 보냈다.

이오는 중이가 망명한 책으로 피신하고자 했다. 극예는 지리적으로 진晉과 가깝고 진秦과 친척관계여서 유사시 진秦의 도움을 구할 수 있는 장점이 있으므로 양梁으로 갈 것을 권유했다. 결국 이오는 양으로 도망쳤다(BC 654년). 가화는 이오를 추격하는 시늉만 하다 돌아갔다. 진헌공은 가화가 이오를 놓친 것에 분노하면서 처형을 지시했다. 비정보가 나서서 예전에 성을 쌓게 하고 수비군을 주둔시켜 놓았기 때문에 오늘날 가화가 이오를 잡는 것이 쉬운 일이 아니었다고 변호했다. 진헌공은 가화를 용서했다.

이후 공자 이오는 양백梁伯의 딸과 혼인하여 아들 **어圉**를 얻었다.

진목공秦穆公의 인재등용(BC 654년)과 선정

 진秦 공자 칩이 몸종으로 올 예정이었던 백리해가 중간에 도주한 사실을 진秦목공에게 보고했다. 진목공은 공손지를 불러 백리해에 대하여 물었다. 공손지는 백리해의 재주를 극찬했다. 진목공이 백리해를 등용하고 싶어 했다. 공손지는 백리해의 처와 아들이 초에 살고 있다는 소문이 있으니 백리해가 초로 도주했을 가능성이 높다고 아뢰며, 초에 사람을 보내 백리해의 소재를 파악하는 것이 필요하다고 건의했다. 진목공은 초에 사람을 보냈고, 백리해가 초에 있음을 알게 되었다.

 공손지는 초가 백리해의 능력을 안다면 놓아주지 않을 것이므로 예전에 포숙아가 관중을 노에서 빼내 올 때처럼 진심을 숨기고 도망친 종을 잡아 처벌하기를 원한다고 둘러댈 것을 건의했다. 진목공은 사신을 초에 보내 초성왕에게 백리해가 도망친 몸종임을 알리고, 염소가죽 5장을 바치며 도망자들에게 경고를 하기 위해 백리해를 잡아줄 것을 부탁했다. 초성왕은 백리해를 체포해 진秦으로 보냈다. 진秦의 경계를 넘자 공손지가 백리해를 영접했다. 이때 백리해의 나이 70세였다[1].

 백리해는 진목공을 만나 ①진秦이 옹 땅과 기 땅을 차지한 것은 큰 행운임을 강조하면서 ②융·적과 경계를 접한 것은 군사력을 강화할 수 있는 계기가 되며 ③서쪽에 치우쳐 중원의 회맹에 참석할 수 없는 것은 오히려 힘을 비축할 수 있는 계기가 된다고 주장했다. 백리해는 우

---

1) 소설 《동주 열국지》 등 여러 일화에서 백리해가 등용될 당시 70세였다고 주장하나, 이후 30년을 활약하는 것을 감안하면 이 내용은 과장으로 보임. 등용될 때 백발이 성성한 노인인 것은 맞지만 70세까지는 아니었던 것으로 보는 것이 맞을 것임(태공망 강상의 경우와 같이 중국 기록에서는 나이를 부풀리는 경향이 있으므로 주의를 요함)

선 서융 수십 개 국을 병합하여 터전을 삼고 힘을 키운 다음 중원을 도모하면 패업을 달성할 수 있을 것이라고 아뢰었다.

진목공은 백리해의 높은 식견에 탄복하여 상경 벼슬을 제의했다. 백리해는 사양하며 건숙을 천거했다. 진목공은 많은 보물을 내어주면서 공자 칩을 송의 명록촌으로 보내 정중히 건숙을 모셔오도록 했다. 공자 칩은 장사꾼으로 꾸며 명록촌으로 가서 건숙에게 백리해의 서신을 전달하면서 설득했다. 이때 공자 칩은 건숙의 아들 **건병蹇丙**이 무예에 뛰어나고 농사와 양잠에 관한 지식이 풍부함을 알게 되었다.

건숙과 건병은 진으로 가서 진목공을 알현했다. 건숙은 진목공에게 ①위엄을 갖추어 중원이 진秦을 두려워하고, 덕을 갖추어 중원이 진秦을 따르게 하면 패업을 달성할 수 있을 것이고 ②덕과 위엄을 펴기 위해서는 백성들을 먼저 교화하고 나중에 처벌해야 하고 ③패업을 성취하려면 탐욕과 분노, 조급함을 경계하라고 아뢰었다. 진목공은 건숙의 식견에 감탄했다.

진목공은 건숙을 우서장右庶長에 백리해를 좌서장左庶長에 임명했는데(BC 654년), 모두 경卿에 해당하는 자리였다. 또한 진목공은 건병을 대부에 임명했다. 건숙과 백리해의 선정 덕분에 진秦의 국력은 급성장했다.

한편 공자 칩은 진秦 출신인 **서걸술西乞術**을 천거했고, 진목공은 진秦 출신임을 기뻐하며 서걸술을 등용했다.

백리해의 아내인 두씨는 남편이 외국으로 간 이후 갖은 고생을 하면서 아들 **백리시百里視**를 키웠다. 두씨는 살길을 찾아 떠돌다 결국 진秦에서 빨래꾼이 되어 연명하고 있었다. 백리시는 철없이 사냥질이나 하면서 생계유지에 보탬이 되지 않았다.

갖은 고생을 하던 두씨는 좌서장 백리해에 대한 소문을 듣게 되었다. 남편으로 생각되었으나 확인할 방법이 없었다. 두씨는 좌서장의 부중에서 빨래꾼을 뽑을 때 자원하여 부중에 들어갔으나, 백리해를 만날 기회를 얻지 못했다. 어느 날 부중에서 백리해가 음악 연주를 듣고 있었는데, 두씨는 노래를 잘한다고 스스로를 선전하여 당 위에서 노래를 부를 기회를 잡았다. 두씨는 문빗장으로 암탉을 요리하여 마지막 식사를 하고 이별하던 그 상황을 주제로 노래를 불렀다. 노래를 듣고 백리해는 비로소 아내 두씨를 알아보았고, 서로 얼싸안고 통곡했다. 진목공은 사연을 들은 후 황금 한 수레 등 많은 선물을 주었고, 백리시를 대부에 임명했다.

이렇게 하여 서걸술, 건병, 백리시는 삼수三帥가 되어 진秦의 병권을 담당하고 삼군을 통솔하게 되었다. 건숙의 아들 건병은 자字가 백을白乙이어서 흔히 **백을병白乙丙**(자+이름)으로 불리고 있고, 백리해의 아들 백리시는 자字가 맹명孟明이어서 흔히 **맹명시孟明視**(자+이름)로 불리고 있다.

진목공은 인재를 등용하고 널리 선정을 펼쳤다. 어느 날 진목공이 양산梁山으로 가서 사냥을 하고 있을 때 말 여러 마리가 사라졌다. 말을 찾기 위해 수색을 했는데, 기산 아래에서 봉두난발의 야인野人들 300여 명이 말고기를 먹고 있는 것을 발견했다. 주위에서 그들을 잡아 처벌할 것을 건의했으나, 진목공은 오히려 술 없이 말고기만 먹을 경우 건강을 해칠 수 있다고 야인들을 걱정하며 야인들에게 술을 하사했다. 야인들은 진목공의 은혜에 깊게 감동했다.

어느 날 진목공이 닷새 동안 꿈을 꾸면서 깨어나지 않았다. 꿈에서 진목공은 보부인寶婦人을 따라가 상제를 만났는데, 상제는 진晉의 소란을 평정하라는 지시를 내렸고, 보부인은 제사를 지내주면 패업을 이루게 해주겠다고 말했다. 진목공의 꿈 이야기를 들은 내사內史 요廖는 진秦문공 때의 일을 설명하면서, 태백산과 진창산으로 사냥을 나갈 것을 권유했다. 진목공은 사냥을 나갔는데, 진창산 근처에서 꿩을 잡았다. 그러자 그 꿩이 돌로 변해버렸다. 내사 요는 이는 보부인을 획득한 것으로 패자가 될 징조라고 아뢰었다. 진목공은 기뻐하며 진창산에 사당을 건립하고 보부인사寶婦人祠라고 이름 붙이고, 진창산을 보계산寶鷄山으로 개명했다.

제환공齊桓公의 정鄭 1차 공격(BC 654년)

제환공은 동맹한 모든 나라들과 함께 정에 대한 공격을 개시했다 (BC 654년). 제환공은 곧 정의 도성을 포위했다. 당시 신후는 초에 체류 중이었는데, 초성왕을 찾아가 정을 구원해 줄 것을 간청했다. 투자문은 직접 정을 구원하는 대신 허를 공격하면 연합군은 허를 구원하러 갈 것이므로 정성에 대한 포위는 풀릴 것이라고 계책을 아뢰었다.

초성왕은 직접 군사들을 이끌고 허를 공격하여 허의 도성을 포위했다. 정의 도성을 포위하고 있던 연합군은 허를 구원하러 출발했다. 초성왕은 연합군이 오기 전에 미리 초로 철수해 버렸다.

신후는 귀국하여 자신의 공로를 자랑하며 정문공에게 포상을 요청했다. 정문공은 예전에 호뢰 땅을 억지로 주었던 일로 기분이 좋지 않았기에 신후의 요청을 거절했다. 신후는 정문공에 대하여 서운한 감정을 가지게 되었다.

책翟에 정착하는 중이重耳 일행

중이 일행은 책주翟主의 보호를 받으며 책에서 평화로운 시간을 보내고 있었다. 북적의 일파인 책의 군주는 같은 북적 계열인 장고여廧咎如를 공격했다. 장고여의 군주는 책의 공격을 견디지 못하여 천하절색인 딸 숙외叔隗와 계외季隗를 바치고 강화를 요청했다. 책주는 숙외와 계외를 중이에게 하사했다.

중이는 **계외**와 혼인하여 아들 2명을 얻었다. 중이는 숙외를 조최에게 하사했는데, 조최는 **숙외**와 혼인하여 아들 **조돈趙盾**을 얻었다(BC 653년).

제환공齊桓公의 정鄭 2차 공격(BC 653년)

제환공은 이듬해 다시 정을 공격했다(BC 653년). 이때 진陳 대부 원도도가 정의 숙첨에게 서신을 보냈는데, ①신후는 정을 팔아 초에 아첨하고 있으며 ②모든 불행의 시작이 신후 때문이므로 ③신후를 죽여야 화친이 가능하다는 취지였다. 숙첨은 서신을 정문공에게 바쳤다.

그 당시 정문공은 제를 배반한 것을 후회하고 있었는데, 서신을 읽은 후 신후를 불러 꾸짖은 다음 참수해 버렸다. 숙첨은 신후의 수급을 제환공에게 바치고 사죄했다. 제환공은 정을 용서하고 귀국했다.

제환공齊桓公의 영모寧母회맹(BC 653년): 7차 회맹

제환공은 정과 다시 동맹을 맺기 위해 제후들을 제의 영모寧母 땅으로 불렀다. 정문공은 주혜왕이 보낸 밀서에 대한 미련과 제환공에 대한 두려움 때문에 마음이 흔들려 확실히 결정을 하지 못했다. 그래서 정문공은 자기 대신 세자 화를 보내기로 결정했다. 세자 화도 제환공이 정문공의 불참을 문책할까 봐 두려워 가고 싶지 않았다. 세자 화는 숙첨을 찾아가 도움을 요청했으나, 숙첨은 오히려 출발을 재촉했다. 원래 숙첨을 싫어했던 세자 화는 숙첨에 대한 원한이 깊어졌다.

7국의 제후와 정 세자 화가 영모에 도착했다. 제환공은 영모에서 회맹을 열고(BC 653년), 정과 동맹을 맺었다.

정鄭 세자 화華의 반역

회맹이 끝난 후 정 세자 화가 제환공을 찾아가 비밀리에 알현하면서 예전에 정이 수지회맹에서 이탈한 것은 정의 삼량(숙첨, 도숙, 사숙) 때문이었다고 모함했다. 세자 화는 삼량을 제거해 주면 제의 부용국이 되어 영원히 섬기겠다고 아뢰었다. 제환공은 바로 승낙했다.

세자 화를 보낸 후 제환공은 관중을 불러 상의했다. 관중은 제후들이 제에 복종하는 이유는 제환공이 실천하는 예의와 신의 때문이라고 강조하면서, 아들이 아버지를 험담하는 것은 예의에 어긋나고 우호를 위해 왔다가 나라의 혼란을 꾀하는 것은 신의가 아니라고 아뢰었다. 관중은 정의 삼량은 백성들의 신임을 받고 있으며 민심을 거스르면 재앙을 맞을 것이라고 강조했다.

제환공은 세자 화를 불러 정문공과 상의한 후에 결정하겠다고 번복의 뜻을 알렸다. 관중은 심복을 보내 세자 화의 수행원에게 세자 화의 행위를 은밀히 알려주었다. 제환공이 번복하자 세자 화는 당황했고, 곧 귀국했다. 세자 화의 수행원이 정문공에게 관중으로부터 들은 사실을 보고했다.

세자 화는 정문공에게 귀국보고를 하면서 제환공이 정을 의심하고 있으니 제를 버리고 초와 우호를 맺자고 건의했다. 정문공은 대노하면서 세자 화를 유실幽室에 감금했다. 얼마 후 세자 화가 유실에서 탈출하려고 벽을 뚫다 발각되었다. 정문공은 세자 화를 처형했다. 형의 죽음에 불안을 느낀 공자 장은 송으로 달아났다. 정문공은 자객을 보내 장을 도중에 죽여버렸다.

정문공은 제환공의 신의에 감격했다. 정문공은 숙첨을 제에 사신으로 보내 감사를 표했다.

한편 정의 궁실에서 일하는 궁녀 중에 연길燕姞이라는 궁녀가 있었다. 어느 날 연길은 꿈을 꾸었는데, 조상이 와서 난초를 주며 나라를 번성하게 할 아들을 점지해 줄 것을 알려주는 내용이었다.

궁녀의 꿈 이야기를 전해 들은 정문공은 좋은 징조라고 여겨 그녀와 동침했고, 아들을 얻었다. 정문공은 아들의 이름을 난蘭이라고 지었다(BC 649년). 정문공은 연길과 난을 매우 총애했다.

조공공曹共公의 즉위(BC 653년)

조소공 반班이 사망하고 그 아들인 양襄이 즉위하니(BC 653년), 곧

조공공曹共公[1]이다. 조공공은 노는 것만 좋아하고 정치에는 관심이 없었다. 조공공은 아첨꾼 300명을 대부로 등용했는데, 이는 원래 약소국이던 조의 재정을 더 궁핍하게 만들었다. 대부 희부기僖負羈는 이를 걱정했다.

진晉의 책翟 공격(BC 652년)

양오는 신망이 높아 추종 세력이 많은 중이가 항상 신경 쓰였다. 양오는 진晉헌공에게 책翟은 대대로 진晉의 원수라고 아뢰며, 이번에 책을 공격하여 중이를 제거할 것을 주장했다. 진헌공은 책을 공격하기로 결정했다. 예전에 중이를 체포하러 갔다 실패했던 발제는 공을 세우고 싶어 출전을 자청했고, 진헌공은 허락했다.

진군과 책군은 국경 근처인 채상采桑 땅에서 두 달 이상 대치하면서 여러 차례 교전했으나, 승부가 나지 않았다. 비정보가 진헌공에게 중이의 역모 증거가 명확하지 않은 상태에서 외국으로 군대를 보내서까지 죽이려는 것은 지나치며, 책군에 대한 승리를 장담할 수 없으므로 철군을 건의했다. 진헌공은 철군을 지시했다.

제환공齊桓公의 조洮회맹(BC 652년): 8차 회맹

주혜왕이 병이 들어 위독해졌다. 태자 정은 혜후가 일을 꾸밀 것을 염려하여 하사下士 왕자 호虎를 제에 보내어 원조를 요청했다. 얼마 후

---

1) 조曹공공 희양: 재위 BC 652 ~ BC 618

주혜왕이 재위 25년에 사망했다(BC 652년). 태자 정은 주공 공, 소백 요와 상의하여 주혜왕의 사망 사실을 발표하지 않고, 제에 가 있는 왕자 호에게 급히 밀서를 보내 그 사실을 알렸다. 왕자 호는 제환공에게 주혜왕의 사망 사실을 알렸다.

제환공은 급히 제후들을 노의 조洮 땅으로 불렀다. 8국(제·송·노·위·진陳·정·조·허) 제후들은 조 땅에서 회맹을 열고, 주 왕실에 대한 충성을 결의하면서 각자 대부 1명씩을 주 왕실에 파견하기로 합의했다.

주양왕周襄王의 즉위(BC 652년)

조회맹 이후 8국에서 습붕(제), 화수로華秀老(송), 공손오(노), 영속(위), 원선轅選(진陳), 사숙(정), 공자 무戊(조), 백타(허) 등 대부 1명씩이 주혜왕의 병문안을 핑계로 왕성으로 갔다. 대부들이 모두 모이자 왕자 호는 태자 정에게 보고했다.

태자 정은 비로소 국상을 발표한 후 왕위를 계승하니, 곧 **주양왕周襄王**[1]이다. 혜후와 태숙 대는 이에 대하여 분노했으나, 각국 제후들과 대부들 때문에 어쩔 수 없었다. 혜후는 혜태후가 되었다[2].

---

1) 주양왕 희정: 재위 BC 651 ~ BC 619
2) 왕의 어머니를 뜻하는 태후太后라는 명칭은 훗날 진秦에서 처음 만들어지는데(BC 307년), 그 전까지는 구별하지 않고 모두 왕후로 불렀음. 여기서는 설명의 편의상 왕후와 태후를 미리 구별하여 사용하기로 함

송양공宋襄公의 즉위(BC 651년)

송환공은 부인에게서 세자인 **자보**玆父를 얻었고, 첩들로부터 **목이**目夷와 **탕**蕩을 얻었다. 목이는 자字가 자어子魚인데, 세자 자보의 서형으로 어질고 현명하여 신망이 높았다.

송환공이 재위 31년에 병으로 사망하자(BC 651년) 세자 자보는 군위를 사양하며 목이에게 양보했다. 목이는 적서를 강조하며 사양했다. 결국 세자 자보가 군위에 오르니, 곧 **송양공**宋襄公[1]이다. 송양공은 목이를 상경에 임명했다.

송양공은 주양왕의 누나인 **왕희**王姬를 부인으로 맞이해 왕신王臣을 얻었고, 왕신을 세자로 임명했다. 그 외 송양공의 아들로 공자 어御가 있다.

제환공齊桓公의 부탁을 받는 송양공宋襄公

주양왕은 즉위 이후 종묘 제사를 지내고나서 제환공의 공로를 표창하기 위해 제육祭肉을 제환공에게 하사했다(BC 651년). 제환공은 제육을 받는 장면을 제후들에게 보여주어 자신의 공로를 자랑하기 위해 제후들을 규구葵丘 땅으로 불렀다. 조회맹이 끝난 지 석 달 만에 제환공이 또 소집하자 제후들은 불만을 가졌다.

제환공과 관중이 규구로 가면서 세자 책봉 문제로 이야기를 나누었다. 제환공은 장자 무휴와 공자 소 중에서 누구를 세자로 할지 결정하

---

1) 송양공 자자보: 재위 BC 650 ~ BC 637

지 못하고 있었다. 제환공이 관중의 의견을 물었다. 관중은 평소 무휴가 수초·역아와 결탁하고 반이 공자 개방과 친한 것을 염려하고 있었다. 반면 소는 어진 성품이었지만 세력이 약했다. 관중은 성품이 어진 소를 추천했다. 그러자 제환공은 세력이 강한 무휴의 분란을 우려했다. 관중은 가장 어진 제후를 골라 그에게 공자 소에 관한 일을 부탁하면 될 것이라고 아뢰었다.

제환공을 비롯한 여러 제후들이 규구에 모였다. 주 왕실을 대표하여 주공 공孔도 참석했다. 너무 자주 소집하는 것에 불만을 가진 제후들 여럿이 핑계를 대고 불참했다. 송양공은 상중이지만 신의를 지키기 위해 상복 차림으로 참석했다.

관중이 제환공에게 ①군위를 사양할 정도로 어진 성품을 가졌고 ② 상복 차림으로 참석할 정도로 제를 공경하고 있다며 송양공을 칭찬했다. 관중은 송양공을 공자 소에 관한 일을 부탁할 적임자라고 추천했다. 제환공도 동의하며, 관중에게 일을 맡겼다. 관중은 은밀히 송양공을 방문하여 제환공의 뜻을 전달했다. 송양공은 처음에는 겸손히 사양했으나, 관중이 거듭 부탁을 하자 자신을 믿어주는 제환공에게 감격하여 마침내 승낙했다.

제환공齊桓公의 규구葵丘회맹(BC 651년): 9차 회맹(마지막 회맹)

대회가 개최되었다. 주공 공이 주양왕을 대신하여 제환공에게 제육을 하사했다. 제환공이 단 밑으로 내려가 제육을 받으려 할 때, 주공

공은 ①제환공에게 일급을 더하고 ②하배下拜[1]의 거동을 면제하라는 주양왕의 지시를 알렸다. 제환공이 그냥 제육을 받으려 하자 관중이 작은 목소리로 신하로서 공경하는 모습을 보여야 한다고 강조했다. 제환공은 단에서 내려와 재배를 한 후 제육을 받았다.

제환공은 여러 제후들과 다시 동맹을 맺으며 우호를 강화하고, 존왕양이와 계절존망의 의무를 거듭 천명했다. 제환공은 삽혈의식을 폐지하는 대신 붓으로 맹세를 쓰는 새로운 방식을 도입했다.

제환공은 총 9회의 회맹을 개최했는데, 마지막 회맹인 규구회맹은 제환공이 주도한 회맹 중 가장 화려했으며 제환공이 이룩한 패업의 완성이자 정점의 순간이었다는 점에서 중요한 의미가 있다.

제환공齊桓公의 교만

대회가 끝난 후 제환공이 주공 공에게 봉선封禪 의식에 대하여 물었다. '봉封'은 태산泰山에 흙으로 단을 쌓은 후 하늘에 제사를 지내는 것을 말하고, '선禪'은 양보산梁父山 기슭에서 땅을 쓸면서 땅에 제사를 지내는 것을 말한다. 이는 천자만이 할 수 있는 의식이다. 주공 공은 당황하면서 제환공에게 설명했다. 제환공은 태산과 양보산이 제의 영역 안에 있으므로 천자의 위임을 받아 봉선 의식을 거행하고 싶어 했다. 주공 공은 그 자리에서는 마지못해 제환공의 뜻에 찬성했다.

주공 공은 관중을 찾아가 제환공에게 충언을 올려 줄 것을 부탁했다.

---

[1] 당시 예법에 의하면 천자가 하사하는 물품에 대하여 제후는 단에서 내려와 2번 절한 후 받아야 함

관중은 제환공이 승벽이 있고 패업에 도취되어 자신감이 과한 것을 알고 있었다. 그래서 관중은 제환공에게 봉선은 천명을 받았다는 상스러운 징조가 나타날 때 가능한데, 아직 그 징조가 없다고 조심스럽게 아뢰었다. 제환공은 기분이 상해 더 이상 이에 대하여 말하지 않았다. 주공 공은 제환공의 교만 때문에 제가 곧 몰락할 것이라고 생각했다.

대회가 끝나자 제후들은 귀국했다. 주공 공은 귀국하던 도중에 회맹에 참석하기 위해 뒤늦게 급히 오던 진晉헌공을 만났다. 대회가 끝난 것을 알게 된 진헌공은 아쉬워했다.

제환공은 귀국한 뒤 자신의 업적에 큰 자부심을 가졌다. 제환공은 궁실을 크게 개축했고, 수레·의복·예식 등을 천자처럼 갖추었다. 제의 백성들은 이에 대하여 찬반이 분분했다. 관중은 충언을 올리는 대신 제환공의 교만에 맞추어 자신도 저택에 3층 대臺를 만들고 색문塞門[1]을 내고 반점反坫[2]을 설치하여 외국 사신을 맞이했다. 이는 예법에 따르면 신하로서는 할 수 없는 행위였다.

포숙아는 제환공과 관중의 행동에 실망했다. 그래서 포숙아는 관중을 찾아가 비난했는데, 관중은 세상의 비난을 나누어 제환공을 보호하기 위해서 일부러 한 행동이라고 설명했다. 그러나 포숙아는 관중의 행동에 동의할 수 없었다. 훗날 공자는 《논어》에서 관중의 이러한 행위에 대하여 사치하고 예의를 모른다며 강한 비판을 한다.

---

1) 집 안이 들여다보이지 않게 하기 위하여 대문 앞에 막아 세우는 가림벽
2) 제후들이 회동할 때 다 마신 술잔을 엎어놓기 위하여 흙으로 만든 잔대盞臺

제4편 춘추春秋 시대 중기

제1장

제齊의 패권 상실과 초楚의 강세

제1절 진晉의 혼란과 진秦의 개입

진헌공晉獻公의 사망(BC 651년)

진晉헌공은 나이가 들어 건강이 나빠지자 세자 해제를 염려하여 공자들과 친척들 다수를 외국으로 추방했다. 많은 신하들이 이에 실망하여 병을 핑계 대며 조회에 나가지 않았다. 진헌공은 제환공이 주도한 규구대회에 참석하러 갔다가 허탕치고 돌아오던 중 건강이 급격히 나빠졌다. 귀국한 지 며칠 후 진헌공은 태부 순식에게 세자 해제를 부탁하고 재위 26년에 사망했다(BC 651년 9월).

순식이 세자 해제를 상주로 모셨는데, 당시 해제의 나이는 14세였다. 문무백관들이 궁중에 모여 곡을 했다. 호돌은 칭병하며 참석하지 않았다. 여희는 순식을 상경에 임명하고, 양오와 동관오를 좌우 사마에 임명했다.

한편 공자 이오는 진晉이 국상을 당한 틈을 이용하여 여이생을 시켜 굴성을 공격해 점령해 버렸다.

이극里克·비정보丕鄭父의 여희驪姬 일파 제거(BC 651년)

　이극과 비정보는 순식을 방문하여 공자 중이를 즉위시키자고 설득했다. 순식은 진헌공에게 해제를 받들기로 맹세했으므로 그 제안을 거부했다. 이극과 비정보는 돌아가서 상의하고 거사하기로 합의했다.

　이극과 비정보는 심복인 장사 1명을 궁궐 시위 병사로 위장시켜 궁 안으로 잠입시켰다. 심복 장사는 상막 안에서 곡을 하고 있던 해제에게 은밀히 접근하여 비수로 찔러 암살했다. 옆에 있던 배우 시가 칼을 뽑아 자객에게 달려들었으나, 오히려 죽임을 당했다. 순식은 진헌공의 유지를 받들지 못한 것을 자책하며 통곡하다가 기둥에 머리를 찧고 자살하려 했다. 여희가 순식을 간신히 말리며, 탁자를 부탁했다.

　순식은 대신회의를 열고, 탁자를 즉위시키기로 결정했다. 이때 이극과 비정보는 회의에 참석하지 않았다. 양오는 순식에게 즉시 이극과 비정보를 공격할 것을 건의했다. 순식은 이극과 비정보의 세력이 강하므로 일단 그들을 안심시킨 뒤 천천히 일을 도모해야 한다고 말렸다.

　양오는 순식의 결정에 불만을 가졌고, 동관오와 상의하여 우선 이극부터 제거하기로 합의했다. 그들은 성문에 장사를 매복시켰다가 장례일에 진헌공의 상여가 성문을 나갈 때 이극이 전송하러 나오면 장사가 급습하여 이극을 죽이기로 계획했다. 동관오가 자신의 문객 중 천하장사인 **도안이屠岸夷**를 은밀히 불러 벼슬을 약속하며 이극을 죽이라고 지시했다.

　도안이는 친한 사이인 대부 추천騅端을 찾아가 그 일에 대해 상의했다. 추천은 여희 일당은 역적이라고 말했고, 도안이는 동관오를 찾아가 거절하려고 했다. 추천은 도안이에게 거절하지 말고 승낙하여 안심시킨 다음 동관오를 죽이라고 설득했다. 도안이는 추천의 말에 따르기로 맹세했다. 추천은 비정보에게 위 내용을 알렸고, 비정보는 이극에게 알렸다. 이극과 비정보는 진헌공의 장례일에 거사하기로 합의했다.

　진헌공의 장례일에 이극은 병을 핑계로 장례식에 불참했다. 도안이는 동관오에게 병사 300명을 요청하면서 이극을 공격하여 죽이겠다고 거짓말을 했다. 동관오는 기뻐하며 병사들을 내어주었다. 도안이는 이극의 집을 포위했다. 이극은 순식에게 사람을 보내 거짓으로 도움을 요청했다. 그 결과 순식은 도안이의 거사 실행을 알게 되었고, 동관오와 양오에게 도안이를 도와 이극을 죽일 것을 지시했다.

　동관오와 양오가 병사들을 이끌고 이극의 집으로 달려갔다. 도안이는 보고를 핑계로 동관오에게 다가가 갑자기 주먹으로 동관오의 목을 때려죽이고, 공자 중이를 군위에 올릴 것이라고 선언했다. 병사들은 환호하며 도안이 편으로 합세했다. 군심이 바뀌자 양오는 급히 도망쳤으나, 도안이는 쫓아가 칼로 양오의 목을 베었다.

　이극, 비정보, 추천, 공화共華, 도안이 등이 군사를 이끌고 궁으로 달려갔고, 순식간에 점령해 버렸다. 순식이 이극에게 탁자의 목숨만은 살려주길 애원했으나, 이극은 신생의 억울한 죽음을 언급하며 거절했다. 이극의 지시를 받은 도안이는 탁자를 전각 밑으로 던져 죽였고, 순식마저 칼로 쳐 죽였다.

　여희는 가군의 거처로 도망쳤으나, 가군은 들이질 않았다. 결국 여희는 연못에 몸을 던져 자살했다. 이극은 여희의 시체를 건져 토막을 내었다. 소희는 별실에 감금되었다. 이극은 양오, 동관오, 배우 시의 일족들을 모조리 죽였다. 도안이는 공을 인정받아 상사 벼슬에 임명되었다.

진목공秦穆公의 공자 이오夷吾 후원

이극은 대신회의를 열어 비어 있는 군위에 공자 중이를 추대할 것을 제안했다. 비정보는 원로인 호돌에게 문의할 것을 제안했다. 호돌은 선군 아들의 시해에 엮이는 것에 부담을 느꼈고 아직 정국이 안정되지 않아 귀국 후 중이의 신변을 염려하여 자신의 뜻을 밝히지 않았다.

이극은 공자 중이를 초빙하는 문서를 작성하여 먼저 서명했고, 비정보·공화·가화·추천 등 30여 명이 서명했다. 이극은 도안이에게 공자 중이를 모셔올 것을 지시했다.

도안이는 연명서를 가지고 중이를 방문하여 뜻을 전달했다. 중이는 문서에 호돌의 서명이 없음을 이상하게 생각했다. 위주가 귀국을 강력히 주장했으나, 중이는 정국의 불안정과 여희의 잔당들을 염려하여 귀국을 주저했다. 호언은 국상과 국가의 혼란에 편승하여 군위에 오르는 것은 명분이 없음을 강조하며 귀국을 만류했다. 결국 중이는 자신은 선친에 죄를 지어 도망을 다니는 불효를 저질렀으므로 군위를 사양한다는 뜻을 밝혔다.

도안이는 귀국하여 중이의 뜻을 보고했다. 이극은 중이에게 다시 사람을 보낼 것을 주장했다. 이때 대부 **양유미梁繇靡**가 공자 이오를 추대할 것을 주장했다. 이극은 공자 이오는 잔인하며 신의가 없음을 들어 반대했다. 양유미는 공자 중이가 군위를 사양하고 있는 상황에서 그래도 다른 공자들에 비해 이오가 상대적으로 적임자라고 주장했고, 다른 대부들도 동의했다[1]. 이극은 어쩔 수 없었다. 결국 양유미와 도안이가 공자 이오를 모시러 출발했다.

당시 공자 이오는 고국에서 변란이 발생했다는 사실을 알게 되었을 때 중이를 의식하여 매우 초조해하고 있었는데, 양유미가 도착하자 매우 기뻐했다. 극예는 공자 중이가 귀국하지 않은 이유가 분명 있을 것이니 신중하게 결정해야 한다고 아뢰었다. 극예는 국내에 남아 있는 자들을 믿을 수 없으므로 우선 이극과 비정보에게 뇌물을 듬뿍 주어 우리 편으로 만들 필요가 있으며, 호랑이 굴에 들어가기 전에 먼저 강한 무기가 필요하듯 진秦에 원조를 요청하여 원군과 함께 귀국할 필요가 있다고 아뢰었다. 공자 이오는 이극에게 귀국 후 분양汾陽 땅 100만 평을 하사하고 비정보에게 부규負葵 땅 70만 평을 하사한다는 취지의 서신을 작성하여 도안이에게 전달하도록 지시했다. 공자 이오는 진秦에 원조를 요청하는 취지의 서신을 작성하여 양유미에게 주면서 진秦목공에게 전달하도록 지시하며, 진晉 대부들의 뜻임을 반드시 알리도록 했다.

양유미는 진秦으로 가서 진목공을 알현하면서 진晉의 대부들은 공자 이오를 추대하기를 희망한다고 말했다. 진목공은 원조할 의사를 밝혔으나, 공자 중이와 이오 중 누구를 원조할지 결정하지는 못했다. 건숙이 사람을 보내 조문을 하면서 중이와 이오의 인품을 조사한 뒤 결정할 것을 건의했다. 진목공은 공자 칩을 파견했다.

---

1) 통상적으로 세 번 간청과 사양의 형식을 취한 후 즉위하는 것을 감안하면 진의 대부들은 이례적으로 중이를 빨리 포기한 것임. 그 이유는 망명지에서 중이를 수행한 공신들이 많아 중이가 즉위하면 자신들의 입지가 약해질 것을 우려하였기 때문으로 추정됨. 중이와 달리 이오는 수행한 공신이 별로 없어 상대적으로 자신들의 입지에 영향이 없을 것으로 판단한 듯 보임

공자 칩이 중이를 조문하면서 원조의 뜻을 밝혔다. 중이는 조최와 상의한 후 공자 칩에게 상중임을 이유로 거절의 뜻을 전하면서 부친의 사망을 슬퍼하며 통곡했다. 공자 칩은 중이의 어짊을 찬탄했다.

이어서 공자 칩은 이오를 조문하면서 원조의 뜻을 밝혔다. 이오는 극예와 상의한 후 공자 칩에게 원조를 부탁하며 보답으로 진秦에 '하서河西 5성'을 양도하겠다는 뜻을 밝혔다. 공자 이오는 이를 약속하는 문서까지 작성해 주었고, 공자 칩에게 별도로 황금 40일과 백옥 6쌍을 뇌물로 주었다.

공자 칩은 귀국하여 보고했고, 진목공은 중이를 원조하기로 결심했다. 공자 칩은 진목공에게 진晉을 위해서라면 어진 군주가 필요하지만, 진秦이 천하에 명성을 떨치기 위해서는 진晉에 어리석은 군주가 들어서는 것이 유리하다고 아뢰었다. 결국 진목공은 이오를 원조하기로 결정했다.

공손지는 진목공의 명에 따라 병거 300승을 대동하고 공자 이오를 호송하여 진晉으로 귀국시켰다. 목희는 공자 이오에게 서신을 보내 자신을 키워준 가군을 잘 대해주길 요청했고, 추방되었던 공자들을 귀국시켜 우애 있게 지내기를 부탁했다. 공자 이오는 지시대로 하겠다고 답장을 보냈다.

진혜공晉惠公의 즉위(BC 651년)

진晉이 대혼란에 빠져 군위가 비어 있음을 알게 된 주양왕은 대부 왕자 당黨에게 군사들을 내어주며 진晉에 가서 혼란을 수습할 것을 지시했다. 제환공도 고량高梁 땅으로 가서 제후들을 소집하고 회견을 열어

진晉의 혼란을 수습할 계획이었다. 고량 땅에서 제환공은 주와 진秦이 이미 출동한 사실을 알게 되었다. 제환공은 공손습붕을 보내 왕군 및 진군과 합류하도록 지시했다. 습붕은 왕군 및 진군과 합류하여 공자 이오 추대에 합의했다. 얼마 후 여이생이 굴성의 군사들을 이끌고 가세했다. 보고를 받은 제환공은 귀국했다.

이극과 비정보는 호돌에게 공자 이오의 즉위 의식에 협조를 부탁했다. 호돌이 국경까지 나가 공자 이오를 영접했다. 공자 이오가 도읍 강성에 도착하여 즉위하니(BC 651년), 곧 **진혜공晉惠公**[1]이다. 진晉의 백성들은 덕망이 높은 중이 대신 이오가 즉위하자 크게 실망했다.

진혜공은 어를 세자로 책봉하고, 호돌과 괵사를 상대부로, 여이생과 극예를 중대부로, 도안이를 하대부로 임명했다. 진혜공은 양유미를 주에 보내 하례하고, 한만의 손자인 한간韓簡(=한정백韓定伯)을 제에 보내 하례했다.

이극里克의 죽음(BC 650년)

막상 군위에 오르자 진晉혜공은 진秦에 하서 5성을 넘겨주기가 싫어졌다. 여이생은 양도 약속은 귀국 전의 일이므로 이행할 필요가 없다고 아뢰었다. 이극은 신의를 위해 이행해야 한다고 아뢰었다. 극예는 약속을 지키면 진晉의 손실이 너무 크다며 여이생의 주장에 찬성했다. 이극이 계속 이행을 주장하자, 극예는 이극이 분양 땅을 받으려고 고집을 부린다며 비난했다. 이극은 대노했는데, 비정보가 이극의 소매를 잡아

---

1) 진晉혜공 희이오: 재위 BC 650 ~ BC 637

당겨 말렸다.

진혜공은 결국 하서 5성을 양도하지 않기로 결정했다. 여이생은 대신들의 강력한 반대로 하서 5성을 넘기기가 어려우니 대신들을 설득할 수 있게 기한을 달라는 취지의 국서를 작성했다. 비정보는 진혜공이 부규 땅을 하사하기로 한 약속을 지킬 생각이 없음을 알고 분노했으나 드러내지 않았다. 원래 중이를 추대하고 싶었던 이극도 진혜공이 분양 땅을 하사하기로 한 약속을 이행하지 않고 중신을 대접하지 않는 것에 대하여 속으로 크게 원망했다. 비정보는 진혜공을 원망하여 직접 진秦에 가서 호소하기로 결심하고, 국서를 가지고 진秦에 사신으로 가는 것을 자청했다.

극예와 여이생은 이극과 비정보를 의심하고 계속 감시했다. 비정보는 이를 눈치채고 이극을 따로 만나지 않고 공손지를 따라 진秦으로 바로 출발했다. 이극은 비정보를 만나 상의하기 위해 쫓아갔으나 만나지 못했다. 이 사실은 극예에게 보고되었다. 극예는 진혜공에게 이극이 원망하고 있으므로 중이와 내통할 우려가 있다고 아뢰며, 이극을 처단할 것을 강력히 건의했다. 진혜공은 허락했다.

극예는 이극의 집으로 가서 사사로운 공로보다 공명정대한 대의가 더 중요하다고 선언한 다음 두 군주와 한 대신을 죽인 죄를 물어 자결하라는 진혜공의 명을 전달했다. 이극은 깊게 탄식하며 결국 칼을 물고 자살했다.

그즈음 비정보는 진秦목공에게 국서를 전달했다. 진목공은 대노하여 비정보를 처형하려 했으나, 공손지가 겨우 말렸다. 비정보가 진목공에게 진晉의 현재 상황을 아뢰며, 폐물과 감언이설로 여이생과 극예를 진秦으로 초대하여 처단하고 공자 중이를 추대하면 국내외에서 모두 호응할 것이라고 계책을 건의했다. 만족한 진목공은 귀국하는 비정보를 따라 대부 냉지冷至를 진晉에 파견했다.

진晉의 내부 갈등

이극이 죽은 사실을 알게 된 기거祁擧, 공화, 가화, 추천 등 원로대신들은 분노하며 진혜공을 원망했다. 진혜공은 극예를 불러 목희가 보낸 서신에 대하여 상의했다. 극예는 공자들의 귀국에는 반대했지만 가군에 대한 예우에는 찬성했다.

진혜공은 문안 인사를 위해 가군의 거처를 찾았다가 갑자기 욕정이 일어나 가군을 강간했다. 가군은 눈물을 흘리며 진혜공에게 세자 신생의 원혼을 위로해 줄 것을 부탁했다. 진혜공은 극예의 사촌 동생인 극걸郤乞을 불러 신생의 묘를 천장할 것을 지시하고, 태사에게는 시호를 정할 것을 지시했다. 신하들은 신생의 시호를 공세자共世子로 정했고, 묘를 천장한 다음 호돌이 제사를 올리기로 결정했다.

극걸은 곡옥으로 가서 초라한 신생의 묘를 고원高原 땅으로 옮겼다. 호돌은 신생에 대한 제사를 올리다가 기절하여 꿈을 꾸었다. 꿈에서 신생은 이오를 비난하며 진秦으로 옮겨 제사를 받으려고 했는데 호돌이 겨우 말렸고, 신생은 7일 후 곡옥 서쪽에 사는 무당을 통해 뜻을 알리겠다고 했다.

호돌이 꿈을 꾼 뒤 7일 후 무당이 와서 이오의 자식을 죽여 징벌하기로 했다는 신생의 말을 전달했다[1]. 도성으로 돌아온 호돌은 비정보

---

1) 신생은 이오에게 원한을 가질 이유가 전혀 없기 때문에 이 부분은 훗날 중이(=진문공) 측에서 만들어 퍼뜨린 일화일 것임

의 아들인 비표조豹에게 꿈과 무당에 대한 이야기를 했다. 비표는 공자 중이의 즉위를 예상했다.

비정보는 진秦 대부 냉지와 함께 귀국하던 중 도읍 강성 교외에서 이극의 죽음을 알게 되었다. 충격을 받은 비정보는 망명을 고려하고 있었는데, 우연히 대부 공화를 만나게 되었다. 공화는 입조하지 않으면 스스로 죄를 인정하는 꼴이 될 것이라고 충고했다. 결국 비정보는 도주하지 않고 진혜공을 알현하여 경과를 보고했다.

진秦 대부 냉지는 예물과 진목공의 국서를 바쳤는데, ①양국의 우호를 강조하고 ②자신의 국가를 위하는 대신들의 마음을 이해하므로 ③해서 5성에 대한 양도문서를 돌려보내며 ④천하대사를 논의하기 위해 여이생과 극예를 초청하는 내용이었다. 극예와 여이생은 진秦이 보내온 예물이 많고 국서 내용이 너무 공손하자 진秦과 비정보의 결탁을 의심했다[1]. 진혜공은 국서 내용에 대만족하여 즉시 여이생과 극예를 진秦으로 보내려고 했다. 여이생은 국내가 아직 안정되지 않았으므로 나중에 가겠다고 둘러댔고, 진혜공은 일단 냉지를 진秦으로 돌려보냈다.

진혜공晉惠公의 원로대신 처형(BC 649년)

여이생과 극예는 비정보를 의심하고 몰래 감시했다. 비정보는 심야에 기거, 공화, 가화, 추천을 집으로 초대해 무언가를 상의했다. 이는 즉시 극예에게 보고되었다. 극예와 여이생은 상의하여 무서운 계략을 꾸몄다.

---

1) 여기서 **폐중언감幣重言甘**(예물이 융숭하고 하는 말이 달콤하다는 뜻. 어떤 목적을 달성하기 위해 많은 뇌물과 좋은 말로 유인하는 것을 비유함)의 고사성어가 나옴

극예는 도안이를 불러 이극에 협력한 죄를 물어 진혜공이 그대를 처형하기로 결심했다고 거짓으로 알리며 안타까워했다. 예상대로 도안이는 목숨을 구걸했다. 극예는 큰 공을 세우면 처형을 면하고 오히려 부규 땅 30만 평을 하사받을 수 있다고 자극했다. 도안이는 결사적으로 애원했다. 극예는 비정보에게 합류하여 비정보가 꾸미는 일을 파악하라고 도안이를 사주했고, 여이생은 도안이가 할 말까지 가르쳐주었다.

그날 밤 도안이는 비정보를 방문하여 이극에게 협력한 죄로 자신이 곧 처형될 예정임을 알리며 목숨을 구걸했다. 도안이는 여이생과 극예를 저주하면서 공자 중이를 추대하기를 희망했다. 도안이는 비정보에게 친서를 작성해 주면 자신이 공자 중이에게 전달하겠다고 말했다. 도안이는 진秦과 책翟의 군사를 동원하고 안에서 호응하면 공자 중이가 즉위하는 것이 가능하다고 강조했다. 도안이는 비정보를 속이기 위해 손가락을 깨물고 맹세까지 했다. 비정보는 도안이의 말과 맹세에 만족했다.

도안이를 완전히 신뢰한 비정보는 다음 날 밤 자신의 집에서 비밀회합을 개최했다. 기거, 공화, 추천, 가화, 숙견叔堅, 누호累虎, 특궁特宮, 산기山祈와 비정보, 도안이가 참석했다. 그들은 중이를 추대하기로 맹세하는 삽혈의식을 했다.

다음 날 도안이는 공자 중이에게 보내는 친서를 작성해 줄 것을 비정보에게 요청했다. 비정보는 9명이 서명한 친서를 주었고, 도안이도 서명했다. 친서를 받은 도안이는 즉시 극예에게 바쳤다. 극예와 여이생은 괵사를 방문하여 비정보의 친서를 보여주며 처단을 건의했다. 괵사는 즉시 진혜공을 방문하여 비정보의 친서를 보여주며 처단을 건의했다.

다음 날 진혜공은 무사들을 매복시킨 채 조례를 열었는데, 공화는 휴

가여서 참석하지 않았다. 조례 도중 진혜공은 비정보의 밀서를 조당에 던지며, 무사들에게 친서에 서명한 8인을 처형할 것을 지시했다. 가화는 예전에 굴 땅에서 놓아준 일을 언급하며 목숨을 구걸했다. 여이생은 가화의 반복무상反覆無常을 비난했다. 결국 공화를 제외한 8인은 참수되었다.

집에 있던 공화는 동지들의 처형 소식을 듣게 되었다. 동생 공사共賜가 망명을 권유했으나, 공화는 비정보에 대한 의리를 강조하며 스스로 출석해서 참수당했다. 비표는 부친의 처형 소식을 듣고 바로 진秦으로 달아났다. 진혜공은 이극과 비정보 등의 일족들을 모조리 죽이려고 했다. 극예는 너무 많은 살상은 백성들을 두려워하게 만든다고 아뢰었고, 진혜공은 이극과 비정보 등의 일족들을 죽이지 않았다. 진혜공은 도안이를 중대부에 임명하고, 부규 땅 30만 평을 하사했다.

진秦으로 도주한 비표는 진秦목공을 알현하면서 통곡하고, 진晉을 공격하여 줄 것을 호소했다. 건숙과 백리해는 신하를 도와 제후를 토벌하는 것은 대의에 맞지 않다며 반대했다. 진목공은 진晉을 공격하지 않았고, 비표를 대부에 임명했다.

태숙太叔 대帶의 반역 행위[융족戎族의 주周 침공](BC 649년)

주양왕에게 밀려 왕위에 오르지 못한 태숙 대는 융족을 불러들여 왕위를 노리기로 결심했다. 태숙 대는 이伊, 낙雒, 양揚, 거拒, 천泉, 고皐 땅의 융족들에게 뇌물을 주고 왕성을 공격하여 줄 것을 부탁하면서 내응을 약속했다.

뇌물을 받은 융족들은 일시에 낙읍을 공격하고 왕성을 포위했다(BC 649년). 이에 맞서 주공 공과 소백 요는 철저히 방어했고, 그 결과 태숙 대는 내응하기가 불가능해졌다. 주양왕은 제후들에게 구원을 요청했다. 이에 호응하여 진秦목공, 진晉혜공이 출전하여 융족들을 공격했다. 견디지 못한 융족들은 물러났다.

전장에서 만난 진목공은 진혜공에게 목희의 서신을 전달했다. 가군을 강간하고 공자들을 귀국시키지 아니한 진혜공의 행동을 책망하고, 진秦과 진晉의 우호를 회복하기를 바라는 내용이었다. 진혜공은 진목공이 자신을 공격할까 두려워 급히 귀국했다. 비표는 진목공에게 진혜공을 추격하여 공격할 것을 건의했으나, 진목공은 진과 진 모두 주 왕실을 원조하러 온 것이므로 공격할 수 없다면서 그냥 귀국했다.

한편 제환공은 주양왕의 구원 요청을 받고 관중에게 주 왕실에 대한 구원을 지시했다. 그러나 관중이 도착했을 때는 융족들이 이미 철수한 뒤였다. 관중은 융족 군주들에게 서신을 보내 주 왕실을 공격한 것을 비난했다. 융족 군주들은 관중에게 사신을 보내 사과하면서, 태숙 대의 부탁으로 공격한 것이라고 해명했다. 관중은 주양왕에게 사실을 보고했는데, 주양왕은 태숙 대를 죽이지 않고 추방했다. 태숙 대는 제로 망명했다(BC 648년).

융족 군주들은 주 왕실에 사신을 보내 사과하면서 우호를 요청했고, 주양왕은 허락했다. 주양왕은 관중의 공을 인정하여 상경에 임명하려고 했으나, 관중은 예법을 이유로 사양했다. 결국 주양왕은 관중을 주 왕실의 하경에 임명했다.

한편 혜태후는 태숙 대를 용서해 줄 것을 거듭 간청했고, 대부 부진富辰도 형제간의 우애를 강조하며 태숙 대를 용서해 줄 것을 거듭 건의했다. 결국 훗날 주양왕은 태숙 대를 귀국시켜 종전의 지위를 회복시켜 주게 된다(BC 638년).

진목공陳穆公의 즉위(BC 648년)

진陳선공 저구가 재위 45년에 사망하고 세자 관款이 즉위하니(BC 648년), 곧 **진목공陳穆公**[1]이다.

제환공齊桓公의 기杞 구원(BC 647년)

동이의 일파인 회이淮夷가 기杞[2]를 공격했다. 기는 제환공에게 구원을 요청했다. 제환공은 송, 노, 진陳, 위, 정, 허, 조 7국 제후에게 연락하여 연합군을 결성하고 기로 출전했다. 제환공은 회이를 격파하고, 기의 도읍을 연릉緣陵 땅으로 옮겨주었다.

진晉의 흉년과 진목공秦穆公의 원조(BC 647년)

진晉혜공이 즉위한 이후 진晉은 계속 흉년이었고, 진秦은 풍년이었다. 결국 진晉은 식량 사정이 심각해져 진秦에 곡식 원조 부탁까지 필요한 지경이 되었다. 진혜공은 하서 5성을 양도하지 않았기에 진秦에 원조를 요청하는 것을 주저했다. 극예는 진秦에 곡식을 빌려줄 것을 부

---

1) 진陳목공 규관: 재위 BC 647 ~ BC 632
2) 하夏 계열의 사성姒姓 제후국. 국력이 약했음

탁하라고 진혜공에게 건의하며, 만약 진秦이 이를 거절할 경우에는 하서 5성을 넘겨주지 않을 명분을 얻게 된다고 아뢰었다. 진혜공은 만족하며 대부 경정慶鄭을 진秦에 보냈다.

대부 경정은 진秦목공을 알현하면서 곡식을 빌려줄 것을 부탁했다. 건숙, 백리해, 공손지는 어려운 이웃을 돕는 것은 순리를 행하는 것으로 하늘의 복을 받을 것이라면서 대여해 줄 것을 건의했다. 비표는 진晉이 하늘의 벌을 받은 것으로 이 기회를 이용하여 공격할 것을 건의했다. 고민하던 진목공은 결국 진혜공이 아닌 진晉의 백성들을 염려하여 곡식을 빌려주기로 결정했다.

진목공은 곡식 수만 석을 위수渭水를 통해 배로 운반하여 진晉의 도읍 강성으로 보내 주었다. 이를 '범주지역泛舟之役'이라고 부른다.

진秦의 흉년과 진혜공晉惠公의 배은망덕(BC 646년)

진秦이 진晉을 원조한 그다음 해에 반대로 진秦은 흉년이 들었고 진晉은 풍년이 들었다. 진秦목공은 냉지를 진晉에 보내어 곡식을 빌려줄 것을 부탁했다. 진혜공은 허락할 생각이었다. 극예는 작은 은덕(=식량)에 보답하면 큰 은덕(=땅)도 보답해야 할 것이므로 식량 원조에 반대했다. 경정은 원조하지 않을 경우 진秦의 원망을 초래할 것이라고 강조하며, 남의 재난을 다행으로 여기는 것은 인仁이 아니며 남의 은혜를 배반하는 것은 의義가 아니라고 아뢰었다[경정의 첫 번째 건의]. 여이생은 진秦이 하서 5성을 받아 가기 위해 식량을 원조한 것이기 때문에 이번에 식량을 원조하더라도 하서 5성을 넘겨주지 않으면 결국에는 진의 원망을 받을 것이므로 원조할 필요가 없다고 말했다. 한간韓簡은 역지사지易地思之를 강조하며 원조를 주장했다. 괵사는 하늘이 진秦에 흉년을 내려 그 땅을 진晉에 넘겨주려 하고 있으므로 양梁과 우호를 맺은 후 진秦을 공격할 것을 주장했다.

결국 진혜공은 곡식 원조를 거절했다. 냉지가 진혜공에게 다시 간절하게 부탁했다. 극예와 여이생은 예전에 비정보와 공모하여 자신들을 유인하려 했다며 냉지를 비난했다. 결국 냉지는 소득 없이 귀국했다. 경정과 태복 곽언은 은혜를 배반하고 이웃의 분노를 초래했으므로 이로 인해 재앙과 불행이 발생할 것을 염려했다.

진목공秦穆公의 진晉 공격[한원韓原전투](BC 645년 9월)

냉지는 귀국하여 진晉이 거절했고 오히려 양梁과 함께 연합하여 진秦을 공격할 예정임을 보고했다. 진秦목공은 대노하여 먼저 양梁을 치고 이어서 진晉을 공격할 것을 선언했다. 백리해는 양梁은 별로 걱정할 것이 없지만 진晉의 국력은 강력함을 지적하며, 남이 시작하기 전에 먼저 상대를 눌러야 함(선발제인先發制人)[1]을 강조하면서 진晉을 먼저 선제공격할 것을 건의했다. 결국 진목공은 진晉을 먼저 공격하기로 결정했다.

진목공은 세자 앵罃, 건숙에게 도성을 지킬 것을 지시하고, 맹명시(=백리시)에게 융족에 대비하여 변경을 순찰하도록 지시했다. 진목공은 병거 400승을 이끌고 진晉으로 출전했다. 진목공과 백리해가 중군을 맡았는데, 서걸술과 백을병(=건병)이 진목공을 호위했다. 공손지는 우

---

1) 선발제인은《초한지》의 주인공인 항우의 숙부인 항량에서 유래한 고사성어인데, 소설《동주열국지》는 이곳에서 언급하고 있음

군을, 공자 칩은 좌군을 맡았다.

　진쯥의 조정에서 대책회의가 열렸다. 경정은 진秦에 명분이 있으므로 하서 5성을 양도하고 화친을 맺자고 주장했다[경정의 두 번째 건의]. 진혜공은 격노하여 경정을 처형할 것을 지시했다. 괵사가 출전에 앞서 장수를 처형하면 군의 사기가 떨어질 수 있다면서 겨우 말렸다. 진혜공은 병거 600승 규모의 방어군을 이끌고 직접 출전하기로 했다. 괵사가 중군을 맡았고, 도안이는 선봉을 맡았다. 그 외 극보양郤步揚, 가복도家僕徒, 경정, 아석蛾晳, 한간 등이 출전했다.

　당시 진혜공은 정鄭에서 선물한 네 마리의 말들이 영리하고 민첩하다면서 그 말들이 끄는 수레를 애용하고 있었는데, 출전에 앞서 경정은 진혜공에게 전쟁 시에는 본국에서 생산한 말들이 마음이 통하는 법이므로 진쯥에서 자란 말들로 바꿀 것을 건의했다[경정의 세 번째 건의]. 진혜공은 경정을 야단치며, 평소 익숙한 말들이라고 핀잔을 주었다.

　진秦군은 처음 세 차례 교전에서 모두 승리하며 기세 좋게 한원韓原 땅에 주둔했다. 이에 맞서 진쯥군은 한원 밖 10리에 주둔했다. 한간은 진秦군을 정찰한 후 돌아와 진혜공에게 진秦군은 진쯥의 배신을 응징하기를 열망하고 있어 그 사기가 매우 높으므로 신중할 것을 건의했다. 진혜공은 병사의 수가 훨씬 더 많은 것을 믿고 한간에게 화를 내며, 개전의 뜻을 전하라고 지시했다.

　개전을 협의하기 위해 진쯥에서 한간이 나가자 진秦에서는 공손지가 나왔다. 한간은 진쯥군이 훨씬 더 많은 것을 강조하며 물러가길 권유했다. 공손지는 반복된 진쯥의 배신행위를 비난했다. 개전을 협의하고 돌아오며 한간은 진쯥이 명분에서 밀리는 것을 탄식했다.

　한편 진혜공은 태복 곽언에게 누구를 거우車右로 정할지 점을 치게 했다. 곽언은 점을 쳤고, 경정이 길하다고 답했다. 그러나 진혜공은 경정을 싫어하여 가복도에게 거우를 맡기고, 극보양에게 병거를 운전하도록 지시했다.

약속한 날 진秦군은 황하와 분수汾水가 만나는 지점 근처에 있는 용문산龍門山 아래에 먼저 포진했고, 진晉군도 곧 당도하여 포진했다. 먼저 진晉군의 선봉 도안이가 진秦군을 향해 돌진했다. 진秦군에서는 백을병이 나섰다. 도안이와 백을병은 맞서 싸우면서 일대일의 사생대결을 펼쳤다. 그들은 부하들에게 접근하지 말라고 하면서 혈전을 벌이다 나중에는 서로 엉겨 맨손으로 대결을 펼쳤다.
 진晉군의 한간과 양유미는 진秦군의 좌측으로 돌진했고, 진혜공과 가복도는 진秦군의 우측으로 돌진했다. 동시에 진晉의 중군은 진秦군의 중앙으로 진격했다.
 진혜공과 가복도는 진秦군의 공손지와 대결했다. 한창 싸우던 중 공손지가 벼락 치듯 기합소리를 질렀다. 전쟁에 처음 나간 진혜공의 애마들은 공손지의 기합소리에 놀라서 날뛰고 통제 불능이 되었다. 결국 진혜공의 병거는 진창에 빠져 움직일 수 없게 되었다. 마침 경정의 병거가 진혜공의 곁을 지나갔고, 진혜공은 경정에게 구원을 요청했다. 경정은 총애하는 신하들을 곁에 두고 자신을 왜 부르냐며 비꼬고, 다른 사람에게 구출하도록 시키겠다고 하면서 가던 길을 그냥 가버렸다. 진혜공이 위기에 빠진 것을 알고 괵사는 구출하려고 필사의 노력을 했으나, 진혜공은 진秦군에 겹겹이 포위당했다. 결국 진혜공은 진秦군에 사로잡혔고, 가복도·괵사·극보양도 생포되었다.
 한편 한간은 진목공의 군대와 교전을 펼치고 있었다. 진秦군의 서걸술이 방어했는데, 진晉 장수 아석이 가세하자 서걸술이 밀리게 되었다. 결국 서걸술은 한간의 창 공격에 부상을 당하게 되었다. 진晉군이 승세를 타자 양유미는 병사들에게 진목공을 생포하라고 지시했고, 한간은 진목공에게 거의 근접했다. 진목공이 위기에 빠져 있을 때 예전에 진목공으로부터 은혜[1]를 입었던 봉두난발의 야인들 300여 명이 갑자기 나타나 돌진하여 진晉군의 옆을 덮쳤다. 한간과 양유미가 야인들과 교전하고 있을 때 경정이 급히 달려와 진혜공이 위기에 빠졌으므로 구출해야 한다고 외쳤다.

한간과 양유미는 진혜공을 구하기 위해 진목공을 내버려두고 급히 이동했다. 그러나 한간과 양유미가 달려갔을 때 진혜공은 이미 생포된 후였다. 한간과 양유미는 탄식하며 진秦군에 항복했다. 양유미는 진목공을 생포할 기회를 날려버린 것 때문에 경정에게 깊은 원한을 가지게 되었다.

기세가 오른 진秦군은 진晉군을 크게 격파했다. 경정은 진秦군의 포위를 뚫고 겨우 도주에 성공했다. 경정은 도중에 중상을 당한 아석을 발견하여 병거에 싣고 도읍 강성으로 돌아갔다.

진목공은 야인들을 크게 칭찬하며 포상하려 했으나, 야인들은 벼슬과 황금 등을 모두 사양하고 고향으로 돌아갔다. 진목공은 군사들을 풀어 실종된 백을병을 수색했다. 얼마 후 구덩이에서 기진맥진 한 채 쓰러져 있는 백을병과 도안이가 발견되었다. 백을병과 도안이는 거의 송장처럼 기진맥진한 상태였다. 진목공은 백리해에게 백을병을 데리고 먼저 귀국하여 치료하도록 지시했다. 공자 칩은 도안이가 저지른 배신

---

[1] 말을 훔쳐 처벌받아야 했으나, 진목공은 오히려 술을 하사했음

행위를 거론하며 처형을 건의했다. 도안이는 즉시 참수되었다.

포로가 된 진혜공晉惠公(BC 645년 9월)

진秦목공은 공손지에게 병거 100승을 내어주며 진晉혜공을 진秦으로 옮기게 했다. 괵사, 한간, 양유미, 가복도, 극보양, 곽언, 극걸 등도 함께 압송되었다.

목희는 진혜공이 생포되어 진秦으로 압송된다는 소식을 듣고 후원 숭대崇臺(높은 누대) 위에 초막을 만들게 했고, 숭대 아래에는 땔나무를 쌓게 했다. 목희는 상복을 입고, 초막에서 생활하기 시작했다. 상황에 따라 자살한 후 불을 질러 화장할 생각이었다. 목희는 내시들에게 상복을 입혀 진목공에게 보내며 자신의 말을 전달하게 했다. ①진秦과 진晉의 불화를 안타까워하며 ②친정 오빠인 진혜공이 생포된 것은 자신의 수치이므로 ③형제의 정을 위해 진목공이 옹성에 도착할 때 자살할 것이고 ④만약 진혜공을 용서해 주면 자신을 용서해 주는 것이라는 취지였다.

진목공은 귀국하던 중 진秦의 옹주 접경에서 회의를 개최했다. 진목공은 진혜공을 처형하려고 했다. 공자 칩이 찬성하며, 공자 중이를 군위에 올릴 것을 제안했다. 공손지는 공자 중이는 동생의 죽음을 기회로 이익을 볼 성격이 아니므로 군위에 오르는 것을 거절할 것으로 예상하며, 하서 5성을 양도하고 세자 어를 볼모로 보내는 조건으로 진혜공을 풀어주는 것이 더 이익이라고 주장했다. 또한 공손지는 나중에 세자 어가 군위를 계승하면 진秦에 대대로 충성을 바치는 것도 기대할 수 있다고 주장했다.

　진목공은 공손지의 주장을 따르기로 결정했다. 진목공은 군사를 시켜 진혜공을 영대산靈臺山 이궁에 안치시키고, 경비병 1,000명을 두어 감시했다.

　이때 목희의 내시들이 상복을 입고 진목공을 알현하며, 목희의 말을 전달했다. 진목공은 내시들에게 평상시의 옷으로 갈아입게 하고, 돌아가 진혜공을 곧 석방할 예정이라고 목희에게 전하도록 했다. 목희는 진목공의 전갈을 받은 후 초막에서 나와 내궁으로 들어갔다.

관중管仲의 사망(BC 645년 10월)

　관중이 병이 들어 위독해졌다. 제환공이 문병을 갔는데, 회복할 가망이 없어 보였다. 제환공이 관중에게 후임자를 누구로 하면 좋을지 물었다. 이때 관중은 제환공에게 주의를 당부하기 위해 여러 인물들에 대하여 평가를 했는데, 주요한 내용을 간략히 정리하면 다음과 같다.

- 포숙아: 진정한 군자지만 선악에 대한 태도가 너무 분명한 단점이 있음. 강직하고 괴팍한 면이 있으며 두려움을 모르는 성격이어서 정치에는 적합하지 아니하므로 패자를 보좌하기에는 부적합함
- 공손습붕: 대체로 무난함. 공적인 일에 충실함
- 역아: 자식을 죽여 요리로 만든 것은 사랑이 없다는 의미임. 자식을 사랑하지 않는 자가 군주를 사랑할 리 없음
- 수초: 자기 몸을 천하게 취급한 것(거세)은 존중이 없다는 의미임. 자기를 존중하지 않는 자가 군주를 존중할 리 없음

- 공자 개방: 부모 장례에 불참한 것은 효를 모른다는 의미임. 위衛의 군위를 포기한 것은 제후 이상의 욕심이 있다는 의미임

  관중은 이미 사망한 영척을 아쉬워하면서 후임자로 습붕을 추천했는데, 습붕이 오래 살지 못할 것을 우려했다. 관중은 제환공에게 역아, 수초, 공자 개방을 주의할 것을 거듭 당부했다. 제환공은 관중의 건강을 걱정하며 환궁했다.

  역아가 관중이 말한 내용을 알게 되었는데, 포숙아를 찾아가 포숙아에 대한 은혜를 모르는 자라고 관중을 비난했다. 포숙아는 관중은 친구지만 자신을 위해 정치를 하는 사람이 아니고 나라에 대한 충성만 아는 사람이라고 답하며, 만약 관중이 자신을 사구에 임명했더라면 간신배들 모두를 처단했을 것이라고 역아를 조롱했다.

  얼마 후 관중은 병으로 사망했다(BC 645년 10월). 제환공은 대성통곡했고, 관중의 아들에게 대부 지위를 계승하게 했다. 제환공은 습붕에게 국정을 맡겼다. 역아는 대부 백씨를 찾아가 예전에 몰수당해서 관중에게 넘어간 땅을 언급하며 관중을 비난했으나, 백씨는 관중의 공로를 인정하면서 자신은 땅을 요구할 공로가 없다고 말했다.

  관중의 예상대로 습붕은 한 달 후 병으로 사망했다. 제환공은 포숙아에게 국정을 맡기려 했다. 포숙아는 역아, 수초, 개방을 멀리하는 것을 조건으로 내걸었다. 제환공은 역아, 수초, 개방의 궁중 출입을 금지시켰고 포숙아는 국정을 맡았다.

진혜공晉惠公의 석방(BC 645년 12월)

진秦에서 포로생활을 하던 중 괵사는 병이 들어 사망했다. 진晉혜공은 예전에 진秦과 통혼할 때 길한 점괘를 이야기한 태복 곽언을 원망했다. 한간은 우호를 원수로 보답한 잘못을 하늘이 벌한 것이라고 간언했다.

진秦목공은 공손지를 보내어 석방문제를 의논하게 했다. 공손지는 진혜공을 방문하여 목희의 노력을 설명하면서 석방조건을 제시했다. 진혜공은 승낙했고, 극걸을 먼저 귀국시켜 조치를 취할 수 있도록 양해를 구했다. 귀국한 극걸은 여이생에게 경과를 설명하며, 진秦이 제시한 조건을 알렸다.

여이생은 진秦의 옹성을 방문하여 진목공에게 하서 5성의 지도와 땅문서를 바치며, 국내가 아직 불안하니 진혜공이 도읍에 도착할 때 바로 세자 어를 보내겠다고 약속했다. 여이생은 위엄과 덕을 모두 갖춘 진목공은 진정한 백주伯主로서 패업을 이룩했다고 말하며, 계속 진목공의 비위를 맞추었다. 진목공은 크게 만족했다. 진목공은 하서 5성에 관청을 설치하고 관리를 파견하도록 지시했다. 하서 5성을 확실히 인수한 진목공은 진혜공을 교외 공관으로 초대하여 융숭한 대접을 하며 위로했다. 진목공은 공손지에게 진혜공을 호송하도록 지시했다.

진혜공晉惠公의 귀국

진혜공의 귀국 소식이 알려지자 아석은 경정에게 국외 망명을 권유했다. 경정은 신하가 죄를 지으면 도피할 곳이 없음을 널리 알려야 한다고 말하며, 아석의 권유를 거절했다. 진혜공은 강성 부근에 당도했다. 세자 어, 호돌, 극예, 경정, 아석, 사마열司馬說, 시인 발제 등이 영접을 나갔다.

진혜공은 영접을 나온 경정을 발견하고 분노하며 비난했다. 경정은 자신이 예전에 세 번의 충언을 올렸던 것을 아뢰며, 충언을 받아들이게 하지 못한 죄와 구원 요청을 하러 가느라 주군이 적에게 생포되는 것을 막지 못한 죄를 인정했다. 진혜공은 양유미를 불러 경정을 치죄할 것을 지시했다. 양유미는 경정에게 진혜공의 구원 지시를 거절한 죄, 진목공을 사로잡을 기회를 그르친 죄, 전장에서 달아난 죄가 있다고 비난했다. 아석은 경정이 용기 있는 사람이라고 변호했고, 가복도는 경정을 용서하여 군주의 어진 덕을 알릴 것을 건의했다. 양유미는 국가가 강해지려면 법을 잘 시행해야 하고 형벌이 분명치 않으면 국가가 어지러워진다고 주장하면서 경정의 처형을 주장했다. 진혜공은 사마열에게 경정을 참수하라고 지시했다. 경정은 그 자리에서 참수되었다. 아석은 경정의 목과 시체를 수습하여 장례를 치러주며 전장에서 구해준 은혜를 갚았다.

세자 어는 공손지를 따라 진秦에 볼모로 갔다. 진혜공은 진秦에 사람을 보내 도안이의 시체를 받아와 장례를 치러주었고, 도안이의 아들을 중대부에 임명했다.

제2절 진晉 공자 중이重耳의 고난

중이重耳 일행의 책翟 탈출(BC 644년)

　진晉혜공은 진秦에 대패하고 사로잡혀서 체면이 손상되자 공자 중이가 자신의 군위를 노릴까 크게 걱정했다. 극예는 중이를 처단할 것을 건의하며, 중이의 옷소매를 벤 악연이 있어 중이의 귀국을 가장 두려워하는 발제를 적임자로 추천했다. 진혜공은 발제를 불러 중이를 죽이도록 지시했다. 발제는 예전에 무력으로 책翟을 공격했다 실패한 사례를 거론하며, 공자 중이가 12년 동안 책에 거주하여 이제는 진晉에 대한 경계를 소홀히 할 것이므로 자객들을 구해 몰래 책에 잠입하여 암살하는 것이 더 적합하다고 건의했다. 진혜공은 만족하며 황금 100일을 하사하고, 자객들을 구해 사흘 내로 출발하도록 지시했다.
　호돌은 예전부터 사람들을 궁내에 많이 심어 놓았다. 그래서 호돌은 발제의 계획을 즉시 알게 되었다. 호돌은 발제의 계획을 알리고 신속한 도피를 독촉하는 내용의 밀서를 급하게 작성하여 심복을 통해 책에 거주하는 아들 호모와 호언에게 보냈다.
　이때 중이는 책주翟主와 함께 사냥을 하고 있었다. 호모와 호언은 사냥터로 가서 호돌의 밀서를 중이에게 바쳤는데, 중이는 처자식과의 안정된 생활 때문에 도피하기를 주저했다. 호언은 중이에게 책에 온 것은 가정을 갖기 위해서가 아니라 큰 포부를 품고 와 있는 것이라고 강조하며, 원조를 받아서 진晉으로 복귀하기 위해 제환공에게 피신할 것을 건의했다. 결국 중이는 동의했고, 집으로 돌아와 당시 25세이던 부인 계외에게 급박한 사정을 이야기하고 이별하며 자식들을 부탁했다.

계외는 중이의 성공을 기원하며 격려했다.

다음 날 중이는 호숙壺叔에게 수레를 마련하도록 지시하고, 두수에게는 황금과 재물을 정리하도록 지시하는 등 떠날 채비를 하고 있었다. 그때 호모와 호언이 급하게 달려와 호돌이 사람을 보내 발제가 하루 만에 준비를 마치고 이미 출발했음을 알려왔다고 보고했다.

떠날 채비를 갖출 시간이 없게 된 중이 일행은 아무런 준비도 마치지 못한 채 급하게 걸어서 책으로부터 달아났다. 뒤늦게 호숙이 작은 수레 하나를 몰고 합류하여 겨우 중이만 수레를 타고 달아날 수 있게 되었다. 재물 담당인 두수는 행방을 알 수 없었다. 결국 중이 일행은 급하게 출발하느라 재물을 거의 가지고 나오지 못한 결과가 된 것이다.

책주가 뒤늦게 사실을 보고받고 노자를 전달하기 위해 중이를 찾았으나, 결국 중이의 소재를 찾지 못했다. 발제는 중이가 황급히 도망친 얼마 후 책에 왔다가 결국 허탕을 치고 진으로 돌아갔다.

중이重耳 일행의 고난과 제齊 망명(BC 644년)

중이 일행은 제를 향해 출발했고, 위衛에 당도했다. 이때 중이 일행은 가지고 있던 얼마 안 되는 재물도 거의 다 떨어진 한계상황에 몰리고 있었다. 조최는 관문을 수비하는 관리에게 통과시켜 줄 것을 요청했다. 보고를 받은 위문공은 상경 영속에게 영접을 지시했는데, 갑자기 아무런 친분도 없는 처지에 비용이 아깝다는 생각이 들었다. 위문공은 결국 입성을 못하도록 지시를 내렸다[1]. 중이 일행은 위의 도성으로 들

---

1) 거의 망국지경인 나라를 물려받은 위문공은 항상 근검절약하며 백성들에게 모범을 보였는데, 이때 중이에게 인정을 베풀지 않은 것은 훗날 큰 파란을 가져오게 됨

어와 궁궐로 가다 도중에 갑자기 성 밖으로 쫓겨났다. 중이 일행은 결국 성벽을 따라 힘없이 걸어갔다. 다혈질인 위주와 전힐이 분노하며 위의 도성으로 가서 위의 무례를 질책할 것을 주장했다. 조최는 인내할 것을 건의했다. 위주와 전힐은 시골집을 약탈하여 위의 무례를 질책하고 허기를 면하자고 건의했다. 중이는 웃으며 도적이 될 수는 없다고 답했다.

결국 중이 일행은 노자 한 푼 없는 비참한 신세가 되었다. 중이 일행은 하루 종일 아무 것도 먹지 못한 채 걸었고, 위의 **오록五鹿** 땅에 도착했다. 마침 시골 농부들이 논둑에서 식사를 하고 있었다. 중이는 호언을 불러 농부들에게 밥을 구걸하도록 지시했다. 호언이 농부들에게 가서 밥을 구걸했으나, 농부들은 거절했다. 호언은 중이에게 주기 위해 밥 한 그릇만이라도 달라고 애걸했다. 농부들은 비웃으며, 한 그릇의 흙을 주었다. 중이와 위주는 대노하여 농부들을 잡아다 처벌하려고 했다. 호언이 중이를 진정시키며, 토지는 국가의 근본이므로 이는 나라를 얻을 징조라고 위로했다. 중이는 호언의 권유에 따라 농부들에게 절하고 한 그릇의 흙을 받았다. 농부들은 중이 일행을 비웃었다.

중이 일행은 고사리를 캐서 먹었는데, 중이는 잘 넘기지를 못했다. 중이 일행은 10리 쯤 더 가다 허기에 지쳐 나무 밑에서 쉬었다. 조최는 호찬壺飱(미숫가루)을 가지고 있었는데, 발이 아파 일행보다 늦게 걸었다. 중이는 지쳐서 호모의 무릎을 베고 누워서 조최가 호찬을 가지고 오길 기다렸다. 위주는 조최가 혼자서 호찬을 다 먹었을 것이라고 냉소적으로 답했다.

이때 개자추가 고깃국을 끓여 중이에게 바쳤다. 너무 허기졌던 중이는 단숨에 먹어 치웠다. 다 먹고 나서 어디서 고기를 구했냐고 중이가 물었다. 개자추는 자신의 허벅지를 베어 그 살로 고깃국을 끓였다고 답했다. 중이는 하염없이 눈물을 흘렸다. 개자추는 중이를 위로하며, 모두 귀국하여 고굉지신股肱之臣이 되는 날을 기다리고 있다고 답했다.

얼마 후 조최가 쩔뚝거리며 도착하여 중이에게 호찬을 바쳤다. 중이는 호찬을 조최에게 나누어 주었는데, 조최는 얼마 안 되는 호찬을 일행과 나누어 먹었다. 중이는 조최의 행동에 감탄했다.

중이 일행은 갖은 고생을 한 끝에 제의 경계에 당도했다. 이 소식을 듣고 제환공은 교외까지 사람을 보내 영접했다. 제환공은 중이에게 집과 수레 20승, 각종 물품 등을 제공해 주었고, 자신의 조카딸을 중이에게 시집보냈다. 이때 중이에게 시집온 제환공의 조카딸을 제강齊姜이라고 한다. 이렇게 중이 일행은 제에 정착했다(BC 644년). 이때 중이의 나이 55세였다.

제3절 제환공齊桓公의 사망과 제齊의 혼란

관중管仲의 유언을 어기는 제환공齊桓公

제환공은 역아, 수초, 개방을 궁에서 추방한 이후 매사에 흥미를 잃었다. 장위희가 그들을 다시 궁으로 들이라고 제환공을 부추겼다. 제환공은 포숙아와 한 약속 때문에 주저했다. 장위희는 그러면 음식이 입에 맞지 않아 어쩔 수 없다고 핑계대고 역아부터 들이도록 계속 부추겼다. 결국 제환공은 역아를 불러들여 음식을 맡겼다. 포숙아가 관중의 유언을 언급하며 제환공에게 간언을 올렸다. 제환공은 역아 한 명으로는 나라에 해를 끼치지 못할 것이고 역아가 만든 음식이 필요하다고 말하며 고집을 부렸다. 이후 제환공은 수초와 개방도 복귀시켰다. 포숙아가 거듭 간언했으나 소용이 없었다. 결국 포숙아는 화병이 나서 자리에 눕게 되었고, 얼마 후 병으로 사망했다(BC 644년).

제환공은 패업의 성취 이후 영특함이 사라지고 주색에 빠져 소인을 가까이했다. 정치적 결단을 못하고 우유부단한 면을 많이 보였는데, 자신의 후계자를 명확히 표시하지 않았다. 포숙아가 죽은 이후 역아, 수초, 개방은 늙어서 판단력이 현저히 떨어진 제환공을 속이고 권력을 전횡했다. 역아와 수초는 장위희 소생의 공자 무휴와 결탁했고, 공자 개방은 갈영 소생의 공자 반과 결탁했다.

편작扁鵲의 활약

당시 진월인秦越人은 진맥을 잘하여 천하의 명의로 유명했는데, 미신에 빠져 있던 일반 사람들과 달리 체계적으로 의술을 연구했다. 이 때문에 진월인은 맥을 기초로 하는 동양의학의 시조로 평가받고 있다. 사람들은 진월인을 삼황오제의 전설 속에 나오는 명의인 **편작扁鵲**이라고 불렀다.

편작과 관련된 일화가 《사기》에 실려 몇 개 전해져 오는데, 시대가 전혀 맞지 않고 있다. 당시 사람들은 명의를 일컬어 편작이라고 부르곤 했는데, 시대를 달리하여 여러 명의 명의들이 편작으로 불렸고 이들에 대한 일화들이 훗날 뒤섞여 혼동이 발생한 것으로 보인다.

어느 날 편작이 제환공[1]을 알현했는데, 병이 피부를 침투한 상태이므로 치료받을 것을 제환공에게 권유했다. 제환공은 병을 겁내지 않는다고 말하며 편작을 물러가게 했다. 제환공은 편작을 비웃었다. 닷새 후 편작은 제환공을 알현하며, 병이 혈맥을 침범한 상태이므로 당장 치료받을 것을 권유했다. 제환공은 불쾌한 표정을 지으며 편작을 물러가게 했다. 닷새 후 편작은 다시 제환공을 알현하며, 병이 위장을 침범하여 매우 위중하므로 당장 치료받을 것을 권유했다. 제환공은 매우 불쾌한 표정을 지으며 무시했다. 닷새 후 편작은 제환공을 다시 알현했는데, 이번에는 아무 말도 없이 문안만 드리고 물러났다. 불안해진 제환공이 급히 사람을 보내 편작을 불렀으나, 편작은 병이 골수까지 침범하여 치료가 불가능하다는 말을 남기고 자취를 감추어 버렸다[2].

한편 편작이 진晉의 조趙씨 가문이 다스리는 지역에 머무르고 있을 때, 조씨 가문의 수장인 조앙趙鞅[3]이 5일 동안 잠에서 깨지 않고 인사불성이 되었다. 조趙씨 가문은 편작을 불러 치료를 부탁했다. 조앙은 5일 후 의식을 차렸고, 편작에게 꿈 이야기를 했다. 편작은 진秦목공이 꿈을 꿨을 때와 같은 증상이라면서 혈맥이 정상이니 걱정할 것이 없다고 했다. 이틀 후에 조앙은 몸이 완전히 괜찮아지게 되자 전답 4만 무를 하사했다.

---

1) 여기의 제환공이 춘추시대의 제환공이 아니라 전국시대 전제田齊의 환공(전오田午)이라는 견해도 있음
2) 여기서 **호질기의護疾忌醫**(병을 숨겨 의원에게 보이기를 꺼린다는 뜻. 잘못이 있는데도 다른 사람의 충고를 듣지 않는 것을 비유함)의 고사성어가 나옴. **휘질기의諱疾忌醫**와 같은 뜻임
3) 훗날 위씨魏氏·한씨韓氏와 함께 진晉을 쪼개서 나누어 가지는 조무휼(=조양자)의 부친으로 BC 476년에 사망함

이후 편작이 괵[1]에 머무를 때 그 나라에서는 세자가 죽었다고 하면서 슬픔에 잠겼다. 편작은 침술과 약술 등을 병행해 괵의 세자를 깨어나게 했다. 세상 사람들은 편작이 죽은 사람을 살려냈다고 기뻐했다. 편작은 세자의 기가 막혀 죽은 것처럼 보였던 것이고 실제로 죽은 것은 아니었다고 설명하며, 스스로 살 수 있는 사람을 일어나게 해준 것뿐이라고 답했다.

진월인은 발해군郡 출신으로 알려져 있는데, 춘추시대에는 발해군이 없었다. 따라서 진월인은 전국시대의 사람으로 보이며, 위에서 기술한 일화들은 다른 편작들에 관한 일화들이 섞인 것으로 보인다. 특히 제환공에 대한 일화가 진월인과 관련된 일화라면 전국시대 때 전오田午[2]와 관련된 일화로 보아야 할 것이다.

아무튼 당시 진월인의 명성은 매우 높았는데, 이를 시기한 진秦의 태의 이혜가 자객을 보내 진월인을 암살했다고 한다.

제환공齊桓公의 사망(BC 643년)

후계자가 불명하고 많은 공자들이 군위를 다투는 상태에서 제환공이 갑자기 중병이 들어 자리에 눕게 되었다. 역아는 제환공이 회복하지 못할 것으로 예상하고, 수초와 상의하여 제환공의 전지를 조작했다. ①병 치료를 위해 신료들의 입궁을 일체 금지하고 ②수초에게 궁문의 경계를 맡기며 ③역아에게 궁중 병사들을 지휘하게 하고 ④국정의 논의는

---

1) 서괵은 BC 655년에 진晉에 망했고, 동괵은 BC 767년에 정에 망했음
2) 훗날 제는 전국시대 때 군주의 성씨가 전씨田氏로 바뀌는데, 이를 전제田齊라고 부름. 전제의 3대 군주인 환공의 이름이 전오임

병이 완치된 이후로 연기한다는 내용의 전지였다.

거짓 전지로 인해 제환공은 세상과 고립되는 결과가 되었다. 공자 무휴만 장위희의 거처에 머물렀고, 다른 공자들의 입궁은 금지되었다. 시위 내시들마저 추방되었고, 정전은 폐쇄되었다. 역아와 수초는 제환공이 누워있는 침실 주위에 3장 높이의 담을 둘러쳤고, 개구멍 하나만 뚫어 어린 내시를 출입시켜 제환공의 생사여부만 확인했다.

제환공은 세상과 단절된 채 병이 점점 위독해졌다. 천첩賤妾 안아晏娥가 보다 못해 담을 넘어 들어가서 제환공의 시중을 들었다. 제환공은 허기와 갈증으로 고통을 받았으나, 물과 음식을 구할 수 없었다. 안아가 제환공에게 역아와 수초가 한 일들을 알려주었다. 제환공은 관중의 말을 듣지 않은 것을 후회하며 탄식했다.

얼마 후 제환공은 저승에서 관중을 볼 면목이 없다면서 옷소매로 자신의 얼굴을 가린 채 거듭 탄식하다 사망했다(BC 643년 10월). 이때 제환공의 나이 73세였고, 재위 43년이었다. 안아는 통곡했으나, 높은 담장으로 막혀 있고 고립되어 있어 제환공의 사망 사실을 외부에 알릴 방법이 없었다. 안아는 웃옷을 벗어 제환공의 시체를 덮어주고 부채를 가져와 시체의 앞을 가린 다음 기둥에 머리를 찧고 제환공을 따라 순사했다.

제환공齊桓公 아들들의 무장 대치

역아와 수초는 어린 내시의 보고를 받은 후 담을 뚫고 들어가 제환공이 사망한 사실을 확인했다. 역아와 수초는 공자 무휴를 군위에 올린 이후 발상하기로 의견을 모았다. 역아와 수초는 장위희에게 제환공의 사망 사실을 보고하고, 공자 무휴가 군위에 오르기 위해 우선 공자 소를 처단할 것을 건의했다. 장위희는 찬성했다. 역아와 수초는 한밤중에 궁중 갑사 수백 명을 데리고 공자 소의 저택으로 출발했다.

이때 공자 소는 꿈을 꾸었는데, 안아가 나타나 피신할 것을 호소하는 내용이었다. 공자 소는 꿈 내용이 너무 마음에 걸려 고혜의 아들인 상경 고호高虎의 집으로 가서 상의했다. 고호는 공자 소에게 송으로 피신할 것을 권유하면서 동문 책임자인 자신의 제자였던 최요崔夭에게 연락을 했다. 이때 공자 소의 저택이 포위당했다는 소식이 전해졌고, 공자 소는 황급히 동문을 통과하여 송으로 도주했다. 동문을 지키던 최요는 공자 소에게 합류하여 송까지 수행했다.

역아와 수초는 공자 소의 저택을 포위했으나 결국 허탕을 치고, 대신들이 조당을 점거할 것을 우려하여 급히 환궁했다. 역아와 수초가 출병했다는 소식은 이미 널리 퍼졌고, 제환공이 사망했다는 소문이 돌았다. 대신들은 자신의 관원들을 궁으로 보내 상황을 탐지하려 시도했다. 역아와 수초가 환궁했을 때 그 관원들은 조당을 점거하고 있었다. 관원들이 세자는 공자 무휴가 아니라 공자 소라고 주장하며, 공자 소의 행방을 추궁했다. 역아와 수초는 제환공의 유언에 따라 공자 소를 추방했고 공자 무휴를 군위에 올릴 것이라고 선언했다. 관원들은 공자 무휴를 인정할 수 없다고 따졌고, 대부 관평管平은 간신들을 척살하자고 주장했다. 관원들이 동조했고, 조당은 소란해졌다. 역아는 관원들을 무력으로 진압했다. 다수의 관원들이 살해되었고, 조당에서 쫓겨났다.

날이 밝았다. 공자 무휴는 텅 빈 조당에서 즉위식을 거행했다. 역아는 무휴에게 국상을 치르지 않고 즉위하여 백성들이 복종하지 않을 우려가 있으므로 원로대신 국의중과 고호를 회유할 것을 건의했다. 국의

중과 고호는 제환공의 사망을 짐작하고 상복을 입고 입궁했다. 역아와 수초는 관복을 입을 것을 요청했으나, 국의중과 고호는 거절하고 궁문에서 통곡했다. 역아와 수초가 무휴를 알현할 것을 요청했으나, 국의중과 고호는 선군의 장례 이후 새 군주를 알현하는 것이 예법임을 강조하며 그냥 돌아갔다.

무휴는 신하들이 복종하지 않는 것을 우려했다. 수초는 힘센 사람이 결국 이긴다고 강조하며, 정전을 점거하고 군사들을 무장시켜 다른 공자들을 처단하자고 주장했다. 무휴와 장위희는 군사들과 내시들을 총동원하여 '정전'을 점거하면서 군사력의 우위를 보이기 위해 무장 시위를 했다.

역아와 수초가 공자 무휴를 군위에 올렸다는 소문을 들은 개방은 공자 반을 충동했다. 공자 반과 개방은 가병들과 동조자들을 총동원하여 '우전'을 점거하면서 무휴에게 지지 않기 위해 역시 무장 시위를 했다.

공자 상인도 이 소식을 듣고 공자 원을 찾아가 상의했고, 가병들과 동조자들을 총동원하여 공동으로 '좌전'을 점거하면서 역시 무장 시위를 했다.

제환공의 아들들은 군사와 가병 등을 총동원하여 궁궐을 삼분했으나, 승리에 대한 확신이 없어 눈치만 보며 서로 대치하고 있었다. 무장 대치가 계속되자 궁궐에는 오가는 사람도 없었고, 제의 관리들은 공자 소가 없는 상태에서 지지할 대상이 없어 사태를 관망할 뿐이었다. 한편 공자 옹은 원래 군위에 관심이 없었으므로 신변의 안전을 염려하여 초로 망명했고, 초성왕은 공자 옹을 대부에 임명했다. 이때 공자 소는 송에 당도하여 송양공에게 원조를 호소했다.

제齊 공자 무휴無虧의 즉위(BC 643년)

　제환공의 아들들이 무장 대치한 지 67일이 되었다. 국의중과 고호는 제환공의 장례를 더 늦출 수 없어 임시로 장자인 무휴를 주상主喪으로 삼아 대상大喪을 치르기로 합의했다. 국의중과 고호는 문무백관들에게 호소했고, 모두 상복을 입고 궁으로 함께 갔다. 국의중과 고호는 무휴에게 제환공의 장례를 호소하며 통곡했다. 무휴는 눈물을 흘리며 자신도 장례를 치르고 싶으나 다른 공자들 때문에 그렇게 하지 못하고 있다고 변명했다. 국의중은 세자가 없는 상황에서는 장자가 주상이 되어 장례를 치르는 것이 타당하고 그러면 군위는 저절로 귀속될 것이라고 강조하며, 다른 공자가 방해하면 꾸짖으면 된다고 아뢰었다. 무휴는 동의했다. 고호는 역아와 수초에게 경계를 서되 상복을 입은 공자들은 입궁을 시킬 것을 지시했다.

　무휴는 제환공의 시신을 수습했다. 제환공의 시신은 심하게 부패하여 구더기가 득실했다[1]. 무휴는 제환공의 장례를 거행했고, 모든 신하들이 참여했다. 무휴는 안아의 장례도 거행했다. 명분에서 밀린 공자 원, 반, 상인은 군사를 거두었으며 상복을 입고 장례에 참가했다.

　신하들은 장자인 무휴를 군위에 추대했다(BC 643년 12월). 무휴는 역아를 중대부로 책봉하고 사마에 임명하여 병권을 맡겼다. 그러나 제의 민심은 악행을 저지른 역아와 수초를 증오했고, 무휴에게 복종하지 않았다.

---

1) 한비는 《한비자》 〈십과〉 편에서 자신이 잘못되었는데도 충신의 의견을 듣지 않고 고집을 부리면 명성을 잃고 세상의 웃음거리가 된다고 말하며, 제환공을 예로 들고 있음

제후齊侯 무휴無虧의 피살(BC 642년)

송양공은 공자 소를 후원하여 제의 군위에 올리고 자신이 제환공의 패업을 승계할 결심을 했다. 상경 목이가 송양공에게 송은 제보다 지리적 위치가 불리하고 인재가 부족하며 국력이 약하므로 제환공의 패업을 승계하는 것은 어렵다고 간언을 올렸다. 송양공은 인의를 강조하며, 여러 제후들에게 공자 소를 위하여 군사를 일으키자는 격문을 보냈다.

격문을 받은 위문공은 회의를 열었다. 대부 영속은 예전에 나라를 재건할 때 무휴의 도움을 받았던 일을 거론하며 불참할 것을 건의했다. 그러나 위문공은 개인적인 은혜보다 천하의 의리가 중요함을 내세워 참여를 결정했다.

격문을 받은 노희공은 제환공이 송양공에게만 부탁한 것에 기분이 나빠 장유유서를 내세워 오히려 무휴를 도울 뜻을 보였다.

송양공은 병거 200승으로 공자 소와 함께 직접 제를 공격하러 갔다(BC 642년 3월). 송양공의 격문에 위·조·주邾가 호응해 군사를 보냈다.

제에서는 사마 역아가 성을 나와 송군을 저지하고, 수초는 성내에 주둔하면서 전방을 지원하기로 했다. 국의중과 고호는 도성의 방어 임무를 맡았다. 공자 소가 오고 있다는 소식을 들은 고호는 국의중과 상의하여 공자 소를 군위에 올리기로 합의했다. 국의중은 고호에게 수초를 유인하여 처단한 다음 모든 신하들과 함께 공자 소를 추대하자고 제안했다.

고호는 성루에 군사들을 매복시키고, 연회를 마련하여 수초를 초청했다. 수초는 거만한 태도로 참석했다. 고호는 매복한 군사들을 시켜 수초를 잡아다 참수하고, 성문을 열었다. 고호는 부하들을 풀어 공자 소를 영접하자고 백성들에게 호소했는데, 천여 명의 백성들이 몰려들었다. 고호는 공자 소를 영접하기 위해 백성들을 데리고 성 밖으로 나갔다.

국의중은 궁으로 들어가 무휴에게 상황을 알리며 외국으로 망명할 것을 권유했다. 무휴는 분노하며, 병거에 올라타고 직접 나가 송군과 싸우겠다고 선언했다. 무휴는 소수의 호위병을 거느리고 성내를 돌며 모병했으나, 백성들은 호응하지 않았다.

제의 대신들은 무휴를 싫어하여 역아가 패하기를 바라면서도 동시에 송군의 입성을 염려했다. 고호가 공자 소를 영접하기 위해 성을 나섰다는 소식을 듣고 제의 대신들은 기뻐하며, 공자 소의 소식을 알아보기 위해 가병들을 거느리고 동문으로 향했다.

모병을 하러 다니던 무휴와 제의 대신들이 동문 근처에서 만났다. 무휴를 싫어하던 대신들이 무휴를 에워쌌는데, 내시들이 대신들을 꾸짖었다. 분노한 대신들이 가병들을 시켜 내시들을 무참히 죽였고, 무휴는 병거에서 내려 달아났다. 흥분한 가병들과 백성들은 달아나던 무휴를 잡아 마구 때렸고, 무휴는 어이없게도 거리에서 맞아죽었다. 국의중은 군중들을 위로하며 해산시켰고, 무휴의 시신을 수습했다. 국의중은 고호에게 사람을 보내 경과를 알렸다.

이때 노희공은 무휴가 죽은 사실을 모르고 무휴를 원조하기 위해 군사를 일으켜 제로 출발했다.

한편 사마 역아는 제의 경계인 동관東關에서 송군과 대치하던 중 무휴와 수초의 죽음을 보고받았다. 역아는 군심이 변했다는 것을 느끼고 황급히 노로 도주했다. 얼마 후 고호는 동관에 도착해 군사들을 위로하고, 송군을 찾아가 화평을 요청하며 공자 소를 알현했다. 송양공은 만족했고, 송·위·조·주邾군은 귀국했다.

제효공齊孝公의 즉위(BC 642년)

고호는 공자 소를 호위하여 도성인 임치성으로 향했다. 고호는 임치성 외곽 공관에 머물며, 국의중에게 사람을 보내 공자 소를 영접하라고 알렸다.

이때 공자 상인은 공자 원과 공자 반을 찾아가 공자 소를 제거하고 대신들의 지지를 받는 사람이 군위에 올라 패업을 승계하자고 충동했다. 공자 원과 반이 찬성했다. 공자 원, 반, 상인은 장위희를 찾아가 포섭했고, 무휴와 수초의 잔당들까지 합세했다. 그들은 가병 등을 총동원하여 임치성의 성문을 점거하고, 공자 소가 들어오는 것을 차단했다. 국의중은 군사력의 열세 때문에 겨우 자신의 저택을 수비할 뿐 그들을 제압하지 못했다.

고호는 결국 임치성으로 들어가지 못하고 공자 소를 호위하여 송으로 급히 도주했다. 고호는 송의 경계에서 송양공을 만나 경위를 보고했다. 송양공은 사촌인 대장 공손고公孫固에게 병력 보강을 지시했다. 송양공은 이번에는 송 단독으로 병거 400승을 거느리고 제를 향해 진군했다. 공자 탕이 선봉을 맡고, 송양공과 공손고는 중군을 맡고, 화어사華御事가 후군을 맡았다. 송양공은 고호를 앞세워 싸우지 않고 동관을 통과했다. 송군은 임치성 근처에 주둔했다.

공자 상인은 백성들이 송군에 동조하여 소란을 일으킬 것을 염려했다. 그래서 공자 상인은 공자 원과 반에게 성을 나가 송군과 싸울 것을 제안했고, 공자 원과 반은 찬성했다. 그들은 밤에 성을 나와 송군의 전영을 기습 공격했다. 송군 전영의 공자 탕은 중과부족으로 패하여 도주했으나, 송의 중군과 후군이 반격을 하자 전세는 역전되었다. 결국 송군은 대승을 거두었다.

공자 원은 위衛로 도주했고, 공자 반과 상인은 임치성으로 도주했다. 송군은 공자 반과 상인을 추격하여 임치성의 성문이 닫히기 직전 성안으로 들어가 성을 제압하는데 성공했다. 최요가 공자 소를 병거에 태우고 입성하자 국의중은 문무백관들을 대동하여 공자 소를 영접했다. 대신들의 추대로 공자 소가 즉위하니(BC 642년), 곧 **제효공齊孝公**[1]이다. 제효공은 최요를 대부에 임명하고, 황금과 비단을 주며 송군을 위로했다. 송양공은 바로 귀국했다.

노희공은 제에 접근하던 중 이미 제효공이 즉위했다는 사실을 알게 되자 바로 회군했다. 이로 인해 제와 노는 사이가 나빠졌다.

공자 상인과 반은 공자 원의 꼬임에 빠져 잘못을 저질렀다고 변명하며, 위衛로 망명하고 없는 공자 원에게 모든 책임을 전가했다. 국의중과 고호는 공자 상인과 반의 죄를 알고 있었지만 형제간의 우애를 강조하여 용서를 건의했다. 제효공은 역아와 수초의 잔당들을 모조리 죽였지만, 공자 상인과 반의 죄는 불문에 붙였다. 그러나 안일한 온정주의로 인해 책임을 묻지 않고 그들을 살려준 것은 훗날 많은 파란을 불러일으키게 된다.

제효공은 그해 8월 우수산牛首山에 제환공을 장사지냈고, 그 옆에 안아의 무덤도 만들었다. 제효공은 공자 무휴와 원을 괘씸히 여겨 장위희와 소위희, 그 밑의 내시와 궁녀 수백 명을 순장했다.

---

1) 제효공 강소: 재위 BC 642 ~ BC 633

진목공秦穆公의 양梁 정복(BC 641년)

양후梁侯는 사치를 즐기고 무도한 성품이었다. 그래서 백성들에게 엄청난 부역을 시켰다. 견디다 못한 양의 백성들 중 일부는 진秦으로 도주했다.

예전부터 양을 노리고 있던 진秦목공은 양의 민심이 흔들리는 기회를 살려 백리해에게 양을 공격하도록 시켰다. 백리해는 양을 공격하여 대승을 거두었고, 양후는 전사했다. 진목공은 양을 멸망시키고 그 땅을 점령했다(BC 641년).

제4절 송양공宋襄公의 좌절과 초성왕楚成王의 야망

패권에 대한 송양공宋襄公의 집착

송양공은 제효공을 군위에 올린 것을 자신의 공적으로 여기고 스스로 만족하며, 제환공의 맹주 지위를 승계하고 싶어 했다. 그래서 우선 약소국가들부터 모아 맹주가 되기로 결심하였다.

송양공은 조曹의 모처에서 모여 동맹을 맺자고 등滕[1], 조曹, 주邾, 증鄫[2]에 통지했다. 그런데 송양공이 주최한 회맹에는 송양공보다 먼저 조曹, 주邾 군후만 도착해 있었다(BC 641년). 등후 영제嬰齊는 송양공보

---

1) 무왕이 상을 멸망시킨 후 이복동생 착숙수錯叔繡를 등 땅에 봉하였다고 함
2) 하 계열로 알려진 군소 제후국. BC 567년 거莒에 병합됨

다 늦게 도착했다. 자신이 주최한 회맹이 초라한 결과를 낳자 송양공은 분노했고, 등후를 감금해 버렸다. 등후가 감금된 소식을 들은 증후는 급히 출발했으나 이틀 늦게 도착했다.

　송양공은 송의 위엄을 강조하며, 증후의 죄를 다스릴 것을 선언했다. 공자 탕은 제환공도 회수 유역의 동이를 복종시키지 못했다고 지적하며, 동이를 복종시키면 중원에 위엄을 과시할 수 있게 된다고 강조했다[1]. 공자 탕은 증후를 희생으로 바치고 동이가 숭상하는 수수睢水의 신神에 대하여 제사를 지내면 동이와 친교를 맺을 수 있을 것이고, 증후를 죽여 위엄을 보이고 동이의 힘을 빌려 제후들을 정복하면 패업을 달성할 수 있을 것이라고 건의했다. 상경인 공자 목이는 제후를 죽여 동이에 아첨할 경우 다른 제후들의 두려움을 야기하고 복종을 이끌어낼 수 없을 것이라고 아뢰며, 제환공은 덕을 베풀었기에 맹주가 될 수 있었다고 강조했다. 공자 탕은 제환공이 맹주가 되는 데 20년이 걸렸다고 말하며, 시간이 많을 경우에는 덕을 바탕으로 추진할 수 있지만 시간이 부족한 경우에는 위력을 바탕으로 추진할 수밖에 없음을 강조했다.

　송양공은 하루 빨리 맹주가 되고 싶었다. 결국 공자 탕의 건의는 송양공의 조급함을 자극하게 되었고, 송양공은 증후를 삶아 죽였다. 이후 송양공은 동이 국가들의 여러 군주들에게 수수의 신에게 제사를 지낼 것이니 참석해 줄 것을 통보했다. 그러나 동이 국가들은 송과 교류가

---

[1] 동이 계열인 상이 멸망하고 주가 중원을 정복한 이후 상 왕족의 후손이 봉해진 송은 처음에는 주변의 중원 제후국과 다른 독특한 문화를 유지했었음. 그러나 시간이 흐르면서 송은 급격히 화하족에 동화되었고, 송의 지배계급은 스스로를 화하족으로 인식하게 되었음. 이는 공자孔子의 경우도 마찬가지였음

없었고 송양공을 알지 못했기에 아무도 참석하지 않았다.

수감된 등후는 송양공에게 막대한 뇌물을 바치며 석방을 간청했고, 송양공은 등후를 풀어주었다.

송양공에게 실망한 조의 대부 희부기가 조공공曹共公에게 도읍으로 돌아갈 것을 건의했다. 제후들이 회견할 때 그 회견장소의 주인인 제후가 예물 등을 마련하고 손님을 대접하는 것이 당시의 관행이었다. 조공공은 예물 등을 제공하지 않았고 인사도 없이 그냥 돌아가 버렸다. 송양공은 분노하여 사람을 보내 예의가 없다고 조공공을 비난했다. 희부기는 이번 회맹에 대하여 조가 초빙한 것이 아니라고 분명히 말하며, 결과적으로 주인의 예를 다하지 못함을 용서해 주길 바란다고 대신 사과했다.

송양공은 자신의 위신이 손상되었다고 생각하고, 조에 대한 공격을 지시했다. 상경 목이가 제환공은 여러 차례 회맹을 열었지만 항상 대회국의 비용을 초과하여 베풀고 왔으며, 대회국의 대접을 박하다고 책망한 사실이 없음을 강조했다. 목이는 조가 비록 예의를 어겼지만 송에 손해를 입힌 것은 아니므로 군사행동을 하지 말 것을 간곡히 아뢰었다. 송양공은 목이의 간언을 무시하고 공자 탕에게 병거 300승을 내어주며 공격을 지시했고, 공자 탕은 곧 조의 도성을 포위했다(BC 641년). 희부기는 굳게 방어했고, 공자 탕은 석 달이 지나도 성을 함락시키지 못했다.

한편 당시 정문공은 노·제·진陳·채 4국 제후들을 설득하여 제에서 초 성왕과 동맹을 체결하는 것을 주선하고 있었다(BC 641년). 송양공은 6국이 동맹을 추진하고 있다는 소식을 듣고 패업을 달성하는 데 큰 장애가 발생할 것을 걱정했다. 조에 대한 공격이 실패할 경우 더 큰 어려움이 있을 것으로 걱정한 송양공은 공자 탕을 소환했다. 조공공은 송이 다시 공격할 것을 염려하여 사신을 파견하여 사죄했고, 송과 조는 다시 친하게 되었다.

초楚에 회맹 주선을 부탁하는 송양공宋襄公(BC 640년)

　송양공은 패권에 대한 집착이 더 심해졌다. 대국들은 초와 동맹을 추진하고 있었고, 소국들은 자신에게 복종하지 않았다. 송양공은 초조했다. 공자 탕은 송양공에게 현재 천하의 강국은 제와 초인데 제는 큰 혼란을 겪고 겨우 안정을 찾았지만 여러 제후들은 초를 두려워하고 있다고 분석하고, ①우선 초와 친교를 맺고 ②송과 여러 제후들이 친분을 맺을 수 있게 주선해 줄 것을 초에 부탁한 후(초의 힘을 빌려 제후들을 소집) ③제후들의 힘을 빌려 초를 제압하면 ④천하의 맹주가 될 수 있다고 계책을 아뢰었다. 상경 목이는 초가 허락할 가능성이 없고 잘못될 경우 큰 전란이 우려된다며 강력히 반대했다. 송양공은 목이의 반대를 무시하고 공자 탕을 초에 파견했다(BC 640년).

　공자 탕은 초성왕을 알현하며 많은 뇌물을 제공하고, 친교를 맺고자 하는 송양공의 뜻을 전했다. 초성왕은 다음 해 봄 제의 녹상鹿上 땅에서 회견하자고 제안했다. 송양공은 공자 탕을 제에 파견하여 송과 초가 녹상에서 회견할 때 제효공이 참석해 줄 것을 제안했다. 제효공은 승낙했다.

송宋·제齊·초楚의 녹상鹿上회견(BC 639년 2월)

　송양공은 녹상 땅에 한 달 먼저 도착해 회맹을 준비했다. 보름 후 제효공이 도착하여 주인의 예로 송양공을 대접했다. 초성왕은 임박하여 도착했다. 주 왕실이 부여한 작위 순서에 따라 송(상공), 제(후작), 초(자작)의 순서로 자리를 배치했다. 회견 당일 송양공은 겸양의 태도를 보이지 않고 맹주처럼 행동했다(BC 639년 2월). 초성왕은 송양공의 태도에 비위가 상했다.

　삽혈하고 동맹의 맹세까지 마치고나서 송양공은 8월에 송의 우盂땅에서 역사상 최대 규모의 회맹을 열 것을 선언하고, 여러 제후들을 소집하는데 제와 초에서 도와줄 것을 요청했다. 제효공과 초성왕은 확답을 하지 않고 사양할 뿐 서로에게 미루었다.

　회견에 오기 전에 송양공은 '제환공의 예를 본받아 여러 제후들을 모아 회맹을 개최하고자 하니 여러 제후들은 병거 없이 참석해 달라.'라는 내용의 대회 취지 문서를 미리 작성하고, 자신이 제일 위에 서명을 해 두었다. 송양공은 그 문서를 초성왕에게 내밀며 서명해 줄 것을 부탁했다. 제효공은 송양공이 자신에게 먼저 부탁하지 않는 것을 보고 송이 초를 중시하고 제를 경멸한다고 생각하여 비위가 거슬렸다. 초성왕은 문서를 검토하고 속으로 비웃으며, 송양공에게 직접 제후들을 소집하라고 건의했다. 송양공은 제와 초의 속국들도 많고 반대하는 제후들도 있으므로 힘을 빌려줄 것을 거듭 부탁했다. 초성왕은 제효공에게 먼저 서명하라고 양보했다. 제효공은 제는 송의 그늘 밑에 있으며 송의 위엄만으로 충분하다고 냉소적으로 말하며 사양했다. 결국 초성왕은 서명을 했지만 제효공은 끝까지 서명하지 않았다. 회견이 끝나고 삼국 군후는 귀국했다.

7국 제후들의 우盂회견(BC 639년 8월)

영윤 투자문은 송양공을 비웃으며, 초성왕에게 대회 참석을 허락한 이유를 물었다. 초성왕은 송이 주최하는 대회를 이용해 중원의 제후들을 지배할 작정임을 밝혔다. 대부 **성득신成得臣(=자옥子玉)**은 매복했다가 송양공을 생포할 것을 건의했다. 투자문은 제후들의 신의를 잃을 수 있다며 반대했다. 성득신은 제후들은 송양공에게 반감을 가지고 있으므로 이를 이용하는 것이라고 강조하며, 송양공을 체포하여 위엄을 보이고 석방하여 인덕을 보일 수 있다고 설명했다. 성득신은 송의 무능을 보여 중원 제후들을 초에 귀의하게 하는 것이라고 아뢰었고, 투자문도 감탄하며 성득신의 계책에 찬성했다. 초성왕은 성득신과 투발에게 각각 용사 500명씩을 조련하라고 지시했다.

한편 상경 목이는 송양공에게 초성왕은 마음으로 승낙한 것이 아니므로 초를 경계해야 한다고 거듭 아뢰었다. 송양공은 이를 무시하며, 각국에 초청 격문을 발송했다. 송양공은 우 땅에서 열리는 회맹을 화려하고 성대하게 준비했다.

그해 7월 송양공은 회견장인 우 땅으로 갈 준비를 했다. 상경 목이는 초를 염려하여 무장한 병거를 대동할 것을 건의했으나, 송양공은 신의를 강조하며 거절했다. 상경 목이는 자신이 만약을 대비하여 병거 300승을 거느리고 회견장 3마장[1] 밖에 매복하겠다고 건의했다. 송양공은

---

1) 주로 10리 미만의 짧은 거리에서 리里 대신 사용되는 거리의 단위

이마저도 거절하며, 목이가 독단적으로 군사행동을 할 것을 염려하여 회견장에 동행할 것을 지시했다.

그해 8월 회견 일자에 맞춰 <u>초·진陳·채·허·조·정</u> 6국 제후들(초성왕, 진陳목공, 채장공蔡莊公[1], 허희공, 조공공, 정문공)이 우 땅에 당도했다. **제효공**은 녹상회견의 불쾌감 때문에 불참했고, **노희공**은 초와 외교관계가 없어 불참했다. 모든 제후들이 병거를 대동하지 않은 채 참석했다. 송양공은 초의 신의에 매우 만족했다. 그러나 초성왕은 외관은 의전용 수레였으나 갑옷과 무기를 숨겨 가져왔고, 수행원들은 모두 정예군사들이었다.

회맹이 시작되었고, 송양공은 회견장을 제공한 주인의 예로 절차를 진행했다. 초성왕은 성득신과 투발을 거느리고 선두에 서서 빈객의 통로로 입장했고, 다른 제후들이 뒤를 따랐다. 송양공은 목이를 거느리고 주인의 통로로 입장했다.

의전 관례대로라면 초성왕이 송양공을 맹주로 추대하자고 먼저 제의를 해야 했다. 그러나 초성왕은 일부러 아무 말도 하지 않았고, 회견장에는 무거운 침묵이 흘렀다. 어쩔 수 없이 송양공이 대회 개최의 취지를 거만한 태도로 설명했다. 초성왕은 누구를 맹주로 할지 물었다. 송양공은 작위 순으로 결정할 것이라고 답했다. 그러자 초성왕은 왕이 상공보다 높으므로 자신이 맹주라고 선언했다. 송양공은 분노하며, 상경 목이가 말리는 것도 무시하고 진짜 상공이 가짜 왕보다 높으므로 자신이 맹주여야 한다고 항의했다.

초성왕과 송양공이 설전을 벌였다. 이때 성득신이 나서 진陳·채·허·

---

[1] 채장공 희갑오姬甲午: 채목공의 아들. 재위 BC 645 ~ BC 612

조·정 군후들에게 회맹에 참석한 이유를 물었고, 진陳목공과 채장공은 초성왕의 분부에 따라 참석했다고 답했다. 송양공은 크게 실망했다.

갑자기 성득신과 투발이 예복을 벗자 갑옷이 드러났고, 붉은 깃발을 꺼내 휘둘렀다. 순식간에 초성왕을 수행한 수행원 천여 명이 무장한 병사로 본색을 드러내 회견장을 점령하고, 회맹을 위해 준비한 모든 물품을 약탈해 버렸다. 성득신은 송양공을 사로잡았다. 송양공은 후회하며 상경 목이에게 탈출을 지시했고, 목이는 혼란한 틈을 이용하여 회견장을 탈출했다. 위여신과 투반이 대군을 이끌고 회견장 근처에서 대기하고 있었다. 진陳·채·허·조·정 5국 군후들은 두려워 아무 말도 하지 못했다.

초성왕은 5국 군후들 앞에서 송양공의 여섯 가지 죄(①상중인 제를 공격 ②등후를 체포 ③증후를 희생으로 죽임 ④조를 공격 ⑤분수를 모르고 패권을 노림 ⑥겸양을 모름)를 거론하며 문책했다. 이어서 초성왕은 송의 도읍 수양성을 공격할 것을 선언했다. 5국 군후들은 비굴하게 초성왕의 비위를 맞출 뿐이었다. 송양공은 상경 목이의 말을 듣지 않은 것을 후회하며 눈물만 흘렸다.

초성왕楚成王의 송宋 공격(BC 639년)

초성왕은 병거 500승을 집결시킨 후 송양공을 결박해 수레에 싣고 송의 수양성을 향해 진군했다. 초성왕은 5국 군후들에게 우 땅에서 대기할 것을 지시했다.

회견장을 탈출한 상경 목이는 수양성에 복귀하여 사마 공손고에게 초의 공격을 대비하라고 지시했다. 상경 목이는 초군이 송양공을 볼모로 이용할 것을 염려하여 다른 사람을 군주로 내세워 옛 군주를 신경 쓰지 않는 것처럼 꾸며야 한다고 제의했다. 공손고는 상경 목이를 추대했고, 대신들 모두 찬성했다. 상경 목이는 새 군주로 즉위했고, 초의 공격에 대한 준비를 철저하게 했다.

얼마 후 초군이 수양성에 당도했다. 투발은 송양공이 잡혀 있으니 항복하라고 외쳤다. 공손고는 이미 새 군주가 즉위했으니 항복하지 않는다고 외쳤고, 옛 군주는 관심 없다고 답했다. 투발은 예상치 못한 송의 반응에 당황했다. 초성왕은 분노하며 총공격을 명했다. 사흘 동안 초군이 총공격을 했으나 성과가 없었다.

초성왕은 송양공을 처형하려고 했다. 성득신은 송양공을 죽일 경우 초의 허물이 되며 송 백성들의 원망을 받게 됨을 아뢰고, 송양공은 필부에 불과하므로 석방할 것을 건의했다. 초성왕은 체면 때문에 주저했다. 성득신은 ①송에서 약탈한 물품을 노로 보내어 노희공을 초의 박亳 땅으로 초대하여 회견하고 ②회견 때 노희공은 초와 송의 화해를 시도할 것이므로 ③노의 부탁을 들어주는 척 송양공을 석방하면 ④송·노를 모두 초의 편으로 만들 수 있을 것이라고 계책을 아뢰었다.

초성왕은 성득신을 극찬하며 노에 사신을 파견한 후 초의 박도亳都로 회군했다. 초의 사신인 의신宜申은 뇌물과 서신을 노희공에게 전달하며, 박도로 방문하여 송양공의 옥사에 대한 판결을 해 줄 것을 요청했다. 노희공은 크게 놀라며 송양공의 처지를 동정하면서 초의 위세에 위압감을 느꼈다.

8국 제후들의 박도亳都 회맹(BC 639년 12월)

노희공은 초의 위세에 눌려 대부 동문수(=중수)를 데리고 박도를 방문했다. 동문수는 의신, 성득신과 만나 사전에 협의했다. 성득신은 노희공을 영접했고, 노희공은 초성왕과 인사했다. 초성왕은 우 땅에 대기하던 5국 군후들을 박도로 이동시켰다.

5국 군후들은 박도에 와서 노희공과 회담을 나누었다. 정문공은 초성왕을 맹주로 추대하자고 제안했다. 노희공이 초성왕에 대하여 위세는 있으나 덕이 없어 맹주의 자격이 없다고 반대했다. 노희공은 모두 예전에 송과 동맹한 처지에 송양공을 방치한다면 천하의 비웃음을 받을 것이라고 강조하고, 송양공을 석방한다면 초와 동맹을 맺는 것은 가능할 것이라고 주장했다. 5국 군후들은 모두 찬성했다. 동문수는 성득신에게 회담 결과를 알렸고, 성득신은 초성왕에게 보고했다.

초성왕은 6국(진陳·채·허·조·정 + 노) 제후들과 박도에서 맹회를 열고 송양공을 석방하는 것에 합의했다. 초성왕은 맹회 전날 송양공을 풀어주었고, 송양공을 맹회에 참석하게 시켰다. 박도에서 **초·진陳·채·허·조·정·노·송** 8국 군후들이 참석한 맹회가 열렸다. 정문공은 초성왕에게 맹주로서 회맹을 주재할 것을 간청했고, 초성왕은 맹회를 주재했다. 참석한 8국 군후들은 동맹을 맺었다. 송양공은 수치심과 분노로 인하여 극도로 우울했으나, 각국 제후들에게 석방을 주선해 준 것에 대하여 감사를 표했다.

회맹이 끝나고 각국 제후들은 귀국했다. 송양공은 갈 곳이 없어 위衛로 망명했다. 얼마 후 상경 목이는 위로 사람을 보내 송양공에게 경위를 설명하며 귀국을 요청했다. 송양공은 귀국했고, 목이는 신하의 열에 서서 송양공을 영접했다.

진晉 세자 어圉의 진秦 탈출(BC 638년)

진秦목공은 진晉과의 관계를 개선하기 위해 진秦에 볼모로 와 있던 진晉의 세자 어와 부인 목희가 낳은 딸 회영懷嬴을 혼인시켰다. 세자 어는 인질로 와 있는 자신의 처지를 항상 불안해했다. 세자 어는 진목공이 자신의 외가인 양을 멸망시키자 진晉을 모욕한 것이라며 분노했고, 진목공을 원망했다.

그러던 중 진晉혜공이 중병에 걸려 조회를 하지 못하고 있다는 소식을 들은 세자 어는 자신이 외국에 나와 있는 상태에서 진혜공이 사망할 경우 군위를 승계하지 못할까 매우 걱정했다. 결국 세자 어는 진秦을 탈출하기로 결심한다. 세자 어는 아내 회영에게 함께 도망쳐 진晉으로 가자고 제안했다. 회영은 아버지를 배반할 수 없다며 거절했고, 또한 남편을 배반할 수 없으므로 고자질하지 않겠다고 답했다.

결국 세자 어는 변장하고 혼자서 진秦을 탈출하여 진晉으로 돌아갔다(BC 638년). 세자 어는 병상에 누워있는 진혜공을 위로했고, 진혜공은 매우 기뻐했다. 한편 진목공은 대노하여 진혜공 부자를 응징하기로 결심한다.

초楚와 송宋의 홍수泓水대전[송양지인宋襄之仁](BC 638년)

송양공은 초에 대한 원한이 사무쳤다. 송양공은 초성왕을 맹주로 추대하는 데 앞장섰던 정문공에 대해서도 분노했다. 정문공은 초를 방문하여 마치 주 왕실에 대한 것처럼 초성왕에게 조례했는데(BC 638년), 송양공은 이 소식을 듣고 분노하며 정을 공격하기로 결심했다. 상경 목이는 초가 정에 원군을 보낼 것이므로 승리할 가능성이 없으니 때를 기다릴 것을 건의했다. 사마 공손고도 목이의 의견에 찬성했다.

송양공은 고집을 부려 목이에게 세자 왕신을 보좌하면서 국내를 수비할 것을 지시하고, 직접 정으로 출전했다. 송양공은 중군을 맡고, 공손고는 부장이 되었다. 그 외 대부 악복이樂僕伊, 화수로, 공자 탕, 상자 수向訾守 등이 출전했다. 위·허·등은 송을 위해 군대를 파견했다.

정문공은 즉시 초에 구원을 요청했고, 초성왕은 정을 구원하기로 결정했다. 성득신은 텅 빈 송을 공격하면 송양공이 정에서 급히 회군할 것이고, 그러면 초군은 편히 쉬면서 지친 송군을 상대하면 된다고 계책을 아뢰었다.

초성왕은 성득신을 대장으로 삼고 투발을 부장으로 삼아 송을 공격하라고 지시했다. 초군은 송으로 진격했고, 송양공은 급보를 받고 정에서 급히 회군했다. 지친 송군은 홍수泓水 남쪽에서 초군과 대치했다.

성득신이 사람을 보내 전서를 전달했다. 공손고는 초에 사과하고 대결을 피하자고 건의했다. 송양공은 초와의 대결을 피하면 제환공의 패업을 계승할 수 없게 된다고 말하며 고집을 부렸다. 공손고는 초군이 훨씬 수가 많으며 병사들이 초군에 대하여 두려움을 가지고 있어 승산이 없다고 아뢰었다. 송양공은 초는 무도하므로 인의仁義로써 무찌를 수 있다고 강조했다.

송양공은 11월 1일 홍양泓陽 땅에서 교전하자고 답신을 보냈다. 송양공은 자신의 병거에 인의를 세긴 대기大旗를 내걸었다. 공손고는 싸움의 목적은 살상이지 인의가 아닌데 송양공이 잘못 생각하고 있어 송군이 큰 위험에 빠졌다고 크게 걱정했다.

교전일 전날 공손고는 송군을 홍수 남쪽에 포진시켰고, 성득신은 초군을 홍수 북쪽에 포진시켰다. 투발이 성득신에게 송군이 전투준비를 마치기 전에 밤을 이용해 강을 건너자고 건의했다. 성득신은 송양공에 대하여 용병술이 없다고 평가하며 염려할 것 없다고 답했다.

공손고는 교전일 새벽부터 서둘러 전투준비를 완료했다. 초군은 아침이 밝은 다음 강을 건너기 시작했다. 공손고는 송양공에게 초군이 반쯤 강을 건넌 상태에서 공격하면 아군의 전부와 적군의 절반이 싸우므로 승산이 있다고 건의했다[1]. 송양공은 인의를 세긴 대기를 가리키고 정정당당한 승부를 강조하며 거절했다. 공손고는 기가 막혔다.

초군이 모두 강을 건넜다. 초군은 동서로 길게 포진하느라 다소 무질서했다. 공손고는 송양공에게 초군이 포진을 완료하기 전 다소 무질서한 상태에서 공격하면 승산이 있다고 건의했다. 송양공은 공손고의 얼굴에 침을 뱉으며, 전열도 갖추지 않은 적을 공격하는 것은 일시적인 이익을 추구하는 것인데 자신은 만세의 인의를 추구한다고 공손고를 질타했다. 공손고는 탄식할 뿐 어쩔 수가 없었다.

초군이 포진을 마쳤다. 초군은 병력이 훨씬 많았고 기세등등했다. 반면 송군은 초군을 두려워했다. 송양공은 초군을 향해 무모하게 정면으로 돌격할 것을 명령하고 앞장서 나갔다. 공자 탕과 상자수가 송양공을 수행했다. 공손고는 다소 뒤에서 송양공을 호위하며 나갔다. 성득신은 진을 펼치며 송군을 끌어들였고, 병력이 훨씬 많은 초군은 송군을 곧 포위했다. 두려움에 빠진 송군은 처음부터 초군의 상대가 되지 못했다.

공손고가 송양공을 보호하기 위해 전진했으나 투발이 가로막았다. 투발과 공손고가 대결을 하는데, 송군에서 악복이가 가세하고 초군에

---

[1] 송양공에게 건의한 사람이 누구인지는 견해가 갈림. 《사기》에는 상경 목이로 기록되어 있으나, 여기서는 소설 《동주 열국지》에 따라 사마 공손고로 기록하였음

서 위여신이 가세해 혼전을 펼쳤다. 이때 송양공은 초군에 포위되어 위험한 상태였다. 공손고는 송양공을 염려하여 송양공이 있는 방향으로 병거를 몰았다. 투발이 추격했으나, 화수로가 저지했다. 공손고는 부상당한 상자수를 발견하고 병거에 태웠다.

공손고는 초군의 포위를 뚫고 송양공에게 접근했다. 송양공의 호위병들이 초군에 결사 항전하고 있었고, 송양공은 우측 허벅지에 화살을 맞아 쓰러져 있었다. 공자 탕은 치명상을 입었는데, 공손고에게 **송양공**을 부탁한 후 사망했다. 공손고는 송양공을 자신의 병거에 태우고 괴력을 발휘하여 초군의 포위를 간신히 뚫었다. 상자수는 부상당한 상태에서도 후미에서 초군을 막았다. 공손고는 간신히 도주에 성공했고, 악복이와 화수로도 도주에 성공했다. 송군은 대패했고, 성득신은 패주하는 송군을 추격하여 살육하고 노획물을 획득했다(BC 638년 11월).

공손고는 송양공을 병거에 태우고 달려 송에 겨우 도착했다. 가족을 잃은 송의 백성들은 송양공을 원망하며 통곡했다. 송양공은 탄식하며, 인의를 실천하는 자신은 부당한 수단을 써서 적을 괴롭힐 수는 없었다고 변명했다. 백성들은 그 말을 전해 듣고 모두 송양공을 비웃었다[1].

정문공鄭文公의 아부

초군은 다시 홍수를 건너 귀국했다. 당시 초성왕은 성득신의 군대를 후원하기 위해 후군을 거느리고 가택柯澤 땅에서 주둔하고 있었다. 성

---

1) 여기서 **송양지인**宋襄之仁(전쟁터에서 송양공이 쓸데없이 어진 마음을 베풀었다는 뜻. 어리석은 대의명분이나 쓸데없는 인정으로 일을 그르치는 것을 비유함)의 고사성어가 나옴

득신은 가택 땅으로 가서 승전을 보고했다. 이때 정문공이 부인 문미를 대동하고 가택 땅으로 와서 많은 예물을 풀어 초군을 위로했다. 이 자리에서 정문공은 초성왕을 정으로 초청했다.

초성왕이 정의 도성으로 가서 정문공을 방문했다. 정문공은 태묘에서 잔치를 열어 초성왕을 대접했는데, 정문공은 천자에게 하는 구헌례九獻禮를 초성왕에게 올렸다. 문미도 딸 백미와 숙미를 외삼촌인 초성왕에게 인사시키고 술을 따라 바치게 했다.

잔치가 끝나고 초성왕은 문미, 백미, 숙미에게 전송을 요청했다. 문미는 딸들을 대동하고 오빠인 초성왕을 초의 군영까지 전송했다. 그런데 초성왕은 조카인 백미와 숙미를 돌려보내지 않고 군영에서 겁탈하고, 초로 데려가 첩으로 삼았다. 정 대부 숙첨은 초성왕의 짐승 같은 행동에 분노하며, 좋은 죽음을 맞지 못할 것이라고 저주했다.

초楚의 영윤이 되는 성득신成得臣(BC 637년)

초의 영윤 투자문은 늙고 병들어 사촌 동생인 성득신에게 벼슬을 물려주고 싶었다. 초성왕이 투자문에게 송을 정벌할 것을 요청했다. 투자문은 사양하며 대신 성득신을 추천했으나, 초성왕은 투자문에게 다시 요청했다. 투자문은 거절하지는 않았지만, 은퇴할 생각뿐이었다.

투자문이 규睽 땅에서 군대를 사열했는데, 일부러 건성으로 처리하고 간단히 마쳤다. 지켜본 초성왕이 걱정하자 투자문은 자신은 늙어서 무딘 칼이라고 말하며, 성득신을 추천했다. 초성왕이 성득신에게 위蒍 땅에서 군대를 사열하라고 지시했다. 성득신은 엄격하고 세밀하게 군대를 사열했다. 지켜본 초성왕은 매우 만족했다. 투자문이 거듭 성득신을 추천했다. 결국 초성왕은 성득신을 영윤 겸 중군원수에 임명했다(BC 637년).

얼마 후 투자문은 은퇴를 기념하는 잔치를 열었다. 모든 대부들이 참석했는데, 대부 위여신蔿呂臣은 병으로 불참하고 대신 당시 13세이던 아들 **위가蔿賈**가 참석했다. 모든 대부들이 후임자를 잘 천거한 것을 경하했으나, 위가는 아무 말도 하지 않았다. 투자문이 괘씸하게 생각하고 위가에게 경하하지 않는 이유를 물었다. 위가는 성득신에 대하여 용감하지만 판단능력이 떨어지고 특히 물러날 줄 모르는 단점이 있다고 평가하고, 조력자로서는 모르지만 병권과 국정을 함께 담당할 경우에는 큰 낭패를 겪을 것이라고 걱정했다. 투자문을 비롯한 모든 참석자들은 위가를 폄하하며 비웃었다.

제2장

진문공晉文公의 패권 장악

제1절 진晉 공자 중이重耳의 즉위(진문공晉文公)

제齊를 떠나는 중이重耳 일행(BC 637년)

중이 일행이 제에서 망명생활을 한 지 벌써 7년이 되었다. 중이는 부인 제강과 환락에 빠져 호연지기를 잃고 부하들과는 자주 만나지도 않았다. 제효공은 제환공이 이룩한 패업을 승계하지 못하고, 초에 아부하며 송을 적대시하고 있었다. 다른 제후들도 제에 대한 태도를 바꿨다.

조최는 제효공의 원조를 받아 진晉으로 복귀할 가능성이 없다고 판단하고, 일행들에게 다른 나라로 가서 기회를 모색하자고 주장했다. 모두 동의했다. 일행들이 중이를 만나 상의하려고 찾아 갔으나, 중이는 환락에 빠져 부하들을 만나주지도 않았다.

호언이 일행들 8명을 데리고 성 밖으로 나가 상음桑陰에서 비밀회의를 열었다. 호언은 떠날 준비를 마친 후 사냥을 핑계로 중이를 유인한 후 수레에 싣고 다른 나라로 갈 것을 제의했다. 어디로 갈 것인지 논의가 분분했다. 조최가 송양공이 패업을 추구하므로 우선 송으로 갔다가 여의치 않으면 초로 가자고 제의했다. 호언도 송의 사마 공손고와 친분이 있다고 말하며, 송으로 갈 것을 주장했다. 결국 일행들은 송으로 가기로 합의했다.

이때 제강의 시녀 10여 명이 뽕잎을 따다가 일행들의 회의를 듣게 되었다. 시녀들은 놀라서 그 내용을 제강에게 보고했다. 제강은 비밀 누설을 염려하여 시녀들을 방에 가둔 후 독살해 버렸다. 이후 제강은 중이에게 제를 떠나 뜻을 펼칠 것을 종용했다. 그러나 중이는 제강에 대한 애정과 안락한 생활 때문에 결심을 하지 못했고, 결국 제강의 권유를 거절했다.

다음 날 새벽에 조최, 호언, 서신, 위주가 중이를 찾아와 공자를 모시고 사냥을 나가기 위해 방문했다고 아뢰었다. 중이는 침상에 누워 시자를 불러 거절의 뜻을 전달하라고 지시했다. 제강이 그 시자를 급히 불러 중이의 말을 전달하지 말고 대신 호언을 후원으로 청하도록 지시했다. 제강은 호언을 만나 중이를 데리고 떠나는 일에 협조하겠다고 말하며, 중이를 취하게 할 것이니 깨기 전에 수레에 싣고 떠날 것을 요청했다. 호언은 제강에게 절하며 감사를 표했다.

호언, 위주, 전힐은 중이의 집 근처에 수레를 대기시키고 기다렸고, 조최와 호모 등은 성 밖 교외에서 기다렸다. 그날 밤 제강은 술상을 차려 중이를 대접했고, 결국 중이를 대취하게 하여 깊이 잠들게 했다. 호언, 위주, 전힐은 깊이 잠든 중이를 수레에 옮기고 출발했다. 호언은 제강에게 하직인사를 했다. 제강은 떠나는 수레를 보며 하염없는 눈물을 흘렸다.

호언 일행은 밤새 수레를 달려 임치성 밖 50리까지 갔다. 중이는 비로소 잠에서 깨어 호언의 보고를 받고 상황을 알게 되자 크게 노했다.

중이는 분노하여 옆에 있던 위주의 창을 뺏어 호언을 공격했다. 호언은 도망쳤고, 중이는 추격했다. 조최 등이 중이를 말렸다. 호언이 다가와 죄를 처벌해 주길 청했다. 중이는 창을 던지며, 반드시 성공을 만들라고 지시했다. 호언, 조최, 위주 등이 중이에게 진晉의 백성들을 구하고 청사에 이름을 남기기 위해 지금까지 갖은 고생을 한 것임을 강조하고 눈앞의 즐거움에 연연하면 안 된다고 말하며, 중이의 공명심을 자극했다. 중이는 결국 부하들의 뜻에 동의했다.

조曹에서 모욕을 받는 중이重耳 일행

송으로 가던 중이 일행은 조에 당도했다. 조공공은 아첨을 좋아하고 유희에 빠져 있었다. 조공공은 간신과 소인배 300여 명을 등용하고 우대했다. 간신들은 중이가 등용되는 것을 견제하여, 조공공에게 중이를 영접하지 말라고 선동했다. 대부 희부기는 중이를 후하게 대접할 것을 건의했으나, 조공공은 거부했다. 희부기는 중이가 중동重瞳[1]과 변협騈脇[2]의 매우 귀한 상임을 강조하며 거듭 후대할 것을 건의했다. 조공공은 중이가 변협이라는 것에 크게 호기심이 생겨 중이 일행을 공관에 체류하게 했다.

조공공은 중이 일행에게 물에 만 밥만 제공하고, 손님과 주인의 예를 하지 않았다. 중이는 불쾌한 마음이 들어 식사를 하지 않고, 목욕을 했다. 조공공과 간신배들은 중이가 목욕하는 욕실에 난입하여 목욕 중이

---

1) 눈동자가 2개인 것
2) 통으로 붙은 갈비뼈

던 중이를 구경하고 나서 변협과 관련하여 떠들며 돌아갔다. 중이 일행은 분노했다.

희부기는 조공공의 무례한 행동 때문에 나중에 중이가 성공한 이후 보복을 당할 것을 우려하여 수심이 가득한 얼굴로 귀가했다. 아내 여씨 呂氏가 희부기로부터 자초지종을 들은 후 음식상을 마련하고 그 속에 백옥을 넣어 주면서 중이를 방문하여 친분을 맺도록 권유했다. 희부기는 음식상을 가지고 중이를 방문하여 사죄하면서 존경의 뜻을 표했고, 음식을 대접했다. 중이는 매우 만족하고 음식을 먹었으나 백옥은 사양했다.

다음 날 중이 일행은 조를 출발했다. 희부기는 성 밖 10리까지 나가 중이 일행을 전송했다.

송宋에서 환대를 받는 중이重耳 일행

중이 일행은 송에 접근했다. 호언이 먼저 가 공손고를 만나 상의했고, 공손고는 송양공에게 보고했다. 초에 대한 원수를 갚기를 희망하고 있던 송양공은 중이 일행의 방문 소식에 매우 기뻐했다. 송양공은 공손고에게 제후를 대하는 예로 중이를 대접할 것을 지시하고, 중이 일행에게 수레 20승을 하사했다. 중이는 송양공의 지극한 예우에 감사했다.

호언은 공손고를 찾아가 송의 군사적 원조를 받을 수 있는지 상의했다. 공손고는 초에 대패한 송의 현황을 설명했다. 송의 군사적 원조가 불가능하다고 여긴 중이 일행은 송을 떠나 초를 향해 출발했다. 송양공은 많은 물품을 제공해 주었다.

송성공宋成公의 즉위(BC 637년)

중이 일행이 떠난 후 송양공은 허벅지의 상처가 계속 악화되었다. 송양공은 세자 왕신에게 초는 불구대천의 원수임을 강조하며, 상경 목이를 의지하고 공자 중이와 친교를 유지할 것을 유언으로 남기고 재위 14년에 사망했다(BC 637년). 장례를 마치고 세자 왕신이 즉위하니, 곧 **송성공宋成公**[1]이다.

송성공은 아들로 급及, 저구杵臼, 포鮑, 앙卬, 수須 등을 얻었는데, 장자인 급을 세자로 임명했다.

정鄭에서 외면받는 중이重耳 일행

중이 일행은 정에 접근했다. 정문공은 중이를 아버지를 배반한 불초한 자라고 판단하여 대접할 필요가 없다고 생각했다. 상경 숙첨은 정문공에게 중이는 어진 성품으로 뛰어난 부하들을 거느리고 있음을 지적하며, 진晉이 계속 혼란 상태에 빠진 것은 하늘이 중이를 돕고 있는 것이라고 강조하고 중이와 친교를 맺을 것을 건의했다. 정문공은 중이는 너무 늙어서 일을 성취할 수 없다며 숙첨의 건의를 무시했다. 숙첨은 대접을 하지 않아 원수가 될 바엔 차라리 죽여서 후환을 제거할 것을 건의했다. 정문공은 중이에게 은혜를 입은 일도 없고 원한을 산 일도 없다며 숙첨의 건의를 무시했다.

정문공은 성문을 닫으라고 지시했다. 중이 일행은 정의 도성에 들어가지 못했다. 중이 일행은 정의 뜻을 짐작하고 정을 그냥 지나쳐 갔다.

---

1) 송성공 자왕신: 재위 BC 637 ~ BC 620

초楚에 체류하는 중이重耳 일행(BC 637년)

중이 일행은 초에 당도했다. 초성왕은 제후를 대하는 예로 중이를 대접하고, 존경의 뜻을 표했다. 중이는 겸손한 태도로 조심해서 처신했다. 중이는 초성왕과 친해졌고, 초에 머물기로 했다.

어느 날 초성왕은 중이를 초대하여 운몽雲夢 땅 연못가에서 사냥을 했다. 초성왕과 중이가 서로 사냥 솜씨를 과시하고 있을 때 처음 보는 괴상한 짐승이 나타났다. 조최는 그 짐승을 맥貘[1]이라고 설명하며 그 특징 등을 말해주었다. 위주가 무서운 힘을 발휘하여 맥을 생포하여 바쳤다. 병사들이 맥을 죽이지 못하자 조최는 불을 사용하여 맥을 죽였다. 초성왕이 중이 부하들의 문무를 극찬했다. 자존심이 상한 성득신이 중이 부하들과의 무예 대결을 제안했으나, 초성왕은 손님에 대한 예법이 아니라며 불허했다.

사냥이 끝나고 초성왕이 잔치를 열었다. 초성왕이 중이에게 군위에 오를 경우 어떻게 보답할지 물어보았다. 중이는 초와 우호를 맺을 것이고, 만약 뜻하지 않게 교전할 경우에는 3사三舍(=90리)를 물러나겠다고 답했다.

잔치가 끝난 후 성득신은 초성왕에게 중이의 대답은 매우 무례한 것이고 즉위할 경우 초에 후환이 될 것이므로 죽일 것을 건의했다. 초성왕은 하늘이 중이를 돕는다면 어찌 하늘의 뜻을 거역할 수 있겠느냐고 말하며, 성득신의 건의를 거절했다. 성득신은 중이의 부하들이 매우 뛰어나니 일부를 인질로 잡아둘 것을 건의했다. 초성왕은 중이 일행의 원

---

[1] 고대 중국의 전설에 나오는 동물. 인간의 악몽을 먹고 산다고 함

망을 받는 것보다 덕을 베푸는 것이 더 현명한 계책이라고 말하며, 성득신의 건의를 거절했다. 초성왕은 중이 일행을 더욱 후하게 대접하며 친교를 쌓았다.

진秦에 당도한 중이重耳 일행(BC 637년)

진晉혜공 부자를 응징하기로 결심한 진秦목공은 중이를 진晉의 군위에 올리기로 결심했다. 진목공은 사람을 풀어 중이의 소재를 파악했는데, 초에 체류 중인 것을 알게 되었다. 진목공은 공손지에게 중이를 진秦으로 데려올 것을 지시했다.

공손지는 초성왕을 방문하여 중이를 진晉의 군주로 세울 작정인 진목공의 뜻을 전달했다. 초성왕은 중이에게 진秦으로 가는 것이 군위에 오르는 데 더 유리함(①진秦은 진晉과 접경하고 있어 지리적으로 가깝고 ②진목공은 인덕이 있으며 ③현재 진혜공과 불화인 상태임)을 설명하며, 진秦으로 출발할 것을 권유했다. 중이는 초성왕에게 절을 하고 공손지를 따라 진秦으로 출발했다.

중이 일행은 진秦에 당도했고(BC 637년), 진목공은 교외까지 나와 영접하며 환영했다. 이때 중이의 나이 61세였다.

목희는 친정 오빠인 중이를 극진히 대접했다. 목희는 진목공에게 회영과 중이의 혼인을 제의했다. 진목공은 회영에게 의사를 물었다. 회영은 모친인 목희에게 자신은 이미 진晉 세자 어와 혼인한 사실이 있다는 이유로 거절의 뜻을 밝혔다. 목희는 결혼을 통해 양국의 우호를 지속할 필요가 있다며 계속 설득했고, 결국 회영은 동의했다.

공손지는 중이에게 회영과의 혼사를 제의했다. 중이는 회영이 조카며느리였음을 이유로 완곡히 거절의 뜻을 밝혔다. 조최가 중이에게 진晉의 군위에 오르기 위해서는 진秦의 힘이 필요함을 강조하며, 진목공의 환심을 위해 회영과 혼인할 것을 건의했다. 중이는 조카며느리라는 이유로 계속 주저했다. 호언은 조카며느리가 아니라 원수의 아내라고 생각하면 된다고 설득했다. 조최는 큰일을 하는 자는 작은 절개에 구속되면 안 된다고 거듭 설득했다. 결국 중이는 혼사에 동의했다.

얼마 후 중이와 회영은 결혼했다. 중이는 젊고 예쁜 아내를 얻어 매우 기뻤다. 진목공은 사위를 위하여 잉첩을 네 명이나 보내주었다.

진秦 세자 앵罃은 중이와 교류하면서 중이를 존경하게 되었다. 중이의 부하들도 진의 건숙, 백리해, 공손지와 친교를 맺었다.

진회공晉懷公의 즉위(BC 637년)

진晉혜공의 병세가 위독해졌다. 진혜공은 여이생과 극예에게 세자 어를 부탁하면서 중이를 경계하라는 유언을 남기고 재위 14년에 사망했다(BC 637년 9월). 세자 어가 즉위하니, 곧 **진회공晉懷公**이다.

진회공은 중이를 따라 망명한 사람들의 친지들에게 석 달 안에 그들을 귀국시키지 않으면 모두 처형하겠다고 협박했다. 극예는 호돌을 찾아가 서신을 보내 호모와 호언을 귀국시키라고 종용했으나, 호돌은 거절했다. 극예는 진회공에게 호돌을 불러 호모와 호언을 귀국시키라는 명령을 내리도록 권유했다. 진회공은 호돌을 불러 명령을 내렸으나, 호돌은 거부했다. 진회공은 호돌의 목에 칼을 겨누었고, 극예는 필묵을 가져와 서신을 작성하도록 강요했다. 호돌은 '자무이부子無二父 신무이

군臣無二君'의 글을 썼다. 진회공은 대노하여 호돌을 처형할 것을 지시했고, 호돌은 참수되었다. 태복 곽언은 탄식하며 병을 핑계로 조회에 나오지 않았다.

진晉으로 귀국하는 중이重耳 일행

호모와 호언은 부친의 참형 소식을 전해 듣고 통곡했다. 조최와 서신은 위로하며, 중이와 상의할 것을 제안했다. 호모는 중이에게 진회공의 소환령과 부친의 참형 사실을 보고했다. 중이는 호모를 위로한 후 진목공을 찾아가 호소했다. 진목공은 중이에게 군사 원조를 약속했다. 조최는 진회공이 안정을 찾기 전에 신속한 조치가 필요함을 호소했다. 진목공은 굳은 결의를 표명했다.

이때 진晉 대부 난지欒枝의 아들인 **난돈欒盾**이 난지의 지시로 중이를 방문했다. 난돈은 백성들이 진회공을 원망하고 있으며 신하들이 복종하지 않고 있다고 진晉의 상황을 보고했다. 난돈은 진晉 내부에서 난지, 극진郤溱, 주지교 등이 내응을 준비하고 있음을 알렸다. 중이는 귀국할 것을 약속했고, 난돈은 돌아갔다.

중이가 호언에게 난돈의 방문 사실을 이야기했다. 호언은 진목공을 만나 군사 원조를 요청할 것을 권유했다. 다음 날 중이는 진목공을 방문했고, 진목공은 직접 출전하여 황하까지 중이를 전송하겠다고 선언했다. 비표는 원군의 선봉을 자청했다. 진목공은 출발 전날 잔치를 열고 중이 일행에게 백벽 100쌍 등 보물과 말 400필 등 많은 물품을 하사했다.

한편 중이의 서자 중에 두기杜祁가 낳은 공자 옹雍이 있었다. 정확한 출생 시기 및 중이와 합류한 시점 등은 불명인데, 당시 중이와 진秦에 함께 머물렀던 것으로 보인다. 공자 옹은 적장자인 환에 이어 둘째인데, 이때 중이는 적장자 환의 생사 여부를 모르고 있었으므로 공자 옹을 장자로 여긴 것 같다. 중이는 공자 옹과 회영을 일단 진秦에 남겨두고 귀국길에 오르기로 결정했다.

진목공은 12월 3일 백리해, 공자 칩, 공손지, 비표 등을 거느리고 병거 400승을 내어 직접 중이를 대동하고 출전했다(BC 637년). 세자 앵은 위양渭陽 땅까지 나와 중이와 눈물로 작별했다. 진秦군은 황하에 당도했다(BC 636년 1월). 진목공은 잔치를 열어 중이를 송별했고, 만약에 대비하여 하서河西 땅에 주둔했다.

행장 담당이던 호숙이 고생하던 때의 습관이 남아 있어 낡은 행장들을 버리지 않고 모두 수습하여 배에 탔다. 이를 본 중이는 호숙에게 낡은 행장들을 버리라고 지시했다. 호숙이 주저하자 중이는 군사들을 시켜 낡은 행장들을 강변에 버렸다.

이를 본 호언은 중이의 행동에 실망하여 중이로부터 받은 구슬 등의 예물을 반납하며 중이에게 작별 의사를 표했다. 호언은 자신은 늙어 낡은 행장과 같으므로 버려도 손해 갈 것이 없는 존재라고 아뢰며, 벌써 고생하던 때를 잊어버린 듯 행동하는 중이를 넌지시 비난했다. 중이는 자신의 행동을 반성하며 낡은 행장들을 다시 회수했다. 중이는 황하에 호언이 반납한 흰 구슬을 던지며, 호언의 공로를 인정하고 함께 국정을 담당할 것을 맹세했다.

이 모습을 본 개자추는 하늘의 뜻을 자신의 공로로 생각하는[1] 호언에게 실망했고, 부귀를 탐하는 자들과 함께 벼슬하는 것을 수치로 여겨 이때부터 은퇴할 생각을 했다.

공자 칩과 비표는 병거 200승으로 중이를 호위하여 황하를 무사히 건넜다. 진秦군은 진晉의 영호令狐 땅에 당도했다. 영호 유수인 등혼鄧惛이 항전했으나, 진秦군은 비표의 활약으로 하루 만에 영호성을 함락했다. 등혼은 참수되었다. 진秦군은 계속 나아갔고, 상천桑泉 마을과 구쇠臼衰 마을은 즉시 항복했다. 진秦군은 구쇠 마을에 주둔했다.

진문공晉文公의 즉위(BC 636년)

진晉회공은 여이생을 대장으로 삼고 극예를 부장으로 삼아 방어군을 보냈다. 방어군은 여류廬柳 땅에서 주둔하며 방어준비를 했지만, 진晉의 병사들은 한원전투 이후 진秦군을 두려워했다. 공자 칩이 여이생과 극예에게 진秦목공 명의로 항복을 권하는 문서를 보냈다. 여이생과 극예는 이길 자신이 없었지만 중이의 보복을 두려워하고 있었다. 여이생과 극예는 상의했고, 신변의 안전을 보장할 경우 항복하겠다는 서신을 작성하여 공자 칩에게 보냈다.

공자 칩은 혼자서 여류 땅으로 와서 여이생과 극예를 만났다. 여이생과 극예는 중이가 자신들의 신변을 보장해 줄 것을 맹세하도록 공자 칩이 주선해 줄 것을 요청했다. 공자 칩은 먼저 군대를 후퇴시킬 경우

---

[1] 여기서 **탐천지공貪天之功**(중이가 귀국하여 군위에 오르는 것은 천명인데, 호언이 이를 자신의 공으로 생각하는 것은 사리사욕에 사로잡혀 하늘의 공로를 탐하는 행위라는 뜻. 다른 사람의 공로를 자신의 것으로 가로채는 것을 비유함)의 고사성어가 나옴

맹세를 주선하겠다고 약속했다. 여이생과 극예는 군대를 순성郇城 땅으로 후퇴시켰다.

공자 칩은 중이에게 경과를 보고했다. 중이는 허락하고 나서 호언에게 공자 칩과 함께 순성을 방문하도록 지시했다. 호언은 공자 칩과 함께 순성으로 가서 여이생, 극예와 회견한 후 신변 안전을 보장하는 맹세의식을 거행했다.

여이생과 극예는 공자 칩과 호언을 따라 구쇠 마을로 가서 중이를 만났다. 중이는 여이생과 극예를 대동하고 진秦군과 함께 순성으로 가서 진晉군을 접수했다. 중이는 여이생과 극예를 사면했고, 조최와 서신은 여이생과 극예를 위로했다.

진회공은 전투가 어떻게 되어 가는지 궁금하고 초조해서 발제를 감독관으로 보냈다. 발제는 도중에 여이생과 극예의 배신 사실을 알게 되었고, 급히 돌아가 진회공에게 보고했다. 진회공은 대경실색하여 극보양, 한간, 난지, 사회士會(사위士蔿의 손자) 등 대신들을 궁으로 불렀다. 대신들은 중이의 입성을 희망하고 있어서 아무도 진회공의 호출에 응하지 않았다. 진회공은 자신의 처지를 탄식했다. 발제가 고량高粱 땅으로 피신할 것을 건의했다. 진회공은 발제와 함께 고량 땅으로 도주했다.

중이 일행은 곡옥성에 당도했다. 난지, 극진, 주지교, 양설직羊舌職, 선멸先蔑, 기정箕鄭, 선도先都 등 30여 명의 신하들이 곡옥으로 와서 중이를 영접했다.

계속 행군한 중이 일행은 드디어 도읍 강성에 당도했다. 극보양, 양유미, 한간, 가복도 등이 교외에서 중이를 영접했다. 신하들의 추대로 중이가 즉위하니(BC 636년), 곧 **진문공晉文公**[1]이다. 이때 중이의 나이

---

1) 진晉문공 희중이: 재위 BC 636 ~ BC 628. 춘추시대의 두 번째 패자霸者

62세였고, **망명생활 19년째**였다. 개자추는 천성이 청렴결백했는데, 자신의 공을 과시하는 호언 등 동료들에게 실망하여 한번 진문공에게 조회를 드린 이후 병을 핑계로 더 이상 조회에 나가지 않았다.

진문공은 즉위한 직후 자객을 보내 진회공을 암살했다. 발제는 진회공의 시신을 수습하여 매장하고 나서 어디론가 달아났다.

비표는 부친 비정보의 무덤을 천장한 다음 귀국을 권유하는 진문공의 요청을 거절하고 공자 칩과 함께 하서로 복귀하여 진목공에게 경과를 보고했다. 진목공은 도성으로 돌아갔다.

여이생呂飴甥과 극예郤芮의 역모(BC 636년)

여이생과 극예는 진晉문공에 대하여 여전히 의심하고 불안해했다. 결국 여이생과 극예는 궁을 방화한 다음 진문공을 살해하기로 결의하고, 발제를 포섭하기로 계획했다. 여이생과 극예는 발제의 행방을 수소문했다.

어느 날 발제가 여이생과 극예를 방문했다. 여이생은 발제에게 반란 계획을 설명했고, 발제는 찬성했다. 그들은 2월 그믐 어둠을 이용해 거사하기로 합의하고 맹세의식을 치렀다. 여이생과 극예는 자신들의 봉읍으로 내려가 사병을 모집하며 반란을 준비했다.

그러나 발제는 처음부터 반란 의사가 없었다. 발제는 반란 계획을 고발하고 공로를 인정받아 중이의 용서를 받을 작정이었다. 발제는 심야에 호언을 방문했다. 발제는 호언에게 자신이 진문공을 알현할 수 있게 주선해 줄 것을 부탁하며, 나라를 구할 비밀을 알고 있는데 직접 만나서 보고하겠다고 강조했다. 호언은 발제를 데리고 입궁했다. 호언은 진문공을 찾아가 발제의 말을 전했다. 발제에 대한 원한이 남아 있던 진문공은 발제의 알현을 불허했다. 호언은 작은 원한을 버리고 충언을 구할 것을 건의했다. 진문공은 아직 발제에 대한 화가 풀리지 않아 내시를 불러 발제에게 가서 자신의 마음이 바뀌기 전에 빨리 도망가라고 전하게 했다. 발제는 관중이 소백을 죽이려 했던 일을 거론하고 자신은 당시의 주군에게 충성한 것이라고 답하며, 큰 불행을 예고했다. 호언은 발제가 중요한 정보를 가지고 있는 것 같다고 진문공을 설득했다. 내시로부터 발제의 답을 전해들은 중이는 마음을 바꿔 알현을 허락했다.

발제는 진문공에게 하례했으나 사죄하지는 않았다. 진문공은 호언만 배석시키고 발제와 독대했다. 발제는 여이생과 극예의 반란 계획을 밀고했다. 발제는 여이생과 극예의 일당이 도성에 가득하므로 진秦으로 가서 군사를 빌려올 것을 건의하며, 자신은 국내에 남아 내응하겠다고 아뢰었다.

놀란 진문공과 호언은 아무도 몰래 진秦으로 가서 군사를 빌리기로 상의했다. 진문공은 한밤중에 갑자기 심복 내시를 불러 병이 들었다고 핑계를 대며 신하들의 접견을 일체 불허한다고 알리게 하고, 3월 1일에 조회를 열겠다고 예고했다. 진문공은 심야에 미복 차림으로 성을 나가 호언과 극소수의 심복 수행원들과 함께 급히 진秦으로 떠났다. 진문공의 와병 소식이 전해지자 조최 등 대신들은 걱정을 했으나, 여이생과 극예는 매우 기뻐했다.

진문공과 호언은 진秦의 경계에 들어서자 진秦목공에게 밀서를 보내 왕성王城 땅에서 회견하기를 요청했다. 진목공은 왕성 땅으로 가서 진문공과 회견하면서 위로했다. 진목공은 왕성 땅에 임시로 체류하면서 공손지에게 황하 입구에 주둔하도록 지시했다.

발제는 의심을 피하기 위해 극예 집에서 머물렀다. 발제는 극예를 선동하며, 여이생은 앞문을 맡고 극예는 뒷문을 맡고 자신은 조문을 맡아 불을 피해 나오는 진문공을 죽이자고 제안했다. 2월 그믐에 여이생과 극예는 궁궐로 가서 방화하고, 침전에 난입하여 진문공을 찾았으나 발견할 수 없었다. 많은 사상자가 발생했다. 잠시 후 발제가 나타나 대신들과 군사들이 몰려들고 있다고 알리며, 일단 성 밖으로 피신할 것을 주장했다. 여이생과 극예는 진문공의 생사를 모른 채 급하게 성 밖으로 도피했다.

 호모, 조최, 난지, 위주 등 대부들과 군사들이 궁궐의 불을 껐다. 이 때 진문공의 심복내시가 나와 여이생과 극예의 반역 사실과 진문공의 출궁 사실을 알렸다. 조최는 호언이 없는 것을 이상하게 여겨 호언에게 경위를 물어보자고 제안했다. 호모는 호언의 소재가 불명인 것으로 보아 주군을 수행하고 있는 것으로 판단하고, 도성을 수비하며 진문공이 돌아올 때까지 기다릴 것을 주장했다. 위주는 군사들을 보내 여이생과 극예를 진압할 것을 주장했다. 조최는 군사는 군주의 대권이므로 신하들이 움직일 수 없다고 설명하며 위주를 진정시켰다.

진문공晉文公의 귀국(BC 636년)

 교외에 군사를 주둔시킨 여이생과 극예는 진문공을 죽이지 못해 역모가 실패한 것으로 결론 내리고 외국으로 도주하기로 합의했다. 발제는 진秦으로 망명하여 진秦목공에게 진晉문공이 화재로 사망했다고 허위로 보고한 다음 공자 옹을 데려와 옹립시킬 것을 제안했다. 여이생은 진목공이 어떤 생각을 하고 있는지 염려했다. 발제가 자신이 먼저 들어가 진목공의 의사를 확인하겠다고 자청했다.

발제는 하서에 주둔 중인 공손지를 방문하여 상의했다. 공손지는 여이생과 극예를 수신자로 특정한 후 '진秦목공이 진晉문공의 후임으로 공자 옹을 염두에 두고 있으므로 진秦을 방문하여 상의하기를 바란다.'라는 취지의 서신을 작성하여 발제에게 주었다. 발제는 돌아가 여이생과 극예에게 공손지의 서신을 전달했다.

여이생과 극예는 군사들을 이끌고 발제와 함께 하서로 가서 공손지를 만났다. 여이생과 극예는 공손지에게 진목공을 알현할 수 있도록 주선해 줄 것을 부탁했다. 공손지는 백성들의 동요를 방지하기 위해 진晉군은 하서에다 주둔시키고 여이생과 극예만 왕성 땅으로 가서 진목공을 알현할 것을 제안했다. 여이생과 극예는 동의했다.

여이생과 극예는 공손지를 따라 왕성 땅으로 가서 진목공을 알현했다. 진목공은 알현 도중 갑자기 진문공을 나오게 했다. 여이생과 극예는 대경실색했다. 진문공은 여이생과 극예를 비난하며 발제를 칭찬했다. 여이생과 극예는 참수되었다(BC 636년). 발제는 여이생과 극예의 수급을 가지고 하서로 가서 진晉군을 설득했고, 진晉군은 항복했다.

진문공은 진목공에게 재배했고, 회영을 데리고 귀국할 뜻을 밝혔다. 진목공은 세자 어와 혼인한 일 때문에 궁녀의 품계로 만족한다고 말했다. 진문공은 자신이 출국한 것을 백성들은 모르므로 국혼을 명분으로 내세우고 귀국할 뜻을 밝혔다. 진목공은 매우 기뻐하며 진문공과 함께 도읍 옹도로 돌아가 대혼 준비를 했다.

얼마 후 진문공과 회영은 진晉으로 출발했다. 진목공은 황하까지 전송했다. 진목공은 정병 3,000명을 선발하여 기강지복紀綱之僕이라 명하고, 황하 물살에 배가 떠내려가지 않도록 호위하게 했다[1]. 조최 등 진晉의 대신들은 황하에서 진문공 부부를 영접했고, 진문공 부부는 성대하게 도성으로 돌아왔다. 이때 공자 옹도 진晉으로 귀국했다.

진문공의 부인들과 자식들 중 중요한 사항을 정리하면 다음과 같다.

- 서영徐嬴: 공자 시절의 첫 번째 부인. 일찍 사망
- 핍길偪姞: 공자 시절의 두 번째 부인. 포 땅에서 사망. **환驩**(장남)과 **백희伯姬**를 낳음
- 계외季隗: 책으로 망명했을 때 책 군주가 하사함. **백숙伯儵**과 **숙유叔劉**를 낳음
- 제강齊姜: 제환공의 조카딸. 제로 망명했을 때 제환공이 혼인시킴
- 회영懷嬴(=문영文嬴): 진목공과 목희의 딸. 세자 어(진회공)와 혼인한 경력이 있음. **낙樂**을 낳음
- 기타 여러 첩들: **옹雍**(차남), **흑둔黑臀**(막내) 등을 낳음

진晉의 안정

진문공은 여이생과 극예의 일당들을 소탕하기로 결심했다. 조최는 진혜공과 진회공이 각박한 정치로 민심을 잃었음을 강조하며, 관용을 베풀 것을 건의했다. 진문공은 사면령을 포고했다. 그 결과 극예의 아

---

1) 여기서 **기강지복紀綱之僕**(그물망처럼 전후좌우의 대열이 질서 정연하게 잘 맞는 군사를 뜻함. 국가나 조직을 질서 있게 잘 다스리는 것을 비유함. **기강紀綱**이라는 단어의 기원)의 고사성어가 나옴

들인 **극결郤缺**도 처벌을 면하고, 민간에 섞여 살게 되었다.

여이생과 극예의 일당들은 사면령을 의심하고 자신들의 처지를 염려하여 별의별 유언비어를 퍼뜨렸다. 진晉의 정국은 불안했고, 진문공은 이를 걱정했다.

어느 날 예전에 진문공의 재산을 담당했던 두수가 나타나 진문공을 알현하기를 청했다. 진문공은 예전에 책에서 도주할 때 두수가 재산을 가지고 사라져 이로 인해 걸식하던 것을 떠올리고 분노하여 만나주지 않은 채 두수를 추방하라고 지시했다. 두수는 정국을 안정시킬 계책이 있다고 주장했다. 결국 진문공은 두수의 알현을 허락했다. 두수는 진문공에게 사죄하며, 외출 시 두수가 진문공의 수레를 모는 모습을 백성들에게 보여주면 여이생과 극예의 일당들은 의심을 풀고 안심할 것이라고 계책을 아뢰었다.

다음 날 진문공은 수레를 타고 성을 순시했다. 두수가 진문공의 수레를 몰았다. 여이생과 극예의 일당들은 진문공이 두수를 용서하는 모습을 보며 안심했고, 진문공의 '**포용과 아량**' 덕분에 정국은 급속히 안정되었다.[1] 진문공은 두수에게 다시 예전의 역할을 맡겼다.

얼마 후 두수가 진문공에게 포 땅에 남겨진 진문공의 자녀인 환과 백희에 대해 보고했다. 진문공은 매우 놀라며 두수를 시켜 환과 백희를 데려왔다. 진문공은 회영을 환과 백희의 모친으로 지명했다. 진문공은 환을 세자로 정했고, 백희를 조최와 혼인시켰다. 이때부터 백희는 조희 趙姬로 불리게 된다.

한편 책의 군주는 책에 거주하던 계외를 진晉으로 보냈는데, 계외는

---

1) 공자는 훗날 진문공이 회맹을 주최하면서 주왕에 대한 예법을 어겼다고 생각하여 진문공을 평가 절하하고 있으나, 사마천은 진문공의 통합정치를 매우 높이 평가하고 있음

당시 32세였다. 제효공도 제강을 진晉으로 보냈다. 진문공은 회영에게 계외와 제강의 현숙함을 설명했다. 회영은 진문공의 만류에도 불구하고 부인의 지위를 양보했다. 결국 궁중 지위를 조정하게 되었는데, 제강이 첫째 부인이 되고 계외가 둘째 부인이 되고 회영이 셋째 부인이 되었다.

조희는 조최에게 책에 체류 중인 숙외와 아들 돈을 귀국시킬 것을 권유했다. 조최는 진문공의 딸인 조희를 의식하여 거절했다. 조희는 숙외가 귀국하지 않을 경우 자신이 박덕한 사람이 된다며 계속 권유했으나, 조최는 입장이 난처하여 결정하지 못했다. 조희는 아버지인 진문공을 찾아가 부탁했다.

진문공은 책에 사신을 보내 숙외와 조돈을 데려왔다. 조희는 숙외에게 부인의 지위를 양보하려고 했다. 조최는 진문공의 위신과 관계되므로 강하게 반대했다. 조희는 계속 고집을 부렸고, 조최는 진문공에게 보고했다. 진문공은 숙외를 궁으로 초대하고, 숙외를 조최의 정실부인으로 임명했다. 숙외는 거듭 사양하다 진문공의 설득으로 결국 승낙했다.

당시 조돈은 17세로 문무가 탁월하여 조최의 총애를 받았다. 조희는 조영趙嬰, 조동趙同, 조괄趙括을 낳는데, 모두 재주가 조돈보다 많이 부족했다.

진문공晉文公의 논공행상

진문공은 군위가 안정되자 논공행상을 실시했는데, 주요한 내용은 다음과 같다.

▶1등 공신: 열국列國 주유 때 수행한 신하
- 1급: 조쇠, 호언
- 2급: 호모, 서신, 위주, 호야고狐射姑, 선진, 전힐 등

▶2등 공신: 귀국을 적극적으로 요청하고 국내에서 내응한 신하
- 1급: 난지, 극진
- 2급: 주지교, 손백규孫伯糾, 기만祁滿, 사회 등

▶3등 공신: 귀국 시 항복한 신하
- 1급: 극보양, 한간
- 2급: 양유미, 가복도, 극걸, 선멸, 도격屠擊 등

진문공은 호언에게 백옥 5쌍을 특별히 하사하며 황하의 맹세에 보답했고, 진양晉陽 마안산馬鞍山에 호돌의 사당을 건립했다.

진문공은 성문에 방문을 게시하여 공로가 있음에도 상을 받지 못한 사람들은 자진 신고하라고 알렸다. 행장을 담당했던 호숙이 찾아와 진문공에게 호소했다. 진문공은 호숙에게 ①인의로 자신을 인도하여 덕을 가르쳐 준 사람을 일등으로 하고 ②계책을 마련하여 재주를 발휘한 사람을 이등으로 하고 ③자신을 보호한 공로를 보인 사람을 삼등으로 했다고 설명하고, 호숙의 수고로움은 분주히 발품을 판 경우로 필부의 힘에 불과하여 사등이라고 답했다. 호숙은 진문공의 말에 수긍했다. 진문공은 그 외 여러 노복들에게도 두루 황금과 비단을 나눠 주었다.

위주와 전힐은 스스로 자신의 용기와 힘과 재주에 자부심을 갖고 있

어서 1급이 되지 못한 것에 속으로 불만을 가졌다.

어느 날 호언이 진문공에게 순식의 충절을 강조하며 자손에게 벼슬을 줄 것을 건의했다. 진문공은 순식의 아들[1] **순림보荀林父**를 대부에 임명했다.

개자추介子推의 죽음

진문공은 논공행상을 하면서 개자추를 빠뜨렸다. 개자추는 청렴결백하여 진문공이 즉위한 직후부터 칭병하며 조회에 나가지 않았다. 이 때문에 진문공은 개자추를 깜빡 잊었던 것이다.

개자추는 가난하여 짚신을 짜서 노모를 부양하고 있었다. 개자추의 이웃에 해장解張이라는 자가 있었다. 해장은 개자추가 논공행상에서 누락되자 분노했는데, 성문에 게시된 방문을 보았다. 해장은 개자추에게 자진 신고할 것을 권유했으나, 개자추는 미소만 지을 뿐 대답하지 않았다.

개자추의 노모도 자진 신고를 권유했다. 개자추는 진문공이 즉위한 것은 하늘의 뜻에 의한 것이지 자신의 공이 아니라고 답하며, 일생을 가난하게 살지언정 하늘의 공을 자신의 공인 양 벼슬을 다투는 것은 싫다고 강조했다. 개자추의 노모가 개자추에게 입궁하여 허벅지 살점을 베어 국을 끓여 먹인 사실이라도 잊지 않게 하라고 권유했으나, 개자추는 진문공에게 요구할 것이 없으므로 입궁할 이유도 없다고 답했다.

개자추의 노모는 아들의 청렴결백을 칭찬하며, 혼잡한 시정市井에서 벗어나 산속으로 들어가 깨끗함을 유지하자고 제안했다. 개자추는 노

---

[1] 아들이라는 견해와 손자라는 견해가 대립하고 있음

모를 모시고 면산綿山으로 이주하여 깊은 산골에 초가집을 짓고 살았다.

어느 날 해장은 '용에게 제 살을 베어 먹인 뱀'이라는 주제의 시를 지어 밤중에 성문에 게시했다. 진문공은 그 시를 보고 대경실색하며 개자추를 빠뜨린 것을 알게 되었다. 진문공은 사람을 보내 개자추를 데려오게 했으나, 아무도 개자추의 행방을 알지 못했다. 진문공은 벼슬을 상으로 걸고 개자추의 행방을 수배했다. 해장이 진문공에게 자초지종을 설명했다. 진문공은 해장을 하대부에 임명했다.

진문공은 면산으로 행차하여 군사들을 시켜 며칠 동안 수색을 실시하며 크게 외쳤으나 찾지 못했다. 진문공은 개자추가 자신을 원망하는 것으로 생각되어 순간 노한 감정이 일어났다. 위주도 투덜대며 개자추를 비난했다. 진문공은 산에 불을 지르면 효성이 지극한 개자추가 노모를 업고 산에서 나올 것으로 생각하고 산에 불을 지르게 했다. 이날이 음력 3월 5일이었다. 사흘 동안 산불은 온 산을 태웠다. 그러나 개자추는 나오지 않았다. 군사들은 버드나무 아래에서 모자가 뼈만 남은 채 서로 안고 타 죽은 것을 발견했다. 진문공은 하염없이 자책하며 울었다.

진문공은 면산 아래에서 장례를 치르고 사당을 건립했다. 진문공은 개자추를 추념하고 자신의 잘못을 잊지 않기 위해 면산을 개산介山으로 이름을 바꾸고, 개산 주위의 땅을 제사용 위토로 지정했다. 이후 사람들은 음력 3월 4일에는 차마 불을 피우지 못해 불로 요리한 음식을 먹지 않고 마른 음식만 먹게 되었는데, 오늘날 한식절寒食節은 여기서 유래했다.

진晉의 발전

진문공은 국내 기반이 약하므로 화합을 강조했다. 진문공은 인재를 발탁하고 선정을 펼쳤는데, 세금을 경감하고 빈민을 구제하고 농업을 기본으로 강조하면서도 상업을 장려하여 경제를 발전시켰다. 또한 진문공은 근검절약을 강조하며 실천했다. 발전된 생산력을 기반으로 군대를 확충하니 진晉의 국력은 급신장했다.

주양왕은 태재 주공 공과 내사內史 숙흥叔興을 진晉에 보내 진문공에게 후侯의 작위를 하사했다. 숙흥은 귀국하여 주양왕에게 진문공을 극찬하며 곧 패권을 잡을 것이라고 예상했다. 주양왕은 이때부터 제 대신 진晉을 더 우대하기 시작했다.

제2절 진문공晉文公의 주양왕周襄王 원조

주양왕周襄王과 정문공鄭文公의 갈등

정문공은 초에 아부하며 중원 국가들과 소원해졌는데, 초를 믿고 주변 약소국들을 무시했다. 어느 날 정문공은 활滑[1]이 위衛를 섬기며 정을 무시한다는 이유로 활을 공격했다. 약소국 활은 즉시 화평을 요청했고, 정문공은 항복문서를 받고 귀국했다. 그러나 활은 원래 위의 속국이어서 그 이후에도 정의 말을 잘 듣지 않았다. 분노한 정문공은 공자

---
1) 주공 단의 8자가 봉해진 정鄭 근처의 작은 제후국

사예土洩를 장수로 삼고 도유미堵兪彌를 부장으로 삼아 대군을 동원하여 다시 활을 공격했다.

위문공은 평소 주 왕실에 충성했고, 주와 각별한 사이였다. 위문공은 주양왕에게 정을 상대로 소송을 제기했다. 주양왕은 대부 유손백遊孫伯과 백복伯服에게 정과 활을 화해시키라는 임무를 부여하고 정에 파견했다. 정문공은 주양왕의 간섭에 분노했고, 왕의 사신인 유손백과 백복을 국경 근처에서 잡아 가두어 버렸다(BC 636년).

책翟의 정鄭 공격(BC 636년)

주양왕은 대노하여 정문공을 응징하기로 결심했으나, 왕군으로는 정을 치는 것이 현실적으로 불가능했다. 대부 **퇴숙頹叔**과 **도자桃子**가 주양왕에게 책翟은 평소 주 왕실을 섬기고 있으므로 책의 병력을 빌려 정을 칠 것을 건의했다. 대부 **부진富辰**이 책은 오랑캐로 같은 종족이 아닌데 이류異類가 동성同姓보다 우선할 수는 없다고 주장하며 반대했다. 부진은 책으로 정을 치는 것은 작은 원한을 제거하려다 큰 덕을 버리는 결과가 된다고 강조했다. 대부 퇴숙과 도자는 정은 주 왕실에 거역하고 있으나 책은 순종하고 있다고 아뢰며, 순종으로써 거역을 치는 것은 당연하고 예전에도 상商을 정벌할 때 이민족들의 협력을 받은 사례가 있다고 반박했다.

주양왕은 대부 퇴숙과 도자의 건의에 따르기로 결정하고, 퇴숙과 도자를 책에 사신으로 파견했다. 책주翟主는 주양왕의 요청을 수락했다. 얼마 후 책주는 사냥을 나간다고 둘러대며 군사들을 출동시켰다. 책군은 신속하고 은밀하게 정에 접근하여 역성을 함몰했다.

외후隗后를 부인으로 들이는 주양왕周襄王

책의 정 공격에 주양왕은 크게 만족했다. 당시 왕후가 죽어 중궁 자리가 비어 있었는데, 주양왕은 책주의 여식과 혼인할 뜻을 밝혔다. 퇴숙과 도자는 책주의 여식인 숙외叔隗[1]가 천하절색임을 강조하며, 주양왕을 부추겼다. 부진은 책의 준동을 염려하여 반대했다.

주양왕은 퇴숙과 도자를 책에 파견하여 구혼했고, 책주는 크게 기뻐하며 숙외를 주 왕실로 호송하게 했다. 주양왕은 숙외를 총애했고, 왕후에 임명했다. 이때부터 숙외는 **외후隗后**로 불리게 된다.

외후는 천하절색의 미모와는 달리 야생마와 같은 기질을 가졌고, 말타기와 활쏘기에 능숙했다. 외후는 답답한 궁궐 생활을 하며 자신이 새장 속의 새처럼 느껴졌고, 자유를 갈망했다. 외후는 주양왕에게 사냥대회를 열어 줄 것을 부탁했다. 주양왕은 총애하는 젊은 왕후의 부탁을 수락하고, 길일을 택해 북망산北邙山에서 사냥 대회를 개최했다.

주양왕은 사냥대회를 시작하며 성적에 따라 상을 주겠다고 선포했다. 태숙 대가 1등 성적을 거두어 수레 3승을 받았다. 외후는 늙은 주양왕과는 다른 태숙 대의 잘생기고 늠름한 모습을 보고 흠모하게 되었다. 외후는 자신도 사냥을 하고 싶다고 요청했고, 주양왕은 승낙했다.

외후는 호복胡服으로 갈아입고 무장한 채 수레가 아닌 말을 타고 책

---

1) 조최의 부인인 숙외와 구별하기 위해 후숙외라고도 칭함. 이에 따라 조최의 부인은 전숙외라고도 칭함

에서 데려온 시녀들과 함께 질주했다. 주양왕은 외후를 보호할 왕족을 물색했는데, 태숙 대가 자원했다. 태숙 대도 말을 타고 질주했다. 외후는 태숙 대의 기마 실력을 칭찬하며, 서로 은은한 눈빛을 교환했다. 외후는 태숙 대에게 문안을 위해 태후궁을 방문할 것을 지시했다. 사냥대회는 성황리에 끝났다.

외후隗后와 태숙太叔 대帶의 불륜(BC 636년)

다음 날 태숙 대는 주양왕에게 사은한 뒤 태후궁을 방문하여 문안을 드렸다. 이때 외후도 합석을 했는데, 외후는 궁녀들을 미리 매수했다. 외후와 태숙 대는 서로 눈빛을 교환하고 옆방으로 옮겨 정을 통했다. 혜태후와 궁녀들도 외후와 태숙 대의 간음사실을 알았다. 혜태후는 궁녀들에게 엄하게 주의를 주며 입단속을 시켰고, 외후는 궁녀들에게 많은 뇌물을 뿌려 입막음을 했다. 이후 외후와 태숙 대는 끊임없이 정을 통했다.

태숙 대는 권세도 있었고 뇌물도 뿌렸기에 궁궐을 제집 드나들 듯 자유롭게 출입하며 외후와 정을 통했다. 어느 날 태숙 대는 궁내 밀실에서 술을 마시다 궁녀 소동小東을 겁탈하려고 했다. 궁녀 소동은 외후에 대한 두려움 때문에 태숙 대에게 저항하다 도주했다. 소동은 급한 나머지 주양왕의 처소로 피신했고, 어쩔 수 없이 주양왕에게 외후와 태숙 대의 불륜 사실을 보고했다.

주양왕은 대노하여 태숙 대를 죽이려고 칼을 뽑아 들고 중궁전으로 가다가 태숙 대의 무예가 뛰어난 것을 생각하고 그만두었다. 태숙 대는 재빨리 궁 밖으로 도주했다. 주양왕은 궁녀들과 내시들을 국문하여 외후의 죄를 확인하고, 외후를 냉궁에 감금했다.

태숙 대는 책으로 도주했다. 혜태후는 충격으로 쓰러져 드러눕게 되었다. 퇴숙과 도자는 자신들이 문책을 받을 것을 크게 걱정하여 태숙 대를 쫓아 책으로 도주했다. 태숙 대와 퇴숙, 도자는 서로 만나 음모를 꾸몄다. 대부 퇴숙과 도자는 책주를 알현하면서 ①예전에 자신들이 청혼한 것은 태숙 대를 위한 것이었는데 ②주양왕이 숙외를 가로채 왕후로 삼았다가 ③외후에 대한 주위의 비방을 믿고 ④외후를 감금하고 ⑤태숙 대를 추방했다고 거짓말을 했다. 퇴숙과 도자는 책주를 계속 선동하면서 군사 원조를 요청했다. 책주는 태숙 대를 영접하며 환대했고, 태숙 대는 사위가 장인을 뵙는 예로 응대했다.

책翟의 주周 공격(BC 636년)

책주는 적정赤丁을 대장으로 삼아 기병 5,000명을 내어주며 주를 공격하라고 지시했다. 적정은 태숙 대, 퇴숙, 도자를 동행하고 주로 쳐들어갔다. 주양왕은 대부 담백譚伯을 보내 적정에게 태숙 대의 죄상을 알렸으나, 적정은 담백을 칼로 베어버리고 왕성을 향해 진격했다. 주양왕은 경사 원백原伯 관貫을 장수로 삼고 모위毛衛를 부장으로 삼아 병거 300승을 내어주며, 왕성을 나가 책군을 막으라고 지시했다.

왕군과 책군이 만났다. 원백 관은 큰 수레를 서로 엮어 병영을 수비했다. 적정이 돌격을 시도했으나 수레에 막혀 실패했다. 왕군은 견고하게 수비를 유지하면서 장기전을 펼쳤다.

적정은 ①취운산翠雲山에 책군을 매복시키고 ②취운산에 대臺를 만들어 가짜 태숙 대를 내세워 잔치를 벌여 ③왕군을 유인하는 계책을 마련했다. 적정은 퇴숙과 도자에게 각 기병 1,000기를 내어주며 취운산에 매복하게 하고, 아들 적풍赤風에게 기병 500기를 내어주며 적을 취운산으로 유인하도록 했다.

적풍이 원백 관을 도발하고 자극했다. 원백 관은 대노하여 모위의 만류에도 불구하고 병거 100여 승을 내어 적풍을 공격했다. 적풍은 거짓으로 패하고 취운산으로 도주했고, 원백 관은 추격했다. 원백 관은 취운산에서 가짜 태숙 대를 발견하고 분노하여 돌진했다. 이때 퇴숙과 도자의 복병이 기습했고, 원백 관은 크게 패하여 달아났다. 퇴숙은 추격하여 원백 관을 사로잡았다. 모위는 영채를 굳게 지키며, 주양왕에게 구원병을 증원해 줄 것을 요청했다.

퇴숙은 태숙 대에게 한밤중에 왕군 본영에 불을 질러 공격하는 계책을 건의했고, 태숙 대는 이를 적정에게 전달했다. 적정은 한밤중에 병사 1,000명을 데리고 몰래 접근하여 왕군 본영에 불을 질렀고, 왕군은 대혼란에 빠졌다. 퇴숙과 도자가 협공을 펼쳤다. 왕군은 대패했고, 모위는 도주했다. 태숙 대가 추격하여 모위를 사로잡았다.

대승을 거둔 책군은 진격하여 왕성을 포위했다. 부진은 주양왕에게 피신을 권유하면서 제후들의 거병을 기대했다. 주공 공은 피신에 반대하며 병력을 총동원하여 일전을 펼칠 것을 주장했다. 소공召公 과過는 외후를 처형한 후 성을 지키며 제후들의 구원군을 기다릴 것을 건의했다. 주양왕은 자책하며, 부진의 주장에 따르기로 결정했다. 주양왕은 부진에게 어디로 피난할지 물었다. 부진은 정鄭을 권유하며, 정은 주 왕실에 대한 예전의 공로를 기억하고 자신들의 본심을 입증하기 위해 노력할 것이라고 예상했다. 주양왕은 태숙 대가 백성들의 이목을 의식하여 왕성에 체류하지는 못할 것으로 예상하고, 주공과 소공에게 왕성에 머물며 심복을 양성하고 때를 기다릴 것을 지시했다.

　부진은 왕의 탈출을 위해 책군과 일전을 벌일 것을 자청했다. 부진은 일족과 가병을 총동원하여 300명으로 결사대를 만들어 성을 나가 책군을 공격했다. 책군이 부진과 교전하느라 포위가 풀렸다. 이 틈을 노려 주양왕은 간사보簡師父, 좌언보左鄢父 등 측근 10여 명을 데리고 성을 탈출하여 정을 향해 출발했다. 부진은 혼신을 다해 사투를 벌였다. 퇴숙과 도자가 부진에게 물러나 생명을 보존하라고 권유했다. 부진은 주양왕이 자신을 다시 만나면 부끄러워할 것을 염려하여 퇴숙과 도자의 제의를 거절했다. 부진은 끝까지 싸웠고, 전원 전사했다.

태숙太叔 대帶의 주왕周王 즉위(BC 636년)

　태숙 대는 주양왕이 탈출한 사실을 알게 되었다. 태숙 대는 원백 관을 불러 성으로 가서 항복하라고 권유하도록 지시했다. 원백 관은 성문 앞으로 가서 항복을 권유했다. 주공과 소공은 태숙 대를 영접하고 싶으나 책군이 성안으로 난입하여 살상할 것을 염려해 주저하고 있다고 답했다. 태숙 대는 적정에게 부고를 열어 대접할 것이니 성으로 들어가지 말 것을 요청했고, 적정은 승낙했다.

　태숙 대는 성으로 들어가 외후를 구출하고, 모후 혜태후에게 문안을 드렸다. 혜태후는 너무 기뻐하다 그만 급사하고 말았다. 궁녀 소동은 우물에 투신하여 자살했다. 태숙 대는 모후의 장례를 치르는 대신 외후와 궁중에서 즐겼다.

입성 다음 날 태숙 대는 혜태후의 유명을 참칭하고 즉위했다. 태숙 대는 외후를 왕후에 임명하고, 왕실 창고를 열어 책군을 대접했다. 한참 후 태숙 대는 혜태후의 상을 치렀다. 주의 백성들은 태숙 대에게 복종하지 않았다.

태숙 대는 민심의 이반을 염려하고 반란을 걱정했다. 그래서 태숙 대는 낙읍을 벗어나 온溫 땅에 궁실을 짓고 외후와 거주하면서 즐겼다. 태숙 대는 비난을 두려워하여 신하와 백성들과 접촉하지 않은 채 외후와 환락에 빠져 지냈다. 주공과 소공은 낙읍에 남아 왕성을 지키며 국사를 전담했다. 원백 관은 봉읍인 원原 땅으로 도주했다.

주양왕周襄王의 정鄭 망명(BC 636년)

주양왕은 정으로 향했으나 정문공이 자신을 환대할지 불안했다. 주양왕은 정의 사汜[1] 땅에 당도했는데(BC 636년 10월), 해가 저물어 농민 봉씨封氏의 초당에 기거하게 되었다. 주양왕은 봉씨가 서모 및 서동생들과 화목하게 지내는 모습을 보며 자신의 처지를 탄식했다. 대부 좌언보가 현재의 처지를 알리는 친서를 작성하여 제후들에게 발송할 것을 주양왕에게 건의했고, 주양왕은 친서를 작성하여 모든 제후들에게 보냈다. 대부 간사보가 진晉문공과 진秦목공을 높이 평가하며, 반드시 근왕勤王할 것이라고 아뢰었다. 주양왕은 진晉에 간사보를, 진秦에 좌언보를 파견했다.

---

1) 범氾 땅이라는 견해도 있음. 글자가 비슷해 혼란이 발생함

주양왕의 친서를 받은 정문공은 사 땅으로 사람을 보내 왕이 머물 궁궐을 건립하고 물자를 지원한 후 직접 사 땅으로 가서 주양왕에게 문안을 드렸다. 얼마 후 각국 제후들이 사신을 보내 물자를 원조했는데, 위문공만 사신을 보내지 않았다.

위성공衛成公의 즉위(BC 635년)

예전에 형邢이 적狄과 연합하여 위衛를 공격한 일이 있었다(BC 642년). 위문공이 백성들을 격려하여 겨우 적狄의 공격을 방어했는데, 이 일로 위는 형을 미워하게 되었다. 이후에도 위와 형·적의 갈등은 계속되었는데, 위문공은 꾸준히 힘을 비축하며 기회를 노리다 형邢을 대대적으로 공격하여 결국 멸망시키고 그 땅을 차지했다(BC 635년 봄).

위문공은 정鄭(세자), 숙무叔武, 적適(=하瑕), 의儀 등의 아들을 두었다. 망국지경의 나라를 물려받고 즉위하여 항상 근검절약하며 모범을 보이던 위문공이 재위 25년에 사망하고(BC 635년 여름) 세자 정이 군위를 계승하니, 곧 **위성공衛成公**[1]이다. 위성공은 위인이 옹졸하고 의심이 많았다.

진문공晉文公의 주양왕周襄王 복위(BC 635년)

간사보는 진晉문공을 알현하고 원조를 요청했다. 호언은 제환공의 사례를 들면서 출전해 태숙 대를 처단하고 군신간의 대의를 밝힐 것을 건의했다. 호언은 패업을 달성하기 위해 진秦목공보다 먼저 주양왕을

---

1) 위성공 희정: 재위 BC 634 ~ BC 632. BC 630 ~ BC 600

복위시킬 것을 강력히 주장했다. 진문공은 태복 곽언에게 점을 치도록 지시했고, 곽언은 대길이라고 답했다.

진문공은 출전을 결정했다. 진문공과 호언, 난지 등이 중군을 맡고, 조최와 위주가 좌군을 맡고, 극진과 전힐이 우군을 맡았다. 출발하기 직전 진문공은 진목공이 이미 출전하여 하상河上에 당도하여 체류하면서 황하를 건널 준비를 하고 있는 것을 알게 되었다. 호언은 진晉과 마찬가지로 진秦도 왕성으로 나가려면 초중草中의 융족과 여토麗土의 적족을 지나야 하는데, 진秦은 이들과 교류가 없어 진군하지 못하고 머뭇거리고 있는 것이라고 설명했다. 호언은 이들에게 뇌물을 주어 길을 빌리고, 진秦에 사신을 파견하여 진晉이 이미 출발한 사실을 통지할 것을 건의했다. 진문공은 동의했다.

호언의 아들인 호야고는 적과 융을 방문하여 뇌물을 제공하고 길을 빌렸다. 서신은 하상으로 가서 진목공을 알현하고 진문공이 출전한 사실을 알렸다.

진목공은 초중의 융족과 여토의 적족을 염려하고 또한 즉위 이후 대외적인 공적이 없는 진문공의 처지를 이해하여 진문공에게 출전을 양보하려고 했다. 건숙과 백리해가 진晉이 공적을 독점할 것을 우려하여 출전할 것을 건의했다. 진목공은 사위를 위해 양보하기로 최종적으로 결정했다. 진목공은 공자 칩에게 좌언보를 따라가 주양왕에게 문안을 드리도록 지시한 후 회군했다.

서신은 돌아와 진목공이 회군한 사실을 보고했다. 진晉군은 출전하여 주의 양번陽樊 땅에 주둔했다. 양번 수장 창갈蒼葛이 진晉군을 영접했다. 진문공은 우군에게 주의 온 땅으로 진격하여 태숙 대를 공격할 것을 지시하고, 좌군에게 정의 사 땅으로 가서 주양왕을 모셔올 것을 지시했다.

주양왕은 진군의 호위를 받고 낙읍으로 복귀했다(BC 635년 4월). 주공과 소공이 주양왕을 영접했다. 온 땅의 백성들은 주양왕이 복위했다는 소문을 듣고 몰려가 퇴숙과 도자를 죽이고 성문을 열어 진군을 영접했다. 태숙 대는 외후와 함께 책으로 도주하려 했다. 위주가 추격하여 태숙 대를 칼로 쳐 죽이고, 군사들에게 외후를 향해 일제히 활을 쏘게 했다. 외후는 수많은 화살을 맞고 죽었다. 극진은 왕에게 보내 죄를 밝힌 후 죽이지 않은 위주의 행동을 비판했다. 극진은 온의 백성들을 위로했다.

진문공은 낙읍으로 가서 주양왕을 알현했다. 주양왕은 많은 황금과 비단을 하사했다. 진문공은 사양하며 수장隨葬[1]을 허락해 주길 희망했다. 주양왕은 이를 불허하고, 대신 **기내畿內의 네 고을(온溫, 원原, 양번陽樊, 찬모攢茅)**을 하사했다. 진문공은 사은한 뒤 회군했다.

진문공晉文公의 기내畿內 네 고을 접수(BC 635년)

진문공은 기내 네 고을을 접수하는 작업에 착수했다. 양번에 위주를 보내고, 찬모에 전힐을 보내고, 온에 난지를 보내고, 원에는 진문공과 조최가 갔다. 찬모와 온은 쉽게 접수되었다.

양번의 수장인 창갈이 주 왕실은 남은 땅이 얼마 없으므로 넘길 수 없다고 저항했다. 위주는 성을 포위하고 항복하지 않으면 도륙하겠다고 위협했다. 창갈은 기내에는 왕실의 친척들이 많이 살고 있다고 지적하며 위주를 비난했다. 진문공은 보고를 받고 창갈에게 사람을 보내 ①

---

[1] 지하에 길을 내고 관을 안치하는 매장 방법. 예법에 따르면 왕만 가능하고 제후는 할 수 없음

천자의 명령임을 강조하고 ②주周로 귀국하기를 원하는 자들의 귀국을 약속하는 내용의 서신을 전달했다. 또한 진문공은 위주에게 공격을 중지하고 길을 열어 주도록 지시했다. 창갈은 귀국을 희망하는 주민들을 데리고 주의 지촌軹村으로 이주했고, 위주는 양번을 접수했다.

원 땅으로 돌아갔던 원백 관은 패전의 책임 때문에 봉읍을 몰수당하는 처지가 되었다. 원백 관은 진군이 양번 주민들을 학살했다고 거짓으로 주민들을 선동하면서 진군에 항거했다. 진군은 성을 포위했다. 조최는 진문공에게 주민들이 진晉을 믿지 못해 항복을 하지 않으므로 진晉의 신의를 증명할 것을 건의했다. 조최는 사흘 동안 성을 공격하여 함몰하지 못할 경우 철수하겠다고 선언하는 계책을 건의했다.

진문공은 조최의 건의대로 선언하고 성을 공격했으나, 사흘이 지나도 성을 함락하지 못했다. 성 공격 3일 째 밤에 원의 주민들이 사람을 보내 원백 관에게 속았음을 아뢰며, 내일 저녁에 내응하겠다고 약속했다. 진문공은 '신의는 국가의 보배이며 백성들의 의지처'라고 강조하며, 원 주민들의 제의를 거절했다. 진문공은 다음 날 아침에 회군할 것을 선언했다.

진군은 나흘째인 다음 날 새벽에 철수를 시작했다. 원 주민들은 진의 신의에 감동하여 항복하고 성을 나와 진군에 합류하기 시작했다. 결국 원백 관은 더 이상 버티지 못하고 항복했다. 진문공은 원을 접수했고, 원백 관은 하북河北으로 이주했다.

진문공은 조최를 원의 대부로 임명하고 병사 2,000명을 내어주며 원과 양번을 다스리게 했다. 또한 극진을 온의 대부로 임명하고 병사 2,000명을 내어주며 온과 찬모를 다스리게 했다. 진문공은 기내 네 고을 일대를 남양南陽으로 이름 지었다(BC 635년 겨울).